LES FAILLITES BANCAIRES EN AFRIQUE SUBSAHARIENNE

Etudes Africaines

Collection dirigée par Denis Pryen et François Manga Akoa

Dernières parutions

Simon-Pierre Ezéchiel Mvone Ndong, *Médecines et recherche publique au Gabon*, 2009.

Monique Aimée MOUTHIEU épouse NJANDEU, *L'intérêt social en droit des sociétés*, 2009.

Joseph-Roger MAZANZA KINDULU et Jean-Cornelis NDULU-TSASA, *Les cadres congolais de la 3e République*, 2009.

Alfa Oumar DIALLO et Claudine LARCHER, *Enseignement et apprentissage en Afrique. Perspectives au collège en Guinée-Conakry*, 2009.

Essè AMOUZOU, *Pourquoi la pauvreté s'aggrave-t-elle en Afrique noire ?* 2009.

Essè AMOUZOU, *Pouvoir et société : Les masses populaires et leurs aspirations politiques pour le développement en Afrique noire*, 2009.

Amady Aly Dieng, *Les Grands Combats de la Fédération des étudiants d'Afrique noire*, 2009.

Zeyni El Abidine SY, *Géographie de l'insalubrité urbaine :le cas de Saint-Louis du Sénégal*, 2009.

Philippe ASSALE, *Les dessous de la crise ivoirienne. D'Houphouët à Guéï*, 2009.

Nguessé Joachim BANGASSARO COULIBALY, *Le Mal ivoirien*, 2009.

Souleymane FOFANA, *Mythes et combats des femmes africaines*, 2009.

Thomas TCHATCHOUA, *Les Bangangte de l'ouest-Cameroun. Histoire et ethnologie d'un royaume africain*, 2009.

Thierry BANGUI, *La Chine, un nouveau partenaire de développement de l'Afrique*, 2009.

Gratien MOKONZI Bambanota, *De l'école de la médiocrité à l'école de l'excellence au Congo-Kinshasa*, 2009.

Benjamin MULAMBA MBUYI, *Droit des traités internationaux*, 2009.

Chrystelle GRENIER-TORRES, *Expériences de femmes ivoiriennes au cœur de l'épidémie de sida*, 2009.

Louise TCHAMANBÉ DJINÉ

LES FAILLITES BANCAIRES EN AFRIQUE SUBSAHARIENNE

Préface de Dominique Lacoue-Labarthe

L'Harmattan

5-7, rue de l'Ecole polytechnique ; 75005 Paris

http://www.librairieharmattan.com
diffusion.harmattan@wanadoo.fr
harmattan1@wanadoo.fr

ISBN : 978-2-296-06946-6
EAN : 9782296069466

PREFACE

Depuis les années quatre-vingt, de vives turbulences ont affecté les systèmes financiers et bancaires de nombreux pays. On est frappé du nombre de défaillances d'établissements bancaires et financiers, de leur dispersion sur tous les continents et de la répétition dans le temps des épisodes de crise. La gravité des pertes, mesurées en pourcentage du PIB moyen de la période troublée, a été évaluée par les experts des grandes institutions internationales, de la Banque mondiale au Fonds monétaire international, en passant par l'OCDE, les banques de développement régional etc. L'ampleur des pertes, bien qu'inégale, a pu atteindre des montants allant parfois de 15 à 20% du montant du PIB. Partout, les crises financières ont ralenti ou bloqué plus ou moins longtemps la croissance économique là où elle avait démarré. Les crises financières ont démontré que le développement réel d'une économie ne saurait se poursuivre sans le maintien de la stabilité d'un système financier bien structuré et contrôlé.

Nombre d'économistes ont cherché à comprendre la nature des crises financières. Beaucoup de banques aussi bien publiques que privées, établissements commerciaux ou instituts de développement, aussi bien nationaux que filiales d'institutions étrangères, ont connu de graves défaillances. Elles ont suspendu, volontairement ou non, leurs activités, temporairement ou à jamais, sans qu'on sache d'ailleurs très bien dans beaucoup de cas si ces établissements avaient été formellement fermés définitivement ou si les autorités de tutelle étaient encore à la recherche d'une restructuration, d'un rachat ou d'un adossement à un autre établissement. Que peut-on déduire de la répétition de ces défaillances? Existe-t-il une variété de crises bancaires ou le même modèle se répète-t-il constamment?

Le livre de Louise Tchamanbé Djiné apporte sa contribution à l'analyse de ces phénomènes. Issu d'un dialogue amorcé avec Louise Tchamanbé il y a plusieurs années en liaison avec les travaux du GRAPE UMR CNRS 5113 à l'Université Montesquieu-Bordeaux IV, lorsque j'en assurais la direction, la persévérance de son auteur et son travail méticuleux ont abouti à la délivrance du doctorat. Sensiblement remanié et actualisé, cette thèse est devenue ce livre à part entière que j'ai grand plaisir à présenter aujourd'hui.

Le point d'application choisi est l'Afrique subsaharienne, plus précisément le Cameroun, qui, pas plus que la plupart des autres pays, industrialisés, émergents ou pauvres, n'a échappé aux turbulences financières. Les crises financières ont souvent été plus graves et plus longues dans les pays émergents et pauvres que celles des pays d'Europe occidentale ou d'Amérique du Nord, mais elles ont aussi été probablement moins aiguës qu'en Amérique latine ou en Asie. Ont-elles pour autant été différentes? En d'autres termes, existe-t-il une spécificité des crises financières en pays pauvre ou émergent qui tiendrait à une différence dans le niveau de développement, dans les structures économiques de la production, des échanges, de la consommation, ainsi que dans les institutions (droits des créanciers, protection de la propriété privée, gouvernance des entreprises, conduite des gouvernements, etc.)? Ou, au contraire, ne trouve-t-on pas toujours à la base une maîtrise insuffisante des risques pris par les établissements dans leur distribution de prêts, une trop faible base des ressources stables (les dépôts bancaires) et une tendance à s'en affranchir en cherchant des refinancements de marché, une propension à transformer toujours plus audacieusement les maturités des emplois par rapport à celles des ressources, une tentation irrépressible d'acquérir par la dette des actifs à plus fort rendement que ceux des prêts pour profiter d'un puissant levier financier?

Des sociologues, économistes etc., structuralistes ou *tiers-mondistes*, ont beaucoup développé des thèses qui faisaient la part belle à des idiosyncrasies pour expliquer les crises financières: liens maintenus des établissements locaux avec l'ancien colonisateur (les *réseaux*), gouvernements prédateurs et de connivence (la *France-Afrique*), administrations corrompues etc. D'autres ont plutôt fait confiance aux théories du *mainstream*, quitte à proposer des thèses parfois inattendues ou franchement incongrues qui paraissent à l'évidence plus adaptées à des contextes libéralisés et déréglementés. La réconciliation entre ces deux groupes d'explication, en tout cas, se fait attendre et nous ne disposons toujours pas d'explication complètement satisfaisante de ces phénomènes complexes. Le livre de Louise Tchamanbé Djiné y contribue cependant à sa manière. Elle sait puiser, dans le socle théorique scientifique communément accepté, les éclairages et les moyens d'analyser des situations complexes comme les crises financières qui ont affecté la zone monétaire de l'Afrique de l'Ouest et, plus particulièrement, l'expérience du Cameroun depuis les années quatre-vingt. Parmi les modèles explicatifs disponibles, l'auteur attache une importance primordiale aux questions liées à l'information et elle s'attache à montrer que l'indisponibilité ou l'incomplétude des données, la difficulté d'observer, d'accéder à ce qui serait pertinent mais demeure caché, la quasi impossibilité de vérifier, jouent un rôle essentiel.

Ainsi, les asymétries d'information sont-elles un élément explicatif important de l'anti- sélection des emprunteurs et de l'accumulation de prêts risqués dans l'actif des banques, assurément un facteur important de crise bancaire. Encore faut-il, pour que cette explication soit pertinente, que les banques prêtent activement à l'économie. Or, dans beaucoup de pays, les banques prêtent très peu aux entreprises et aux ménages; elles recyclent les crédits budgétaires alloués par le gouvernement aux secteurs ou même aux entreprises désignés. L'objet de la théorie se dérobe alors. On sait que la hausse des taux d'intérêt est un facteur puissant d'explication des crises dans la mesure où il déclenche une baisse du prix des actifs financiers servant de garantie aux prêts, mais dans une économie où l'inflation est endémique, le relèvement du taux de base bancaire de 25 à 28% par exemple, ne changera pas beaucoup

La répression financière. Certes, la ruée bancaire, une crise de passif de bilan par conséquent, est un type de crise bancaire qui ruine l'assurance de liquidité donnée aux déposants; mais la crise provenant de la défaillance d'emprunteurs est une crise d'actif de bilan qui s'analyse plutôt en termes de risque moral. On pourrait multiplier les exemples qui montreraient combien il est difficile de fournir une explication analytique d'une portée générale.

En matière de crise bancaire, les modèles théoriques se sont multipliés depuis les contributions pionnières de Fama, Diamond & Dybvig et bien d'autres. Le présent ouvrage montre comment peuvent s'utiliser ces modèles théoriques pour apporter un éclairage et une compréhension des mécanismes à l'œuvre dans une crise financière. Mais l'auteur sait très bien aussi faire la part des choses et nuancer les schémas épurés de l'analyse pour introduire les éléments socio-économiques, voire les mentalités propres aux cas d'espèces envisagés. À ce titre, le présent ouvrage, équilibré et synthétique, est la preuve que l'analyse économique appliquée est capable de dépasser la simple description monographique. La connaissance et la compréhension des crises financières se trouvent utilement renforcées par cette importante contribution de Louise Tchamanbé Djiné.

Dominique Lacoue-Labarthe
Professeur de sciences économiques
Université Montesquieu-Bordeaux IV

INTRODUCTION GENERALE

L'effondrement du système monétaire international suite aux changements intervenus dans les mécanismes de change à partir de 1971, entraîne dans sa suite depuis les années quatre-vingt, une série de crises financières[1] suivies d'une vague de faillites bancaires qui n'ont épargné aucune région du globe.

Aux États-Unis entre 1980 et 1989, les faillites des banques commerciales se comptent par centaines et celles des sociétés d'épargne et de crédit par milliers. Le rapport sur le développement dans le monde de 1989 révèle dans ce sens que, d'une moyenne de 10 par an durant les années 1970, les faillites bancaires sont passées à plus de 150 par an à la fin des années 1980[2].

En Amérique latine d'après le même rapport, la détresse financière a pris des proportions considérables. Presque toutes les économies sont touchées. En Argentine, à la suite de la crise bancaire des années 1980 - 1982, 71 des 470 institutions financières sont liquidées. Au Chili, entre 1981 et 1988, de nombreuses banques commerciales insolvables sont liquidées, d'autres sont restructurées et recapitalisées et les créances douteuses représentent en septembre 1988, près de 19% du produit national brut du pays[3]. En Bolivie en 1987, 2 des 12 banques

---

[1] Il s'agit dans l'ordre chronologique, de la crise du marché international interbancaire (1974), de la crise de la dette (1981 /1982), de la crise du marché des titres à taux flottant (1985 / 1986), du krach du marché boursier (1987), de la crise financière mexicaine à la fin de 1994, du krach boursier asiatique de juillet 1997, de la crise russe, de la crise brésilienne au début des années 2000, et plus près de nous, de la crise des « subprimes » amorcée en 2007 aux États-Unis.

[2] De ce rapport il ressort que, de 10 banques en faillites en 1981, on est passé en 1986 à 138 banques parmi lesquelles, la Continental Bank of Illinois, un holding financier. De même, 10 % des banques commerciales figuraient en 1989 parmi les établissements à surveiller par des organismes de contrôle. La même étude précise par ailleurs que près de 1100 sociétés d'épargne et de crédit ont été fermées ou absorbées entre 1980 et 1988 tandis que plus de 600, soit un cinquième de l'ensemble de ces établissements étaient toujours insolvables au début de 1989.

[3] Au Chili en 1981, 8 établissements insolvables détenant 35 % des actifs du système financier sont liquidés. En 1983, 8 autres banques représentant 45 % des actifs du

commerciales privées existantes sont liquidées, 7 autres enregistrent de fortes pertes et leurs arriérés déclarés représentent près de 92 % du produit net des banques commerciales.

La même source révèle que les pertes de l'ensemble du système bancaire colombien représentent en 1985, 140 % du capital et des réserves. Par ailleurs, entre 1982 et 1987, 6 banques font l'objet d'interventions de la banque centrale et pendant la seule année 1985, 5 d'entre elles accusent des pertes équivalant à 202 % de leur capital augmenté des réserves. L'Equateur, le Brésil et l'Uruguay[4] comptent un nombre important d'institutions financières en détresse.

En Asie, le gouvernement des Philippines, de la Corée, de la Malaisie et celui de la Thaïlande ont dû renflouer ou restructurer un certain nombre d'institutions privées et publiques[5].

Des banques et d'autres institutions financières d'Europe[6], du Moyen-Orient[7] et d'Afrique du Nord[8] ont traversé de graves difficultés.

---

système financier font l'objet de prise de contrôle parmi lesquelles, 3 sont liquidées et 5 restructurées et recapitalisées.

[4] En Uruguay, après la faillite de plusieurs banques en 1981-1982, la banque centrale a racheté leurs actifs les plus compromis et recapitalisé d'autres. En 1983, le coût de la reconstitution du capital des banques s'élevait à 830 millions de dollars, soit, 7 % du PNB.

[5] Aux Philippines, entre 1981 et 1987, 161 institutions ont été fermées. En outre, les deux grandes banques publiques ont été liquidées en 1986 et leurs créances douteuses représentant 30 % des actifs du système bancaire ont été transférées à un organisme indépendant. Les cinq banques privées ont fait l'objet d'interventions des autorités. En Corée, 78 institutions insolvables ont été dissoutes en 1986 et en 1987. En Malaisie, la faillite en 1986, d'une coopérative de dépôts (Déposit Taking Cooperative, DTC) s'est traduite par les retraits massifs de dépôts auprès d'autres DTC. Vingt-quatre DTC ont été ensuite jugées insolvables et renflouées. En 1985 – 1986, le capital de trois banques commerciales en difficulté a été reconstitué. En Thaïlande, le règlement de la crise traversée en 1983 par 44 sociétés de financement a coûté 190 millions de dollars. De même, entre 1984 et 1987, cinq banques ont fait l'objet d'interventions des pouvoirs publics.

[6] Ici, il convient de mentionner notamment, la faillite en juin 1974 de la Bankhaus Herstatt de Cologne, des difficultés du groupe Crédit Lyonnais en France. Dans le même sens, en Espagne entre 1978 et 1983, des 51 institutions renflouées, deux ont été liquidées et on a enregistré en 1993, la crise de la Banesto, la 4ème banque espagnole. En Grèce, les prêts non productifs représentent plusieurs fois le capital des principales banques commerciales. En Norvège, les banques commerciales et les caisses d'épargne

Cette fragilité financière n'épargne pas les systèmes bancaires de la plupart des pays de l'Afrique subsaharienne[9] qui enregistrent aussi d'importants déséquilibres financiers au cours des deux dernières décennies.

En Guinée, avec 99 % de créances révélées irrécouvrables en 1984 et la fermeture des six banques d'État tel que souligne le rapport sur le développement dans le monde de 1989, le système bancaire est pratiquement moribond. Au Ghana en 1988, la même source précise que le produit net bancaire est négatif car, totalement érodé par de lourdes pertes de change et par une forte proportion de prêts non productifs. Un vaste programme d'assainissement du secteur bancaire financé essentiellement par émission des bons du trésor est entrepris et le coût est estimé à 300 millions de dollars, soit près de 6% du produit intérieur brut du pays.

De nombreuses dévaluations enregistrées en Angola[10] - suivies d'importantes réformes du système bancaire - au Nigeria, au Rwanda en 1990 et au Zaïre - trois en 1991 - témoignent de cette situation financière fort tumultueuse que connaissent la plupart des pays de cette sous région.

---

ont subi de lourdes pertes en 1987 et 1988 et les autorités ont forcé les banques à fusionner avec d'autres institutions. En Turquie, à la suite de la crise financière éclatée en 1982, deux grandes banques ont été restructurées

[7] Au Koweït en raison des fortes pertes essuyées par les opérateurs sur les marchés boursiers et immobiliers en 1986, une part importante des prêts bancaires (40 %) sont improductifs et les autorités ont accordé des prêts concessionnels pour soutenir les banques.

[8] Au début de 1980, plusieurs grandes sociétés islamiques d'investissement ont été fermées.

[9] L'Afrique subsaharienne - l'Afrique au sud du Sahara - regroupe 46 États et sa population avoisine 550 millions d'habitants aujourd'hui. Les tailles des pays sont très diversifiées allant de moins de 400000 habitants (Djibouti, Cap-Vert, Sao Tome et Principe, Seychelles), à plus de 30 millions (Zaïre, Éthiopie, Nigeria qui dépasse à lui seul 100 millions d'habitants). Cette répartition d'inégale importance se ressent également au niveau du système bancaire. De une ou deux banques (Comores) à plus d'une vingtaine de banques (Côte-d'Ivoire, Nigeria, etc.).

[10] En deux ans, quatre dévaluations ont été enregistrées en Angola, trois en 1991, et une en 1992.

Une récente étude[11] signale qu'au Kenya en 1991, les banques rencontrent de fortes difficultés à obtenir des refinancements sur le marché monétaire et un groupe de banques sont en quasi faillite. C'est le cas en particulier, de la principale banque à capitaux publics qui connaît une crise aiguë de liquidité. La fragilité financière du système bancaire est assez prononcée, en raison de la décrépitude de plusieurs établissements financiers[12]. Présentant dans l'ensemble une position de trésorerie négative, le système bancaire malgache fait l'objet d'une restructuration entre 1988 et 1990.

En Tanzanie au début de l'année 1987, la moitié du portefeuille des principales institutions financières comporte des pertes représentant près de 10% du produit intérieur brut du pays. Le système bancaire malgache quant à lui, est globalement insolvable au début de 1988 en raison du faible niveau des réserves (moins de 5 % des actifs bancaires). De même, 25% de l'ensemble des prêts sont irrécouvrables et 21% jugés difficiles à recouvrer.

La situation n'est guère plus satisfaisante dans les pays africains de la zone franc. L'évolution de leur liquidité, le recours massif au refinancement de la banque centrale, l'importance des créances compromises dans leur portefeuille, le nombre de banques dissoutes et mises en liquidation ainsi que l'envergure des mesures de restructuration mises en place, permettent de se rendre compte de cette situation.

Concernant la liquidité des systèmes bancaires appréhendée par le taux de couverture des crédits par les dépôts, dans l'ensemble, la tendance est à son resserrement entre 1986 et 1988/1989[13]. Du rapport de

---

[11] Ministère de la coopération et du développement (1992), "Les États d'Afrique, de l'Océan Indien et des Caraïbes. Situation économique et financière en 1991. Perspective en 1992", col. CF, Etudes et Documents.

[12] Il ressort du rapport sur le développement dans le monde de 1989 que parmi les nombreuses institutions financières non bancaires créées depuis 1978, beaucoup sont insolvables et en 1986, plusieurs des plus grandes se sont effondrées.

[13] L'année 1986 correspond pour la plupart de ces pays, à l'année de retournement de tendance de croissance économique imputable à l'effondrement des cours mondiaux des matières premières (produits de rente, pétrole) qui constituent les principales sources de recettes publiques dont une bonne partie sert de soutien à la liquidité bancaire. L'année 1989 quant à elle, est l'année de mise en place dans la plupart des pays, d'un programme d'assainissement du secteur financier.

la zone franc (1989), il ressort que pour l'ensemble des pays de la zone UMOA et BEAC[14], le ratio de liquidité est en constante détérioration. Dans l'UMOA, ce taux est passé de 72.1% en 1986 à 70.9% en 1988, tandis qu'en zone BEAC, il se situe à 68.6% en 1986 et à 66.8% en 1989. Cette détérioration du ratio de couverture des créances totales par les dépôts est le signe d'une tension de trésorerie des banques à laquelle elles font face en recourant largement aux concours de la banque centrale. Le même rapport indique qu'à la fin 1987, les crédits refinancés par la BCEAO totalisent 36.4% des crédits distribués contre 34.9% à la fin 1986. En zone BEAC, ce taux atteint un maximum de 29.1% en 1987.

Pour ce qui est des créances malsaines et des banques en liquidation, J. Mathis (1992, p.92) souligne qu'à la fin 1988, les crédits refinancés par les deux instituts d'émission sont compromis pour 750 milliards de FCFA[15], soit le quart de la masse monétaire. La même étude révèle qu'en 1988 dans l'UMOA, 22 des 68 banques existantes sont en difficulté et le quart des crédits alloués est considéré comme douteux. Dans le même ordre d'idées, M.F. L'Hériteau (1991, p.114) précise que 20 des 39 banques que compte la zone BEAC sont en liquidation et le tiers de leur portefeuille est non recouvrable en 1990.

Au total, les systèmes bancaires des pays de l'Afrique au sud du Sahara accusent au cours de la décennie 1986/87-1996/97, d'importants déséquilibres financiers qui sont à l'origine d'une part, du risque de défaillance élevé et de la faillite d'un grand nombre d'établissements bancaires et d'autre part, du vaste programme de restructuration mis en place dans ces pays.

Le système bancaire camerounais n'échappe pas à ce scénario notamment, entre 1986 et 1997, période d'analyse retenue. Il est le plus

---

[14] La zone UMOA et la zone BEAC - devenue UEMOA ou Union économique et monétaire ouest africain depuis le 14 janvier 1994 - forment les deux sous ensembles africains de la zone franc. La BEAC possède une banque centrale, la Banque des États de l'Afrique Centrale - BEAC - et émet le franc de la coopération financière d'Afrique - FCFA - dont la parité est passée de 1 franc français pour 50 FCFA à 1 franc français pour 100FCFA depuis la dévaluation du 11 janvier 1994. Elle compte actuellement six pays, le Cameroun, le Gabon, le Congo, la République Centrafricaine, le Tchad et la Guinée Équatoriale qui y a adhéré en 1985.

[15] Ces créances compromises sont réparties à raison de 450 milliards pour l'UEMOA et 300 milliards pour la zone BEAC.

important de la zone BEAC tant en nombre de banques commerciales (tableau 1b), en établissements financiers[16], qu'en parts de marché. La situation et l'évolution des établissements financiers également en pleine crise[17], ne sont pas analysées dans cette étude qui s'en tient aux seules banques pour la principale raison suivante : contrairement aux établissements financiers, les banques gèrent les dépôts du public et leur crise ou leur faillite entraîne des répercussions plus graves que celle des premiers ; d'abord sur l'ensemble du système -risque systémique - ensuite sur l'économie tout entière : discrédit, fuite des capitaux et raréfaction des moyens de financement de la croissance, etc.

Concernant l'importance relative des parts de marché, la répartition du marché des dépôts reste dominée entre 1987 et 1996 par le Cameroun[18]. C'est le même rang qu'occupe sa contribution au produit net bancaire (PNB) de la zone jusqu'en 1992 où la proportion atteint 46,4%[19].

Comme la plupart, le système bancaire camerounais représentatif de celui de l'ensemble de ces pays est en proie lui aussi à de graves difficultés. L'estimation des indicateurs de défaillance bancaire à l'aide du modèle de D. Goyeau et A. Tarazi (1992) montre que le niveau du risque de défaillance des banques camerounaises qu'il soit appréhendé en termes de rentabilité financière, de rentabilité économique ou en termes de profit de la banque, demeure élevé.

---

[16] Sur un total de 29 banques pour 169 guichets recensés dans la zone BEAC au 30 juin 1994, la seule place bancaire du Cameroun en compte 9 pour 105 guichets contre respectivement, 10 banques et 177 guichets en 1987. Pour la même période, le réseau d'établissements financiers dont la répartition est la même depuis 1987, dénombre 9 établissements dont le capital cumulé représente 85,6% de celui de la zone qui en possède 18 au total. En novembre 1997, le Cameroun compte 8 banques et 10 établissements financiers.

[17] Le Fonds national de développement rural (FONADER) est dissout en 1991 et le Fonds d'aide et de garanties aux petites et moyennes entreprises (FOGAPE) est en liquidation.

[18] Le Cameroun détient 58,5% des parts au 30 juin 1994 -contre 58,9% un an plus tôt et 55% deux années auparavant- devant le Gabon 26,9%, et le Tchad 3,2%.

[19] Les difficultés persistantes du système financier camerounais ramènent la proportion à 32,5% en 1993, plaçant ainsi le Gabon en tête avec 41,4%.

En effet, dans un récent travail consacré à l'estimation des indicateurs de défaillance bancaire au Cameroun[20], il ressort que :

1) Quelle que soit l'approche utilisée, le niveau des indicateurs de mesure de défaillance bancaire au Cameroun demeure très faible. Ce qui reflète la faible rentabilité des banques confirmant dès lors, le nombre de faillites bancaires enregistrées depuis près d'une décennie.

2) Les défaillances et faillites bancaires trouvent leur origine dans deux importants faits : l'insuffisante couverture du risque de défaillance par les fonds propres et l'exposition des banques au risque de leur activité. Toutefois, le niveau respectif des indicateurs montre que les effets de l'exposition au risque l'emportent sur les effets liés à l'insuffisance des fonds propres des banques dans l'explication des défaillances et des faillites bancaires enregistrées au cours de cette décennie.

3) Un faible niveau de provisionnement bancaire. Ceci ne peut plaider qu'en faveur d'un risque de défaut dramatiquement sous-estimé et d'une intention de dissimulation d'une gestion peu saine et approximative, masquée très souvent par une comptabilisation erronée et fallacieuse des résultats.

Au total, insolvabilité, sous- liquidité, faible rentabilité et importance des créances compromises sont ses principaux maux (Banque mondiale (1986)).

Les plans d'assainissement et de réhabilitation élaborés dès la fin 1989 pour redresser le secteur des établissements de crédit ont consisté entre autres à : recapitaliser les banques, instaurer un cadre juridique et réglementaire approprié pour une plus grande efficacité de l'activité bancaire, transférer à la banque centrale les attributions autrefois dévolues à la tutelle et à l'institution d'un organe de surveillance, la COBAC qui fonctionne dans des conditions optimales d'indépendance afin d'assurer la supervision du système bancaire, renforcer les normes prudentielles de gestion. La dévaluation du franc CFA de janvier 1994, ainsi que la création d'un marché de la zone BEAC entré en vigueur le 1er juillet 1994, entrent dans ce train de réformes.

---

[20] Tchamanbé Djiné L. (2000), "Mesure du risque de défaillance bancaire : le cas des banques camerounaises", article à paraître.

Ces mesures ont eu des résultats positifs indéniables dont entre autres : une amélioration des ratios de fonds propres, un redressement de la liquidité bancaire que l'on impute à l'effet -prix de la dévaluation du franc CFA et surtout au recyclage des ressources par le marché monétaire. En effet, le remboursement massif des avances de la BEAC traduit un bon comportement des banques commerciales face au marché monétaire et répond ainsi à la préoccupation que la BEAC puisse être progressivement relayée par le marché monétaire dans la fourniture des ressources financières aux banques.

Toutefois jusqu'en fin 1996, le secteur bancaire camerounais n'est pas encore complètement assaini. La proportion des crédits compromis dans le bilan de certaines banques demeure encore appréciable. Le système comporte encore des banques insolvables (cas du Crédit agricole du Cameroun et de la BICIC). Plus grave encore, les banques s'impliquent encore faiblement dans le financement de l'économie. Cette faible implication des banques qui se reflète dans le fléchissement continuel des crédits bancaires à l'économie observée depuis 1994 (tableau 3), apparaît paradoxale dans la mesure où il y a sur- liquidité des banques.

Cette attitude reflète certes le durcissement de la politique monétaire qui a suivi la modification du taux de change CFA/ FF. Mais cela ne traduirait-il pas également et surtout un comportement de surestimation des risques par les banques ?

Le constat qui peut être fait de cette situation est que, malgré l'importance des mesures de redressement (L. Tchamanbé Djiné et I. Tamba (1995), P. Servant (1991)), tant par leur envergure que par le montant des fonds mobilisés[21], les résultats sont encore loin d'être satisfaisants. Et nous pensons que celle-ci provient d'une non maîtrise des risques bancaires.

Dans cette optique, notre analyse s'appuie sur la proposition centrale selon laquelle, la crise bancaire camerounaise proviendrait en grande partie d'une incapacité des banques à maîtriser leurs risques du fait de

[21] Le plan de redressement du système bancaire a mobilisé 513 milliards de francs cfa accroissant ainsi l'endettement de l'État de près de 300 milliards, compte non tenu du rééchelonnement de 55 milliards de bons d'équipement émis par la Société nationale d'investissement (SNI).

l'asymétrie d'information dans les relations banque/client. En d'autres termes :

- l'incapacité des banques à apprécier la qualité de l'emprunteur en raison des imperfections informationnelles sur le comportement des emprunteurs et sur les éléments d'évaluation du risque, est en partie à l'origine de la montée du risque de défaut et son corollaire, l'accumulation des créances compromises ;
- l'incapacité des banques à exercer un attrait sur les détenteurs de ressources en raison de la crise de confiance persistante, les place dans une situation de tension de trésorerie qui les emporte dans les ruées sur les dépôts.

D'où l'interrogation centrale : comment réduire dans les pays de l'Afrique subsaharienne à l'exemple du Cameroun, les risques bancaires ?

Dans la perspective de recherche des éléments de réponse à cette interrogation, cette thèse s'est fixée pour objectif principal, de montrer dans un premier temps que la non maîtrise des risques par les banques s'explique entre autres par l'asymétrie d'information dans les_relations banque / client, et d'identifier dans un second temps, quelques indicateurs susceptibles de réduire ces imperfections informationnelles. Plus spécifiquement, il s'agit ici :

- de montrer que le risque de défaut résulte des imperfections informationnelles sur le comportement ex ante de l'emprunteur - sélection contraire - ou ex-post - aléa moral - et voir dans le cas d'espèce laquelle des deux hypothèses explique mieux la montée du risque de défaut et l'accumulation des créances compromises au Cameroun ;
- de montrer que la montée du risque de liquidité est en partie imputable aux paniques et ruées bancaires consécutives à la perte de confiance des déposants née des imperfections informationnelles sur la qualité des actifs bancaires et sur leur aptitude à honorer leurs engagements ;
- d'identifier à partir d'une analyse empirique des signaux financiers et mécanismes incitatifs que propose la théorie financière pour réduire l'asymétrie d'information dans les relations banque /client, ceux susceptibles d'être des indicateurs crédibles de risque pour les banques camerounaises.

Pour démontrer cela, la démarche adoptée se fonde essentiellement sur la méthode classique qui consiste à s'inspirer des approches théoriques alternatives existantes et à les vérifier empiriquement ensuite à l'aide des faits stylisés, des tests statistiques, et /ou économétriques.

En effet, il existe dans la littérature financière un certain nombre de modèles d'analyse de crises bancaires et financières. E. P. Davis (1991) en présente cinq dont nous rappelons ici les principales caractéristiques.

L'approche par les paniques du système bancaire et les ruées, ou approche des monétaristes (Friedman et A. Schwartz (1963)). Elle identifie les crises financières aux paniques qui résultent d'une perte générale de confiance en la capacité des banques à convertir les dépôts en liquidités. Cette perte de confiance souvent causée par la faillite d'une grande institution bancaire importante, se solde par une ruée des déposants sur les liquidités, poussant ainsi les banques à l'insolvabilité.

L'approche monétaire ou approche par la dette et fragilité financière (I. Fisher (1933), Kindleberger (1978), Minsky (1982)) considère les crises financières comme un élément essentiel du tournant du cycle économique, comme une réponse à de précédents excès qui agit souvent par l'intermédiaire de nombreux marchés financiers. L'accent est mis ici sur le comportement irrationnel d'une part, des banques qui, dans la conquête des parts de marché, sacrifient la qualité des actifs au profit de leur volume - myopie face au désastre (M. Aglietta (1992)) - et d'autre part, de la clientèle qui, en présence d'occasions accrues d'investissements rentables, s'endette de manière inconsidérée pour augmenter ses investissements se laissant ainsi emporter dans une "orgie spéculative" (C. Kindleberger (1994)). Sur les marchés financiers, ce comportement conduit à un état de surendettement - ou un degré d'endettement qui multiplie les risques d'insolvabilité - qui augmente les taux d'intérêt.

Des taux d'intérêt plus élevés créent ce que Minsky (1982) appelle une fragilité financière via une augmentation du financement de la dette, une transformation de la dette du long terme au court terme, un changement de la couverture à la spéculation ou au financement "Ponzi"[22], et une réduction des marges de sécurité des institutions financières.

---

[22] Il y a financement de couverture lorsque les recettes de caisse excèdent les paiements au comptant sur une longue période. Le financement spéculatif entraîne quant à lui, sur une courte période, des paiements qui sont supérieurs aux recettes de trésorerie. Le

L'approche par les anticipations rationnelles (Flood et Garber, 1981 ; Blanchard et Watson, 1982), tente de donner aux crises financières un modèle incluant des anticipations rationnelles. Le modèle essaye d'interpréter en termes de prévisions rationnelles, les comportements et les phénomènes que les monétaristes et les tenants de la dette et de la fragilité mettent en index dans les crises financières. C'est ainsi que pour les "anticipationnistes", les manies définies dans les approches de dette et fragilité financière sont vues comme des bulles spéculatives rationnelles, les ruées comme une attaque spéculative sur un système de fixation des prix, une panique étant une ruée dont la durée est imparfaitement prévue, ou un événement qui met fin à un mode de détermination du prix à taux fixe (Flood et Garber (1981)).

L'approche par l'incertitude (Shafer, 1986), analyse les crises comme étant le fait des événements inopinés défavorables qui provoquent des modifications dans la confiance, lesquelles affectent les institutions financières et les marchés.

L'approche par le rationnement du crédit impute les crises financières aux aggravations soudaines du rationnement du crédit, à la fois par le prix et par la quantité (Guttentag et Herring, 1984 a). Mais c'est aux causes du rationnement qui, selon Stiglitz et Weiss (1981) résident dans les limites absolues du contrat d'emprunt, qu'est assignée l'origine des crises financières. Ces limites résultent des différences d'information entre l'emprunteur et un prêteur et du manque de contrôle de l'emprunteur par le prêteur. L'asymétrie d'information, selon Stiglitz et Weiss (1981, 1986), lie ainsi les crises financières aux imperfections informationnelles qui existent dans les relations de crédit, conduisant à la sélection contraire des emprunteurs et à l'insuffisance de contrôle sur eux exercé par les prêteurs.

Bien que pouvant se remplacer partiellement - en particulier l'approche monétariste contre la fragilité financière et celle des prévisions rationnelles contre celle de l'incertitude - ces approches sont

---

financement "Ponzi" prend place lorsque des engagements de paiement au comptant dépassent les recettes de caisse. D'après cette définition, un groupe "Ponzi" doit accroître sa dette pour faire face à ses engagements en cours. Pour les groupes spéculatifs et de "Ponzi", une hausse du taux d'intérêt peut entraîner une valeur nette négative et l'insolvabilité.

également jusqu'à un certain point complémentaires - l'incertitude et le rationnement du crédit peuvent aider à la compréhension du déclenchement des crises, l'asymétrie d'information sur la qualité des actifs bancaires peut déclencher les ruées sur les liquidités.

Sans exclure l'usage des autres approches en cas de besoin, nos analyses s'appuient principalement sur l'approche en termes d'asymétrie d'information pour expliciter le phénomène de crise et de faillites bancaires au Cameroun et dans les pays semblables. Fondée sur le principe selon lequel les imperfections informationnelles sont inhérentes à toute activité financière, l'hypothèse de l'asymétrie d'information semble bien se prêter à l'explication des facteurs qui sont à l'origine des principaux maux du système bancaire camerounais - l'accumulation d'importantes créances douteuses, une crise profonde de confiance, etc. - pour plusieurs raisons :

- l'approche par la dette et la fragilité financière, ainsi que celle des anticipations rationnelles, ont le mérite de montrer comment le comportement des deux principaux acteurs au centre des transactions financières - le prêteur et l'emprunteur - engendre les crises financières. À la fois catalyseurs et focalisants, les marchés financiers jouent ici un rôle crucial dans la mesure où les effets de ces comportements agissent essentiellement par leur canal. Dès lors, dans un contexte d'absence quasi totale de marchés financiers comme celui de l'échantillon retenu dans l'étude, les conditions pour que de tels comportements se réalisent et conduisent aux crises ne sont pas toutes réunies pour permettre à cette approche de mieux interpréter les faits stylisés ;

- l'approche en termes d'asymétrie d'information est plus globalisante car elle permet d'expliquer à la fois les paniques, les ruées et l'incertitude. Les ruées sur les liquidités peuvent être le fait de l'asymétrie d'information sur l'aptitude des banques à faire face à la conversion des dépôts ou sur la qualité de leurs actifs. De même, l'incertitude évoque le doute ou une situation d'imperfection des informations ;

- on se trouve dans un contexte où la grande majorité de la clientèle bancaire évolue dans un cadre informel où les données écrites en général et les données statistiques en particulier, sont sinon absentes, du moins de fiabilité sujette à caution, et ne se prêtent pas à une analyse financière appropriée de risque. Ce qui augmente les erreurs d'appréciation de la solvabilité des emprunteurs, accroît les chances d'accumulation des créances irrécouvrables, accentue l'asymétrie d'information et rend l'approche pertinente.

Au total, l'approche en termes d'asymétrie d'information apparaît être l'une de celles qui permettent d'expliciter la montée des risques financiers ayant provoqué au cours de la décennie 1986/1987-1996/1997, la crise et la faillite d'un grand nombre d'institutions bancaires. Aussi, soutenons-nous que :

1) les imperfections informationnelles entre banques et emprunteurs d'un côté, entre banques et déposants de l'autre, sont en grande partie à l'origine de la montée des risques et des faillites bancaires des dernières années ;

2) dès lors, pour aider les banques à mieux maîtriser leurs risques, l'une des voies possibles consisterait à réduire l'asymétrie d'information dans leur relation avec la clientèle et à restaurer la confiance en elles.

Pour mener à bien cette analyse, on admet pour hypothèse que :

- l'analyse se fait en économie fermée. Ce qui élimine le risque de change ou risque de perte entraînée par la variation du cours des créances, ou des dettes de la banque libellées en devises par rapport à sa monnaie de référence. En d'autres termes, on suppose que les créances et les dettes des banques sont libellées principalement en leur monnaie de base -ici le franc CFA ;

- on suppose par ailleurs, que les taux d'intérêt appliqués n'évoluent pas ou que les emplois et les ressources ne sont pas à taux variable. Ce qui élimine le risque de taux d'intérêt qui exprime les risques de perte ou de manque à gagner liés aux évolutions des différents taux d'intérêt ;

- les risques bancaires examinés dans cette étude sont dès lors limités à deux types de risques : le risque de crédit ou risque encouru lors de la défaillance des clients, et le risque de liquidité exprimant la probabilité de cessation de paiement, généralement liée à une impossibilité de se refinancer aux conditions de refinancement entraînant mécaniquement des pertes ou à l'insuffisance des ressources détenues.

Partant de l'hypothèse d'une part, que les imperfections informationnelles dans la relation de crédit expliquent en partie la montée du risque de défaut de l'emprunteur et d'autre part, que l'incapacité des banques à révéler leur crédibilité aux détenteurs de ressources est à l'origine de la crise de liquidité consécutive à la crise de confiance des déposants dans les banques, l'analyse se propose dans une première partie titrée "La nature des risques et les faillites bancaires" de :

- donner dans le chapitre 1 intitulé "Les risques bancaires", une interprétation théorique aux hypothèses explicatives du risque de défaut de l'emprunteur et de liquidité ;

- procéder à la vérification empirique de ces hypothèses sur les données camerounaises, objet du chapitre 2 qui a pour titre, "La montée des risques, l'insolvabilité et le recul de la crédibilité des banques".

S'interrogeant sur les voies et moyens susceptibles d'aider les banques à mieux maîtriser leurs risques et admettant par ailleurs que ceci passe par la réduction des imperfections informationnelles, la seconde partie intitulée "Internalisation des risques bancaires" a pour objet :

- de présenter dans le chapitre 3 dénommé "Analyse théorique de l'internalisation des risques bancaires", d'un côté, les signaux financiers et les mécanismes incitatifs que propose la théorie financière comme instruments de révélation de la qualité de l'emprunteur et de l'autre, la suspension de convertibilité de dépôt et le système d'assurance-dépôts, tous deux signaux de révélation de la crédibilité des banques ;

- d'identifier à partir d'une étude empirique dans le chapitre 4 appelé "Analyse empirique de l'internalisation des risques bancaires", les signaux financiers et les mécanismes incitatifs susceptibles de révéler la qualité de l'emprunteur d'une part, et le système d'assurance-dépôts pouvant révéler la crédibilité des banques d'autre part.

PREMIERE PARTIE

LA NATURE DES RISQUES ET LES FAILLITES BANCAIRES

Le paysage financier mondial connaît au cours de la décennie 80 de profondes mutations. Parmi les faits qui marquent de leur sceau cet environnement financier figurent la déréglementation financière, la déspécialisation bancaire et la désintermédiation connues sous le phénomène de la globalisation financière. Les implications immédiates de ces phénomènes sont la montée de la concurrence aux banques qui entraîne des répercussions considérables sur leur comportement et leur environnement évolutif.

Dans cet ordre de considérations, on peut mentionner la montée des risques consécutifs à l'élargissement des activités bancaires hors de leur cadre traditionnel. En effet, par souci d'adaptation au nouveau contexte concurrentiel né de la déréglementation, les banques sont amenées à sortir du cadre d'activités familier. Outre l'activité de prêts industriels et commerciaux, celles-ci choisissent de poursuivre une stratégie agressive de conquête des parts de marché et de nouvelles sources de revenu, notamment par l'internationalisation et le développement des activités hors bilan.

Cette diversification des activités conduit la plupart des banques à modifier la structure de leurs actifs dans le sens d'une recherche d'actifs à rendement plus élevé mais plus risqués - cas des junk bonds. Il faut toutefois reconnaître que cette stratégie de gestion qui consiste à privilégier le rendement moyen des actifs au détriment de leur sécurité expose les banques au retournement de conjoncture et se solde par une accentuation du taux de défaillance.

Dans l'ensemble, les activités nouvelles qualifiées d'activités d'intermédiation de marché (B. Courbis, 1987) ou de la nouvelle finance (J. Regniez, 1991), engendrent le développement de nouveaux risques. Il s'agit des risques de marché liés à la volatilité des taux d'intérêt, des taux de change et des cours de bourse. Ils comprennent le risque de taux d'intérêt dont la prise en compte et la gestion deviennent une nécessité eu égard à leur ampleur (Ch. de la Baume, 1988), le risque de change et les risques de cours (B. Keizer, 1991). Dans le même ordre de considérations, on assiste à une exacerbation des risques traditionnels : risque de défaut ou de contrepartie ou de signature lié à l'incertitude sur le comportement de l'emprunteur, risque de transformation ou d'illiquidité imputable entre autres, aux ruées bancaires consécutives aux paniques des déposants.

La conjonction de tous ces effets contribue au recul considérable de la crédibilité des intermédiaires financiers. Ceci est d'autant plus important que l'effort de conquête des parts de marché s'accompagne d'un relâchement d'attention. Ce relâchement s'observe tant au niveau de la qualité de l'emprunteur pour lequel on estime qu'il n'y a eu aucune anticipation des risques de la part des banques - hypothèse de myopie intrinsèque (M. Aglietta, 1992) - qu'au niveau des types d'activités financées - les junk bonds.

Les systèmes bancaires des P.E.D de l'Afrique subsaharienne, en l'occurrence celui du Cameroun, ne sont pas épargnés par cette montée incontrôlée des risques. Qu'est-ce qui peut dans ce contexte être à l'origine de cette flambée de risques ? Dans la perspective de recherche des éléments de réponse à cette question, nous nous proposons dans le chapitre 1 intitulé "Les risques bancaires", de présenter les principales approches théoriques d'analyse des risques ayant conduit à l'insolvabilité et au recul de la crédibilité des banques. Un essai d'analyse empirique de ces risques est examiné au chapitre 2 dénommé, "La montée des risques, l'insolvabilité et le recul de la crédibilité des banques".

CHAPITRE I

LES RISQUES BANCAIRES

Dans l'exercice de ses activités, la banque fait face à plusieurs types de risques. Compte tenu du cadre retenu pour notre étude et eu égard aux hypothèses qui éliminent de notre champ d'investigations les risques de change, des cours des actifs et du taux d'intérêt, la flambée des risques ne concerne dans ce chapitre, que le risque de défaut de l'emprunteur et celui de liquidité. Dans cette optique, nous nous proposons de procéder à une analyse théorique d'une part, des différents facteurs explicatifs de la croissance du risque de défaut et de l'insolvabilité des banques (I) et d'autre part, ceux de la crise de liquidité matérialisée par les ruées bancaires consécutives aux paniques des déposants (II).

I. Le risque de défaut et l'insolvabilité des banques

Le risque de défaut ou risque de crédit appelé encore risque de signature est le risque lié au fait que l'emprunteur ne puisse pas s'acquitter des engagements pris. C'est en quelque sorte l'incertitude sur le comportement des débiteurs quant à leur capacité et leurs aptitudes de payer les intérêts échus sur les prêts ou de rembourser le capital emprunté. Le risque de défaillance met ainsi en cause la qualité du client et pose le problème de sa sélection et de son contrôle. Ce problème est d'autant plus important que les intérêts perçus sur les prêts constituent une fraction importante des recettes d'exploitation de la banque.

Ainsi, toute interruption et tout retard de paiement de ces intérêts sont-ils préjudiciables à la banque car ils détériorent son profit attendu. On comprend dès lors pourquoi l'occurrence d'une telle situation provoque de graves répercussions sur la structure bilancielle des banques, notamment sur leur passif.

En effet, la banque ne cesse pas ses activités à la première apparition du risque de défaillance. En d'autres termes, si la valeur de l'actif baisse consécutivement à la dégradation des créances, la valeur du passif ne baisse pas pour autant[23]. La banque doit continuer à honorer ses propres engagements tels que le financement des retraits de dépôts par exemple.

---

[23] C'est à ce niveau que se situe la différence entre les banques et les fonds communs de placement - OPCVM - où une baisse de l'actif s'accompagne d'une baisse

Toutefois, si les risques de défaut prennent de l'importance comme cela a été le cas ces dernières années, le profit bancaire baisse considérablement. Les pertes ne peuvent plus, *ceteris paribus* être couvertes que par ponction sur les fonds propres. C'est donc la solvabilité des banques qui est mise en danger par celle de ses clients. Le problème de l'insolvabilité des banques est ainsi indissociable de celui du risque de défaut.

De ce fait, les implications du risque de défaut concernent au premier chef le passif bancaire. Sur la question, P. Artus, A. Bauer et F. Lecointe (1991) relèvent que la croissance excessive des risques de crédit est à rechercher dans une gestion plus risquée de l'actif couplée à une altération du passif qui se reflète dans l'augmentation des coûts de ressources. Cet accroissement des coûts de ressources peut être, soit le fait d'une baisse de la part des dépôts à vue non rémunérés et une hausse de celle des dépôts rémunérés, soit celui de la substitution des produits rémunérés au rendement moyen du portefeuille par de nouveaux produits rémunérés à des taux de marché et donc, à coûts d'exploitation élevés mais à profitabilité plus faible.

Dans le cas spécifique du Cameroun et des pays semblables où le risque de défaut a pris une proportion considérable au cours de la décennie sous revue, nous pensons que c'est également une gestion plus risquée de l'actif bancaire qu'il conviendrait de mettre en cause. Toutefois, celle-ci ne résulte pas d'une activité débordante des banques qui les amène à sortir de leur cadre d'activités traditionnel, mais de leur incapacité à apprécier le risque de défaut ou la qualité de l'emprunteur qui trouve son fondement théorique dans un certain nombre de modèles. Pour des besoins d'analyse, et compte tenu de nos hypothèses, les modèles d'approche du risque de crédit sont regroupés en deux grandes catégories[24] :

- les modèles sans asymétrie d'information entre banques et clients ;
- les modèles avec asymétrie d'information entre les deux.

---

proportionnelle du passif. Ce qui pourrait justifier entre autres, la solution de "banque éclatée" que préconisent certains auteurs (L. Bryan, (1989)).

[24] C'est une classification très globalisante qui a l'inconvénient de dissimuler les spécificités des versions très variées dans ce domaine. Pour une classification plus complète des approches du risque de crédit, se reporter à la thèse de Dhafer Saidane (1991).

I.1. L'analyse du risque de contrepartie sans asymétrie d'information

Les modèles d'analyse du risque de contrepartie sans asymétrie d'information traitent ce problème sans tenir compte de l'incomplétude des informations transmises aux banquiers par des emprunteurs et donc, de leur insuffisance pour l'établissement d'une relation de crédit saine, ou à risques minimisés. Ce sont des modèles de gestion de portefeuille. Ils s'intéressent à sa structure optimale et l'hypothèse de base retenue dans les analyses, est sa diversification. Cette diversification porte :

- soit sur l'actif c'est-à-dire la diversification des titres de prêts et du niveau des réserves requises par ces financements (Hester et Pierce (1975), Koskela (1976), Kane et Buser (1979), Niehans (1978)) ;
- soit sur le passif bancaire c'est-à-dire sur l'arbitrage entre fonds propres, dépôts stables et dépôts liquides (Baltensperger (1972 a ; 1972 b), Taggart et Greenbaum (1978), Niehans (1978)) ;
- soit enfin, sur l'actif et le passif simultanément, avec neutralité à l'égard du risque (Klein (1971), Monti (1971, 1972)), ou avec aversion au risque (Parkin (1970), Pyle (1971), Hart et Jaffee (1974)).

Nous ne présentons pas dans le détail ces différents modèles. Toutefois, nous nous attardons quelque peu sur les hypothèses, les résultats et les conclusions des principales contributions qui se sont penchées particulièrement sur le problème du risque de défaillance.

I.1.1. Le choix optimal de la composition du passif bancaire : Baltensperger (1972 a, 1972 b)

Le modèle de choix optimal de la composition du passif est au cœur des travaux de Baltensperger (1972 a, 1972 b) qui s'appuient sur deux hypothèses explicatives de l'insolvabilité des banques :

- la non optimalité de la composition du passif bancaire ;
- l'inadéquation des fonds propres.

En fait, l'idée sous-jacente à ces hypothèses revient à comparer l'endettement et les fonds propres. Aussi, la question consiste-t-elle de savoir si l'endettement est supportable par la banque, et si les fonds propres sont suffisants pour couvrir les risques liés à l'activité de prêts. En effet, fonds propres et endettement constituent les deux sources principales de financement. Leur importance respective doit être mesurée afin de rechercher un bon équilibre entre elles (B. Larrera de Morel (1993)).

Les analyses menées sous ces hypothèses conduisent aux résultats suivants :

1) La probabilité pour qu'une banque soit insolvable est négativement reliée au montant des fonds propres. Ce qui signifie en d'autres termes que si le risque de défaillance augmente, il faudrait augmenter les fonds propres pour réduire le risque d'insolvabilité des banques. C'est sur cette idée qu'est fondé le ratio Cooke de solvabilité, l'une des règles du contrôle prudentiel des banques. Elle vise la recherche d'une adéquation des fonds propres ou la détermination du montant optimal des fonds propres des banques qui minimisent leurs risques de faillite face aux incidents de paiement des clients.

2) La détention des fonds propres fait supporter à la banque un coût d'opportunité. Dans ce sens, la procédure d'optimisation de la quantité minimale de fonds propres à détenir par les banques révèle que ce montant est fonction de la distribution du revenu aléatoire des banques constitué essentiellement, d'intérêts payés par les emprunteurs et du remboursement du capital. Il est montré par ailleurs que ce montant minimal dépend du coût unitaire de détention des fonds propres et du coût d'insolvabilité des banques par unité de fonds propres manquants[25].

De ces analyses et à la lumière des résultats obtenus se dégage la conclusion suivante : pour se prémunir contre le risque de défaut, chaque banque doit déterminer le montant optimal de fonds propres requis. En d'autres termes, elle doit avoir une composition optimale du passif bancaire. Mais suffit-il d'avoir une composition optimale du passif entre dette et fonds propres, ou une adéquation de ceux-ci pour résoudre le problème du risque de défaut ?

Il est évident que la réponse ne saurait être affirmative. Car, outre les reproches traditionnels, notamment le caractère partiel de l'analyse - seul le passif du bilan est examiné - et la non prise en compte des coûts opératoires associés à la gestion des dépôts, il est à noter que la contribution de cette solution à limiter le risque de défaut, son principal avantage, demeure très critiquable.

---

[25] Les fonds propres manquants correspondent à la valeur critique, c'est-à-dire à la valeur minimale du revenu bancaire assurant la crédibilité des banques.

Au total, on retient des analyses du risque de défaut fondées sur l'hypothèse d'adéquation des fonds propres, qu'en s'attaquant aux symptômes du mal plutôt qu'à ses causes, elles évacuent de leur champ d'actions, l'examen d'un certain nombre de facteurs. Il va de soi que sa portée est partielle et limitée. Les extensions de ce modèle de base par Baltensperger (1972 b) tentent de remédier à ceci par la prise en compte :

- de la possibilité de gestion simultanée du risque de liquidité et du risque de défaut ;
- des coûts opératoires associés à la gestion des dépôts de la clientèle ;
- d'un système d'assurance des dépôts ;
- de la différentiation des risques de défaut selon les crédits. Mais ces extensions n'y arrivent que partiellement. En effet, l'hypothèse explicative retenue étant la même dans le modèle de base (Baltensperger (1972 a)) que dans son extension (Baltensperger (1972 b)), les critiques formulées à l'encontre du modèle de base restent pour la plupart valables dans le modèle revu.

Le changement d'hypothèse explicative du risque de défaut adopté par les modèles de choix de portefeuille a-t-il permis de mieux appréhender la question ?

I.1.2. Les modèles du choix de portefeuille : Markowitz (1959)

Le modèle du choix de portefeuille (Markowitz, 1959) est fondé sur l'hypothèse selon laquelle le rendement des actifs suit une distribution normale - loi de Laplace-Gauss. Dès lors, l'une des principales conclusions à laquelle l'analyse conduit s'énonce ainsi : dans un contexte où la banque a un comportement d'aversion envers le risque, une diversification du portefeuille d'actifs conduit par le biais de la mutualisation des risques à leur limitation.

Pour une banque qui cherche à optimiser le couple rendement - risque, sa stratégie devrait être le refus de spécialisation car la pluralité de clients offre des probabilités de défaillance différenciées et décalées dans le temps. Ce qui minimise les chances d'un risque global élevé.

Ainsi est-il souhaitable que la banque ne concentre pas ses prêts sur un même secteur d'activité ou sur un même client. Car, la concentration autant que la spécialisation bancaire engendre un risque maximum quand apparaissent des difficultés[26]. Cette considération est à l'origine de l'introduction du ratio de diversification des risques dans les systèmes de réglementation prudentielle en vigueur actuellement. Mais la diversification des risques comme solution à la défaillance de l'emprunteur peut faire l'objet d'un certain nombre d'observations critiques dans le modèle du choix de portefeuille.

Tout d'abord, le risque de défaut n'y apparaît pas de façon explicite comme dans le modèle du choix optimal de la composition du passif mais plutôt à travers le taux de rendement des actifs. De ce fait, le risque appréhendé plutôt en termes de taux de variabilité de rendement d'un actif à la Markowitz représente davantage le risque des actifs que le risque de défaut. Or, le risque des actifs ne peut être confondu avec le risque de défaut.

Ensuite, analyser le risque de défaut en termes de variabilité du rendement de l'actif conduirait à exiger que pour maîtriser le risque, le banquier maîtrise le facteur déterminant de cette variation, le taux d'intérêt qui est leur prix, ceci en le modulant en fonction du degré de présomption de risque. Or, le caractère d'érogénéité des rendements des actifs financiers dans les modèles de portefeuille, en raison de la non détention du pouvoir de monopole sur les taux d'intérêt par les banques, ne facilite pas la maîtrise de la gestion du risque de défaut.

Enfin, appréhender le risque de défaut en termes de taux de rendement des actifs financiers suppose que ces derniers soient valorisés au prix de marché ; autrement dit, qu'ils soient négociables sur des marchés où ils peuvent même être revendus. Or, les prêts bancaires, objet essentiel du risque de défaut n'ont pas de valeur de marché immédiate. Même la titrisation qui leur confère une telle possibilité nécessite un certain délai.

En somme, la diversification bancaire limite certes le risque global du portefeuille de prêts. Mais elle présente l'inconvénient de diluer l'importance des risques individuels.

Dans le cas de l'économie camerounaise où les banques ont un portefeuille d'actifs financiers faiblement diversifiés, cette hypothèse a-t-elle été déterminante dans la croissance des créances douteuses ?

---

[26] C'est l'effet que l'effondrement du marché de l'immobilier a produit sur les banques américaines et françaises au début de la décennie 90.

Dans ce cas précis, il apparaît que la diversification des risques s'est pratiquement assimilée à la diversification des clients. Elle s'est aussi traduite dans de nombreux cas par une multiplication des risques, les facteurs affinité et pression politique y ayant joué. En effet, ne vaudrait-il pas mieux dans ces cas concentrer les prêts sur une même entreprise qui existe dans la réalité et fonctionne même au ralenti qu'à plusieurs entreprises fictives ?

D'autres analyses tentent à la suite du modèle du choix de portefeuille de base, de combler certaines lacunes. C'est dans ce prolongement que se situe la modélisation de Pyle (1971), Hart et Jaffee (1974). Il y est pris en compte le taux de rendement du passif. La modélisation notamment celle de Pyle (1971) est ainsi fondée sur l'idée de corrélation entre taux de rendement de l'actif et le taux de rendement du passif dans un contexte de concurrence monopolistique. En quoi cet enrichissement du modèle de diversification est-il de nature à mieux expliquer le risque de défaut ?

Sur ce point, il faut dire qu'en raison de la non détention du pouvoir de monopole sur les taux d'intérêt, l'hypothèse de concurrence monopolistique offre un cadre d'analyse plus réaliste que celle du monopole sur les prêts retenus dans le modèle de base. Toutefois, les observations précédentes restent pour la plupart valables sur les principaux résultats obtenus à savoir :

- l'établissement de la corrélation entre le taux de rendement de l'actif pour les banques et le taux de rendement du passif pour les déposants ;

- la mise en évidence de l'interdépendance entre opérations d'actifs et opérations du passif ;

- la détermination de la relation entre taux d'intérêt débiteur et risque de défaut.

Mais, ces résultats éclairent davantage la condition d'une intermédiation - la banque ne collectera de dépôts et ne proposera de crédit que si l'espérance de rendement des emplois excède celle du coût des ressources - qu'ils n'expliquent le risque de défaut.

En définitive, les analyses du risque de défaut sans asymétrie d'information présentent une lacune majeure, celle d'être très partielles car elles évacuent de leur champ d'investigations le comportement de l'emprunteur. Seule l'attitude des banques dans l'allocation, le choix ou la composition du portefeuille est explicitement mise en cause dans l'occurrence du risque de défaillance.

Par ailleurs, ces analyses sont menées dans le cadre de marchés parfaits, c'est-à-dire sous les conditions de validité du théorème de Modigliani et Miller (1958) remis en cause dans de nombreuses contributions récentes (Sealey (1987)[27]. Pourtant, toutes ces analyses s'accordent pour reconnaître que le risque découle de l'incertitude. La recherche des facteurs explicatifs de cette incertitude est plus orientée, ce qui est normal, vers la structure bilancielle des banques. Très peu d'attention est accordée à l'aspect insuffisance de l'information attachée à la notion de doute que recouvre le concept incertitude. C'est cet élément qu'exploitent les analyses qualifiées d'approche avec asymétrie d'information.

I.2. L'analyse du risque de défaut avec asymétrie d'information

Les modèles d'analyse du risque de crédit s'appuient essentiellement ici sur l'hypothèse d'imperfections informationnelles dans la relation de crédit pour expliquer le risque de défaut de l'emprunteur. Cette hypothèse traduit le fait que dans une relation financière en l'occurrence une relation de crédit, toute l'information nécessaire à la conclusion d'un contrat n'est pas transmise du détenteur à l'autre. L'une des parties contractantes généralement l'emprunteur, soit n'a pas la possibilité, soit décide pour des raisons stratégiques qui lui sont propres (J.P. Amigues, 1993) de ne pas dévoiler toute l'information qu'elle possède à l'autre partie, le prêteur. Une telle relation dans laquelle l'un des protagonistes dispose d'une information complète mais ne la fournit pas intégralement à l'autre est caractérisée d'asymétrie d'information.

Le précurseur de cette analyse est G.B. Akerlof (1970) qui fournit un premier modèle dans lequel l'information a une valeur négative. Le marché choisi pour illustrer son modèle est celui des voitures d'occasion. Le fait que la seule différence significative entre le marché des voitures neuves et celui des voitures d'occasion soit bien l'asymétrie d'information sur la qualité du produit, confirme que sur les marchés où cette asymétrie se réalise, l'existence d'un produit de mauvaise qualité

[27] Pour Sealey, la seule existence des intermédiaires financiers suffit à remettre en cause le théorème de Modigliani-Miller.

peut imposer la sortie du circuit des ventes aux produits analogues de bonne qualité. Ainsi, les offreurs de produits de bonne qualité se retireront du marché qui ne peut pas différencier les produits et de ce fait propose un prix correspondant seulement à une qualité moyenne.

Dans cette contribution, G.B. Akerlof (1970) montre ainsi qu'en cas d'asymétrie d'information sur la qualité des produits vendus, un contrat entre acheteurs et vendeurs se caractérise par des effets incitatifs pervers[28] se traduisant par une baisse de la qualité moyenne des produits vendus.

Conformément à l'approche développée par G. B. Akerlof (1970), ce même principe a servi à l'analyse d'autres types de marchés tels que les marchés des assurances (K.J. Arrow (1970)) et des crédits (J. E. Stiglitz et A. Weiss (1981)) sous les termes de sélection contraire et risque moral.

I.2.1. L'hypothèse de la sélection contraire et le risque de défaillance de l'emprunteur

L'hypothèse de sélection contraire ou d'asymétrie d'information ex ante importée de la théorie des assurances de K. J. Arrow (1970) par J.E Stiglitz trouve sa justification dans l'imperfection de l'information possédée par les prêteurs au moment où ils prennent leurs décisions de financement. Il est montré que dans de pareilles situations, le choix du banquier sera nécessairement mauvais car il ne peut observer directement le comportement de l'emprunteur. En d'autres termes, le banquier ne connaît pas le type d'emprunteurs auxquels il a à faire face. Il ne sait pas non plus dans quelle mesure ce dernier est solvable et le taux d'intérêt moyen appliqué peut se traduire par une augmentation du nombre des projets risqués aux dépens des bons projets sur le marché. La probabilité d'un choix contraire s'accroît, compromettant ainsi sa solvabilité.

En effet, le taux d'intérêt moyen exigé des emprunteurs sous-évalue les projets à risque faible et dissuade les entreprises qui les présentent de demander des prêts qu'ils jugent trop coûteux. Les meilleurs projets évincés, il ne reste plus sur le marché du crédit que des projets à risque dont les porteurs acceptent un taux d'intérêt plus important. Il y a donc sélection contraire. Il en résulte un risque de défaut s'expliquant par l'incapacité du prêteur à évaluer convenablement la qualité de

---

[28] Il se crée une dépendance de la qualité du projet vis-à-vis de son prix. Par conséquent, le prix ne suffit plus à donner l'information sur la qualité des produits vendus.

l'emprunteur au moment où il formule sa demande de prêt. Cette impossibilité tient à la principale raison selon laquelle certains paramètres liés à la valeur de l'investissement à financer lui échappent.

Ainsi présentée, l'hypothèse de sélection contraire appelle quelques observations :

1) - le modèle admet implicitement que les mauvais risques sont insensibles aux effets d'un taux d'intérêt moyen élevé. Si ce n'est pas le cas, ils devraient pouvoir également se retirer du marché diminuant ainsi d'après la logique du modèle, la probabilité de la sélection adverse ;

2) - l'hypothèse de sélection contraire suppose par ailleurs un contexte de libéralisation totale, où les banques peuvent moduler aisément le taux d'intérêt débiteur en fonction des risques en présence. Le cas où la fixation du taux d'intérêt ne relève pas des banques n'est pas examiné. Il en résulte que le taux d'intérêt longtemps contrôlé vers le bas par les autorités monétaires de la BEAC, empêche les banques de cette zone monétaire, notamment les banques camerounaises de pratiquer une politique d'éviction à haut risque en élevant le prix de l'offre de crédit ;

3) le modèle révèle qu'un taux d'intérêt débiteur moyen élevé constitue le facteur d'éviction des bons risques du marché et donc de la sélection contraire. Ce qui laisse sous-entendre qu'un taux débiteur modéré ou bas réduit le risque de défaut voire la sélection adverse. Dans ces conditions et compte tenu de la politique des bas taux d'intérêt pratiquée par les autorités monétaires de la BEAC jusqu'au début de la décennie 90, on s'attendrait à une faible probabilité de sélection adverse. Or, cela n'a pas été le cas en raison de l'importance des créances douteuses accumulées pendant la période où cette politique était en vigueur. Ainsi peut-on en déduire que :

- la pratique des taux d'intérêt trop bas a conduit également à une augmentation du risque de défaut. En effet, la facilité d'accès au crédit à laquelle elle a donné lieu peut se traduire par un accroissement des crédits aux opportunistes - financement des projets peu rentables - augmentant ainsi le nombre de crédits risqués et par ce fait la probabilité de sélection contraire ;

- l'hypothèse de sélection contraire accentuée par l'effet d'éviction des bons risques par la pratique d'un taux d'intérêt débiteur élevé se révèle peu pertinente pour expliquer l'accumulation d'importantes créances compromises enregistrées au Cameroun au cours de la période d'analyse retenue. Qu'en est - il du risque moral sur le comportement de l'emprunteur ?

I.2.2. L'hypothèse du risque moral dans l'explication du risque de défaut de l'emprunteur

Le risque moral a pour origine l'incapacité du prêteur à évaluer le comportement futur de l'emprunteur. Cette incapacité conduit de part et d'autre à un certain nombre d'attitudes très préjudiciables à l'insolvabilité du prêteur.

1- Choix discrétionnaire, incohérence et incompatibilité des incitations des prêteurs et des emprunteurs.

La théorie financière révèle que l'incohérence des incitations résulte d'un conflit d'intérêt marqué ici par la préférence prononcée de l'emprunteur pour le risque au contraire du prêteur qui éprouve plutôt une aversion. En effet, comme le contrat de prêt spécifie un paiement à date fixe du débiteur au créancier, l'obligation de l'emprunteur vis-à-vis du créancier est constante. Cette clause suscite des ambitions chez le débiteur et lui donne l'envie de miser haut car, tout ce qu'il retirera en sus de son projet sera un gain pour lui. La tendance est donc de choisir un projet ayant une rentabilité attendue supérieure mais, généralement plus risqué, pour maximiser son gain après remboursement. Ce changement de comportement après l'obtention du crédit est de nature à augmenter le risque encouru par la banque en cas d'échec du projet.

2- L'impossibilité ou l'incapacité du banquier à imposer un choix de projet à l'emprunteur.

Théoriquement, cette hypothèse traduit l'absence d'un contrat incitatif imputable au fait que dans la réalité, comme le font observer Stiglitz et Weiss (1981), le banquier ne peut :

- observer les caractéristiques du projet sélectionné par le client ;

- moduler en conséquence le taux d'intérêt en fonction du risque encouru.

3- Impossibilité de surveiller ou de contrôler l'emprunteur après accord du prêt.

La relation qui lie le banquier à son client est une relation impersonnelle. L'asymétrie d'information banque/client est très prononcée, le banquier ne connaissant son client que sur papier ou à travers les mouvements sur son compte. Pour ces raisons, il n'est pas toujours possible au prêteur d'avoir une idée précise sur l'utilisation qui est faite du crédit obtenu. Ce qui rend la tâche de surveillance ou de contrôle par le banquier pratiquement impossible.

Etant dans l'impossibilité de surveiller l'emprunteur après accord du prêt, l'emprunteur peut adopter un comportement autre que celui affiché lors du contrat de prêt. Disposant en effet d'une marge de manœuvre dans l'utilisation des fonds empruntés, ses ambitions peuvent le conduire dans le sens contraire des intérêts du prêteur. En choisissant par exemple des projets plus risqués que ceux présentés à l'appui de sa demande, l'emprunteur peut éventuellement accroître ses gains, et en même temps les pertes potentielles du prêteur. L'attitude aléatoire de l'emprunteur pose ainsi un problème de moralité qui peut compromettre fortement ses chances d'honorer les engagements prévus dans les clauses du contrat initial.

Au total, l'hypothèse d'aléa moral ou d'asymétrie d'information ex post, tient pour facteur responsable de la croissance du risque de défaut, le fait que la banque ne peut, ni imposer de façon crédible un choix de projet à l'emprunteur, ni surveiller son comportement après accord du prêt.

Ainsi présentée, l'approche en termes d'asymétrie informationnelle a fait l'objet d'un certain nombre d'observations.

Diamond (1984), Fama (1985) et S. Williamson (1986, 1987) relèvent que, associée à d'autres thèses en l'occurrence la thèse de la diversification du portefeuille, l'asymétrie informationnelle conduit à la réduction du coût moyen de surveillance et aux économies d'échelle.

Dans le même ordre d'idées, Leland et Pyle (1977) soulignent que cette hypothèse offre la possibilité pour l'intermédiaire d'avoir un fort levier d'endettement.

Il convient aussi de noter que par rapport à l'approche sans asymétrie informationnelle qui évacue de son champ d'investigations le comportement de l'emprunteur, mettant ainsi en cause la seule attitude des banques dans l'occurrence du risque de défaut, l'approche en termes d'asymétrie informationnelle est plus complète. En effet, à travers ses deux hypothèses de sélection contraire et le risque moral, elle examine les deux aspects du problème.

Par ailleurs, en s'attaquant au facteur du risque de défaut qui n'est rien d'autre que la qualité de l'emprunteur ou celle du projet à financer, l'hypothèse d'asymétrie informationnelle apparaît mieux que d'autres hypothèses, de nature à mieux cerner ce risque.

En résumé, l'approche du risque de défaut de l'emprunteur en termes d'asymétrie informationnelle se révèle pertinente pour expliquer la montée de cette catégorie de risques et l'insolvabilité des banques au Cameroun. Toutefois, en raison du fait que le taux débiteur longtemps contrôlé vers le bas par les autorités de la BEAC, empêche les banques de cette zone de pratiquer une politique d'éviction par les taux, l'hypothèse de sélection contraire apparaît peu opérante dans le contexte de l'étude. Seule l'hypothèse d'aléa de moralité sur le comportement de l'emprunteur est retenue pour justifier, l'accumulation d'importantes créances douteuses qui ont été à l'origine de l'insolvabilité de la plupart des banques camerounaises et des faillites d'un certain nombre d'entre elles.

Mais avant de passer au test de cette hypothèse, il convient de souligner que la montée du risque de défaut n'est pas seule en cause dans la fragilisation des banques. Une part importante de responsabilité incombe à la crise de liquidité dont elles ont fait l'objet. Qu'en est-il exactement ?

II. Le risque de liquidité et le recul de la crédibilité des banques

Le risque de liquidité comme celui du risque du taux d'intérêt résulte de la structure de l'actif comparée à celle du passif du point de vue de la maturité. Aussi, les modèles traditionnels de l'analyse du risque de liquidité ont-ils centré leurs analyses sur le problème de transformation des maturités qui trouve son essence dans l'allocation optimale de l'actif bancaire (II.1). De nombreuses omissions sont relevées dans ces modèles à l'instar de celle qui évacue le comportement même des déposants dans l'occurrence du risque de liquidité. Leur prise en compte conduit les approches actuelles à considérer le problème de liquidité comme étant le fait d'une impossibilité pour les banques de faire face à un retrait massif et imprévu de dépôts par la clientèle, lequel résulte du phénomène des ruées bancaires consécutives aux paniques des déposants (II.2).

II.1. Le risque de liquidité en termes d'allocation optimale de l'actif bancaire

Les premiers travaux consacrés au problème de liquidité bancaire remontent à Edgeworth (1888). Pour lui, le problème de liquidité se pose en termes d'allocation optimale de l'actif de la banque. En d'autres termes, il raisonne en termes de quantité optimale de réserve à détenir par la banque pour faire face aux retraits des déposants. Son analyse s'appuie sur les hypothèses suivantes :

- l'éxogénéité du passif bancaire et en particulier du comportement des déposants. L'idée est ici qu'une des raisons d'être de la banque est d'accepter de façon passive le comportement des déposants considéré comme une donnée pour elle ;

- la fonction principale des banques est la gestion des moyens de paiement et des interactions entre, agents à excédents de ressources et agents à besoins de financement ;

- le bilan des banques est caractérisé par une maturité de l'actif plus longue que celle du passif composé uniquement des dépôts à vue.

Sous ces hypothèses et particulièrement sous l'hypothèse de l'érogénéité du passif bancaire, Edgeworth fait observer que le problème de liquidité qui provient de l'incertitude sur le comportement des déposants, est un problème d'autant plus aigu qu'une part importante du passif des banques est faite de dépôts à vue. Comme ces dépôts doivent être immédiatement disponibles et utilisés comme moyens de paiement - circulation par chèque, virement, prélèvements automatiques, etc. - comme par ailleurs ils dépendent de la seule appréciation par nature inopinée des déposants, ils sont sources de déséquilibre dans les banques.

Ces déséquilibres sont d'autant plus probants que les crédits mobilisent des ressources bancaires pour une durée plus longue. Ainsi, tout retrait par les déposants soulève le problème de la disponibilité des fonds employés et donc de la disponibilité de liquidités suffisantes pour faire face à toute demande de retrait. Si la banque n'a pas assez de liquidité pour faire face aux retraits, elle a donc un problème de liquidité. Pour lui, la résolution du problème de liquidité passe par la détermination de la quantité optimale des réserves liquides (R), que la banque doit détenir pour pallier l'incertitude sur le montant des retrais des déposants.

Si le bilan des banques se résume comme indiqué à l'hypothèse, tout le problème revient à chercher dans la structure de l'actif de la banque, une proportion optimale entre les crédits (L), les titres (B) et les réserves liquides immédiatement disponibles (R).

Ces idées sont complétées, améliorées et modélisées au cours des décennies 60 et 70 par les travaux de Orr et Melon (1961)[29], Poole (1968), Modigliani, Rasche et Cooper (1971), Cooper (1971), Frost (1971)[30] et surtout le modèle de Klein (1971), considéré dans cette lignée de pensée comme l'une des références les plus complètes.

II.1.1. Le modèle de Klein (1971)

Le modèle de Klein est considéré comme le modèle de base de l'allocation optimale de l'actif bancaire. On commence par le présenter (II.1.1.1) avant d'examiner ensuite sa portée (II.1.1.2).

II.1.1.1 Présentation du modèle

Pour mener son analyse, Klein s'appuie sur un certain nombre d'hypothèses (1) qui fondent sa formulation (2).

1- Les hypothèses du modèle

Aux hypothèses du modèle de Edgeworth qui restent pour la plupart valables ici, il convient d'ajouter celles-ci :

- la taille du bilan de la banque est une donnée exogène ;

- l'objectif de la banque est la maximisation de son espérance de profit (π), ou de l'espérance de rendement de ses fonds propres (π/K ; K étant les fonds propres) ;

- l'actif bancaire est composé de réserves (R), des actifs rémunérés (A) comportant les titres publics (B) et les prêts (L) ;

- le passif bancaire comporte les dépôts à vue (D_1), les dépôts à terme (D_2) et les fonds propres (K).

Dans ce modèle, Klein suppose que D_1 est rémunéré au taux r_1 et D_2 au taux r_2, les deux taux étant fixés par la banque et non résultant d'un

---

29 D. Orr et W. G. Mellon (1961), "Stochastic reserve loans and expansion of bank credit", *American Economic Review* 51, sept, 614-623.

30 P. A. Frost, (1971), "Bank's demand for excess reserves", *Journal of Political Economy* 79, july aug, 802-825.

mécanisme de marché. Mais rien n'est dit sur la fixation de r_1 et r_2. Est-ce au coût marginal, au coût moyen ?

Par ailleurs, r_1 et r_2 sont fonctions croissantes du volume des dépôts, soit,

$r_1 = r_1 (D_1) \qquad r'_1 (D_1) > 0$

$r_i = r_i (D_i) \qquad r'_i (D_i) > 0$

La banque est preneuse de prix (price-taker) par rapport au taux sur les titres (r_B). Il y a donc concurrence parfaite sur le marché des titres publics et r_B s'impose à la banque. Il est admis aussi que l'offre des titres publics au taux r_B est infiniment élastique et qu'à ce taux, la banque peut acheter la quantité désirée de titres sans limitation.

- La banque est en situation de concurrence monopolistique sur le marché des prêts (L), et elle fixe le taux (r_L) qui est fonction décroissance du volume de prêts :

$r_L = r_L(L) \qquad r'_L(L) < 0$

- les réserves R ne sont pas rémunérées.

- La banque a une connaissance incertaine de la distribution de probabilité des retraits de dépôts par la clientèle dans le futur. Elle ne peut que se fonder sur sa connaissance du passé pour faire de l'extrapolation. Ce qui est un processus d'estimation subjectif et sujet aux erreurs pouvant conduire à plus de retraits des dépôts que ceux attendus.

Soit X, l'excédent de retraits de dépôts. X est une variable aléatoire dont la fonction de densité de probabilité f(X) exprime la distribution des retraits aléatoires. Si $X > R$, la banque est en situation d'illiquidité. Elle doit prendre des mesures correctives sous peine de difficultés importantes. Pour ce faire, elle doit réagir en restructurant son bilan. Cela entraîne un coût (ρ) proportionnel au montant de l'insuffisance des réserves. À cet égard, elle peut :

- vendre des titres publics qu'elle a en portefeuille car, il existe un marché secondaire où elle peut revendre les titres publics sans difficulté. C'est un marché où les prix sont cotés de façon continue, un marché qui assure une grande liquidité aux titres échus. Le portefeuille des titres de la banque apparaît ainsi comme une réserve secondaire de liquidité ;

- ne pas renouveler les prêts arrivés à échéance pour faire l'économie dans l'emploi des fonds dont elle dispose. Mais la vocation d'une banque n'est pas de diminuer son fonds de commerce, acte qui peut conduire au "credit crunch" ;

- emprunter des liquidités directement auprès de la banque centrale. Ce qui va conduire à l'apparition au passif d'un poste supplémentaire qui est le refinancement (RF). Or, ajouter RF au passif signifie nécessité d'ajuster l'actif ; ce qui va à l'encontre de l'hypothèse d'éxogénéité du bilan de la banque. Même si la banque revend les titres, r_B ne peut être contrôlable par la banque car c'est un prix de marché.

C'est sur la base de ces hypothèses que Klein (1971) formule son modèle.

2- Formulation du modèle et résultats

Klein montre que si C désigne le coût anticipé associé au risque d'illiquidité, alors il s'exprime par la formule

$$C = \rho \int_R^M (X - R)\, f(X)\, dX \qquad (1)$$

ρ : coût d'ajustement nécessaire du bilan en cas d'illiquidité ;

R : montant des réserves effectivement détenues ;

M : retrait maximum de dépôt auquel la banque assigne une probabilité nulle.

L'existence des réserves entraîne une diminution du coût anticipé d'illiquidité de la banque, soit

$$\rho \int_R^M (X - R)\, f(X)\, dX \; < \rho \int_R^M X\, f(X)\, dX \qquad (2)$$

Détenir des réserves implique un coût d'opportunité moindre par rapport à une situation d'absence de réserve. Cependant, détenir des réserves comporte un coût pour la banque car, ce sont des actifs non rémunérés. De plus, détenir des réserves liquides empêche la banque de placer un montant équivalent de fonds soit en prêt, soit en titres publics. En d'autres termes, la détention des réserves liquides comporte un coût d'opportunité de valeur égale à r·R où r est le coût d'opportunité de détention des réserves. De même, la détention de réserves permet d'éviter l'illiquidité. En particulier, un franc de réserve supplémentaire permet d'éviter un certain coût moyen d'illiquidité égal à :

$$\frac{dC}{dR} = C'_R = -\rho \int_R^M f(X)\, dX \qquad (3)$$

On en déduit le volume optimum de réserve que la banque doit détenir, en minimisant le coût total net de la détention des réserves :

$$r - \rho \int_R^M f(X)\,dX = 0$$

$$r = \rho \int_R^M f(X)\,dX \qquad (4)$$

A l'optimum, la banque doit choisir un volume de réserves tel que la probabilité d'une insuffisance de réserve soit juste égal au rapport $\frac{r}{\rho}$. La solution du modèle s'obtient en maximisant le profit (π) de la banque sous contrainte de l'équilibre du bilan, soit :

Max $E(\pi) = r_B(B)B + r_L(L)\,L - r_1(D_1)\,D_1 - r_2(D_2)\,D_2 - C(\rho, R, f(x))$ (5)

sous contrainte du bilan : $R + B + L - D_1 - D_2 = 0$

Les conditions du premier ordre du Lagrangien formé donnent :

$$r_B = \begin{cases} r'_L\,(L)\,L + r_L\,(L) \\ r'_1\,(D_1)\,D_1 + r_1\,(D_1) \\ r'_2\,(D_2)\,D_2 + r_2\,(D_2) \\ \rho \int_R^M f(X)\,dX \end{cases} \qquad (6)$$

Les principaux résultats auxquels conduit cette démonstration sont les suivants :

1) À l'optimum, les taux d'intérêt déterminés par les banques (r_1, r_2, r_L) sont seulement fonction du taux de rendement des titres publics, c'est-à-dire du seul taux d'intérêt pour lequel la banque est en situation de concurrence parfaite. En d'autres termes, le taux d'intérêt moyen des crédits devra égaler le taux de rendement des titres publics. Ce qui établit une situation de substituabilité forte entre titres publics et prêts bancaires. Cela signifie qu'il existe deux modes de financement alternatifs : émission des titres ou recours au prêt bancaire. Le financement par prêt bancaire est équivalent au financement par émission des titres sur le marché des capitaux. Cette affirmation ne tient que si le marché des capitaux et des prêts bancaires est monopolistique, où les banques fixent les taux d'intérêt. Or, aujourd'hui, les marchés sont très concurrentiels, ce qui signifie que ces types de financement ne sont pas équivalents. Il faut faire une distinction entre titres et prêts.

2) Le coût moyen d'illiquidité égal au taux des titres publics lui-même égal au taux des crédits signifie qu'il y a une relation de substituabilité entre les réserves et les titres publics. Ainsi, si les retraits sont plus aléatoires qu'avant, la banque doit augmenter R en diminuant de façon équivalente son portefeuille d'actifs rémunérés. Comme par hypothèse la taille du portefeuille est constante, pour augmenter R, il faut diminuer les titres publics.

En définitive, la variation du volume des dépôts et donc des retraits entraîne une baisse du volume des actifs rémunérés, c'est-à-dire du portefeuille des titres publics, en laissant constant le volume de prêts distribués trop rigides pour être ajustés, surtout qu'il n'existe pas de marché secondaire des crédits.

Ainsi présentées, les analyses de Klein (1971) ont fait l'objet d'un certain nombre d'observations diminuant leur portée.

II.1.1.2 Portée et limites du modèle de Klein (1971)

L'analyse de Klein se démarque considérablement de celle de Edgeworth. En effet, par rapport au modèle de Edgeworth, Klein fait la distinction entre dépôt à vue D_1 et dépôt à terme D_2. Toutefois, les analyses ne prennent pas en compte l'influence de la structure de dépôt dans la fonction de densité de retraits f(X). L'idée développée ici s'appuie sur le fait que la fonction de densité de probabilité de retrait f(X) ne dépend pas que du montant total des dépôts mais aussi de la structure de dépôt répartis en dépôts à vue (DV) et dépôts à terme (DT). Si cette structure se modifie en faveur des dépôts à vue, comme ils sont plus volatiles que les dépôts à terme, la banque doit augmenter encore plus ses réserves R. À contrario, elle doit convaincre les déposants de détenir les dépôts à terme plutôt que les dépôts à vue pour réduire le volume de liquidité en réserve.

Certaines hypothèses émises sur le comportement des banques sont en porte-à-faux avec le comportement bancaire affiché. En particulier, l'hypothèse de concurrence sur le marché de dépôt tombe. Dans son modèle en effet, Klein suppose que D_1 est rémunéré à r_1 et D_2 à r_2, les deux taux étant fixés par la banque et non résultant d'un mécanisme de marché. Ceci est contradictoire avec l'hypothèse de concurrence admise sur le marché de dépôt car, fixer r_1 et r_2 suppose un monopole de la banque sur le marché de dépôt.

De même, quand on fait recours à l'hypothèse de marché des dépôts concurrentiels, le problème du risque de liquidité ne devrait plus se poser, car l'intermédiaire financier peut se procurer des réserves à tout moment.

Par ailleurs, l'analyse de Klein ne prend pas en considération les réserves obligatoires, l'un des instruments de la politique monétaire en vigueur. En effet, les analyses de Baltensperger (1972 a, 1972 b) montrent que l'existence des réserves obligatoires (RO) et les dispositifs qui les accompagnent changent la formalisation du modèle. Mais les conditions d'optimalité sont semblables sauf que le coefficient d'ajustement du bilan ρ est multiplié par la probabilité qu'un manque de réserves obligatoires survienne en plus d'un manque de liquidité pour faire face aux retraits imprévus.

Klein n'a pas envisagé la possibilité pour la banque de collecter des informations sur les habitudes des déposants pour mieux évaluer la probabilité de retrait. Certes un coût y est associé mais la banque peut s'attendre à une baisse de la dispersion de la fonction de densité de probabilité des retraits aléatoires. Si cet investissement en information est productif, le montant des réserves liquides nécessaires est bas, entraînant une économie sur les coûts d'illiquidité, laquelle va permettre de payer les coûts entraînés par la collecte des informations.

Ces observations sont le point de départ des travaux d'extension du modèle de base de Klein (1971). Ces différentes extensions modélisées par Knobel (1977)[31], Baltensperger (1972a, 1972b, 1974), ont fait l'objet d'une revue de littérature dans la contribution de Baltensperger (1980) puis dans celle de Santomero (1984). Mais la référence la plus marquante dans ces travaux d'extension est celle de Baltensperger (1972a, 1972b).

II.1.2. Le modèle Baltensperger (1972a, 1972b)

Dans ses différentes contributions, Baltensperger (1972a, 1972b, 1973[32]) analyse à la fois les deux côtés du bilan de banque à travers :

---

[31] A. Knobel, (1977), "The demand for reserve by commercial banks", *Journal of Money, Credit and Banking* 9, Fév, 32-47.

[32] E. Baltensperger, (1973), Optimal bank portfolio : the liability side, Jahrbücher für nationaläkonomie und statistik 187, 147-160.

- le modèle d'allocation optimale du passif bancaire ou le modèle du choix optimal de la composition du passif bancaire Baltensperger (1973). Dans cette contribution, il se penche davantage sur le risque de défaut de l'emprunteur[33] et détermine une valeur critique du revenu bancaire qui assure la solvabilité des banques et le montant maximum des fonds propres que la banque peut se permettre avant de cesser son activité ;

- le modèle de gestion des réserves bancaires de Baltensperger (1972a, 1972b) qui est présenté ici.

II.1.2.1 Présentation du modèle

Dans ce modèle de gestion des réserves bancaires, la plupart des hypothèses du modèle de base restent valables. Mais l'analyse est enrichie en intégrant le coût d'ajustement du bilan (1), les réserves obligatoires (2) et les coûts de collecte des informations sur le comportement des déposants (3).

1) Prise en compte du coût d'ajustement du bilan

Il est supposé ici que l'occurrence d'une défaillance de liquidité, situation où les retraits X excèdent les réserves R (X>R), occasionne un certain coût d'ajustement pour la banque. Pour simplifier, Baltensperger admet que ce coût d'ajustement est proportionnel au volume du manque de réserves nécessaires pour faire face aux retraits. Si p est le facteur de proportionnalité (coût par unité monétaire) et r le taux d'intérêt sur les prêts, le coût d'opportunité de détention des réserves est égal à rR et le coût de liquidité est :

$$\int_R p\,(X-R)\,f(X)\,dX \qquad (7)$$

Détenir des réserves implique un coût d'opportunité r > 0 mais aussi un coût marginal de liquidité $L_R = -p\int_R f(X)\,dX < 0$.

L'optimisation exige la minimisation de la somme des deux coûts marginaux. Ce qui revient à égaliser le coût marginal d'opportunité et le coût marginal de liquidité, soit,

$$r = p\int_R f(X)\,dX \qquad (8)$$

---

[33] Cf. Chapitre 1, I.1.1.

impliquant :

$$\frac{r}{p} = \int_R f(X)\, dX \qquad (8')$$

La relation (8′) signifie que la banque doit choisir un niveau de réserves tel que la probabilité de défaillance en réserves ($\int_R f(X)\, dX$) soit juste égale au ratio r/p. Comme Poole (1968[34]), Baltensperger (1980) montre que pour une distribution de probabilité symétrique (E(X) = 0), la condition (8′) implique que p > 2r.

2) Prise en compte des réserves obligatoires

Baltensperger (1972) enrichit aussi l'analyse par l'introduction des réserves obligatoires. L'idée défendue ici est que les réserves obligatoires ont pour effet de réduire la valeur critique de retrait X à partir de laquelle, le manque de réserves et le coût d'ajustement correspondant apparaissent. Il souligne que si les réserves obligatoires sont des réserves qui, à la fin de la période, doivent être au moins égales à une proportion spécifique k de dépôt (D-X), le manque de réserves apparaît lorsque :

$$R\text{-}X < k\,(D\text{-}X)\ ;\ \text{or}\ X > (R - kD)(1\text{-}k) \equiv \bar{X}.$$

Dès lors, s'il y a manque de réserves, son volume est :

$$X(1\text{-}k) - (R\text{-}kD) = (X - \bar{X})\,(1\text{-}k)$$

Le coût de liquidité attendu est donc :

$$\int_X p\left[X(1-k) - R + kD\right] f(X)\, dX \qquad (9)$$

Le coût marginal obtenu par dérivation est :

$$-L_R = p \int_X f(X)\, dX \qquad (10)$$

L'optimalisation exige aussi l'égalisation du coût marginal d'opportunité (r) et du coût marginal de liquidité ($p \int_X f(X)\, dX$), soit :

[34] W. Poole, (1968), "Commercial bank and reserve management in an uncertain world : implication for the monetary policy", *Journal of Finance* 23, Dec., 769-791.

$$r = p \int_{\bar{X}} f(X)\, dX \qquad (10')$$

Le résultat (10′) montre que la prise en compte de réserves obligatoires réduit la valeur critique du manque de réserves pour faire face au retrait, car la probabilité de défaillance en réserves ($\int_{\bar{X}} f(X)\, dX$) est maintenant donnée par la possibilité que X excède $\bar{X}$ et non plus que X excède R.

3) Prise en compte du coût de collecte des informations sur les déposants

Dans la lignée des travaux de Aigner et Sprenkler (1968)[35], Baltensperger (1972b[36], 1974[37]) et Baltensperger et Milde (1976)[38] admettent par hypothèse que les banques qui dépensent les ressources pour collecter les informations sur leur clientèle peuvent réduire le taux de défaut attendu, conduisant ainsi à un gain sur son activité de collecte d'information.

Pour démontrer cela, les auteurs partent des déterminants de la distribution des retraits f(X) et du résultat selon lequel, les réserves optimales sont fonction des paramètres r et p et de la distribution des retraits f(X). Pour simplifier, ils admettent d'une part, que la distribution est symétrique (E(X) = 0) et d'autre part, que les réserves optimales sont un multiple b de l'écart- type de X, b étant déterminé par le ratio r/p.

$$R = b\, \sigma_X \qquad (11)$$

Ils concluent que l'information sur les habitudes des déposants réduit la variance de la distribution de retrait qui réduit à son tour les coûts de réserve R.

---

[35] D. J. Aigner et C. M. Sprenkler, (1968), "A simple model of information and lending behaviour", *Journal of Finance* 23, march, 151-166.

[36] E. Baltenspenger; (1972b), "Cost of banking activities.Interactions between risk operating cost", *Journal of Money, Credit and Banking* 4, august, 595-611.

[37] E. Baltenspenger, (1974), "The precautionary demand for reserves", *American Economic Review* 64, march 205-210.

[38] E. Baltenspenger et H. Milde, (1976), "Predictability of reserves demand, Information cost and portfolio behaviour of commercial bank", *Journal of Finance* 31, june, 835-843.

En intégrant dans ses analyses un certain nombre d'éléments pertinents non pris en considération dans le modèle de base de Klein (1971), le modèle de Baltensperger (1972a, 1972b) est plus complet et a une portée plus réaliste.

II.1.2.2 Portée et limites du modèle de Baltensperger (1972a, 1972b)

Le modèle de Baltensperger (1972a, 1972b) a répondu à la plupart des observations soulevées par le modèle de Klein, mais certaines demeurent. En particulier :

1) L'hypothèse de l'exogénéité du passif bancaire prévaut encore dans ses analyses.

2) Bien que Baltensperger examine aussi l'autre coté du bilan bancaire, notamment le passif dans le cadre de l'analyse du risque de défaut de l'emprunteur et donc du risque d'insolvabilité des banques, son approche demeure une approche séparée, actif d'un coté, passif de l'autre. Les extensions du modèle de Baltensperger envisagent un modèle de gestion conjointe du risque de liquidité et de défaut.

3) Comme dans le modèle de base, son analyse admet aussi un seul type d'actifs rémunérés des banques.

Ces réserves et bien d'autres omissions contribuent à réduire la portée générale des modèles du risque de défaut en termes d'allocation optimale de l'actif bancaire.

II.1.3. La Portée critique des modèles du risque de liquidité en termes d'allocation optimale de l'actif bancaire

Les modèles de gestion du risque de liquidité en termes d'allocation optimale de l'actif et centrés essentiellement sur la gestion des réserves des banques, ont fait l'objet d'un certain nombre d'observations critiques :

1) Concernant les critiques relatives aux hypothèses, il est à noter en particulier que l'hypothèse d'exogéneité du passif bancaire et donc du comportement des déposants est critiquable à un double point de vue :

- les banques peuvent à travers une politique de taux d'intérêt appropriée et des incitations, exercer une influence sur le comportement des déposants ;

- le problème de liquidité n'est pas lié exclusivement à l'actif de la banque. La structure du passif détermine aussi la structure optimale de l'actif dans la mesure où plus la part des dépôts à terme dans le passif bancaire est importante, moins la banque a besoin des réserves.

2) Il est également supposé dans ces modèles que les banques détiennent un seul type homogène d'actifs rémunérés. Cette simplification est abusive car dans la réalité, les banques possèdent une gamme diversifiée d'actifs financiers rémunérés. Cette critique est au centre d'un certain nombre de contributions (Parkin (1970), Pyle (1971), Hart et Jaffee (1974) et Koehn et Santomero (1980)) se situant dans la lignée des travaux de Markowitz (1959) développés dans la théorie générale du portefeuille.

3) Il est reproché aussi à ces modèles de négliger complètement les coûts réels des ressources des banques. Parmi les principales contributions qui considèrent que cet aspect est au centre de toute analyse du rôle et du comportement des banques dans le système financier, il faut mentionner celles de Pesek (1970), Saving (1977) Towey (1974), Sealey and Lindley (1977), Baltensperger (1978). Ces modèles expliquent la taille et la structure du passif des banques purement en termes de coût réel qu'il génère.

4) L'autre faiblesse de ces analyses est de réduire la gestion du risque de liquidité à la seule gestion des réserves. Or, dans la réalité, la gestion du risque implique aussi la gestion de trésorerie qui revêt aussi une grande importance.

5) Les analyses en termes d'allocation optimale de l'actif bancaire confinent le rôle des banques seulement dans le simple rôle de transformateur de liquidité, rôle qui, mal joué, conduit au risque de liquidité. Ce faisant, elles ne prennent pas en compte le degré de liquidité des composantes du bilan. Il est montré qu'un intermédiaire financier peut prêter et emprunter des fonds qui ont le même degré de liquidité à condition que le marché de ces fonds soit complètement concurrentiel. La banque peut ainsi modifier le degré de liquidité des composantes de son bilan pour réduire son risque de liquidité quelle que soit la maturité de ses actifs. En particulier, les banques détenant les titres négociables arrivent à réduire leurs risques de liquidité quelles que soient les maturités de ceux-ci. Ceci signifie que le problème du risque de liquidité

se pose aussi en dehors de la transformation des ressources à court terme en emplois à long terme.

6) Ces analyses paraissent largement dépassées dans le contexte économique actuel pour deux raisons :

- elles isolent les problèmes de liquidité de la solvabilité des banques. Or, il apparaît aujourd'hui que les problèmes de liquidité isolés des difficultés liées à la solvabilité des banques ne se posent plus vraiment, cela grâce aux marchés de dépôts concurrentiels et à l'activité de placement des banques sur ces marchés. Ainsi, en émettant les certificats de dépôt, les banques n'ont plus de difficulté à trouver les dépôts supplémentaires. De même, avec la possibilité d'accéder au marché obligataire, le risque de liquidité est éliminé dans la mesure où la banque peut y trouver des ressources nécessaires, mêmes des ressources à long terme par nature très stables ;

- elles semblent également isoler le problème de liquidité des banques du reste de l'économie. Dans cet ordre de considérations, Santomero (1984) note en particulier que cette manière étriquée de voir les choses évacue du champ de l'analyse le comportement des déposants qui effectuent des retraits. Etant donné la nature interdépendante du comportement des déposants, la crise de liquidité bancaire doit s'analyser comme une impossibilité pour les banques de faire face à un retrait massif et imprévu des dépôts par la clientèle. De plus, la non prise en compte du comportement des déposants signifie non prise en compte des phénomènes tels que les paniques, les ruées bancaires et de contagion. Ces phénomènes revêtent de nos jours non seulement une importance significative dans la gestion des fonds à court terme des banques, mais aussi la théorie des paniques et ruées bancaires est considérée actuellement comme la seule dimension qui reste importante dans l'analyse des problèmes de liquidité des banques. Pour toutes ces raisons, c'est cette théorie que nous avons retenue pour l'explication de la crise de liquidité bancaire dans notre étude.

II.2. Le risque de liquidité en termes de ruées et paniques bancaires

L'illiquidité des banques, l'un des importants facteurs explicatifs de la crise et des faillites bancaires des dernières décennies, résulte pour une part appréciable des ruées bancaires consécutives aux paniques des déposants.

Dans un récent article consacré à une revue de littérature sur l'analyse des fondements microéconomiques du concept de paniques bancaires et des ruées qui en découlent, F. Marini (1992) définit les paniques comme une perte soudaine de confiance de la part des déposants en la capacité de leurs banques à faire face à toutes les demandes de retrait. Elles se manifestent concrètement par le phénomène de courses aux dépôts suivies de longues files d'attentes aux guichets des banques.

Ces ruées, signe prémonitoire, autrement dit une manifestation publique d'une crise de liquidité, trouvent leur origine dans l'incoordination des comportements des protagonistes. Effet, on présente généralement les paniques comme le fait d'un jeu du hasard découlant de l'incoordination des comportements du banquier et des déposants. Cette incoordination peut être liée soit au jeu stratégique des déposants, soit à des asymétries d'information entre banquiers et déposants, soit à des caractéristiques structurelles et réglementaires du système bancaire. La littérature financière (F. Marini (1992)) distingue trois grandes approches dans l'analyse du concept de panique bancaire :

- l'approche par les comportements stratégiques des déposants (D. Diamond - Dybvig (1983), L. Anderlini (1986, 1989)) ;

- l'approche en termes d'asymétrie d'information des déposants sur la rentabilité des actifs bancaires (John Bryant (1980, 1981)) ;

- l'approche en termes de contagion interbancaire des ruées des déposants, ou encore de réactions en chaîne et propagation des faillites dans l'ensemble du système bancaire et financier (Donalson (1988)).

Pour les besoins d'analyse, ces différentes interprétations sont regroupées en approches en termes de comportements irrationnels (II.1), et rationnels (II.2).

II.2.1. L'irrationalité de comportement dans les ruées et paniques bancaires

On doit l'interprétation du phénomène des ruées bancaires en termes d'irrationalité de comportement à des auteurs comme, J. Guttentag et R.J. Herring (1986), A.K. Jain et S. Gupta (1987), H. Minsky (1982), C.

Kindleberger (1994), J. K. Galbraith (1992). Ces auteurs soutiennent que les ruées bancaires résultent d'un comportement irrationnel tant du côté des banques (II.2.1.1), que de celui de sa clientèle (II.2.1.2).

II.2.1.1 La myopie des banques face au désastre : le modèle de M. Aglietta (1992)

L'expression "myopie des banques face au désastre" est celle qui revient très couramment depuis le vaste mouvement de déréglementation bancaire des années1980, pour décrire un type de comportement affiché par les banques tant dans le choix de la qualité des emprunteurs que dans la décision d'allocation de leur portefeuille. A.K. Jain et S. Gupta (1987) préfèrent d'ailleurs plutôt le terme, "comportement moutonnier" ou "herding behavior" pour caractériser une telle attitude.

Mais qu'il s'agisse de l'une ou de l'autre expression, pour ces auteurs, c'est l'aveuglement ou l'attitude irréfléchie des banques face aux risques qui est à l'origine des ruées. Il existe dans la littérature financière un certain nombre de modèles qui examinent le comportement irrationnel des banques en rapport avec les crises financières (J. Guttentag et R. Herring (1984a, 1984b 1986), A.K. Jain et S. Gupta (1987)). Ces analyses utilisent un modèle de comportement collectif pour montrer comment la rationalité individuelle des banques conduit à des effets de seuils dans l'offre globale de crédit, lesquels peuvent entraîner des crises financières. On va présenter ces analyses en s'inspirant davantage du modèle de M. Aglietta (1992)) qui se situe dans la lignée de ces travaux et s'appuie sur un certain nombre d'hypothèses explicatives.

1) L'aveuglement des banques face aux risques pris est principalement imputable à la concurrence accrue dans l'industrie bancaire des banques et des non banques, suite au mouvement de déréglementation financière des années 1980.

2) Sous l'aiguillon de cette concurrence, les banques sont amenées plus ou moins involontairement à sortir de leur cadre d'activités traditionnelles de collecte et d'affectation des ressources, pour se lancer dans la conquête des parts de marché (M. Aglietta (1992)).

3) Dans cette compétition pour accroître leurs parts de marché, les banques adoptent un comportement irréfléchi dans leur prise de risques car :

- mues par la volonté de récupérer leurs marges[39] et animées par les faux espoirs de liquidité, les banques ne se préoccupent plus de la qualité de leurs emprunteurs, et encore moins de la rentabilité des actifs ;

- les banques concurrentes sont amenées à concentrer les crédits sur un même groupe de pays ou sur les mêmes emprunteurs dont la solvabilité est sujette à caution ;

- la décision explicite d'une banque relative au choix de ses emprunteurs ou à l'allocation des crédits ne dépend plus des critères de gestion et de rentabilité appropriés. Mais elle dépend davantage et uniquement de la décision d'allocation de portefeuille des autres banques.

En d'autres termes, chaque banque décide d'accorder de nouveaux prêts en fonction du montant des prêts accordés précédemment par l'ensemble des banques car, ce nombre est pris comme signal de la qualité des débiteurs. Il apparaît dès lors, que l'accroissement du montant global des prêts incite les banques à accorder de nouveaux prêts. Pour de nombreux observateurs, cette attitude irrationnelle des banques s'apparente à un instinct ou à un comportement de "moutons de panurge".

Les conséquences de cet ensemble de facteurs sont fatales pour les banques et pour tout le système. En particulier, M. Aglietta (1992) utilise un modèle de comportement collectif pour montrer comment la rationalité individuelle des banques conduit à des effets de seuils dans l'offre globale de crédit, lesquels peuvent entraîner des crises financières.

Quoiqu'il en soit, l'aveuglement et la prise excessive des risques rendent le portefeuille d'actifs bancaires plus risqué, fragilisant du coup la situation financière des banques. Le recul de leur crédibilité qui en résulte se solde par une perte de confiance dans le système, suivie d'une panique et d'une course à la liquidité conduisant à une tension aiguë de trésorerie.

L'approche basée sur la myopie des banques face au désastre comme hypothèse explicative des ruées bancaires appelle quelques observations.

1) Elle a le mérite de mettre en exergue les facteurs relatifs à la mauvaise qualité des actifs bancaires et à l'attitude irréfléchie des banques dans leur prise de risques.

---

[39] Ce, en dépit du fait que les emprunteurs aient eu besoin de nouveaux crédits pour couvrir les intérêts de leurs obligations de paiement, E.P. Davis (1991).

2) Bien que la perte de la crédibilité des banques soit la cause proche ou "causa proxima" des paniques et des ruées, l'approche privilégie la cause lointaine ou "causa prima" c'est-à-dire l'attitude irraisonnable des banques. Pourquoi accorder dans l'explication des paniques et des ruées, une telle importance à la "causa prima" dès lors que la "causa proxima", assez déterminante en soi, peut ne pas être unc conséquence ou un effet de l'attitude irraisonnable des banques ?

3) Le fait de ne retenir que la cause lointaine des ruées rend la détermination de leur origine difficile. En effet, à partir de quand les banques deviennent-elles aveugles face au désastre ? Il n'est pas aisé de le savoir. Aussi les ruées apparaissent- elles dans cette approche comme des phénomènes imprévisibles. C'est à la même conclusion que conduit l'examen du comportement spéculatif des investisseurs épargnants.

II.2.1.2 Les euphories spéculatives : le modèle de C. Kindleberger (1978, 1994)

L'hypothèse d'euphories spéculatives dans l'explication des crises financières en général, constitue la thèse principale dans l'approche des crises financières en termes de "dette et de fragilité financière". C'est l'approche développée initialement par I. Fisher (1933), puis affinée par H. Minsky (1982), C. Kindleberger (1978 ; 1994), et J.K Galbraith (1992).

Pour ces auteurs, les crises financières, les paniques, les ruées et les krachs apparaissent au tournant d'un cycle économique et sont le résultat d'une orgie de spéculation financière (C. Kindleberger (1994). En d'autres termes, c'est la folie des hommes matérialisée par l'appétit démesuré de richesse ou par l'ivresse de la fortune, aiguisé par le boom pendant la phase d'expansion d'un cycle économique, qui dégénère en ruée, voire en panique bancaire. Aussi, les crises financières en général et les ruées bancaires en particulier sont-elles considérées comme une réponse à de précédents excès.

Les thèses de H. Minsky (1982) et C. Kindleberger (1978 ; 1994), exposées ici, s'inspirent du modèle conçu à partir des premières théories des économistes classiques (A. Smith, J. Stuart Mill, A. Marshall, K. Wicksell, I. Fisher) sur les excès d'échanges débouchant sur un revirement complet de situation - révulsion - ou revolving, et une perte de crédit ou discrédit.

Dans le modèle de H. Minsky (1982), l'hypothèse de l'instabilité du système de crédit est au centre des débordements qui débouchent sur les difficultés financières car :

1) Il se traduit par l'expansion du crédit bancaire conduisant aux excès d'endettement ou surendettement contracté notamment pendant la phase ascendante du cycle, pour financer les occasions accrues d'investissements rentables provoquées par ce que Ch. Kindleberger (1978) appelle un déplacement, ou pour faciliter l'acquisition d'actifs spéculatifs en vue d'une revente.

2) Cexcès de dettes entretiennent des booms spéculatifs dont l'exagération plonge les spéculateurs dans l'irrationalité. Car, ils sont conscients que leurs investissements ne se basent sur rien, mais cela ne les empêche pas de se lancer sans retenue et de manière irréfléchie dans la recherche d'un gain plus élevé.

3) Les booms spéculatifs fragilisent financièrement le système. Pour I. Fisher (1933), cette fragilité financière[40] correspond au surendettement et à la déflation qui caractérisent la phase descendante d'un cycle économique, et de ses effets sur les prix et la valeur nette des emprunteurs. H. Minsky (1982) démontre quant à lui que la fragilité est le fait d'un mélange de financements de couverture, spéculatifs et de Ponzi[41].

En résumé, H. Minsky (1982) accorde un rôle essentiel à l'instabilité du système de crédit comme facteur explicatif des difficultés financières et les ruées auxquelles elles peuvent donner lieu. Sa démonstration est simple.

---

[40] I. Fisher n'utilise pas lui-même le terme "fragilité" dont la paternité est à H. Minsky (1982) qui l'introduit pour expliciter l'approche de Fisher et surtout pour clarifier le problème du surendettement pendant un cycle ascendant.

[41] Il y a financement de couverture lorsque les recettes de caisse excèdent les paiements au comptant sur une longue période. Le financement spéculatif entraîne quant à lui, sur une courte période, des paiements qui sont supérieurs aux recettes de trésorerie. Le financement "Ponzi" prend place lorsque des engagements de paiement au comptant dépassent les recettes de caisse. D'après cette définition, un groupe "Ponzi" doit accroître sa dette pour faire face à ses engagements en cours. Pour les groupes spéculatifs et de "Ponzi", une hausse du taux d'intérêt peut entraîner une valeur nette négative et l'insolvabilité.

Pendant la phase ascendante, suite à un déplacement du système économique lié à un choc exogène qui modifie les centres de profit, la demande d'investissements nouveaux conduit à une demande excessive de financements qui augmente les taux d'intérêt.

Des taux d'intérêt plus élevés créent selon H. Minsky une fragilité via une augmentation du financement de la dette, une transformation de la dette du long au court terme, un changement du comportement de couverture à celui de spéculation et une réduction des marges de sécurité des institutions financières. Il en résulte une crise de refinancement pour les agents dont les liquidités, insuffisantes, ne leur permettent pas de faire face à leurs engagements.

Aussi, les débiteurs incapables de surmonter leur dette ou de refinancer leurs positions, peuvent être obligés par leurs créanciers, de liquider leurs biens en "ventes de détresse" (I. Fisher). Si les ventes de détresse se répandent, il se produit une baisse des prix qui réduit la valeur nette des emprunteurs et, les taux d'intérêt réels augmentant, cela peut provoquer des ruées vers les guichets ou un retour à la liquidité.

Le modèle économique de H. Minsky (1982) ainsi présenté, a fait l'objet d'un certain nombre d'observations relatives à sa pertinence aujourd'hui et à sa validité.

Concernant la pertinence du modèle, C. Kindleberger (1994) relève qu'il s'applique aujourd'hui tant sur la sphère internationale que sur la sphère domestique.

Au niveau international, le modèle s'applique au marché des changes caractérisé par la volatilité des cours, où la spéculation conduit à la réalisation des pertes importantes pour certains acteurs, et des profits substantiels pour d'autres.

C. Kindleberger (1994) souligne par ailleurs dans le même ordre de considérations, que le modèle économique de H. Minsky (1982) se prête à bien des interprétations historiques. En l'occurrence, il précise que l'hypothèse centrale d'instabilité du système de crédit est aussi à l'origine de graves difficultés financières des dernières années. En effet, il montre que l'énorme dette extérieure des pays en développement n'est pas le fait de la montée des prix du pétrole, mais est la conséquence d'une grave erreur dans la conduite de la politique monétaire américaine (une politique d'argent bon marché mise en œuvre aux États-Unis pour favoriser la réélection de Nixon, C. Kindleberger (1994, p.39)).

Au niveau de la sphère domestique, C. Kindleberger (1994) note que l'ampleur du plus grand problème économique de la fin des années 1980 à savoir, les déficits conjoints de la balance des paiements américaine et du budget fédéral, dépasse en importance, les différentes bulles spéculatives qui ont pu éclater aux États-Unis pendant la décennie. L'ampleur de ces déficits amène les prix vers des sommets si vertigineux que des chutes spectaculaires débouchent sur les banqueroutes et les faillites des banques. Aussi, en conclut-il que l'excès d'échanges, suivi d'une révulsion et d'un possible discrédit ne sont en aucun cas des vestiges d'un passé lointain (C. Kindleberger (1994, p.40)).

Au total, si la pertinence du modèle de Minsky est établie, en est-il de même de sa validité ?

À propos de la validité actuelle du modèle, C. Kindleberger (1994) souligne que si sa structure de base associant excès d'échanges, expansion monétaire, révulsion et discrédit, décrit bien la nature des économies capitalistes contemporaines, il n'en demeure pas moins vrai que sa validité actuelle reste contestable. En effet, le modèle de crise de Minsky est fondé sur l'instabilité du crédit. Cette hypothèse est critiquable à plus d'un titre :

1) En raison des changements intervenus dans les fondements institutionnels de l'économie, le crédit bancaire n'est plus le principal facteur de l'excès d'endettement des agents. Le surendettement peut aussi être le fait de la masse importante de l'épargne des fonds d'épargne et d'investissement en attente d'un placement.

2) L'instabilité du crédit ou le surendettement qui en résulte est une condition nécessaire, mais pas suffisante d'un boom spéculatif débouchant sur une crise financière. En d'autres termes, le surendettement peut ne pas conduire à un boom spéculatif. Pour qu'il en soit ainsi, nous convenons avec C. Kindleberger (1994) que le déplacement doit s'accompagner d'un changement d'anticipations. Ce dernier élément est le point de démarcation entre l'analyse de Minsky et celle de C. Kindleberger.

La structure de base du modèle de C. Kindleberger (1978, 1994) associe aussi spéculation, facilité de crédit (surendettement), détresse financière en haut du cycle, puis crise, panique et krach. L'instabilité de crédit bancaire reste également un élément central dans sa démonstration, mais pas le seul. L'instabilité des anticipations ou les anticipations changeantes s'ajoutent au premier élément et précipitent les spéculateurs dans l'irrationnel voire la crise. Trois hypothèses explicatives à cela :

1) Un déplacement du système économique crée de nouveaux centres de profit qui "déplacent" les anticipations des entreprises et des ménages qui se soldent par les booms quand les opportunités nouvelles - d'investissement et de production - sont plus nombreuses que les anciennes.

2) L'instabilité des anticipations multiplie et amplifie les booms spéculatifs nourris par l'expansion du crédit bancaire. Il en résulte une surestimation des rendements attendus, entraînant dans la course, des entreprises et des ménages qui ont tendance à suivre comme les moutons de Panurge (C. Kindleberger (1994, p.32)).

3) La spéculation et la quête du profit n'obéissent plus à des comportements normaux et rationnels, mais sont caractéristiques de "folies spéculatives" ou de "bulles". C. Kindleberger (1994) relève à juste titre que les prix des valeurs mobilières qui au début suivent leurs déterminants fondamentaux de près, deviennent progressivement plus exagérés.

Dès lors, il se forme des bulles spéculatives, phénomène constaté sur les marchés financiers ou sur les marchés des changes, se caractérisant par une déconnexion entre les cours observés et les fondamentaux. Ces bulles fragilisent financièrement les spéculateurs et tout le système.

Au total, la croissance artificielle née de l'excès de spéculation sur les marchés financiers rend les investissements dans les actifs réels ou les placements financiers de long terme plus coûteux, fragilisant ainsi financièrement les protagonistes. La panique gagnant, le mouvement s'inverse entraînant un lot de conséquences parmi lesquelles un retour aux liquidités accompagné de ruées. En d'autres termes, comme le précise C. Kindleberger, une fois que l'on prend conscience du côté artificiel de cette croissance, le système financier vit une sorte de détresse et la précipitation avec laquelle il cherche à renverser la tendance expansionniste s'apparente à la panique.

En centrant sa démonstration sur l'instabilité du crédit bancaire et l'instabilité des anticipations, le modèle de C. Kindleberger (1994) complète l'analyse de Minsky (1982) et pallie de ce fait certaines insuffisances relevées. Toutefois, elle n'échappe pas aux observations générales suscitées par cette approche.

Observations

1) Il apparaît à l'analyse que les modèles s'appuyant sur la thèse d'euphories spéculatives expliquent davantage les crises financières - au sens de marchés financiers - internationales et non directement les crises bancaires subséquentes. Ainsi écrit-il : "nous nous intéressons essentiellement aux crises financières internationales recouvrant un certain nombre de caractéristiques : spéculation, expansion monétaire, une hausse des prix des actifs suivie d'une forte baisse et une course sur la liquidité" Kindleberger (1994, pp.37-38).

2) La non prise en compte des situations où il n'existe pas encore de bourses de valeurs. On note que le marché financier, lieu de déploiement des protagonistes, facilite et rend possibles les spéculations, jouant ainsi un rôle important dans l'occurrence des crises financières qui peuvent dégénérer en paniques puis en ruées bancaires. Dans un contexte sans marchés financiers comme le Cameroun, toutes les conditions ne sont pas réunies, pour que l'excès de spéculation soit une hypothèse explicative plausible des ruées bancaires.

3) Les modèles mettent par ailleurs un accent particulier sur le phénomène de concurrence ou de compétition qui joue un rôle catalyseur ici. Ce qui suppose la présence des autres intermédiaires, notamment non bancaires tels que les fonds communs de placement, etc., opérant sur le même marché. Rien n'est dit cependant, sur les conclusions des analyses dans un contexte caractérisé par :

- l'inexistence de la compétition entre les acteurs, liée à la structure oligopolistique du réseau bancaire qui concentre toutes les activités en termes d'emplois et de ressources sur quelques banques ;

- une cloison encore étanche entre intermédiaires financiers non bancaires et intermédiaires financiers bancaires dont la fonction traditionnelle d'intermédiation financière reste leur principale activité ;

4) Les crises financières sont imprévisibles. En effet, la mécanique de l'euphorie financière telle que décrite par Lord Overstone rapportée par W. Bagehot (1873) et citée par C. Kindleberger (1994, p.132), se développe en plusieurs étapes : tranquillité, progrès, confiance, prospérité, excitation, excès d'échanges, convulsion ou crise, pression, stagnation pour terminer dans la quiétude. C. Kindleberger (1994) relève que la détresse et la pression caractérisent une situation dans laquelle les anticipations optimistes liées au boom sont progressivement laminées pour céder la place à l'anxiété. Mais le modèle ne précise pas quand a lieu ce changement.

En d'autres termes, on ne sait pas quand on passe d'un état d'anticipations avec confiance à un état où cette confiance dans l'avenir n'existe plus. Pour cette raison, il n'est pas aisé sous cette hypothèse d'euphories financières nourries par la folie des hommes mus par la recherche effrénée d'un plus grand gain, de déterminer l'origine et encore moins les causes de la panique et des ruées aux guichets bancaires. Les ruées apparaissent à cet égard comme des phénomènes imprévisibles dont la survenance surprendrait à tous les coups.

Il apparaît à l'analyse des ruées en termes de comportements irrationnels, qu'elles peuvent être :

- soit le fait des banques elles-mêmes lorsqu'elles se comportent de manière irréfléchie dans leur prise excessive de risque - myopie ou l'aveuglement face au risque ;

- soit liées à l'attitude des emprunteurs dont l'appétit démesuré de richesses aiguisé par les booms spéculatifs, fragilise financièrement tout le système - euphories spéculatives.

Il est également apparu que les comportements irrationnels sont essentiellement le fait de la montée de la concurrence sur le marché financier. En d'autres termes, les comportements concurrentiels augmentent la fragilité financière. Ce qui signifie que la diminution de la concurrence réduirait la fragilité financière et même l'annulerait dans un contexte d'absence de marchés financiers et de concurrence aux banques à l'instar de celui du Cameroun. Or, ce n'est pas le cas. Ce qui implique que l'approche par la fragilité financière soutenue par la thèse d'irrationalité de comportement des banques et des emprunteurs s'avère inopérante dans l'explication des ruées bancaires observées au Cameroun. Qu'en est-il de l'interprétation des ruées en termes de comportements rationnels des déposants ?

II.2.2. Les comportements rationnels dans les ruées et les paniques bancaires

Les ruées apparaissent sous cette hypothèse comme un phénomène rationnel imputable à des ruptures dans le service de liquidité. Ces ruptures peuvent, suivant la durée et l'ampleur des ruées, conduire soit à une restriction, soit à une suspension ou interruption de la convertibilité des dépôts bancaires en liquidité. Ce qui est intéressant de noter dans cette approche c'est que, non seulement, les tenants soutiennent que les ruées sont le résultat d'un comportement rationnel des agents, mais en plus les ruées peuvent faire l'objet d'une prévision ou d'une anticipation rationnelle (Blanchard et Watson (1982), Flood et Garber (1982)).

La théorie financière distingue deux variantes dans cette approche : la variante fondée sur le jeu stratégique des déposants et celle basée sur les informations des déposants sur la perspective des rendements de l'actif des banques. La préoccupation est ici de montrer que les ruées observées ces dernières années au Cameroun, résultent en partie de la découverte par les déposants de la vraie valeur des banques. L'approche par l'information des déposants étant une extension de l'approche par le comportement stratégique, on va commencer par une présentation critique de la première variante (II.2.2.1) suivie de la deuxième (II.2.2.2).

II.2.2.1 L'approche des ruées en termes de comportement stratégique des déposants

Cette approche est développée par D. Diamond et P. Dybvig (1983)[42] et L. Anderlini (1986 ; 1989). Ces contributions présentent beaucoup d'éléments comparables. Toutefois, chez Diamond et Dybvig, la technologie n'est productive que sur deux périodes alors que Anderlini raisonne sur trois périodes. En outre, à chaque date, le rendement de la

42 Un commentaire pertinent de cette contribution a été fait par A. Postlewaite et X. Vives (1987).

production est déterminé par un processus aléatoire alors qu'il est certain chez Diamond-Dybvig. Mais, bien que postérieure à D. Diamond - Dybvig, l'analyse de L. Anderlini n'apporte pas de modifications en profondeur aux résultats des analyses de Diamond-Dybvig que nous rappelons d'abord (I.2.2.1.1) avant de leur porter un jugement critique (I.2.2.1.2).

II.2.2.1.1 Le modèle de Diamond -Dybvig (1983) et ses enseignements

Les analyses de Diamond et Dybvig relatives au phénomène des ruées bancaires, au comportement des déposants et des banques et aux caractéristiques des contrats de dépôts offerts par ces dernières, aboutissent aux principales conclusions suivantes :

- les ruées bancaires résultent d'un choc aléatoire de consommation qui apparaît dans la sphère réelle de l'économie et se transmet au secteur financier par le canal de son influence sur les besoins de liquidité ;

- les chocs de consommation sont induits par des évolutions ou des changements imprévisibles dans les préférences de consommation ou des anticipations. N'importe quelle cause peut produire de tels chocs y compris l'apparition de taches solaires n'ayant en tout cas rien à voir avec la gestion ou la valeur des banques ;

- ces évolutions stimulent la préférence pour le présent qui se traduit par la formulation des demandes inopinées de conversion des dépôts en liquidité ;

- les contrats de dépôts délivrés aux déposants par les banques garantissent leur liquidité. Grâce à la liquidité de ces avoirs, les déposants peuvent modifier leur plan de dépenses à la suite de changements dans leurs préférences ou dans leurs anticipations ;

- en acceptant d'écrire des contrats liquides, les banques se portent garantes c'est-à-dire acceptent de fournir une assurance de liquidité. Mais elles ne peuvent fournir cette assurance de liquidité sans subir le risque de panique. En d'autres termes, c'est parce que la banque rend le service d'assurance de liquidité qu'elle est sujette à la ruée ;

- le contrat de dépôt recèle donc un déséquilibre potentiel, les ruées, cette épée de Damoclès (T. Chevalier-Farat (1992)) qui menace en permanence le bilan de la banque car la valeur nominale des dépôts est supérieure à la valeur liquidative des banques ;

- le contrat de dépôt intègre par ailleurs un mode particulier de service de retraits soumis à la contrainte séquentielle. Cette contrainte de séquentialité implique que, ce qu'un déposant peut retirer dépend de la place occupée dans la queue qui se forme devant les guichets ;

- ce mode de service n'est en lui-même qu'un mode d'apparition de panique. Chevalier-Farat (1992) observe que ces modalités de retraits conditionnent la construction d'un modèle de panique. Mieux encore, elles fondent les comportements stratégiques des déposants ;

- la séquence des paiements est organisée selon la règle du "premier arrivé premier servi". La panique se déclenche car chaque déposant pense que les autres vont retirer leurs dépôts et que la banque, en raison de l'illiquidité caractéristique de son actif sera acculée à les liquider. En d'autres termes, comme la liquidation comporte des coûts, la banque subit des pertes et ne peut plus rembourser intégralement les dépôts. Ce qui l'amène à suspendre ses activités de conversion des dépôts ;

- lorsque les déposants perçoivent ceci, pour avoir une bonne place dans la file d'attente, leurs anticipations les poussent à une course au guichet. Il se crée alors une confusion dans les différentes catégories de créanciers. Les échéanciers initiaux de retraits envisagés par les uns et les autres sont modifiés, et de manière générale raccourcis ;

- associée à l'impossibilité pour la banque d'honorer tous ses engagements, cette situation se solde par l'insatisfaction totale de tous les types de déposants et leur ruine.

En résumé, un facteur exogène et aléatoire - tache solaire - modifie les plans de consommation des déposants et rend le recours à la liquidité bancaire indispensable pour les satisfaire. Si par un hasard, les déposants, toutes catégories confondues - déposants à vue, à terme et d'épargne etc.- ressentent ce besoin en même temps, tous se dirigent au même moment vers les guichets bancaires occasionnant ainsi des ruées.

Diamond et Dybvig formalisent ces comportements. Pour conduire cette démonstration, les auteurs s'appuient sur un certain nombre d'hypothèses de base.

1) Les hypothèses du modèle

* **Hypothèse 1** : iest admis qu'il existe dans l'économie un seul bien, qui est à la fois un bien de consommation et de production et peut être stocké sans coûts.

Une technologie appropriée permet d'investir en T = 0 une unité et de procéder à une transformation productive sur deux périodes pour obtenir un produit accru en T = 1.

* **Hypothèse 2 :** le temps est supposé discret et se décompose en deux périodes définies par trois dates, T = 0, 1, 2. Ce découpage fonde la distinction entre les différentes catégories de déposants et met en exergue ceux qui changent de comportement dans le temps, lesquels sont à l'origine des ruées vers les banques. Dans son analyse, Anderlini (1986,1989) proposera de raisonner sur trois périodes, mais cela n'apporte pas un changement fondamental au modèle.

* **Hypothèse 3** : le processus technologique est pénalisant s'il est interrompu prématurément. Il fournit un rendement unitaire, R = 1 si le processus s'interrompt en T = 1 ; et R > 1, si l'interruption intervient en T = 2. Les auteurs admettent que R[43] est certain - ce qui signifie que les actifs bancaires ne sont pas risqués - hypothèse à la limite très simplificatrice, contrairement à Anderlini qui le suppose aléatoire, hypothèse plus réaliste.

* **Hypothèse 4** : en T = 0, tous les agents sont identiques et chacun est doté d'une unité de bien. Ils ont accès à une même technologie de stockage. Mais, chacun fait face au risque non assurable d'être de type 1, c'est-à-dire de consommer à T = 1 et donc de ne pouvoir profiter du rendement élevé que fournira la technologie en T = 2.

* **Hypothèse 5** : deux catégories d'agents sont envisagées. Mais chaque agent ne révèle sa catégorie d'appartenance qu'en T = 1. L'agent de type 1 s'intéresse uniquement à sa consommation à la date T = 1, tandis que l'agent de type 2 ne s'intéresse qu'à sa consommation en T = 2. D'après la contrainte technologique, les agents de type 1 seront pénalisés. Il est supposé en outre qu'il existe une probabilité t d'appartenir au type 1.

---

[43] Le rendement R est le produit de l'unité de production investie en T = 0, et qui fait l'objet d'une accumulation au taux d'intérêt i. Formellement, il est égal à: R = 1 (1+ i)

Chaque agent est doté d'un système de préférences représentable par une fonction d'utilité donnée par :

$U = U(C_1 ; C_2)$, où C_1 et C_2 sont les consommations aux périodes 1 et 2 respectivement. Comme il n'y a que deux sortes d'agents, t et 1-t représentent respectivement les proportions d'agents de type 1 et de type 2 dans l'économie. Cette fonction d'utilité est supposée continue, différentiable deux fois, strictement concave - mise en évidence du phénomène de saturation ou de satiété - et respectant les conditions d'Inada[44]. Les agents manifestent une aversion pour le risque[45].

2) Structure du modèle

Chaque agent est supposé maximiser son espérance d'utilité et pour l'ensemble, le programme est donné par l'équation ci-après :

$$E[U(C_1 ; C_2 ; \theta)] = t\,U(C_1) + (1 - t)\,\rho\,U(C_2) \qquad (1)$$

θ étant l'état de nature, avec θ = {1 si l'agent est de type 1 ; et 0 s'il est de type 2} et

ρ : le taux de préférence pour le temps qui doit vérifier la condition $1/R < \rho < 1$.

Pour montrer comment les ruées bancaires sont inhérentes aux caractéristiques des contrats de dépôts que les institutions bancaires offrent au public, les auteurs adoptent une démarche en deux étapes.

Il est supposé dans une première phase un contexte dépourvu d'intermédiaires financiers, celui où les agents investissent eux-mêmes dans la technologie, donc sans possibilité d'échanges. Diamond et Dybvig montrent[46] que dans ce cas, la solution d'équilibre qualifiée de solution concurrentielle (F. Marini (1992), A. Scannavino (1992)) ou de solution autarcique est donnée par :

---

[44] - Cette condition stipule que l'utilité marginale d'une consommation très faible est très grande ; $U'(0) = \infty$ et l'utilité marginale d'une consommation très grande est très faible, $U'(\infty) = 0$.

[45] - Cette aversion pour le risque a un coefficient d'aversion relative pour le risque donné par : $- C\,U'(C) / U(C) > 1$.

[46] Pour une démonstration détaillée, se reporter, soit au texte de base des deux auteurs, soit à l'article de F. Marini (1992).

$$C_1^1 = 1 \; ; \; C_2^2 = \mathrm{R} \; ; \; C_1^2 = C_2^1 = 0 \qquad (2)$$

Les auteurs précisent que dans cette solution autarcique, le risque n'est pas partagé. En plus, elle n'offre aucune protection contre le risque auquel tout agent est exposé et peut être conduit de façon complètement aléatoire à adopter un comportement de type 1, alors qu'il pensait pouvoir choisir un comportement de type 2. Il apparaît clairement que cette situation entraîne pour les agents de type 1, des coûts de perte de rendement ou même dans certains cas, de leur mise initiale. Conscients de ce fait, les consommateurs éprouvent une aversion à être du type 1 et leur recours aux banques est fait dans l'espoir que ces risques seront écartés.

C'est donc pour dissiper chez les déposants la crainte d'être de type 1 sans l'avoir voulu, qu'intervient le contrat de dépôt au sens de Diamond et Dybvig. Par la possibilité de transformation des échéances, la banque leur offre un contrat optimal de mutualisation c'est-à-dire de partage des risques qui garantit une solution supérieure à la solution autarcique. Formellement, le programme de mutualisation consiste en T = 0 à :

$$Max\left[tu(C_1^1) + (1-t)\rho u(C_2^2)\right] \qquad (3)$$

sous la contrainte des ressources,

$$tC_1^1 + (1-t)\frac{C_2^2}{R} = 1 \qquad (4)$$

Les solutions optimales s'obtiennent quand les dérivées partielles du Lagrangien (L) s'annulent, soit :

$$\frac{\partial L}{\partial C_1^1} = tu'(C*_1^1) - \lambda t = 0 \qquad (5)$$

$$\frac{\partial L}{\partial C_2^1} = (1-t)\rho u'(C_2^{*2} - \lambda\frac{(1-t)}{R} = 0 \qquad (6)$$

$$\frac{\partial L}{\partial \lambda} = tC_1^{*1} + \frac{(1-t)}{R}C_2^{*2} = 0 \qquad (7)$$

$$\frac{(5)}{(6)} \Rightarrow u'(C_1^{*1}) = \rho Ru'(C_2^{*2}) \qquad (8)$$

L'expression (8) est la condition de cohérence sur les utilités marginales des consommations des deux périodes et des productivités marginales des investissements. Un calcul permet d'établir rapidement que le contrat optimal de mutualisation est caractérisé par un couple de valeurs ;

$$r_1 = C^{*1}_1 > 1 \qquad \text{et} \qquad r_2 = C^{*2}_2 < R \qquad (9)$$

On note que ce contrat de mutualisation est plus désavantageux du point de vue rendement pour les agents de type 2 que ne l'est la solution autarcique. Mais grâce à la banque, elle présente l'avantage d'être garantie alors qu'elle est aléatoire dans le comportement autarcique. C'est par le processus de transformation des maturités que la banque obtient ce résultat. Elle émet des passifs plus liquides que ses actifs et produit une assurance de liquidité aux déposants.

En définitive, ce contrat de dépôt stipule les droits à retraits reconnus aux déposants en T = 1 et en T = 2. Et ces droits à retraits sont définis dans le cadre d'une contrainte de service séquentiel. La banque sert toutes les demandes de retraits dans l'ordre où elles lui sont adressées et satisfait intégralement chaque demande de retrait tant qu'il lui reste des actifs ou des ressources à liquider.

Comme la banque ne peut pas observer le type de consommateurs pour leur fournir une assurance contre le risque d'être de type 1, elle est obligée de laisser chaque déposant choisir librement ses moments de retrait et doit s'efforcer de servir intégralement les rendements promis. Il n'y a donc pas de paiements partiels. Or, si t est très grand, tous les déposants ne peuvent pas être remboursés car ses actifs sont illiquides. Seuls les premiers déposants qui se présentent aux guichets sont servis. Comme chaque déposant pense que les autres vont retirer leurs dépôts, il y a une course aux guichets, t devient très grand et la banque est acculée à liquider ses actifs et à interrompre ses activités. En d'autres termes, les déposants font face à une alternative qui s'écrit formellement ainsi :

$$r_1^* = \begin{cases} r_1 \text{ avec la probabilité } \mu = \text{mini}\ \{1, d / w\} \text{ et} \\ 0 \text{ avec la probabilité } 1 - \mu \end{cases} \qquad (10)$$

avec, r^*_1 : le montant que les agents de type 1 reçoivent effectivement ;

r_1 : le montant certain promis aux déposants de type 1 qui tentent de retirer à T = 1 ;

w : la demande totale de retrait en T = 1 ;

d : le total des ressources et des actifs liquidés par la banque pour rembourser les déposants.

A ce niveau, en T = 1, on peut avoir :

soit, **d > w, c'est-à-dire, d / w > 1 et μ** = 1. Les demandes totales de retraits sont inférieures à la valeur liquidative de la banque. Chaque déposant qui désire retirer, obtient avec certitude le remboursement promis r_1 ;

soit, **d < w, alors d / w < 1 et μ = d / w < 1**. Les demandes totales de retraits excèdent la valeur liquidative de la banque ; chaque déposant qui veut retirer obtient r_1 avec une probabilité inférieure à 1 c'est-à-dire :

$$r_1^* = \begin{cases} r_1 \text{ avec la probabilité } \mu = d / w \text{ et} \\ 0 \text{ avec la probabilité } \mu = 1 - d / w \end{cases} \quad (11)$$

Il en découle que le résultat dépend de la place occupée dans la file d'attente. La demande totale de retraits se décompose donc en deux sortes de déposants : les agents de type 1 qui retirent normalement à la date T =1 et les "transfuges" ou agents de type 2 qui, face aux nécessités de consommations imprévues, sont amenés à liquider leurs dépôts avant la date de maturité, c'est-à-dire à se comporter comme des agents de type 1 ou qui, observant une affluence inhabituelle devant les guichets bancaires se précipitent aussi vers les banques.

Si on note par γ_{ij}, la proportion des agents de type i qui se révèlent de type j à la date T = 1, alors les demandes totales de retrait en T= 1 sont :

$$w = [\, t\,\gamma_{11} + (1\text{-}t)\,\gamma_{21}]\, r_1 = f\, r_1 \,; \quad (12)$$

où : t : le nombre d'agents de type 1

f : le nombre d'agents qui se déclarent de type 1 ;

$\gamma 11$: les agents normaux ;

$\gamma 21$: les "transfuges" ;
$f r_1$: la valeur liquidative de la banque.

Les agents qui veulent retirer en T = 2, obtiennent donc :

$$r^*_2 = \max \{ 0, R (d-w) / (1-f) \} \qquad (13)$$

Car, f agents ayant déjà retiré leurs dépôts en T = 1, il reste 1 - f agents à satisfaire en T = 2 qui se répartiront le rendement résiduel. On aurait alors soit,

$$r_2^* = \begin{cases} R (d-w) / (1-f), & \text{si en } T = 1 \text{ on avait } d > w \text{ ; soit} \\ 0 & \text{si en } T = 1 \text{ , } d < w; \end{cases}$$

On note à la lecture des contraintes de service de séquentialité et de répartition proportionnelle en T = 2, que le montant que chaque déposant obtient dépend des types d'appartenance que les autres déposants ont déclarés. Autrement dit, r_1 et r_2 sont fonction des γ_{ij}. Diamond et Dybvig relèvent que tout équilibre ne conduit pas nécessairement à la panique. Selon eux, il existe un équilibre de Nash qui satisfait l'ensemble,

$\{ \gamma_{11}, \gamma_{12}, \gamma_{21}, \gamma_{22} \}$, tel que :

$$E [U^j(r^*_1) + U^j (r^*_2)] \geq [U^h (r^*_1) + U^h (r^*_2)] \text{ pour tout } h=1 \text{ ; } 2 \qquad (14)$$

L'équation (14) signifie qu'aucun des déposants ne peut obtenir une utilité attendue plus grande en se déclarant d'un autre type (h) que celui auquel il s'est déclaré appartenir (j), lorsque les types déclarés par les autres agents sont pris comme une donnée. L'équilibre de Nash ou l'équilibre de vérité (F. Marini (1992)), correspond au cas où l'on n'a pas de transfuges. Chaque agent représente son vrai type. Formellement, il est donné par :

$\gamma 11 = 1$; $\gamma 12 = \gamma 21 = 0$; $\gamma 22 = 1$

Comme $\gamma_{21} = 0$, d'après l'équation (12), $w = t\, r_1$; $f = t$ et

$r^*_1 = r_1$, avec la probabilité, $\mu = 1$ (d'après l'équation (10)).

Il en résulte que d > w et par conséquent, tous les déposants obtiennent les paiements maximaux possibles avec certitude.

L'équilibre de panique ou équilibre avec transfuges correspond lui à :

$\gamma_{11} = 1, \gamma_{12} = \gamma_{22} = 0, \gamma_{21} = 1$

Les agents de type 1 se déclarent toujours du type 1. Mais les agents du type 2 se révèlent du type 1 et se ruent vers les banques pour espérer obtenir quelque chose. On a donc :

$w = [t + (1-t)]\, r_1 = r_1 > 1$, soit $w = r_1$

Comme $w = r_1$ et $r_1 > 1$, $d - w < 0$ soit $d / w < 1$ donc d'après l'équation (13), $r_2=0$. Les agents du type 2 ont le sentiment que leur utilité sera supérieure s'ils se comportent comme des agents de type 1. Cela induit une ruée des déposants sur la banque car ils tentent tous de retirer en T = 1. On obtient un équilibre instable ou sous- optimal. Le bien-être de tous les déposants est réduit y compris celui des agents de type 1, car ils sont devancés dans la file d'attente. Aucun des agents n'est assuré d'être servi et tout dépend de leur place dans cette file. La banque de son côté liquide ses actifs et son activité est interrompue à T = 1, alors que pour les agents de type 2, il serait optimal qu'ils continuent jusqu'en T = 2.

Au total, pour Diamond et Dybvig, une panique est un équilibre à anticipations rationnelles, conditionné par un événement aléatoire - l'apparition d'une tache solaire - exogène aux banques et à la limite indépendante des aspects économiques.

Ainsi exposé, ce modèle présente, comme le relève A. Scannavino (1992), l'apport fondamental d'avoir instauré dans sa modernité la réflexion sur l'intermédiation bancaire. En l'occurrence, il leur reconnaît d'avoir posé les bases ou les principes d'une demande de liquidités délivrées et gérées par des institutions bancaires. Dans le même ordre d'idées, il convient de préciser que l'autre atout de cette analyse est la mise en évidence de manière formalisée, du comportement d'un type de déposant -"les transfuges"- qui occasionne les ruées bancaires et constitue par conséquent le "facteur" des ruées bancaires.

Toutefois, des zones d'ombre subsistent dans l'analyse. En particulier, on ne sait pas à partir de quel moment les agents de type 2 qui n'ont pas subi de choc de consommation, vont eux aussi changer de comportement pour adopter un comportement de type 1, c'est-à-dire pour devenir un facteur de ruées aux guichets. Est-ce le constat d'un mouvement d'affluence inhabituelle devant les agences de banques - contagion - ou autres ? Cette question sur l'origine des ruées et tant d'autres ont valu à l'analyse en termes de comportements stratégiques des déposants menée par Diamond et Dybvig, un certain nombre d'observations critiques qui permettent de relativiser sa portée.

II.2.2.1.2 La portée critique du modèle de Diamond-Dybvig (1983)

Plusieurs remarques ont été faites concernant la technologie de référence, le processus de transformation financière, le principe de séquentialité, la nature et la multiplicité des équilibres de ruées, le contexte de l'analyse et l'exogénéité du facteur déclenchant la panique.

1) La technologie de référence.

Sur la technologie à laquelle le modèle fait référence, A. Scannavino (1992) relève qu'elle conduit à une totale imbrication des secteurs financiers et industriels[47]. Nous convenons avec lui que cette technologie assez confuse de "transformation des biens qui s'exprime en termes réels et dont le processus consiste à investir une unité de biens - renonciation à la consommation -" n'est pas très compréhensible dans un contexte financier. Quel intérêt a-t-on à considérer le rendement R obtenu en fin de période comme des unités de production ? Certes, on veut tenir compte de la partie réelle de l'économie car c'est à partir de ce secteur que se produisent les chocs de consommation qui entraînent les besoins de liquidité, mais ce détour qui est à la limite redondant alourdit la compréhension de l'analyse.

2) Le processus de transformation financière

L'autre critique formulée à l'encontre de l'analyse de Diamond et Dybvig a trait au processus de transformation financière. T. Chevalier-

---

[47] Selon lui, la banque n'est pas censée dans ce contexte opérer le choix des actifs à détenir, par conséquent, elle n'a pas de dimension bilancielle (Wallace 1988), car toutes les opérations de placement qu'elle réalise sont étroitement liées à des investissements physiques.

Farat (1992) observe qu'elle est rendue de manière très grossière car les créances bancaires sont dénuées de risque de défaut et à ce titre, la transformation porte seulement sur les échéances. La question est alors, qu'adviendrait-il si les actifs bancaires sont risqués et que la banque doit également fournir une assurance de liquidité aux débiteurs, c'est-à-dire si l'assurance doit concerner aussi l'actif ?

Il faut dire que dans l'un et l'autre cas, le niveau des ressources des banques ou sa valeur liquidative (d) est mis en cause et le nombre de retraits servis en dépend. On peut même pousser le raisonnement plus loin en se demandant si en prenant aussi en compte l'assurance contre le risque de financement - assurance de l'actif - il ne faudrait pas parler aussi de choc d'investissement et non seulement de choc de consommation.

3) Le principe de séquentialité dans la délivrance des liquidités

Dans le même ordre d'observations critiques, on peut évoquer celle relative au principe de séquentialité de la délivrance des liquidités par la banque. Selon ce principe, la banque satisfait à ses obligations envers les déposants en fournissant des liquidités à la demande jusqu'à épuisement des ressources. Ce paiement qui dépend du rang de la demande de retrait est vivement mis en cause par N. Wallace (1988) et A. Scannavino (1992).

A. Scannavino pense qu'il serait concevable que le montant des liquidités obtenues dépende contractuellement de l'importance des retraits. Ces liquidités deviendraient des actifs contingents et une telle clause dissuaderait les ruées bancaires. Une telle solution signifie que si un déposant se présente à la banque au moment où un certain volume de retraits ont été déjà effectués, il ne pourra être servi que partiellement. Par contre, s'il se présente le premier, sa demande sera satisfaite entièrement. On aurait ainsi une contrainte de séquentialité à deux vitesses. Et l'on peut s'interroger de savoir dans quelle mesure l'adoption du principe de contrainte de séquentialité à deux vitesses peut constituer un élément d'atténuation du phénomène des ruées bancaires ?

Sur la question, nous pensons qu'on pourrait envisager de lier contractuellement le montant des retraits au montant des dépôts initiaux et au type de dépôts, - à vue, d'épargne et à terme - avec éventuellement la possibilité de plafonner et de rééchelonner les retraits par déposant dans le temps. Cette solution qui a été appliquée au Cameroun introduit un paiement partiel des retraits et présente l'avantage de relâcher la contrainte de séquentialité de service, mais sans toutefois enrayer le mal. De plus, à l'examiner de près, on se rend compte qu'elle est de nature à fragiliser davantage la crédibilité des banques. En d'autres termes, l'adoption d'une telle clause est de nature à accentuer la fuite des déposants potentiels devant les banques.

4) La nature et la multiplicité des équilibres de ruées

La nature et la multiplicité des équilibres de ruées bancaires démontrées par Diamond et Dybvig ont aussi fait l'objet d'une critique de la part de certains auteurs. La question consiste ici de savoir si l'on peut traiter une ruée comme un phénomène d'équilibre. Si pour D. Diamond et Ph. Dybvig (1983) et V.V. Chari et R. Jagannathan (1988), la ruée est un équilibre, il n'en est pas de même pour A. Postlewaite et X. Vives (1987) pour qui, les ruées sont purement et simplement un phénomène de nature aléatoire. Deux raisons à cela :

i) la première raison tient à l'hypothèse que les comportements des déposants ne sont pas corrélés ou cohérents, ce que A. Scannavino traduit par l'inexistence d'une possibilité de communication entre ces derniers. Il est évident que dans la situation contraire, les chocs de consommation n'auraient aucune influence sur les comportements habituels des déposants. Une éventuelle entente rendue possible par la communication entre déposants éviterait toute course aux guichets. Dans un tel contexte, les ruées apparaissent effectivement comme un pur hasard.

Toutefois, l'hypothèse de corrélation ou de cohérence de comportement ou encore de communication entre déposants qui s'avère du reste être une solution à la panique bancaire semble sinon irréaliste, du moins particulièrement difficile à réaliser. Ce qui affaiblit la nature aléatoire des ruées bancaires admise par Postlewaite et Vives et n'apporte pas quelque chose de substantiel au modèle de Diamond et Dybvig ;

ii) la deuxième raison stipule que si une ruée était un équilibre, autrement dit, si les déposants potentiels s'imaginaient l'éventualité aussi faible soit -elle d'une ruée bancaire, ils ne seraient pas enclins à confier leurs avoirs aux banques. Cette observation est pertinente et on s'attend ici à ce que l'analyse de Postlewaite et Vives aboutisse à un autre phénomène très atypique des ruées, les "ruées au ralenti" qui naissent uniquement de l'idée de savoir qu'il existe une probabilité même faible de panique bancaire.

Dans ce cas, il n'y a même plus de dépôts effectifs dont les retraits massifs et simultanés occasionnent des ruées. On assiste plutôt à une fuite de dépôts qui peut par ailleurs être le fait de n'importe quel type de déposants potentiels et non seulement le fait des transfuges comme dans le modèle de Diamond - Dybvig. Ce phénomène de "ruées au ralenti" n'est pas abordé par ces deux auteurs. Pour nous, ce type de ruées bancaires pas très classique, mais d'une grande ampleur au Cameroun[48], ne pourrait pas, nous semble-t- il, être traité comme un problème d'équilibre.

5) Le contexte de l'analyse

Le modèle de Diamond et Dybvig et ses extensions sont conçus pour les économies avancées dans lesquelles :

i) le système de paiement est d'un niveau de modernisation poussé avec l'existence de nombreux guichets automatiques de billets, des services de banque à distance bien développés, et l'usage généralisé des cartes de crédit ;

ii) l'usage du chèque comme mode de paiement est général et bien ancré dans les mœurs de la population ;

iii) l'existence d'un marché financier bien développé pourvoit considérablement les banques et les investisseurs en ressources financières.

En examinant les paniques et ruées bancaires observées au Cameroun où il n'existe pas de marché financier, où le chèque n'est pas un mode de paiement courant et où le système de paiement est très peu modernisé, notre étude met en exergue deux types de ruées : les ruées liées au phénomène conjoncturel et celles liées à la carence structurelle du système bancaire. Ce faisant, notre analyse complète celle de Diamond et Dybvig (1983).

6) L'exogénéité du facteur déclenchant la panique

L'autre point qui a valu un certain nombre d'attaques au modèle de Diamond et Dybvig est le caractère d'exogénéité du facteur déclenchant

---

[48] Cf. infra, section 2.

la panique. Il faut tout de suite relever que malgré l'importance qu'il semble revêtir, les avis sur ce point sont mitigés. Th. Chevalier-Farat (1992) y voit un aspect intéressant pour plusieurs raisons. Selon elle, étant donné que les actifs bancaires sont supposés non risqués les auteurs n'ont pas besoin d'envisager la détérioration subite du portefeuille de la banque qui conduirait à une panique triviale.

Par ailleurs, elle estime que si l'on veut établir un lien plus fructueux entre détérioration du portefeuille bancaire et risque de panique, on ferait mieux de rechercher pourquoi les banques ont tendance à prendre les portefeuilles trop risqués, et à partir de quand ces actifs deviennent trop risqués ? Pour elle, le fait de lier la ruée à la détérioration de la qualité du portefeuille bancaire n'est pas automatique. Cette argumentation est d'autant plus pertinente, que toutes les situations d'actifs bancaires risqués ou compromis ne conduisent pas systématiquement aux ruées. La question, pourquoi la perception du risque par les déposants se retourne-t-elle subitement est alors posée. En d'autres termes, le problème de la détermination d'un seuil requis de risque d'actifs ou de la masse critique est soulevé. La détermination des indicateurs de ruées ne constitue-t-elle pas une solution à cette question ?

En outre, pour elle, ce n'est pas tant l'exogénéité du facteur déclenchant la crise qui est intéressant, mais les nombreuses externalités que la panique fait jouer. Ces externalités - contagions - générées par l'asymétrie d'information montrent comment une fois déclenchée, la ruée se propage. Les modifications exogènes des préférences sont donc relayées par les modifications induites par la panique elle-même. C'est ainsi que la queue signale aux déposants le risque de liquidité et incite ceux qui ne l'avaient pas déjà fait à modifier leurs préférences. Elle en conclut que déclenchée, la panique s'auto-réalise. Ainsi met-elle l'accent sur le phénomène de contagion comme facteur de panique.

Reléguer au second plan l'exogénéité du facteur des ruées bancaires n'est pourtant pas le point de vue de certains auteurs. En particulier, ceux pour qui le caractère exogène et aléatoire du facteur de panique constitue l'une des grandes failles du modèle de base, mettent un accent sur l'aspect informationnel des déposants dans les paniques et les ruées.

II.2.2.2 L'approche des ruées en termes d'asymétrie d'information des déposants sur la crédibilité des banques

Les travaux se situant dans cette lignée de pensée sont une extension du modèle de base de Diamond-Dybvig. La principale démarcation entre les deux groupes de contributions se situe au niveau de l'origine ou du facteur déclenchant les ruées bancaires. Ici, c'est le changement de la perception des risques éventuels due à la dégradation des actifs des banques qui en est responsable. Ce changement se traduit par une perte de confiance en la capacité des banques à honorer leurs engagements. Il en résulte un recul de leur crédibilité qui entraîne subitement une précipitation des déposants vers les guichets bancaires. En d'autres termes, les ruées bancaires sont consécutives aux informations des déposants relatives à la mauvaise qualité des actifs détenus par les banques.

L'aspect information des déposants comme facteur explicatif du phénomène des ruées bancaires est l'une des questions les plus largement abordées dans la littérature financière des dernières années. Les premiers travaux consacrés à ce problème sont de J. Bryant (1980 ; 1981). À la suite de cet auteur, de nombreuses autres contributions sont enregistrées notamment celles de Ch. Jacklin (1988 ; 1989), Ch. Jacklin et S. Bhattacharya (1988), V.V. Chari et R. Jagannathan (1988), V.V. Chari (1989), Gorton (1988), S. Williamson (1989). Les hypothèses du modèle de base de Diamond-Dybvig restent pour la plupart valables dans ces analyses.

Toutefois, lier les paniques bancaires à l'information des déposants sur la rentabilité des actifs bancaires a des répercussions sur certaines hypothèses admises par Diamond et Dybvig. En l'occurrence, il est introduit un risque sur certaines variables du modèle de base. Dès lors, on a deux variantes dans les analyses suivant que l'incertitude porte uniquement sur le rendement du processus technologique (Ch. Jacklin et Bhattacharya (1988)), (II.2.2.2.1), que sur le type d'appartenance des agents (V.V. Chari et R. Jagannathan (1988)), (II.2.2.2.2).

II.2.2.2.1 Le modèle de Ch. Jacklin et S. Bhattacharya (1988)

La principale modification par rapport aux hypothèses du modèle de base réside ici dans l'introduction d'un risque sur les actifs bancaires. Sous cette hypothèse, le rendement R de l'investissement, déterministe dans le modèle de Diamond et Dybvig, devient aléatoire. La technologie d'investissement devient par voie de conséquence risquée.

Dans cet ordre de considérations, la panique bancaire est examinée en fonction du degré de risque des actifs détenus par la banque. Les analyses de Ch. Jacklin et S. Bhattacharya (1988) aboutissent aux résultats suivants :

- la probabilité d'une panique est une fonction croissante de l'écart-type du rendement de l'actif bancaire, et une fonction décroissante du degré de diversification du portefeuille d'actifs. En d'autres termes, la combinaison de crédits illiquides à l'actif et des dépôts à vue au passif rend les banques vulnérables aux paniques qui se produisent lorsque le rendement du portefeuille est suffisamment faible.

- en T = 2, le rendement R peut avoir deux valeurs possibles :

$R = R_L$ - rendement faible. Le mauvais état de nature s'est réalisé, la richesse nette des banques - ressources totales et actifs liquidés - ou leur valeur liquidative (d) est négative et ne peut suffire à rembourser toutes les demandes de retraits des déposants.

$R = R_h$ - rendement élevé. La richesse nette des banques (d) est positive et tous les déposants sont remboursés au taux de rendement promis.

En T = 1, une proportion α des agents de type 2 perçoit un signal s qu'ils utilisent pour réviser leurs décisions. Si $R = R_L$, la banque est insolvable et remplit ses promesses de paiement uniquement dans la proportion R_L / R_h. Il s'ensuit alors que si des agents de type 2 ont perçu de mauvaises nouvelles, ils peuvent avoir intérêt à se faire passer pour des agents de type1 et se ruer à la banque puisqu'il y a un service séquentiel sur les dépôts.

La structure de leur modèle ne change pas fondamentalement par rapport au modèle de base. Les déposants font toujours face à l'alternative de l'équation (10), soit :

$$r_1^* = \begin{cases} r_1 \text{ avec la probabilité } \mu = \text{mini } \{1, d / w\} \text{ et} \\ 0 \text{ avec la probabilité } 1 - \mu \end{cases} \quad (10)$$

avec r^*_1 : le montant que les agents de type 1 reçoivent effectivement ;

r_1 : le montant certain promis aux déposants de type 1 qui tentent de retirer à T = 1 ;

w : la demande totale de retrait en T = 1 ;

d : le total des ressources et des actifs liquidés par la banque pour rembourser les déposants.

A ce niveau, en T = 1, on peut avoir :

soit, **d > w, quand $R = R_h$ c'est-à-dire, d / w > 1 et μ = 1.** Les demandes totales de retraits sont inférieures à la valeur liquidative de la banque. Chaque déposant qui désire retirer, obtient avec certitude le remboursement promis r_1 ;

soit, **d < w, quand $R = R_L$ alors d / w < 1 et μ = d / w < 1**. Les demandes totales de retraits excèdent la valeur liquidative de la banque. Seule la proportion **R_L/R_h** est satisfaite. Chaque déposant qui veut retirer, obtient r_1 avec une probabilité inférieure à 1 c'est-à-dire :

$$r_1^* = \begin{cases} r_1 \text{ avec la probabilité } \mu = d / w \quad \text{et} \\ 0 \text{ avec la probabilité } \mu = 1 - d / w \end{cases} \qquad (11)$$

Il en découle que le résultat dépend de la place occupée dans la file d'attente. La demande totale de retraits se décompose donc en deux sortes de déposants, les agents de type 1 qui retirent normalement à la date T =1, et les "transfuges" qui sont la proportion α des agents de type 2 qui, informés de la perspective de rendements des actifs bancaires ou qui, observant une affluence inhabituelle devant les guichets bancaires se précipitent aussi vers les banques.

Si on note par γ_{ij}, la proportion des agents de type i qui se révèlent de type j à la date T = 1, alors les demandes totales de retrait en T= 1 sont :

$$w = [\, t\,\gamma_{11} + \alpha\,(1\text{-}t)\,\gamma_{22}]\, r_1 = f\, r_1 \qquad (12)$$

où : t : le nombre d'agents de type 1 ;

f : le nombre d'agents qui se déclarent de type 1 ;

γ_{11} : les agents normaux ;

$\gamma_{21} = \alpha (1 - t) \gamma_{22}$: les "transfuges" ;

$f r_1$: la valeur liquidative de la banque.

Les agents qui veulent retirer en T = 2, obtiennent donc :

$$r_2^* = \max \{ 0, R (d-w) / (1-f) \} \quad (13)$$

Car, f agents ayant déjà retiré leurs dépôts en T = 1, il reste 1 - f agents à satisfaire en T = 2 qui se répartiront le rendement résiduel. On aurait alors soit,

$r_2^* = R_h (d - w) / (1-f)$, si en T = 1 on avait $d > w$ soit

$r_2^* = 0$ si en T = 1 , $d < w$; c'est-à-dire $R = R_L$

On note aussi que le montant que chaque déposant obtient dépend des types d'appartenance que les autres déposants ont déclarés. Autrement dit, r_1 et r_2 sont fonction des γ_{ij}.

La plupart des observations formulées à l'encontre du modèle de base et relatives à la technologie de référence, au principe de séquentialité et à la nature de l'équilibre, restent valables ici. Toutefois, l'analyse présente l'avantage majeur d'avoir pallier l'une des grandes insuffisances du modèle de base en liant l'occurrence d'une panique et donc d'une crise de liquidité à l'écart-type du rendement de l'actif bancaire. L'analyse de V.V. Chari et R. Jagannathan (1988) s'inscrit dans la même préoccupation.

II.2.2.2.2 Le modèle de V.V. Chari et R. Jagannathan (1988) et ses enseignements

Par rapport au modèle de Ch. Jacklin et Bhattacharya dans lequel l'aléa porte seulement sur le rendement de la technologie R. Chari et Jagannathan (1988) introduisent deux aléas, l'un sur t, la probabilité d'être un agent de type 1, et l'autre sur α, la proportion des agents de type 2 qui perçoivent une information sur la rentabilité des actifs bancaires. Dans ces conditions, l'état de nature qui était de θ = (t, R) dans le modèle de base, puis de $\theta = (t, \widetilde{R})$ dans le modèle de Jacklin et Bhattacharya devient $\theta = (\tilde{t}, \tilde{R}, \tilde{\alpha})$. Il est supposé que $\tilde{t}$ peut prendre trois valeurs finies et $\tilde{\alpha}$ deux, soit :

$\tilde{t} = \{0, t_1, t_2\}$ avec les probabilités (r_0, r_1, r_2) respectivement ;

$\tilde{\alpha} = \{0, \overline{\alpha}\}$ avec les probabilités (1 - q, q) respectivement ;

$\tilde{R} = \{R_L, R_h\}$ avec les probabilités (1 - p, p) respectivement.

En supposant que les informations détenues par ces agents et les signaux perçus sont privés et que les retraits agrégés de dépôts sont la seule information publique, l'analyse de Chari et Jagannathan les conduit aux résultats suivants :

- les agents de type 2 informés liquident leur investissement si $R=R_L$. Ceux de type 2 non informés prennent leur décision de retraits en fonction des retraits agrégés ;

- la panique se produit même si $\alpha = 0$, et plus précisément lorsque tous les agents de type 2 retirent à T = 1. Le phénomène de contagion à l'oeuvre durant une panique accroît les retraits de dépôts et renforce l'effet initial de ruée ;

- l'origine de la panique est la confusion-brouillage - entre les retraits agrégés importants des agents de type 2 informés sur la rentabilité des actifs et ceux liés à la réalisation élevée de t. En d'autres termes, le processus des retraits contagieux peut se déclencher lorsque le rendement attendu de l'actif bancaire est élevé et la proportion des agents de type 1 élevée. Par conséquent, lorsque les actifs bancaires sont risqués, même les banques saines peuvent subir des ruées de leurs déposants ;

- il y a une multiplicité d'équilibres comme dans le modèle de base. En particulier, ils montrent qu'en introduisant deux aléas sur deux des trois variables définissant l'état de nature, le nombre d'équilibre possible est donné par le nombre d'arrangement de deux variables dans trois c'est-à-dire A^2_3. Les conditions suffisantes pour qu'un de ces équilibres rationnels soit un équilibre de panique sont données par les équations (14) :

$$\frac{r_1(1-q)pH}{r_0(1-p)q+r_1(1-q)}>1$$
$$\frac{r_2pH}{r_1(1-p)q+r_2(1-q)+r_2pq}<(1-\alpha) \qquad (14)$$

En dehors du fait que l'analyse reste encore tributaire de la plupart des insuffisances du modèle de base, il convient d'ajouter ici que le risque sur les actifs bancaires est une donnée exogène. En d'autres termes, l'analyse de l'interrelation entre ruées bancaires et degré du risque des actifs bancaires n'est pas abordée. Ce qui limite quelque peu la portée de l'approche en termes d'information des déposants sur la crédibilité des banques.

II.2.2.2.3 La portée de l'information des déposants sur la crédibilité des banques

L'apport principal de cette approche a trait à l'origine des ruées. On note par rapport au modèle de base que ce n'est plus le comportement psychologique exogène, aléatoire et indépendant des aspects économiques qui est mis en cause dans l'émergence du phénomène des ruées, mais des attitudes ou des facteurs imputables aux conditions économiques. Aussi les ruées apparaissent-elles comme des phénomènes endogènes et non exogènes au modèle. Il en résulte dès lors, un certain nombre d'avantages :

- il est possible de lier les paniques et les ruées à l'évolution d'un certain nombre de variables caractéristiques du contexte économique. Pour C. Jacklin et Bhattacharya comme déjà relevé, c'est la faible rentabilité des actifs bancaires ou l'existence des créances douteuses dans les banques qui est à l'origine des ruées. G. Gorton (1988) les impute quant à lui au retournement du cycle conjoncturel, les crises économiques et les récessions. Chez S. Williamson (1989), les ruées sont imputables à la faible diversification du portefeuille des actifs bancaires. C'est le phénomène de contagion ou d'épidémies interbancaires que M. Friedman et A. Schwartz (1963) et G. Donaldson (1988)[49] mettent en exergue dans

[49] Dans cette récente contribution, G. Donaldson a essayé de modéliser à partir des événements de la panique financière de1907, l'effet de contagion sur les institutions financières solvables d'une ruée sur les institutions financières insolvables.

l'occurrence des ruées. Il faut dire ici que cet effet de contagion suffit à lui seul à réfuter l'hypothèse d'insuffisante diversification de portefeuille de Williamson, qui ne tiendrait que si l'on admet son absence dans le système.

- les ruées ont une origine certaine et apparaissent comme des phénomènes prévisibles. Par ailleurs, l'on peut même déterminer les indicateurs de paniques bancaires. C'est dans cet ordre d'idées qu'il existe même des indicateurs de paniques.

C'est le cas des passifs des entreprises en faillite qui a servi aux États-Unis durant la National Banking Era (1863 -1914), d'indicateur avancé de l'état des investissements bancaires.

Ainsi, pour les déposants, une trop forte augmentation de cet indicateur signalait un début de récession. Au cours de la période sous revue, chaque fois que cet indicateur atteint une certaine valeur critique, il se produit une panique bancaire, les déposants se ruent vers les banques afin d'éviter des pertes en capital sur les dépôts qu'ils anticipent durant une récession.

Il faut toutefois relever qu'un certain nombre d'observations critiques sont formulées contre l'aptitude de l'hypothèse d'information des déposants sur la qualité des actifs bancaires à déclencher les ruées. En d'autres termes, le résultat selon lequel de mauvaises informations sur la rentabilité des actifs bancaires peuvent déclencher des ruées n'est pas automatique. En effet, il est souligné que certaines conditions doivent être vérifiées :

1) Une fonction d'utilité exhibant un coefficient d'aversion au risque inférieur à l'unité.

F. Marini (1992) souligne que ce résultat dépend de manière cruciale de l'hypothèse que la fonction d'utilité des agents exhibe un coefficient d'aversion à l'égard du risque inférieur à l'unité, car il devient erroné si la fonction d'utilité est à coefficient d'aversion au risque supérieur à l'unité.

L'argumentation développée pour soutenir ce résultat paradoxal *a priori* se résume au fait que la perception des mauvaises nouvelles sur la rentabilité bancaire n'a pas d'effets sur le volume des dépôts, autrement dit, ne déclenche les ruées que s'il existe dans le système ce que Gorton a appelé des réserves de valeurs alternatives aux dépôts bancaires.

2) L'existence des réserves de valeurs alternatives aux dépôts bancaires.

G. Gorton (1988) pense que le résultat précédent ne tient que si l'on ajoute une hypothèse supplémentaire à savoir qu'il existe des réserves de valeurs alternatives aux dépôts bancaires. Ainsi, s'il existe à titre d'exemple deux réserves de valeur, les dépôts à vue et les espèces, une panique bancaire se déclenche lorsque les déposants anticipent que les espèces sont une meilleure réserve de valeur que les dépôts. Cette condition supplémentaire ajoutée par F. Marini (1992) et qui est au cœur de la théorie des paniques bancaires de G. Gorton est-elle nécessaire voire déterminante ? Nous ne le pensons pas dans la mesure où dans la plupart des cas, la préoccupation principale des déposants est de récupérer ne serait-ce que leur mise initiale. En outre, si c'était le cas, il n'y aurait pas dans un système à deux réserves de valeurs-dépôts et espèces - et dans un contexte inflationniste - où les espèces ne sont pas une meilleure réserve de valeur - de panique bancaire. Or, rien ne nous le montre ici.

Par ailleurs, certains auteurs estiment qu'il existe des sources informatives plus plausibles que la mauvaise qualité des actifs bancaires. En effet, B. Smith (1987), comme A. Rolnick (1987), soutient que l'hypothèse selon laquelle il existe une asymétrie d'information entre déposants et banquiers sur la qualité des actifs bancaires n'est pas justifiée. En l'occurrence pour A. Rolnick, les taux d'intérêt sur les comptes de dépôts - lesquels ? - transmettent de l'information sur le risque associé au portefeuille détenu par les banques.

C'est dans le même ordre d'idées que L. Nakamura (1988, 1989) appréhende le problème d'imperfections informationnelles. Mais pour lui, il s'agit d'asymétrie d'information des banques et il estime que dans ce cas, les comptes de dépôts ainsi que les mouvements de fonds dans ces comptes peuvent fournir des informations sur les emprunteurs. Ainsi, une réduction prolongée du niveau des encaisses signale-t-elle des difficultés de liquidité. Ceci ne serait entièrement efficace que s'il est supposé que les détenteurs potentiels de ressources ou les clients de la banque effectuent leurs placements uniquement sous forme de dépôts bancaires.

Malgré ces observations, ce qui est important de relever dans cette approche en termes d'information des déposants sur la perspective de rendement des actifs bancaires, c'est que, quelles que soient les sources d'informations des déposants, délits d'initiés - insiders - (C. Jacklin et Bhattacharya (1988)), mimétisme[50] (V.V. Chari et Jagannathan (1988)), audit externe ou commission d'enquête et d'évaluation (G. Gorton (1988)), les ruées ont dans ces cas une origine certaine. Admettre dès lors, que ce sont des événements prévisibles, apparaît plus plausible et plus réaliste qu'ils ne le sont, lorsqu'ils sont aléatoires, comme chez Diamond - Dybvig et Anderlini.

Conclusion

Des analyses précédentes, il ressort que :

1) La non maîtrise du risque de crédit par les banques est en cause dans la montée du risque de défaut et l'insolvabilité des banques. Cette non maîtrise du risque est pour une part appréciable, imputable aux imperfections informationnelles sur le choix ex ante du projet et à l'aléa moral sur le comportement ex post de l'emprunteur.

2) L'hypothèse de paniques des déposants et des ruées bancaires auxquelles elles donnent lieu, explique mieux la crise de liquidité et le recul de la crédibilité des banques, que celle d'une mauvaise transformation des maturités. Ces dernières résultent :

- d'un comportement irrationnel soit, des banques engagées aveuglément dans la conquête des parts de marché soit, celui des emprunteurs spéculateurs mus par la recherche effrénée de gains ;

- d'un comportement d'anticipations rationnelles des déposants qui, informés sur la perspective de rendement des actifs bancaires, se ruent vers les guichets de banques.

3) En raison de l'absence d'un marché financier dans le cadre retenu par l'analyse, l'information des déposants sur la crédibilité douteuse des banques apparaît plus déterminante dans le déclenchement des ruées, que la myopie des banques face au désastre ou l'orgie spéculative de la clientèle bancaire.

---

[50] Pour la littérature sur le mimétisme, voir A. Orléans (1985).

4) Les ruées bancaires auraient dans le cadre de l'économie retenue par notre étude, une origine économique et non aléatoire comme dans le modèle théorique de base.

Dans quelle mesure, les tests empiriques confirment-ils ces affirmations ? C'est à cela qu'est consacré le chapitre 2.

CHAPITRE 2

LA MONTEE DES RISQUES, L'INSOLVABILITE ET LE RECUL DE LA CREDIBILITE DES BANQUES

La montée des risques s'est traduite par une accumulation d'importantes créances compromises et une crise aiguë de liquidité. L'objet de ce chapitre est de montrer empiriquement que :

- d'une part, l'insolvabilité des banques liée à la montée du risque de défaut est imputable en grande partie au risque moral sur le comportement des emprunteurs, autrement dit, aux imperfections informationnelles sur le comportement ex post de l'emprunteur et,

- d'autre part, le recul de leur crédibilité est le fait des paniques des déposants qui ont emporté les banques dans les ruées sur les dépôts.

Dans cette perspective, est d'abord testée l'hypothèse de risque moral sur le comportement de l'emprunteur en cause dans l'accumulation des créances douteuses et l'insolvabilité des banques (I). Ensuite, est suggérée celle des ruées et paniques bancaires dans la crise de liquidité et le recul de la crédibilité des banques (II).

I. L'accumulation des créances douteuses et l'insolvabilité des banques : le cas du Cameroun

L'objet est ici de montrer que l'accumulation d'importantes créances douteuses, l'un des facteurs de la crise et des faillites bancaires des dernières années, est en grande partie liée au risque moral sur le comportement de l'emprunteur. L'environnement institutionnel et politique dans lequel ont évolué les banques ayant contribué à l'organisation de leur insolvabilité par accentuation du risque moral sur le comportement des emprunteurs, il convient de commencer d'abord, par une présentation de ce cadre (I.1). Ensuite, l'on montre en quoi, le risque moral sur le comportement de l'emprunteur a conduit à la montée du risque de défaut (I.2).

I.1. L'environnement politico -institutionnel dans l'insolvabilité des banques

La thèse du contexte institutionnel en cause dans la crise économique au Cameroun en général (J. Ngandjeu (1988)), et la déliquescence du système bancaire en particulier, est défendue dans un certain nombre de travaux récents (F. Tiani Kéou (1992), I. Tamba et L. Tchamanbé Djiné (1995)). Dans sa contribution, J. Ngandjeu (1988) stigmatise le détournement et l'évasion des capitaux qui affaiblissent la liquidité bancaire. F. Tiani Kéou (1992) quant à lui fustige la forte ingérence de l'État dans la gestion des banques. Ses analyses mettent en cause l'organisation politico-économique. Celle-ci conduit à la perversion du rôle de la monnaie qui devient dès lors, objet d'accaparement et "instrument de violence" au service du pouvoir. Ce que F. Tiani Kéou (1992) traduit par "violence acquisitive de la monnaie". Dans leur contribution, I. Tamba et L. Tchamanbé Djiné (1995) mettent en exergue la politique de financement bancaire par trop répressive.

I.1.1. Politique de financement bancaire

La politique de financement qu'adoptent un grand nombre de pays en développement jusqu'au début de la décennie 90 répond pour la plupart à la logique du phénomène de répression financière (R.I. McKinnon (1973), E.S. Shaw (1973)). Il trouve son fondement dans l'hypothèse de substitution entre monnaie et capital physique - l'investissement - analysée dès 1961 par J. Tobin (1961). Selon ce principe, si le niveau général des prix et des anticipations sur ce dernier est constant, une politique monétaire expansionniste réduit le taux d'investissement en même temps qu'elle augmente la préférence pour la monnaie.

Pour stimuler l'investissement, il faut dans ce cas maintenir le taux d'intérêt à un niveau bas de manière à décourager l'envie de détenir de la monnaie par- devers soi. Dans cet ordre d'idées, S. Gessel (1929) propose d'instituer une taxe sur la monnaie tandis que J. Tobin (1965) préconise soit la taxation de la monnaie, soit la réduction du taux d'intérêt sur les dépôts - taux créditeurs - soit l'accroissement du stock de monnaie pour augmenter le taux d'inflation.

McKinnon-Shaw (1973) et E.S. Shaw (1973) démontrent qu'en raison de la complémentarité entre monnaie et investissement dans les pays en développement notamment, une telle politique réprime et pénalise leur système financier, accentue la structure dualiste de leurs économies et hypothèque leur croissance. En effet, les bas taux d'intérêt se soldent par une mauvaise rémunération de l'épargne et expliquent la faiblesse des ressources drainées par les institutions bancaires et par voie de conséquence leur vulnérabilité face au problème de liquidité.

De même, la fixation administrative des taux d'intérêt au-dessous de leur niveau d'équilibre se traduit aussi par un excès de demande de crédit par rapport à l'offre de ressources. Deux conséquences en découlent. D'un côté, le financement des projets peu rentables, ce qui fragilise les banques et accroît leur insolvabilité et de l'autre, la limitation de la capacité de prêts des banques qui conduit au rationnement de crédit. La plupart des travaux menés sur la finance informelle[51] imputent son expansion des années 1980 à la répression financière.

Eu égard aux conséquences néfastes des taux administrés sur le développement financier, McKinnon et Shaw préconisent une politique monétaire et financière alternative, la libéralisation financière devenue aujourd'hui le leitmotiv de la politique de réforme du FMI et de la Banque mondiale. C'est dans cette perspective que s'orientent les travaux d'extension des modèles initiaux de McKinnon et Shaw.

Kapur (1976 a) complète l'analyse en l'intégrant dans un modèle dynamique. Pour augmenter le taux d'intérêt réel, il préconise d'accroître le taux d'intérêt nominal servi sur les dépôts, plutôt que de réduire le rythme de croissance de la masse monétaire. La première solution présente l'avantage qu'elle permet d'atteindre simultanément deux objectifs : la réduction de l'inflation grâce à une diminution de la demande de monnaie et la stimulation directe de l'épargne.

Quant à Galbis (1977), son modèle tient compte de l'existence d'un secteur traditionnel où le rendement du capital est constant et faible et d'un secteur moderne où le rendement du capital est aussi constant mais plus élevé. Son analyse aboutit à la conclusion selon laquelle le secteur traditionnel autofinance totalement ses investissements car il n'a pas accès au crédit bancaire, tandis que le second les finance par son épargne et par les prêts bancaires. La libéralisation financière conduit à un

---

51 Pour une synthèse de ces travaux, se reporter à l'ouvrage *Finance informelle dans les pays en développement* sous la direction de D.W.Adams et D. A Fitchett (1994), Presse universitaire de Lyon,.

accroissement de la productivité moyenne de l'investissement dans la mesure où elle permet un déplacement du secteur traditionnel vers le secteur moderne.

Vogel et Buser (1976) reprennent l'hypothèse de complémentarité monnaie/capital de McKinnon en l'intégrant dans un modèle d'analyse en termes de risque/capital. Alors que McKinnon-Shaw s'attachent à considérer la répression financière comme le fait que le rendement de la monnaie soit réprimé, ces auteurs la décrivent en termes de risque croissant attaché à ce même rendement, c'est-à-dire à la variabilité croissante du taux nominal servi sur les dépôts et / ou de l'inflation. Il en découle que la libéralisation financière peut prendre deux formes, soit une augmentation du rendement réel de la monnaie, soit une stabilisation du niveau du rendement réel c'est-à-dire une baisse du risque attaché à la détention de monnaie.

Mathieson (1979 ; 1980) construit un modèle de libéralisation financière en économie ouverte en vue de prendre en compte des variations possibles du taux de change induites par elle. En effet, l'augmentation des taux d'intérêt réels consécutifs à la suppression de la répression financière peut être à l'origine d'importantes entrées de capitaux du fait du renchérissement du coût du crédit bancaire. Dans un système de change fixe et en l'absence d'une politique de stérilisation des capitaux flottants, on assiste à une augmentation automatique de l'offre de monnaie, phénomène générateur de l'inflation et de faillites bancaires[52]. Pour éviter ce problème, Mathieson préconise une dévaluation importante de la monnaie pour accompagner la politique de libéralisation financière. L'effet attendu de cette dévaluation étant la réduction des entrées de capitaux.

Maxwell Fry (1969, 1982, 1988, etc.) s'emploie dans l'ensemble de ses travaux à faire des tests empiriques des résultats des analyses théoriques du phénomène de répression financière. Les modèles plus récents (N. Roubini et X. Sala-i-Martin (1992) enrichissent l'approche

[52] C'est ce qui s'est observé en Corée du Sud dans les années 1960 et au Chili dans les années 1970. Les résultats catastrophiques, faillites bancaires à répétition et faillites des entreprises conduisent à un échec cuisant de la politique d'une libéralisation financière totale et expliquent l'adoption d'une libéralisation partielle par la Corée du Sud au cours des années 1980 (Y.C. Park (1993)). Pour le cas du Chili, se reporter à l'article de C. Diaz-Alejandro (1985).

initiale de McKinnon et Shaw en étudiant les conséquences de l'existence d'une répression financière sur la croissance de long terme.

En résumé, pour l'école de la répression financière constituée autour des travaux de R.I. McKinnon et E. Shaw, libérer le secteur financier ou accroître le niveau des taux d'intérêt servis sur les dépôts bancaires, va stimuler l'accumulation d'encaisses monétaires - l'épargne - et permettre la croissance de l'investissement. Cela permettrait en outre, d'accroître l'intermédiation bancaire par une réduction des frais d'intermédiation entre prêteurs et emprunteurs grâce à la réalisation d'économie d'échelle d'une part, par une meilleure diversification du risque d'autre part, et par un accès facilité des emprunteurs aux fonds prêtables enfin. Bref, la libéralisation financière, parce qu'elle permet le développement financier et une allocation optimale complète du capital, serait à même d'accélérer le développement économique.

Toutefois, la libéralisation financière préconisée par McKinnon et Shaw fait l'objet d'un certain nombre d'observations critiques relatives à la relation croissante entre le taux d'intérêt réel et l'épargne, à l'aptitude de la libéralisation financière à assurer l'allocation optimale des ressources et à la non prise en compte de certains aspects structurels caractéristiques des économies en développement.

En effet, l'analyse de McKinnon et Shaw est fondée sur l'hypothèse implicite que le marché financier est parfait et qu'il n'existe pas de phénomène de rationnement de crédit. Or, en raison des imperfections informationnelles sur le marché du crédit, Stiglitz et Weiss (1981) et Cho (1986) ont montré qu'il existe un rationnement du crédit même sur des marchés compétitifs du crédit. Compte tenu de l'asymétrie d'information, la libéralisation financière peut s'avérer par essence inefficace pour assurer une allocation optimale des ressources. En d'autres termes, les régimes d'intérêts libres seuls ne sont pas suffisants pour assurer une allocation optimale complète lorsqu'il existe des imperfections d'information.

Par ailleurs et s'agissant des aspects structurels, la conclusion de McKinnon et Shaw admet que le taux d'intérêt officiel est l'instrument usuel de politique monétaire qui détermine les comportements financiers. Or, dans un contexte où ces comportements sont surtout guidés par un différentiel de taux d'intérêt largement favorable au "prix souterrain de la liquidité" comme le montre Ch. Eboué (1990), nous convenons avec lui qu'il faut relativiser la portée de cette conclusion. Dans le même sens, dans une économie d'endettement ouverte où la banque centrale perd une bonne partie de son autonomie, les taux d'intérêt étant définis à partir des taux internationaux de capitaux et en fonction de la parité des monnaies (M. Attouh (1986)), le taux d'intérêt comme instrument de régulation perd de sa pertinence.

Les politiques monétaires et financières à travers le monde jusqu'au début des années 1990 sont fortement influencées par les idées de Keynes (1936) et de Tobin (1965). L'action de départ qui porte uniquement sur le plafonnement des taux d'intérêt s'étend à d'autres éléments. Ainsi, au-delà de l'administration des taux d'intérêt, il faut contrôler le taux de change, diriger les crédits, instituer les réserves obligatoires, réglementer l'activité bancaire, etc. L'option camerounaise en la matière s'inscrit également dans cette logique et il serait intéressant d'examiner ses effets sur les banques.

I.1.2. L'option camerounaise et ses implications sur les banques

L'analyse révèle que la politique de financement bancaire mise en place au Cameroun jusqu'au début de la décennie 90[53] est essentiellement une politique d'inspiration keynésienne de stimulation et de soutien aux investissements par une politique de crédits "bon marché". Elle se traduit par des effets répressifs sur les banques (I.1.2.1), une forte ingérence de l'État dans leur gestion (I.1.2.2) et une perversion de leur comportement (I.1.2.3).

I.1.2.1. La répression financière, l'accumulation des créances douteuses et l'insolvabilité des banques

Cette répression s'est traduite concrètement d'une part, par des taux d'intérêt administrés et leur maintien à des niveaux faibles et stables, par la fixation des marges bancaires et d'autre part, par l'orientation sectorielle des crédits soutenue par des taux privilégiés.

Concernant la politique des taux d'intérêt, on note qu'entre mai 1974 et octobre 1990, le taux des avances au trésor public actuellement de 8%

---

[53] Depuis le 16 octobre 1990, le Cameroun s'est engagé dans une politique de libéralisation financière et économique.

n'a été modifié qu'une seule fois en 1988, passant ainsi de 4 % à 4.5% (tableau 2a, graphique 2a).

Parallèlement, le taux d'escompte privilégié - supprimé par décision du conseil d'administration de la BEAC du 16 octobre 1990 - jadis taux de faveur applicable aux secteurs jugés prioritaires par l'État, ne l'a été en moyenne qu'une fois tous les trois ans. Quant au taux d'escompte normal, taux de droit commun applicable aux opérations autres que les opérations privilégiées et présentement de 8%, il n'a connu en moyenne qu'une variation tous les deux ans (graphique du tableau 2 a).

Le contrôle des taux n'est pas sans effet sur le niveau de l'épargne financière et sur le processus d'intermédiation financière. On note en effet que l'administration des taux a conduit à la pratique des taux d'intérêt réels faibles ou négatifs (tableau 2b et graphique 2b). On impute également la fuite des ressources hors des circuits bancaires et hors du pays à cette faiblesse. Un récent rapport sur l'analyse du système bancaire camerounais (Banque mondiale, 1986) relève que le différentiel important des taux entre le Cameroun et les places financières internationales et en particulier la place de Paris, entrave considérablement la mobilisation et la rétention de l'épargne financière en l'occurrence celle des grandes entreprises qui préfèrent faire des placements sur les marchés financiers extérieurs où les taux sont plus rémunérateurs[54].

Par ailleurs, la disponibilité des crédits assortis des taux réels négatifs ou faibles favorise la réalisation des investissements peu productifs dont les conséquences sont l'érosion des marges bancaires[55]. On note en effet qu'en vue d'améliorer leur situation de trésorerie à court terme, les banques à court de liquidité se sont refinancées à Paris pour faire des prêts à des taux négatifs, compte tenu du plafonnement des taux d'intérêt locaux[56].

---

[54] Le rapport SIBI révèle qu'au cours de la période 1975 - 1984 le différentiel des taux Paris/Cameroun a toujours été en défaveur du Cameroun avec des écarts importants de 8.3 et 7.9 points respectivement en 1981 et en 1982.

[55] La marge des banques chute en moyenne de 3% par an entre 1985 et 1993 ; infra tableau 7.

[56] Compte-rendu de la réunion technique de l'Association professionnelle des banques du 21 mai 1981.

Pour ce qui est de la politique des crédits, elle est essentiellement une politique d'orientation sectorielle matérialisée par la fixation des plafonds globaux de réescompte aux banques commerciales et des plafonds individuels aux entreprises. Par le mécanisme des opérations de réescompte, les banques sont tenues d'accorder certains de leurs concours à des taux préférentiels et d'assurer le financement des secteurs jugés prioritaires[57] sans aucune considération de rentabilité. Une telle politique conduit à des distorsions dans l'allocation des ressources et favorise l'accroissement des créances douteuses. Les conséquences de cette sélectivité des crédits sont donc nombreuses et constituent l'un des facteurs déséquilibrants non négligeables.

Graphique du tableau 2a

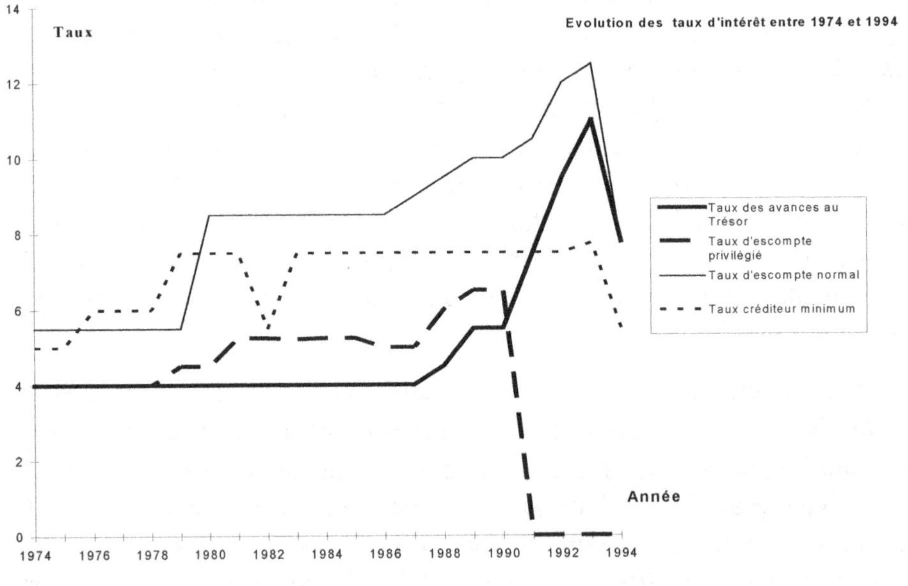

---

[57] Etaient considérés secteurs prioritaires, l'agriculture (commercialisation et exportation), les PME, les coopératives, les entreprises publiques, l'habitat social, etc. Les marges bancaires appliquées à ces secteurs sont respectivement de 2.5% et 3.5% pour des opérations réescomptables et non réescomptables, soit un taux final respectivement de 7.75% et 8.75%, le taux de base débiteur privilégié (TBDP) étant de 5.25%.

<u>Graphique du tableau 2b</u> : Evolution des taux créditeurs et débiteurs.

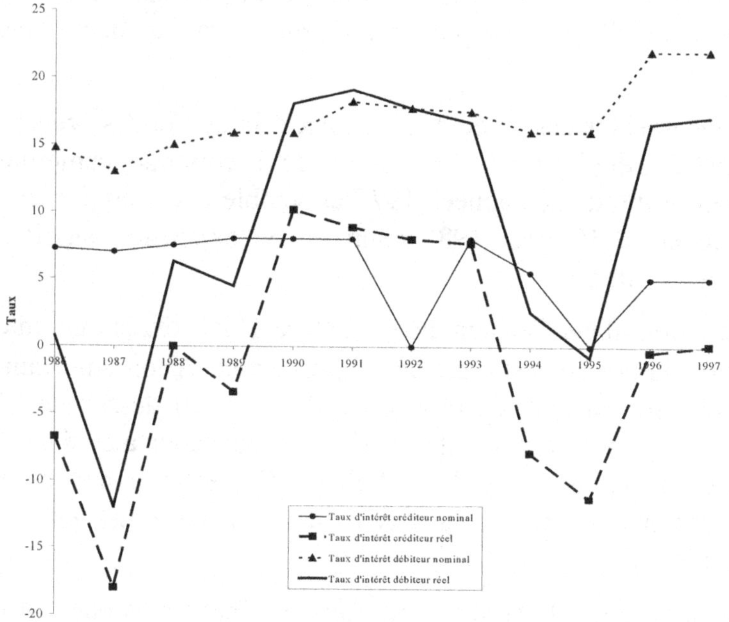

Dans le même ordre de considérations, les limites sont imposées aux marges sur les prêts bancaires. En effet, avant l'avènement de la libéralisation des conditions de banque[58], la détermination des taux applicables au crédit bancaire incombe au conseil d'administration de la BEAC qui fixait le taux de base et aux autorités monétaires nationales qui arrêtaient les marges bancaires à appliquer au prêt. Actuellement, seul le taux de base est fixé par la BEAC qui laisse aux banques la possibilité de négocier librement les marges en fonction du risque en présence ce, en respectant les bornes constituées par le taux débiteur maximum (TBM)[59].

---

[58] La libéralisation financière est adoptée dans l'ensemble des pays de la zone BEAC par les décisions du conseil d'administration de la BEAC du 16 octobre 1990. Avant cette réforme, la fixation des taux suivant le terme, la catégorie de la clientèle, la nature réescomptable ou non, le caractère préférentiel ou ordinaire, conduit à une lourde structure des taux comportant 21 taux débiteurs et 51 taux créditeurs.

[59] Depuis le 15 janvier 1996, le TDM = TPB + une marge fixe de 7%. Le TPB est le taux de pénalité aux banques.

Au total, la politique des taux en vigueur et les risques potentiels de non recouvrement des créances amènent les institutions bancaires elles-mêmes à privilégier les placements auprès de la place financière de Paris[60].

Dans tous les cas, avec des bas taux d'intérêt et des prêts privilégiés, la période d'euphorie de croissance de l'économie camerounaise qui commence autour des années 1975 et semble avoir atteint sa vitesse de croisière entre 1980 et 1985 connaît une expansion significative des crédits à l'économie.

En effet, dans l'ensemble et malgré l'environnement international déprimé[61], la période est assez satisfaisante pour l'économie camerounaise qui enregistre un taux de croissance du P.I.B au dessus de 7% l'an en termes réels, taux largement supérieur à ceux constatés dans la plupart des pays africains au Sud du Sahara. Cet effet a des répercussions favorables sur le niveau d'activité de presque tous les secteurs de l'économie.

En particulier, le paysage bancaire et financier s'enrichit de quatre nouvelles banques, portant ainsi le réseau à une dizaine de banques. Il s'agit notamment de la Banque de Paris et des Pays-Bas, janvier 1980 - de la Boston Bank Cameroon, août 1980 - de la Bank of Credit and Commerce Cameroon, juillet 1981 - et de la Bank of America Cameroon, janvier 1982 (tableau 1b).

Ce qui est important de relever ici réside dans le fait que cet enrichissement contribue à accentuer la croissance des concours à l'économie amorcée bien avant 1975 (tableau 3 en annexe). Toutefois, cette évolution des crédits à l'économie ne s'est pas faite de manière linéaire. La tendance accélératrice observée jusqu'en 1977/78 avec un taux de progression de 46.7% atteint cette année-là, connaît une relative accalmie qui se reflète dans la baisse du taux des concours à 27.7% en

---

[60] La forte croissance des avoirs extérieurs bruts des banques qui passent de 7.1 milliards de FCFA en 1978 à 190.1 milliards en 1985 explique ce fait.

[61] Alors que les effets du premier choc pétrolier des années 1973-1974 se font encore sentir, le deuxième choc des années 1979-1981 intervient, suivi de la crise de la dette de 1981 - 1982 à laquelle, il faut ajouter la crise du marché des titres à taux flottant de 1984/1985, le krach boursier de 1987, etc.

1978/79[62]. Malgré un net redressement relevé entre 1979 et 1981, le mouvement de décélération se poursuit depuis lors avec un rythme de progression moyenne qui passe de 33.3% en 1981/82 à 3.5% en 1984/85, pour devenir négatif entre 1989/90 et 93/95 (graphique du tableau 3).

De nombreuses déclarations sont avancées pour expliquer cette décélération du rythme de crédit à l'économie. Sont évoqués tour à tour, la politique prudente décidée par la plupart des banques en matière de distribution des crédits en raison de l'absence des projets bancables, estime-t-on, et le remboursement des prêts par les compagnies pétrolières. Mais il y a lieu de voir dans cette tendance décélératrice des signes précurseurs des difficultés de trésorerie des banques. Car les ressources bancaires restent essentiellement tributaires des dépôts publics et des concours des correspondants extérieurs qui dépendent de la conjoncture mondiale particulièrement morose à cette époque.

Toutefois, le fait le plus marquant de la période qu'il convient de souligner ici est que cette expansion des volumes de crédit s'accompagne aussi d'un développement considérable des crédits qualifiés de créances douteuses.

<u>Graphique du tableau 3</u> : Evolution des crédits à l'économie.

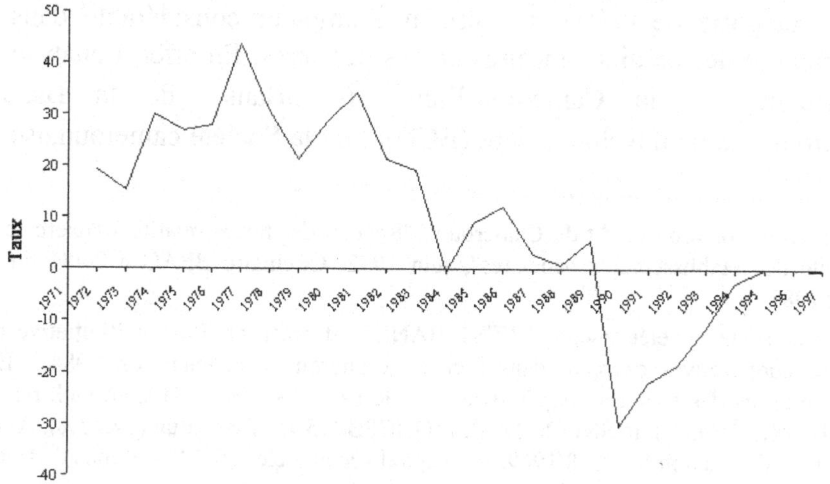

62 Sources des chiffres : BEAC, Bulletins, Etudes et statistiques n°77, déc. 1980.

Les créances douteuses, par opposition aux créances saines, sont des prêts de toute nature dont le remboursement paraît peu probable ou nécessairement exclu (J.L. Butsch, 1991). Les règles imposées aux banques dans ce domaine laissent volontairement à chaque établissement un pouvoir aussi large que possible. Ce pouvoir discrétionnaire est du reste assez conséquent car le banquier dispose mieux que quiconque des informations plus ou moins fiables sur son portefeuille de prêts consentis. Malheureusement, cette possibilité présente l'inconvénient de conduire parfois le banquier à produire délibérément des documents comptables erronés, ne reflétant que très approximativement la réalité.

Le recueil des dispositions applicables aux banques[63] précise que, doivent être classées en créances douteuses, les créances de toute nature, mêmes celles assorties à des garanties et susceptibles de remplir l'une des trois conditions suivantes :

- présenter un risque probable ou certain de non recouvrement partiel ou total ;
- revêtir un caractère contentieux - faillite, liquidation, de biens, réglementation judiciaire ;
- donner lieu à un recouvrement contentieux.

L'examen de la situation concrète de quelques banques montre que cette catégorie de créances a pris une ampleur considérable dans le portefeuille des crédits bancaires de ces dernières. En effet, l'analyse du portefeuille de la Cameroon-Bank[64] (CamBank), de la Banque camerounaise de développement (BCD)[65], de la Société camerounaise de

---

[63] Conseil national du crédit du Cameroun : "Recueil des textes relatifs à l'exercice de l'activité des établissements bancaires", juin 1992, Circulaire BEAC n°04/84 du 12 juillet 1984.

[64] La CamBank appelée encore 'WEST BANK' est créée en 1961 à l'initiative des sociétés coopératives exerçant dans l'ancien Cameroun occidental. En 1984, l'État prend le relais des sociétés coopératives dans le capital social de la CamBank réparti entre la SNH 42.55%), la SNI (28.12%), l 'ONCPB (15.15%) et l'État (14.18%). Avant sa mise en liquidation le 25/08/1989, son capital social s'élève à 705 millions de francs CFA et son réseau comporte 17 agences et bureaux permanents.

[65] La Banque camerounaise de développement (BCD) est créée en 1961 à l'initiative du gouvernement camerounais et de la Caisse centrale et de coopération économique (CCCE). Son capital social initial d'un montant de 1 milliard de FCFA détenu à concurrence de 61.% par l'État camerounais et à hauteur de 39% par le partenaire

banque (SCB)[66] et de la Banque de Paris et des Pays-Bas (BPPB)[67], toutes en liquidation aujourd'hui, révèle qu'au 30 juin 1988, 62 % au moins du portefeuille des créances de ces banques sont compromises (tableau 1c en annexe).

Cette situation reflète en général la tendance observée au niveau de l'ensemble du secteur bancaire (tableau 4). On note à quelques exceptions près que, contrairement aux concours à l'économie, la progression des créances douteuses s'est faite à un rythme croissant. Elles sont passées d'un taux moyen de près de 14% entre 1976 et 1980 à 158% en 1988 (graphique du tableau 4 et graphique du tableau 4 suite).

La baisse sensible enregistrée entre 1985 et 1986 (15,16%) est à mettre à notre avis au compte des déclarations inexactes des résultats.

En revanche, le niveau spectaculaire de 158,04% atteint en 1988 que nous estimons traduire mieux la réalité, trouve sa justification dans les opérations correctrices ou de retraitement des banques effectuées par les audits (tableau 5 en annexe). La part des créances compromises dans les crédits à l'économie et dans le total du bilan connaît le même rythme de progression.

Au total, l'expansion des créances douteuses et de leurs parts respectives dans les crédits à l'économie et le total du bilan entraînent des répercussions considérables sur la rentabilité des banques.

La rentabilité met en rapport un résultat et les moyens mis en œuvre pour l'obtenir. Elle peut revêtir deux conceptions selon que l'on

---

étranger, est porté à 6 milliards réparti entre la BEAC 8%, la CCCE 10% et l'État 82%. Avant sa fermeture, son réseau se réduit à trois agences, Yaoundé, Douala, Garoua.

66 Créée en 1961, la SCB s'est toujours classée au premier rang des établissements de la place. Son capital social de 5 milliards de FCFA se répartit à raison de 55.05% pour le Cameroun, 16% pour la BCD, 18.75% au Crédit lyonnais, 4.8% à la Générale de Belgique et 4.8% à la Belgolaise. Au 30 juin 1988, son réseau compte 35 agences, 1111 bureaux périodiques et 3 bureaux de change.

67 La Banque de Paris et des Pays-Bas (Paribas) banque d'affaires inaugurée en 1980 avec un capital de 1200 millions de FCFA, voit celui-ci porté par la suite à 3.5 milliards de FCFA réparti à hauteur de 40% pour Paribas International, 60% pour les intérêts publics camerounais (État, CNR, BCD, SNI). En dehors de son siège social à Douala, Paribas dispose d'une seule agence à Yaoundé.

s'intéresse aux sources des moyens - des actionnaires - ou à leur affectation.

Du point de vue source, on retient généralement les fonds propres des entreprises mais il n'est pas exclu que l'on s'intéresse à la totalité du passif. Si c'est l'aspect emploi des ressources qui est privilégié, on retient la totalité de l'actif qui représente l'ensemble des moyens mis en œuvre. Ces deux conceptions sont qualifiées :

- de rentabilité des fonds propres ou du capital. Elle est donnée par le rapport entre le bénéfice à répartir et les fonds propres ;

- de rentabilité économique exprimée dans le ratio de marge d'intérêt au total des emplois. Ce dernier ratio est aussi appelé taux de marge d'intérêt ou coefficient de rendement.

L'analyse de la rentabilité de quelques banques révèle qu'au 30 juin 1988, leur situation nette était négative (tableau 7).

<u>Graphique du tableau 4 :</u> Evolution des crédits à l'économie, des créances douteuses et du total du bilan.

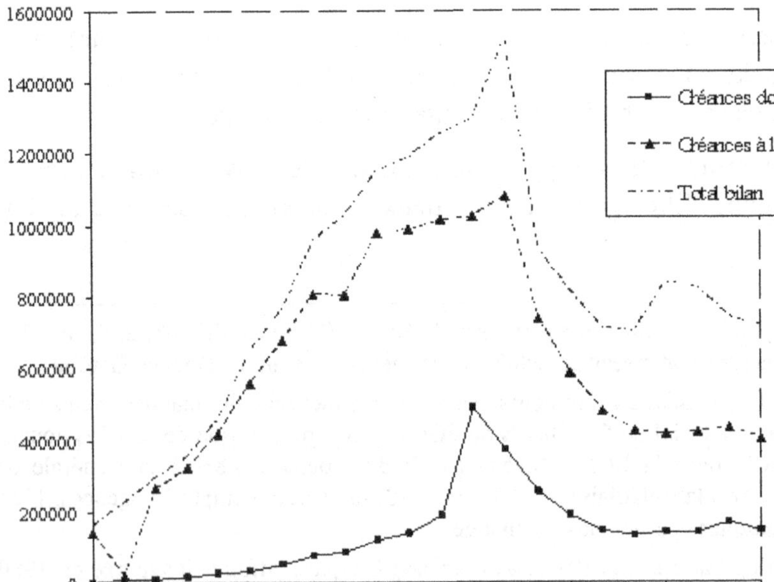

<u>Graphique du tableau 4</u> (suite) : Part des créances douteuses dans le total et dans les crédits à l'économie.

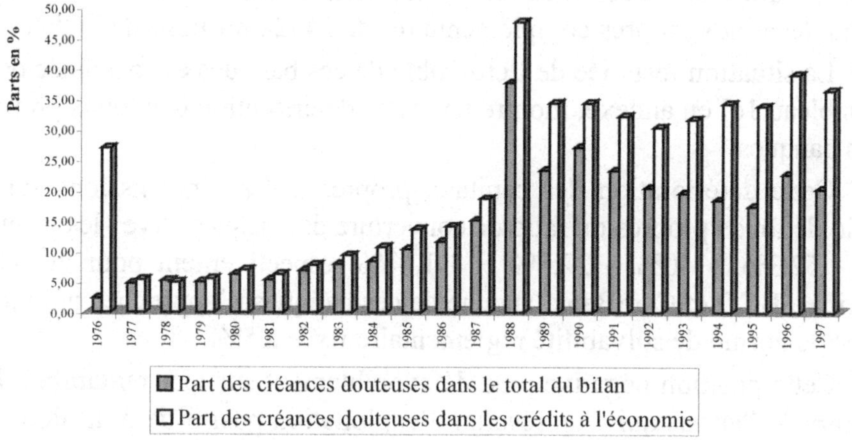

En effet, l'examen du portefeuille de la (CamBank), de la Banque camerounaise de développement (BCD) de la Société camerounaise de banque (SCB) et de la Banque de Paris et des Pays-Bas (Paribas) toutes en liquidation aujourd'hui, révèle qu'au 30 juin 1988 leur situation nette est négative (Rapport SIBI 1989). Cela s'explique par l'importance des pertes cumulées (30576 millions de FCFA pour la CamBank) et par la détérioration des capitaux propres (-23.895 millions de FCFA pour Paribas). La conséquence immédiate d'une telle situation est l'accroissement des besoins en fonds propres qui avoisinent 137 milliards de FCFA pour la SCB et 54.035 millions pour la CamBank.

La situation nette présentée par les livres de la SCB dégage un solde positif de 987 millions de FCFA. Toutefois, les opérations de retraitement effectuées par la mission d'audit donnent une situation nette corrigée de - 130300 millions de FCFA pour les fonds propres, 6546 millions de FCFA pour le besoin en fonds propres minimum, 136846 millions pour le besoin en fonds propres complémentaires et un ratio de solvabilité de - 52.30%.

Celle de Paribas n'en est pas très éloignée. Sa situation nette est estimée à - 74184 millions de FCFA, ses fonds propres à - 23895 millions, le besoin minimum en fonds propres à 917 millions, le besoin complémentaire en fonds propres à 24812 millions et le ratio de solvabilité à - 40%.

C'est une situation similaire que l'on retrouve à la BCD où sa position nette est de - 37900 millions de FCFA, ses fonds propres de - 21645 millions, le besoin en fonds propres minimum de 2679 millions et celui des fonds propres complémentaires de 24324 millions de FCFA.

La situation résumée de l'ensemble de ces banques et consignée dans le tableau 1c' en annexe, montre une forte détérioration des fonds propres des banques.

Cette détérioration des capitaux propres a des répercussions sur le ratio de fonds propres ou ratio de couverture des risques. Avec les valeurs de - 52.3%, - 40%, - 22.8% et - 1.67% respectivement pour la SCB, Paribas, BCD et CamBank, aucune de ces banques n'approche au 30 juin 1988 la norme de solvabilité réglementaire fixée à 5%.

Cette position négative joue défavorablement sur leur rentabilité. En dehors de Paribas qui a un résultat d'exploitation positif de 5 millions de FCFA (lui donnant un taux de rentabilité financière de - 0.02% eu égard à ses fonds propres), la SCB, la CamBank et la BCD enregistrent des résultats d'exploitation fortement négatifs, respectivement - 11 milliards de FCFA, - 4.038 milliards de CFA, - 4 milliards de FCFA. En tenant compte de la position négative de leurs fonds propres soit - 130.3 milliards pour la SCB, - 53.715 milliards pour la CamBank, -23.895 milliards pour Paribas et - 21.645 milliards pour la BCD, le calcul des ratios de rentabilité du capital donnerait tout simplement des résultats abracadabrants. En somme, la valeur négative de ces deux éléments est assez significative de la situation financière de ces banques et du système bancaire tout entier.

Pour l'ensemble des banques camerounaises, on assiste à une baisse continue de la rentabilité, qu'elle soit mesurée par le taux de marge - rentabilité économique et commerciale - ou appréhendée en termes de rentabilité du capital ou des fonds propres (tableau 7). Cette dégradation des résultats est imputable à l'évolution croissante des provisions (tableau 5) et des marges d'évolution d'intérêt (tableau 7).

En effet, le taux de provisions augmente considérablement d'année en année en raison des défaillances sur les prêts. Comme les provisions s'imputent au résultat brut d'exploitation, leur alourdissement progressif grève le bénéfice à répartir et par là même la rentabilité du capital ou des fonds propres. Ceci apparaît dans le fléchissement progressif du coefficient de rentabilité - ratio bénéfice/fonds propres.

Ce ratio est tombé en dessous de zéro en 1984/85, montrant ainsi que les banques se sont retrouvées en situation de perte et ont dû puiser dans leurs fonds propres ou recourir aux emprunts pour honorer leurs engagements. Ce qui en d'autres termes, signifie que l'activité d'intermédiation n'a pas dégagé de marges bénéficiaires suffisantes pour couvrir les frais liés à cette activité.

Il faut dire que la décroissance du taux de marge d'intérêt contribue aussi à la dégradation des résultats bancaires. Dans un grand nombre de cas, les fluctuations des marges d'intérêt sont consécutives aux mouvements des taux d'intérêt. Si lors des mouvements de baisse des taux d'intérêt, le taux d'intérêt apparent sur les actifs baisse plus que celui sur les ressources, autrement dit, si le taux des crédits chute plus rapidement que la rémunération sur les dépôts, une diminution des marges d'intérêt s'ensuit.

<u>Graphique du tableau 7</u> : Evolution de la rentabilité des banques.

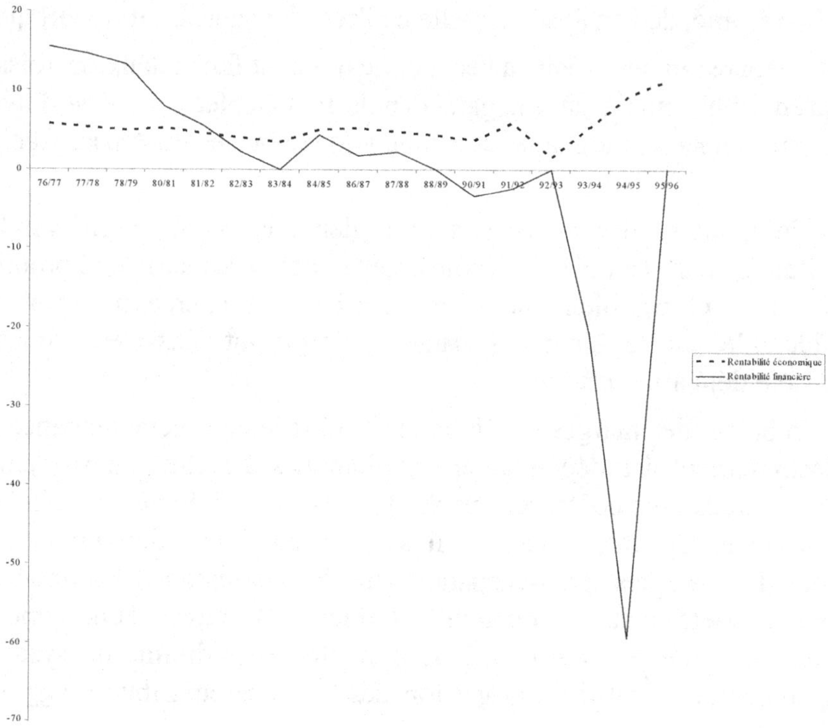

Cette situation est caractéristique d'un portefeuille diversifié comportant des actifs dont les taux sont influencés par les fluctuations des taux des marchés financiers. Dans le cas des banques camerounaises à portefeuille d'actifs peu diversifié, le resserrement de la trésorerie des banques résulte davantage d'un déséquilibre entre les recettes et les dépenses que d'une variation des taux d'intérêt. En effet, il apparaît à l'analyse de l'évolution des emplois et ressources des banques que les dépôts se sont accrus moins rapidement que les crédits. Les banques ont dû s'endetter auprès de la banque centrale ou de leurs correspondants extérieurs, alors même que le paiement des intérêts échus et le remboursement du capital ne s'effectuent pas parallèlement.

Il en a résulté, exception faite pour l'année 1984/85, un taux d'accroissement des intérêts et commissions versés toujours supérieur à celui des intérêts et commissions perçus (graphique du tableau 7). Mais le résultat positif enregistré en 1984/85 est plus à imputer à la suppression de la rémunération sur les dépôts à vue qu'à une activité stimulante de recouvrement des créances.

En résumé, de l'analyse factuelle de l'activité bancaire il ressort que :

- l'expansion des crédits à l'économie qui s'est faite à taux décroissant jusqu'en 1989, puis à taux négatif depuis lors (tableau 3), s'est doublée d'une croissance remarquable et soutenue de créances douteuses (tableau 4) ;

- le montant des provisions pour dépréciation de l'actif rendues nécessaires par l'ampleur déconcertante des créances compromises (tableaux 5 et 6), bien que jugé insuffisant, a exercé une ponction considérable sur le bilan des banques fragilisant ainsi leur situation financière déjà assez critique ;

- la baisse des marges bénéficiaires renforcée dans cette tendance par le fléchissement des dépôts amène les banques à recourir massivement aux ressources plus coûteuses auprès de la Banque d'émission - BEAC - et des correspondants étrangers. Il s'en est suivi une détérioration du résultat des banques qui transparaît dans la décroissance continue des différents coefficients de rentabilité (tableau 7), suivie d'une série de faillites bancaires. Ce qui contribue à effriter la crédibilité du système. L'ingérence de l'État dans la gestion des banques contribue à aggraver leur situation.

I.1.2.2. Une tutelle paralysante de l'État : banques, monopoles financiers d'État

La mise en cause du statut des banques -privé ou public- dans la mauvaise performance des banques est un point de vue défendu par un grand nombre d'économistes. Dans cette ligne de pensée, on trouve des auteurs comme, (Hayek (1978)[68], Th. Sargent et N. Wallace (1982)[69], G. Selgin (1987, 1991), G. Selgin et L. White (1987), L. White (1984) partisans de la free banking et Salin (1992). Le dénominateur commun de ces analyses est l'argument selon lequel l'interventionnisme excessif de l'État est la principale hypothèse explicative de la mauvaise performance, voire des faillites bancaires.

Selon eux, les paniques financières résultent des restrictions légales aux politiques d'émission de la monnaie fiduciaire qui empêchent les banques de faire face à toutes les demandes de retrait. Aussi, sont-ils arrivés à la conclusion selon laquelle il faudrait supprimer l'État et les hommes de l'État qui sont des "ennemis à abattre". T. Sachs (1985) pousse l'analyse plus loin lorsqu'il prône sinon l'absence d'une banque centrale, du moins une limitation drastique de son rôle.

À l'examen, cette thèse se vérifie dans une certaine mesure dans le cas examiné ici. Alors que pour les partisans de la free banking la tutelle paralysante de l'État réside davantage dans son pouvoir accaparant de la politique monétaire et du système de paiement, dans notre cas il faut y adjoindre le pouvoir décisionnel ou l'ingérence dans la gestion même des institutions financières.

En effet, jusqu'au début des années 1990, les banques mises en place au Cameroun comme dans les pays d'Afrique au Sud du Sahara sont encore pour la plupart des monopoles financiers d'État. Pour le cas du

---

68 L'approche de Hayek soutient la thèse selon laquelle, dans un régime de laisser-faire, les banques émettraient leur propre monnaie dont chacune serait convertible en un panier de biens qui ne serait pas nécessairement défini par le Gouvernement. Il n'y aurait pas de banque centrale et pas de centralisation des réserves.

69 Ces auteurs soutiennent que les restrictions légales à l'émission des espèces affectent l'intermédiation financière. Ils en déduisent qu'en régime de laisser-faire, les moyens de paiement prendraient la forme de petites coupures rapportant un intérêt qui seraient fournies par des mutuals funds et les paniques seraient impossibles puisqu'un mutual fund ne peut pas être insolvable.

Cameroun en l'occurrence, une ordonnance[70] relative à l'exercice de l'activité bancaire spécifie clairement que "la structure du capital social des banques doit faire apparaître la présence des intérêts publics qui ne peuvent être inférieurs au tiers des actions souscrites"[71].

La participation obligatoire de l'État dans les banques l'a conduit à un interventionnisme "aveugle" (Lenoir, 1990), privilégiant ses intérêts (?) au détriment des normes de gestion prudentielle. Au non de "la politique de camerounisation des banques" mise en place à partir de 1973, l'État s'est impliqué davantage dans la gestion de ces institutions en nommant des responsables, privilégiant pour ainsi dire un certain dirigisme (groupe de travail ESF, 1990).

Il faut peut-être remonter à la période d'avant 1973 pour comprendre la raison d'être de cette politique qui a été par la suite fatale pour les banques camerounaises.

En effet, avant le transfert du siège d'émission de la BEAC au Cameroun[72], la direction de la plupart des banques commerciales opérant sur la scène économique nationale incombait essentiellement aux cadres gestionnaires de la banque mère ou à quelques rares cadres nationaux formés à ce type de gestion. L'on a estimé à l'époque que ce système ne finançait pas convenablement l'économie en raison de la fermeté légitime montrée par les responsables dans la distribution des crédits.

Ainsi pour changer le cours des choses, les autorités camerounaises nomment des directeurs et des cadres nationaux dans les banques, pensant, il va de soi, que l'économie nationale bénéficierait de plus de prêts. En fait, cela a été bien le cas à en juger par l'expansion des concours analysés précédemment.

---

[70] Il s'agit de l'ordonnance 85/002 du 31 août 1985 en son article 5.

[71] Un texte de loi intervenu en 1990 a abrogé cette ordonnance rendant désormais la participation de l'État non seulement inférieure au tiers des actions mais également facultative. Il s'agit du décret n° 90/1470 du 09 novembre 1990 fixant le capital social minimum des établissements de crédit.

[72] Le siège était jusqu'à cette année basé à Paris. Ce sont les conventions du 22 novembre 1972 à Brazzaville, instituant la coopération monétaire entre les États de l'Afrique centrale - comprenant aujourd'hui, le Cameroun, le Tchad, le Congo, le Gabon, la République Centrafricaine et depuis 1985, la Guinée Équatoriale - qui ont prévu le transfert du siège au Cameroun.

Si l'attitude des autorités gouvernementales et leur politique sont compréhensibles, il n'en demeure pas moins vrai que l'implication d'un système bancaire dans le financement de la croissance d'une économie ne peut être imputable à la seule nationalité de ses gestionnaires. Elle dépend beaucoup plus de la fiabilité des projets requérant financement et nous pensons que ce souci a créé plus de torts à l'économie qu'il n'a résolu de problèmes. En effet, les effets néfastes de la présence à la tête des banques de responsables souvent mal avisés et mal préparés, autrement dit n'ayant pas les compétences requises pour gérer ces importantes institutions ne se sont pas fait attendre :

- octroi de crédits à des entreprises non rentables et parfois fictives. Ce qui, relève-t-on, a laissé apparaître l'impression que l'on procédait à une redistribution des richesses nationales sous forme de crédits bancaires (Tiani-Kéou (1992)). Le niveau des créances compromises atteint par les banques camerounaises atteste cette politique d'affectation imprudente et complaisante, constitue une raison plausible parmi d'autres ;

- l'alourdissement des frais généraux (tableau 6). Certains dirigeants de banque ont transformé l'institution bancaire, soit en une véritable industrie de main-d'œuvre familiale recrutant à leur guise et en effectifs pléthoriques du personnel sans trop se soucier du principe requis d'un minimum de correspondance entre profil du candidat et poste à pourvoir, soit en un instrument de réalisation de politique politicienne.

Au total, ce dirigisme d'État se traduit par l'accaparement de la politique monétaire alors régulée par l'autorité de tutelle. Les conséquences de telles pratiques sont la diminution des marges des banques, l'impossibilité de recouvrer des crédits octroyés à des personnalités politiques et l'accroissement des créances douteuses. P. Servant (1991) souligne à juste titre que la responsabilité de l'État camerounais est prépondérante dans la dégradation du système bancaire.

Dans ces conditions, lorsqu'on prend en compte d'autres facteurs tels que l'environnement macro-économique défavorable, un système juridique et réglementaire laxiste, comment peut-on s'attendre aux performances bancaires autres que celles que nous connaissons actuellement ?

La conjonction des deux éléments - taux d'intérêt répressif et forte ingérence de l'État dans la gestion interne des banques - contribue à pervertir le comportement bancaire dont les effets ont été très préjudiciables à leur solvabilité.

I.1.2.3. La perversion du comportement bancaire dans l'organisation de l'insolvabilité des banques

Concrètement, cette perversion s'est ressentie dans la tendance générale à la dissimulation des effets d'une mauvaise gestion - risque de défaut dramatiquement sous-estimé - à travers un provisionnement insuffisant (I.1.2.3.1) d'une part, et une faible diversification du portefeuille de crédit bancaire (I.1.2.3.2) d'autre part.

I.1.2.3.1. Le provisionnement insuffisant et la dissimulation de l'insolvabilité bancaire

Le système élargi de comptabilité nationale précise que "la provision est la constatation comptable d'une diminution de la valeur d'un actif - provisions pour dépréciation - ou d'une augmentation du passif exigible à plus ou moins long terme - provisions pour risques et charges - précise quant à sa nature, mais incertaine quant à leur réalisation, que des événements survenus ou en cours rendent prévisibles à la date d'établissement de la situation" (J. L. Butsch (1991, p. 133)).

Cette définition fait apparaître deux sortes de provisions afférentes à deux types de risque[73] :

- les provisions pour risques et charges d'ensemble liés à l'activité des banques. Elles sont parfois appelées provisions de passif car elles donnent lieu à un provisionnement global du passif. L'opération consiste à accroître la valeur du passif afin d'éviter une surestimation des bénéfices. Cet accroissement de valeur servira au financement d'événements probables tels que la dépréciation des stocks, la hausse des prix, la perte de valeur dans les opérations de change ou lors des variations des taux d'intérêt. On note que les provisions de passif

---

[73] Ces deux types de risques sont traditionnellement qualifiés de risques domestiques - qui naissent des opérations de la banque avec la clientèle - et donnent lieu aux provisions pour risques domestiques, contrairement aux risques-pays qui résultent des opérations entre les banques et les pays et sont couverts par des provisions pour risques-pays.

couvrent un champ assez vaste, contrairement aux provisions pour dégradation d'actif qui nous intéressent dans cette étude ;

- les provisions pour dépréciation d'actifs compromis sont inscrites en déductions de l'actif. Leur constitution pose à l'établissement, contrairement à une grande partie des enregistrements comptables, de délicats problèmes d'appréciation. Il s'agit en fait, en application du principe de prudence, d'évaluer le risque afférent à chaque actif. Ce qui n'est du tout pas aisé lorsqu'on sait que dans la plupart des cas, la banque se trouve dans une situation de non observabilité c'est-à-dire dans une situation ou elle ne dispose pas d'informations sur les paramètres d'appréciation nécessaires.

C'est cette difficulté qui expliquerait qu'il n'existe pas encore en la matière de règle fixée par les textes. La dotation au compte de provisions continue de dépendre, non seulement du degré de risque lié à l'actif concerné, mais aussi et surtout de la capacité de la banque à supporter cette charge dans son compte de résultat. Cette latitude a eu deux conséquences plus ou moins néfastes sur le comportement des banques camerounaises à savoir, provisions insuffisantes et comptabilisation erronée.

En effet, les dotations au compte de provisions pour dépréciation de créances sur la clientèle se sont alourdies au fil des ans. Elles représentent le deuxième poste important dans les emplois de la valeur ajoutée des banques camerounaises derrière les frais de personnel et les charges sociales. En effet, leur part dans la valeur ajoutée est passée de 8% en 1976 à 28.18% en 1985 (tableau 6 et graphique 6).

Il convient toutefois de relever que malgré ce poids croissant, on estime que les dotations au compte des provisions pour dépréciation demeurent insuffisantes eu égard au montant des créances compromises.

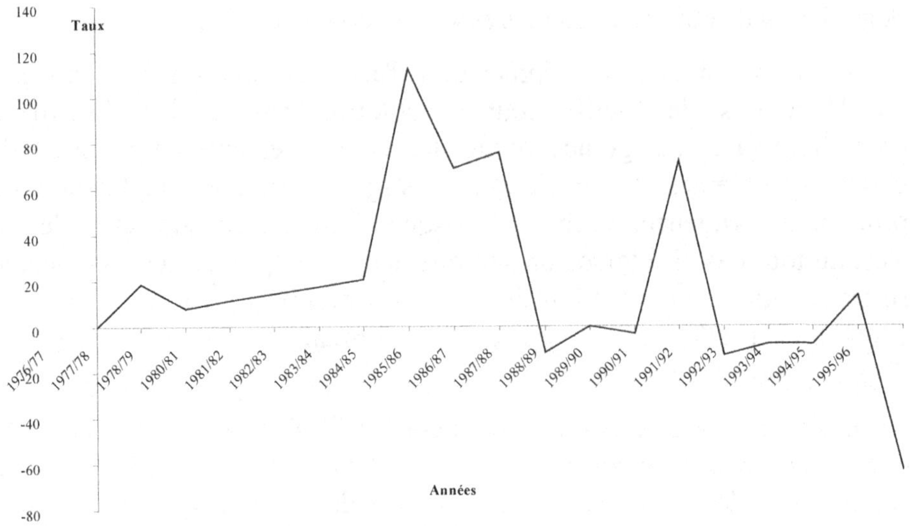

Graphique du tableau 6 (suite) : Structure des emplois de la valeur ajoutée : parts des provisions et des faits de personnel dans le bénéfice à répartir.

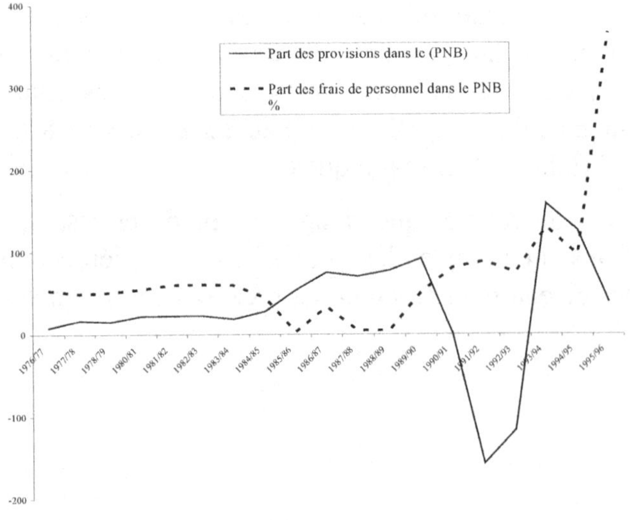

En effet, l'analyse du portefeuille de la (CamBank), de la Banque camerounaise de développement (BCD), de la Société camerounaise de

En effet, l'analyse du portefeuille de la (CamBank), de la Banque camerounaise de développement (BCD), de la Société camerounaise de banque (SCB) et de la Banque de Paris et des Pays-Bas (Paribas) toutes en liquidation aujourd'hui, révèle que le risque de non recouvrement des créances douteuses donné par le ratio provisions / créances douteuses est très élevé. En effet, au 30 juin 1988, ce ratio est respectivement de 88%%, 67.15%, 77% et 19.2% pour cet échantillon de banques. En revanche, le taux de recouvrement des créances compromises est faible, soit respectivement 12%, 32.85%, 23% et 81.8% pour ces banques (tableau 6 a).

Cette incertitude sur le recouvrement des créances douteuses résulte non seulement du montant relativement élevé des engagements compromis, mais aussi de l'insuffisance des provisions constituées.

En zone d'émission BEAC, les banques camerounaises apparaissent être celles qui provisionnent le moins, avec un taux de provision de 26.7% derrière le Congo 41.4%, et la République Centrafricaine 52.8%[74]. Un complément de provisions est jugé nécessaire. Les estimations réalisées dans ce sens par les audits pour l'année 1988 donnent un montant de 230.3 milliards de francs CFA portant ainsi le montant total des provisions requises pour cette année à 338.2 Mds (tableau 6).

Avec ces réajustements, il apparaît un saut dans le rythme de progression des provisions. Dès lors, l'observation faite généralement sur les créances douteuses à savoir que les valeurs déclarées sont loin d'exprimer la réalité reste valable. Un certain nombre de raisons peuvent être avancées pour expliquer pourquoi les banques provisionnent moins.

D'une part, les dirigeants peuvent chercher à dissimuler le plus longtemps possible les effets d'une mauvaise gestion.

D'autre part, et plus fondamentalement en ce qui concerne les banques sous contrôle public, celles-ci sont généralement l'objet de très forte pression de leurs autorités de tutelle pour accorder des prêts risqués, et en l'occurrence aux entreprises publiques. L'idée selon laquelle ces entreprises étant des démembrements de l'État et celui-ci ne faisant jamais faillite conduit à la non constitution de provisions.

[74] Ces comparaisons concernent l'année budgétaire 1988/89.

Enfin, on peut relever les différences d'interprétation avec l'administration fiscale. Les provisions ayant une incidence sur le résultat imposable, la loi en vigueur empêche qu'une banque provisionne des créances qu'elle estime douteuses avant d'avoir entamé des poursuites judiciaires. Ce qui apparaît quelque peu maladroit.

Au total, la faiblesse des provisions pour dépréciation ne peut plaider qu'en faveur d'un risque de défaut dramatiquement sous-estimé. L'intention de dissimuler une gestion peu saine et approximative à travers elle, conduit à une déclaration inexacte des résultats reflétant une comptabilisation erronée et fallacieuse.

En effet, la comptabilisation des crédits en créances douteuses entraîne nécessairement la constitution en fin d'exercice de provisions et parfois l'arrêt du prélèvement des agios sur les comptes douteux. Or, par souci de présenter un compte d'exploitation bénéficiaire, les banquiers sont moins enclins à porter au poste de créances douteuses les concours non performants même lorsque ceux-ci sont très importants. Un exemple de passation d'écritures comptables emprunté à J. M. Mathis (1992, pp.117-119) permet d'élucider cette comptabilisation inexacte.

Hypothèses :

- le banquier reçoit un versement d'intérêt de 100 et un remboursement du capital pour 200 ;

- seules les variations du bilan liées à l'apparition de ces deux opérations sont prises en compte ;

- les sommes reçues sont placées en trésorerie.

*** Premier cas : le débiteur respecte ses engagements vis-à-vis de la banque (schéma 1a).**

La situation observée sur les documents comptables est semblable à celle présentée sur le schéma 1a.

<u>Schéma 1 a</u> : Première solution.

<u>Compte de résultat</u>

Résultat 100	Intérêt ....+ 100

Bilan

Prêts .... - 200	Résultat .... + 100
Trésorerie .... + 300	

* Deuxième cas : le débiteur n'honore pas ses engagements.

Si le débiteur ne paie ni les intérêts de sa dette ni le capital emprunté, la banque peut adopter l'une ou l'autre des solutions suivantes sous les hypothèses ci-dessus :

- elle peut supposer que son client traverse une passe difficile au bout de laquelle il réglera ses arriérés ou faire comme s'il en était ainsi ;

- elle peut provisionner une partie de la dette.

Pour la première solution, non seulement elle ne comptabilise pas la diminution de l'encours des prêts pour le montant du capital à amortir (200), mais en plus elle capitalise les intérêts impayés. En d'autres termes, elle fait comme si elle avait prêté aux débiteurs impécunieux, le montant des intérêts qui lui sont dus, ce dernier utilisant la somme ainsi fictivement prêtée pour s'acquitter des intérêts (voir document comptable, deuxième solution, schéma 1b)

On note que dans les deux cas, le résultat ne change pas. Par ailleurs, la trésorerie de la banque, qui augmente dans le premier cas d'un montant égal au montant des intérêts et de l'amortissement des prêts, reste ici inchangée. Il apparaît ainsi clairement que dans ce second cas, la banque est beaucoup moins à même de continuer à honorer ses engagements que dans le premier. Cette première solution a le gros inconvénient de ne pas refléter au niveau du résultat la réalité qui est la dégradation de la qualité des créances de la banque.

En revanche, la seconde solution qui consiste à provisionner une partie de la dette ainsi que les intérêts courus, traduit mieux les faits. En effet, si l'hypothèse d'un recouvrement à hauteur de 50% seulement est admise, étant donné que les provisions s'imputent au résultat brut d'exploitation, les comptes se présentent comme indiqué par le schéma 1b.

Schéma 1b. : Deuxième solution.

Compte de résultat

Résultat.............................- 100 Dotations aux provisions...+ 150	Intérêts......................... 50

Bilan

Prêts................................. 0 Intérêts courus.................... 50 Prov. pour dépréciations....- 150	Résultats.......................- 100

Cette solution met en relief les provisions pour dépréciation qui apparaissent négativement à l'actif. Elle s'analyse de ce fait comme une diminution de celui-ci. La différence entre ces deux modes de capitalisation est fondamentale quant à ses effets sur les fonds propres de la banque. Car à chaque exercice, ils sont augmentés du montant de la part non distribuée si la banque est excédentaire. Dans le cas contraire où des pertes sont réalisées, celles-ci viennent en déduction des fonds propres. Il en résulte qu'un cumul de pertes successives peut conduire à des fonds propres négatifs. Ce qui signifie que la valeur des dettes de la banque est supérieure à celle de ses actifs.

Une comptabilisation erronée peut donc conduire à masquer l'insolvabilité de la banque. Cela a été pendant longtemps le cas au Cameroun. En effet, une récente étude de l'évolution des emplois et ressources des banques camerounaises et de leurs résultats d'exploitation au cours de la période 1980/85[75], révèle à propos des créances douteuses insuffisamment provisionnées que si un complément de provisions de l'ordre de 10 milliards de francs CFA devait être pratiqué, les fonds propres des banques camerounaises seraient négatifs de 44.4 milliards. Cette tendance des banques camerounaises à présenter des résultats trompeurs est confirmée par les opérations de retraitement des comptes réalisées en 1988 (tableau 5).

La comparaison des bilans avant et après audit permet de voir à quel point des comptes faussement optimistes peuvent induire en erreur ceux qui sont amenés à les utiliser. C'est cette réserve que nous émettons sur

---

[75] BEAC, Bulletins, Etudes et Statistiques n°140, mars 87.

les données statistiques utilisées dans le cadre de ce travail. Pour l'essentiel, les corrections de trois ordres sont apportées aux écritures comptables. Il apparaît tout d'abord que près de 236 milliards de francs CFA sont déplacés des créances saines vers les créances douteuses. Parallèlement, le montant des provisions pour dépréciation s'est accru de près de 230 milliards de francs CFA.

On note ensuite qu'à un ajustement près de 27 milliards, les capitaux propres sont diminués du montant des provisions pour dépréciation supplémentaire les rendant ainsi négatifs (tableau 5). Il est aussi intéressant de souligner que l'idée selon laquelle il n'est pas nécessaire de provisionner les créances sur l'État, voire les entreprises publiques est prise en défaut. Car, bien que l'encours des provisions des entreprises publiques soit dans l'ensemble moins élevé que celui des autres débiteurs (tableau 5), il est après tout pris en compte.

Le système de provisionnement des créances compromises pose de délicats problèmes d'appréciation. La liberté somme toute légitime laissée aux banques dans ce domaine conduit parfois à une comptabilisation entachée d'erreurs. Dès lors, en masquant la situation réelle, une telle pratique diffère les mesures d'assainissement qui, prises à temps auraient pu limiter la détérioration des banques. Par ailleurs, la faiblesse des provisions pour dépréciation ne peut plaider qu'en faveur d'un risque de défaut dramatiquement sous-estimé.

I.1.2.3.2 Une faible diversification du portefeuille bancaire

L'analyse de la composition du portefeuille de crédits bancaires laisse apparaître une disproportion très prononcée dans la répartition des crédits bancaires par terme. En effet, la classification des crédits bancaires à l'économie (tableau 8) conclut à la prédominance des crédits de court terme destinés généralement au financement des activités commerciales. Etant donné le décalage permanent qui existe entre les dépenses et les recettes des entreprises, ils servent de palliatifs de l'insuffisance passagère ou permanente du fonds de roulement des entreprises. Ce sont en d'autres termes, des crédits de consommation. Sa part dans le total des concours à l'économie reste largement supérieure à 50% entre 1976 et 1997, avec une pointe de près de 87% en 1989 (tableau 8). Cette évolution contraste avec celle des crédits à moyen et long termes qui se révèlent très insuffisants.

Les crédits à moyen et long termes sont destinés aux investissements qui nécessitent un temps de rentabilisation plus long. Ils sont donc plus risqués et généralement plus productifs. Leur montant donne une idée sur l'effort du système financier à contribuer au financement du développement. On note dans le cas précis de l'économie camerounaise que cette catégorie de crédits connaît une évolution insignifiante (tableau 8 et graphique 8).

La part des prêts à moyen terme atteint un pic à 24.64%, tandis que celle des crédits à long terme dépasse difficilement 2% au cours de la période. Comment expliquer une telle disproportion ?

La principale raison fréquemment évoquée pour cette préférence pour les activités à rentabilité immédiate est l'aversion des banquiers au risque que représentent les projets à moyen et long termes. En effet, le Cameroun étant un pays en voie de croissance, les besoins de développement de l'économie sont encore nombreux et la plupart des projets d'investissement requérant un financement à moyen ou long terme sont des projets de développement. Or, le comportement de recherche de rentabilité n'est pas souvent compatible avec les exigences de développement puisqu'en général, la rentabilité d'un grand nombre de ces projets demeure incertaine et lointaine.

Graphique du tableau 8 : Part des crédits à court, moyen et long termes dans les crédits à l'économie.

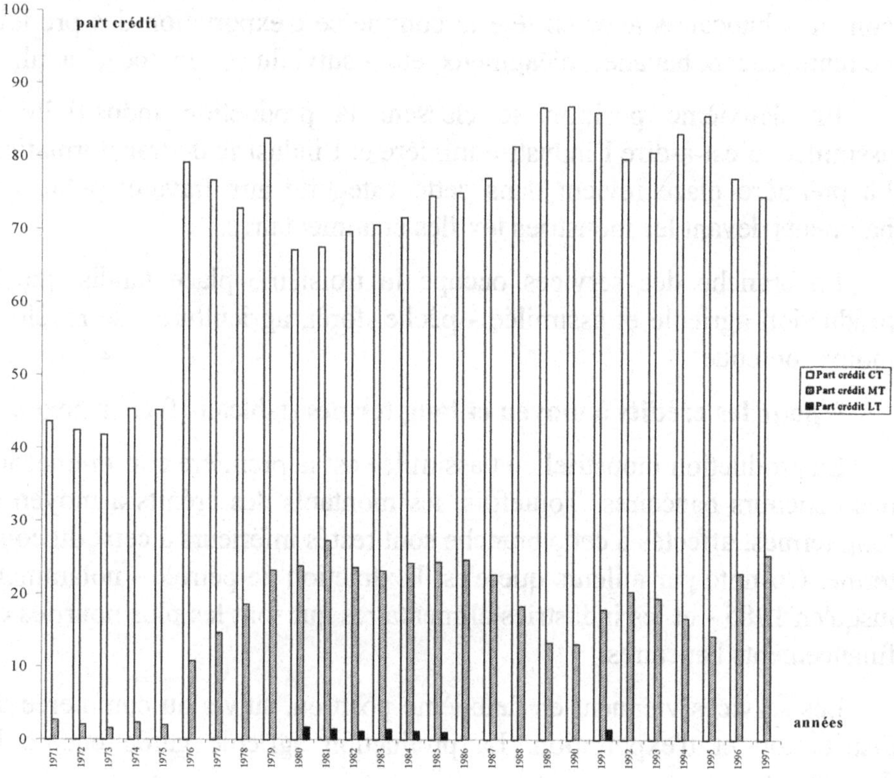

L'analyse de la répartition sectorielle des crédits bancaires conduit d'ailleurs aux mêmes observations. Pour le montrer, on va s'appuyer sur une analyse statistique de la répartition des crédits par nature d'activité économique telle qu'elle ressort de la centrale des risques.

Les activités retenues à cet effet comprennent, la production agricole et assimilée (pêche, forêt et agriculture), l'industrie de transformation et assimilée, la production minière, industrie de transformation, le commerce d'exportation, le commerce de distribution (tableaux 9 et 10 en annexe).

La répartition des utilisations des crédits bancaires en fonction de ces activités recensées à la Centrale des Risques suscite les commentaires suivants :

*** pour les crédits à court terme** (tableau 9 en annexe).

En volume, la branche commerce est celle qui obtient le plus de concours bancaires avec en tête le commerce d'exportation des produits de rente -cacao, bananes, oléagineux, etc. - suivi du commerce général.

En deuxième position se classent la production industrielle et assimilée, c'est-à-dire l'industrie minière et l'industrie de transformation. La première place revient dans cette catégorie aux travaux publics et bâtiments devant les industries textiles et alimentaires.

La branche des services occupe la troisième place tandis que la production agricole et assimilée - pêche, forêt, agriculture - se révèle la moins soutenue.

*** pour les crédits à moyen et long termes** (tableau 10 en annexe).

La production industrielle et assimilée est la première consommatrice des concours bancaires. Toutefois, les montants des crédits à moyen et long termes, affectés à cette branche sont restés inférieurs à ceux du court terme. On note par ailleurs que c'est l'extraction de pétrole - notamment jusqu'en 1985 - et les industries alimentaires qui sont les plus nourries en financements bancaires.

Les services viennent en deuxième position, suivis du commerce de distribution et d'exportation. La production agricole garde encore la dernière place.

À l'issue de ces observations on note, que la répartition sectorielle des crédits bancaires consacre une fois de plus la prédominance du financement des activités commerciales sur les activités industrielles (graphique 9). Dans leur ensemble, les banques continuent de financer le négoce et en particulier le négoce international.

Comme les activités commerciales portent essentiellement sur les produits de rente -cacao, café, coton etc. -fortement influencés par la volatilité des cours mondiaux d'une part, et qu'elles sont par essence moins productives comparativement aux activités industrielles d'autre part, on peut en déduire que le financement bancaire a été orienté vers les activités faiblement productives et hautement spéculatives. Les effets d'une telle situation sur la qualité du portefeuille des crédits bancaires ne se sont pas faits attendre.

Non seulement ce type de financement n'a pas soutenu la croissance économique, mais en plus, il a contribué à la détérioration de la qualité du portefeuille des banques.

<u>Graphique du tableau 9</u> : Répartition des crédits à court terme par secteur d'activité.

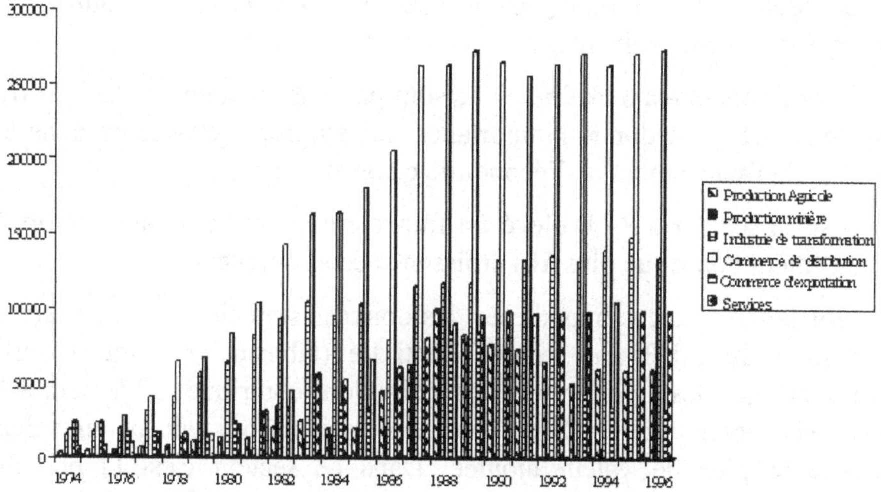

<u>Graphique du tableau 10</u> : Répartition des crédits à moyen et long termes par secteur d'activité.

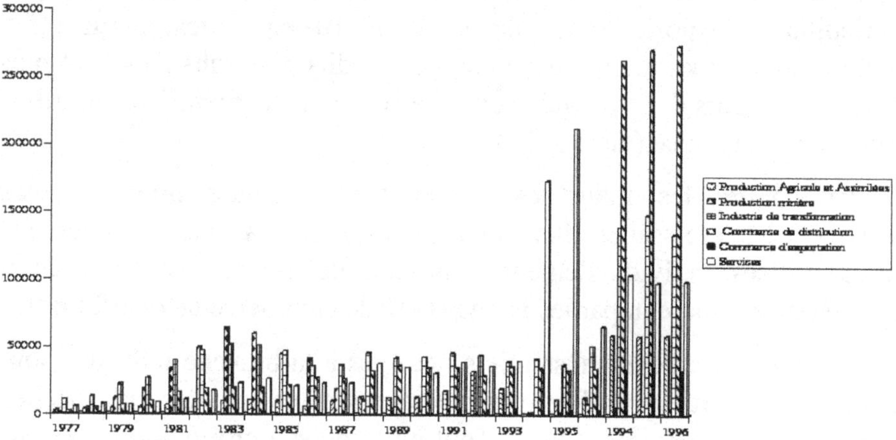

Concernant la contribution au financement de l'économie, il convient de rappeler que le concept généralement utilisé pour mesurer la croissance économique d'un pays est son produit intérieur brut (P.I.B). Malgré les réserves émises sur l'évaluation de ce concept dans les P.E.D notamment la faible fiabilité des données statistiques, il reste le seul élément d'appréciation. Partant de l'idée que la contribution d'un secteur à la croissance économique se mesure par son P.I.B, on admet les hypothèses d'école suivantes :

- les financements extérieurs ne sont pas pris en compte. Ceci est très approximatif étant donné l'importance des emprunts extérieurs dans les sources de financement de l'économie camerounaise ;

- si un secteur à P.I.B élevé est financièrement plus soutenu, alors le financement contribue plus à la croissance économique.

Sur la base de ces hypothèses, les données statistiques portant sur la répartition du P.I.B par secteur d'activité (tableau 11) font ressortir clairement que les financements bancaires ont contribué faiblement à la croissance économique. C'est le secteur agricole qui génère en valeur absolue le plus de valeur ajoutée. Dans ce secteur c'est la branche agriculture des produits vivriers, de l'élevage, de la pêche et de l'exploitation forestière qui dégage un P.I.B élevé. Ce qui signifie d'après notre l'hypothèse que ce secteur a contribué le plus à la croissance économique.

Or, on note par ailleurs que c'est la branche d'activité qui est la moins soutenue financièrement pour toutes les durées de prêt, relativement à l'agriculture d'exportation (tableaux 9 et 10 en annexe). En effet, l'agriculture d'exportation qui obtient des crédits plus substantiels et plus soutenus au cours de la période comparativement à la première, contribue moins à la croissance (tableau 11).

Par contre, les industries extractive et manufacturière réunies participent à la croissance plus que ne l'ont fait les branches, commerce et service, prises individuellement. Pourtant, ce secteur n'est pas aussi financièrement soutenu par les banques que le commerce de distribution.

De plus, les crédits substantiels octroyés à la branche industrie sont des crédits à court terme alors que généralement les activités industrielles nécessitent un financement long. Tout porte donc à croire que le secteur industriel aurait pu contribuer davantage à la croissance économique s'il avait fait l'objet d'un financement non seulement plus consistant, mais également plus adéquat - crédit à long terme.

Quels enseignements peut-on donc en tirer ? L'idéal généralement souhaitable est que les flux puissent être orientés en priorité vers les secteurs productifs, autrement dit, vers les secteurs susceptibles de générer à la fin du processus de leur utilisation, des ressources nécessaires au remboursement du financement initial si c'est un emprunt, et au soutien des activités futures. Cela n'est pas le cas pour plusieurs raisons :

- ce sont les secteurs à faible contribution productive -commerce de distribution et d'exportation- qui sont privilégiés aux dépens de ceux qui, dans l'ensemble, ont un impact plus significatif sur la croissance parce plus productifs - industries. Autrement dit, en raison des effets d'entraînement limités sur la croissance, les financements bancaires ne participent pas autant qu'ils auraient pu à la croissance économique ;

- la faible diversification sectorielle du financement bancaire résultant de l'orientation des crédits principalement vers les activités commerciales et les secteurs mono productifs d'exportation - cacao, café, coton, banane, etc. - s'est avérée fatale pour les banques.

En effet, les recettes budgétaires de l'État proviennent en grande partie des recettes d'exportation des produits pétroliers et des produits de rente. La baisse conjointe des demandes d'exportation, s'agissant du Cameroun, consécutives à la récession de l'économie mondiale des années 1980 et des cours des matières premières (tableau 12 a), va entraîner celle des recettes d'exportation (tableau 12 b). Cette baisse de recettes a des répercussions néfastes sur les banques d'au moins de deux manières : par baisse des avances directes de l'État et par non remboursement des crédits bancaires par les entreprises notamment publiques.

<u>Graphique du tableau 12b :</u> Taux d'évolution des exportations

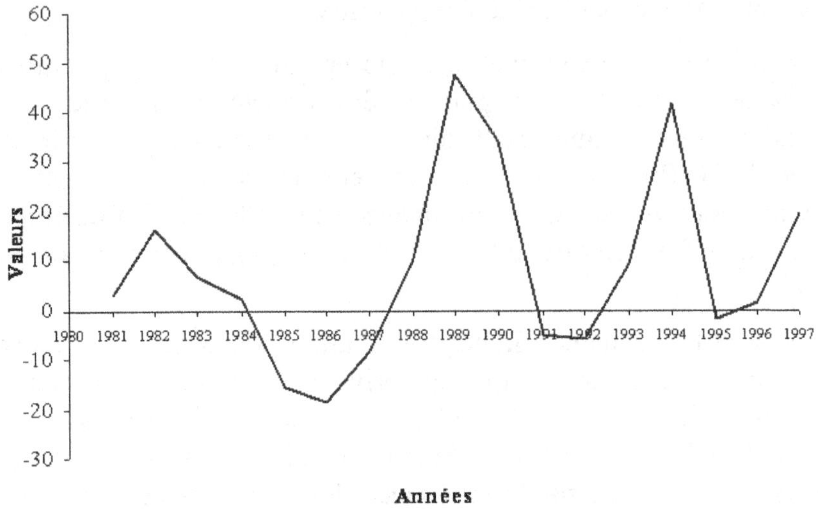

Concernant les avances directes de l'État aux banques, il convient de souligner que certaines banques - cas de la Cameroon Bank aujourd'hui liquidée - étaient maintenues en activité grâce aux avances de la BEAC et de l'État. Lorsqu'à la suite de la baisse de ses ressources consécutive à la dégradation des cours des produits de base, l'État effectue en 1986 des retraits importants auprès des banques, on enregistre des faillites bancaires. Aussi, le mauvais comportement prolongé des cours des matières de base et les difficultés budgétaires - baisse des recettes - de l'État peuvent-ils être considérés comme une des causes de la faillite bancaire.

Mais c'est surtout l'incapacité des entreprises débitrices à rembourser leurs prêts qui est plus déterminante dans la dégradation des actifs bancaires. On note qu'à l'instar des banques, un grand nombre d'entreprises publiques non financières ont pendant longtemps survécu grâce aux transferts ou subventions de l'État et aux crédits bancaires. Or, la performance de la plupart de ces entreprises est très souvent sujette à caution (tableau 13).

En effet, une récente étude (I. Tamba (1991)) consacrée aux déterminants de la performance des entreprises publiques camerounaises révèle :

- l'importance non négligeable voire dans certains cas, la prédominance des capitaux empruntés dans la structure financière de la plupart de ces entreprises ;

- la faible rentabilité économique et une rentabilité financière négative pour près de la moitié des entreprises publiques ;

- que certaines entreprises éprouvaient des besoins importants en fonds propres.

Ces difficultés sont à l'origine d'une importante accumulation des créances compromises. En d'autres termes, l'incapacité de ces entreprises publiques à rembourser les crédits obtenus, a contribué à dégrader considérablement la qualité du portefeuille bancaire.

En résumé, le contexte institutionnel des banques caractérisé par une politique administrée des taux d'intérêt, une politique dirigiste des crédits et une tutelle paralysante de l'État, explique en partie la décrépitude bancaire de la dernière décennie. En particulier, le développement des relations d'affinité qui en a résulté, a perverti l'attitude d'un grand nombre d'emprunteurs, contribuant ainsi à accentuer le comportement moral sur leur comportement.

I.2. L'hypothèse du risque moral, l'accumulation des créances compromises et l'insolvabilité des banques

Il s'agit de tester ici l'hypothèse du risque moral dans l'accumulation des créances douteuses au Cameroun. La démarche utilisée pour ce faire s'appuie sur l'analyse des faits stylisés.

En effet, un certain nombre de faits observés montrent qu'un grand nombre de crédits sont détournés de leur utilisation initiale, permettant ainsi de vérifier la présence des facteurs qui sont à l'origine du risque moral sur le comportement de l'emprunteur :

- choix discrétionnaire, incohérence et incompatibilité des incitations des prêteurs et des emprunteurs ;
- impossibilité ou incapacité du banquier à imposer un choix de projet à l'emprunteur ;
- impossibilité de surveiller ou de contrôler l'emprunteur après accord de crédit.

1 - Choix discrétionnaire, incohérence et incompatibilité des incitations des prêteurs et des emprunteurs

La théorie financière révèle que l'incohérence des incitations résulte d'un conflit d'intérêt marqué ici par la préférence prononcée de l'emprunteur pour le risque au contraire du prêteur qui éprouve plutôt une aversion. En effet, comme le contrat de prêt spécifie un paiement à date fixe du débiteur au créancier, l'obligation de l'emprunteur vis-à-vis du créancier est constante. Cette clause suscite des ambitions chez le débiteur et lui donne l'envie de miser haut car tout ce qu'il retirera en plus de son projet sera un gain pour lui. La tendance pour lui est donc de choisir un projet ayant une rentabilité attendue supérieure mais généralement plus risqué, pour maximiser son gain après remboursement. Ce changement de comportement après l'obtention du crédit est de nature à augmenter le risque encouru par la banque en cas d'échec du projet.

À l'analyse, il apparaît ici que l'incohérence des incitations a conduit les emprunteurs à s'orienter non pas seulement vers les projets à taux de rentabilité élevé et à haut risque, mais aussi et surtout vers les investissements à rentabilité nulle dont les effets sont, nous semble-t-il, plus néfastes. Dans cet ordre de considérations, il convient de mentionner le cas des crédits d'investissement orientés principalement vers l'acquisition des biens de consommation. Aussi a-t-on vu des crédits d'investissement utilisés soit pour acquérir de "grosses cylindrées[76]", soit pour acheter un nombre impressionnant d'effets vestimentaires, soit pour s'offrir de belles vacances à l'étranger, etc.

L'époque des "trois V" - villas, véhicules et voyages à l'étranger" (F. Tiani Kéou (1992)), financés en grande partie par les crédits d'investissement bancaire en est une manifestation factuelle. De même, un crédit pour la construction d'une usine affecté plutôt à celle d'une mosquée constitue une illustration patente[77].

---

[76] La prolifération de la marque de voiture "Pajero" dans la seconde moitié de la décennie 1980, a pu donner naissance à une expression assez parlante du reste, "la pajerorisation" de l'économie camerounaise (Tiani-Kéou (1992)).

[77] On peut citer ici le cas d'un crédit de 150 millions de FCFA octroyé à l'époque par la CamBank pour la construction d'une usine, mais qui a été affecté plutôt à celle d'une mosquée sur un terrain sans titre foncier à Yokadouma (F. Tiani Kéou (1992, p.211)).

L'apparition d'une mentalité de "crédit-don" constitue un autre type d'incohérence d'incitation fréquemment observé au Cameroun.

En effet, jusqu'à une période très récente, pour un grand nombre de bénéficiaires des concours bancaires, le crédit est considéré comme un moyen d'accaparer sa part du patrimoine national - gâteau national -, un don du ciel[78]. Par conséquent, il n'est donc pas question de penser au remboursement et le crédit ainsi obtenu peut être affecté à volonté à toutes les utilisations possibles.

Le détournement d'un bon nombre de crédits du projet initial pour lequel ils sont accordés et leur orientation essentiellement vers l'acquisition des biens de consommation importés, occupent une place importante dans les facteurs de l'accumulation des créances douteuses enregistrées au cours des dernières années.

2 - Impossibilité ou incapacité du banquier à imposer un choix de projet à l'emprunteur. Théoriquement, cette hypothèse traduit l'absence d'un contrat incitatif imputable au fait que dans la réalité comme le font observer Stiglitz et Weiss (1981), le banquier ne peut :

- observer les caractéristiques du projet sélectionné par le client ;

- moduler en conséquence le taux d'intérêt en fonction du risque encouru.

À l'examen, ces facteurs semblent avoir aussi joué un rôle considérable dans l'insolvabilité des banques camerounaises pour des raisons suivantes :

- aggravation de l'inobservabilité des caractéristiques du projet choisi par l'emprunteur en raison de la faible fiabilité des données statistiques existantes. Ce qui laisse libre cours à l'abandon pur et simple d'un grand nombre de projets présentés expressément pour l'obtention d'un crédit bancaire au profit de certains autres - cas du détournement d'un crédit d'investissement vers la construction des mosquées, des célébrations de mariage ;

78 Tiani Kéou (1992, p.211) souligne que le client qui détourne son crédit vers la construction d'une mosquée justifie son acte par le fait qu'un tel crédit ne peut être qu'un don du ciel et il se doit de remercier Allah en lui construisant une mosquée.

- la non modulation des taux en fonction du risque encouru du fait de la politique de l'administration des taux qui prévalait. Ceci a encouragé le comportement des opportunistes - cas de certains emprunteurs qui s'orientent vers des projets à rentabilité nulle, organisant ainsi leur insolvabilité et celle de leur banquier.

À ces deux éléments explicatifs de l'incapacité des banques à imposer un choix de projet à l'emprunteur, il convient d'ajouter dans le cadre retenu ici, un troisième élément, l'obligation liée au mode de désignation des managers des banques. En effet, un grand nombre de responsables de banque sont nommés par les autorités administratives en place. L'acte n'est pas souvent gratuit et dans la plupart des cas, ces derniers sont délibérément placés à ces postes pour satisfaire les exigences du "nommeur".

Ceci justifierait la présence d'un grand nombre de crédits protégés - crédits accordés sous pressions diverses. Il est évident que dans ces cas, même si le banquier a la possibilité de proposer des projets fiables à l'emprunteur, par complaisance, par crainte ou par contrainte amicale, il ne le ferait pas, les bénéficiaires étant en général des protégés du "nommeur" à l'égard de qui, il ne saurait être fait la moindre observation, au risque de perdre son poste. Ainsi protégés, ces derniers peuvent utiliser à leur convenance les crédits obtenus.

3 - Impossibilité de surveiller ou de contrôler l'emprunteur après accord de crédit. Plus généralement, la relation qui lie le banquier à son client est une relation impersonnelle. Le banquier ne connaît son client que sur papier ou à travers les mouvements sur son compte. Pour ces raisons, il n'est pas toujours possible au prêteur d'avoir une idée précise sur l'utilisation qui est faite du crédit obtenu. Cette asymétrie banque / client est d'autant plus renforcée que dans maints cas relevés ici, les projets financés appartiennent à des entreprises fictives. Ce qui rend la tâche de surveillance ou de contrôle du banquier pratiquement impossible.

4 - L'emprunteur a une responsabilité limitée dans le risque encouru par le banquier. En raison de l'absence d'un système de sanctions, l'emprunteur n'est pas inquiété dans sa prise excessive de risque ou dans l'affectation des crédits obtenus à des usages non conformes. L'impunité apparaît dès lors, comme un facteur d'aléa moral.

Au total, il ressort des analyses précédentes que l'environnement politico institutionnel dans lequel ont évolué les banques a favorisé l'aléa moral sur le comportement de l'emprunteur. Cet aléa moral explique en partie, l'accumulation au cours des dernières années, d'importantes quantités de créances douteuses qui sont à l'origine de l'insolvabilité de la plupart des banques camerounaises et des faillites d'un certain nombre d'entre elles.

Il convient toutefois de souligner que la montée du risque de défaut n'est pas seule en cause dans la fragilisation financière des banques. Une part importante de responsabilité incombe à la crise de liquidité dont elles ont fait l'objet. Qu'en est-il exactement ?

II. Ruées, paniques bancaires, crise de liquidité et recul de la crédibilité des banques : résultats empiriques

Cette section se propose de tester sur le cas camerounais les hypothèses selon lesquelles les ruées bancaires consécutives aux paniques des déposants, (a) sont une manifestation publique d'une crise de liquidité, (b) résultent de la découverte par les déposants de la vraie situation des banques, (c) ont une origine économique et non aléatoire, (d) ne sont pas automatiquement et uniquement la manifestation d'une crise de liquidité en raison du phénomène de retour des files d'attente. Mais avant de se pencher sur les tests proprement dits (II.2), il convient de s'attarder quelque peu sur les manifestations concrètes et les éléments ayant caractérisé la crise de liquidité voire les ruées bancaires (II.1).

II.1. La crise de liquidité et les ruées bancaires

On va apprécier la liquidité bancaire à partir de l'évolution des composantes des ressources des banques (II.1.1). Ensuite, la comparaison entre liquidité bancaire et liquidité de l'économie permet de mettre en exergue le phénomène d'illiquidité bancaire et donc de ruées bancaires (II.1.2).

II.1.1. L'évolution des composantes des ressources bancaires et la mise en évidence de la crise de liquidité

En termes comptables, les ressources des banques se lisent au passif de leur bilan et se composent généralement :

- des dépôts à vue et à terme ;

- des dépôts d'épargne divers dont les bons de caisse, les certificats de dépôts constituent entre autres, les différents moyens de leur collecte[79] ;

- des opérations sur titres émis par les banques - obligations, titres participatifs - qui leur procurent des ressources à long terme. En raison de la quasi-inexistence d'un marché financier au Cameroun, cette catégorie d'opérations est d'ampleur très réduite et par voie de conséquence d'influence négligeable comme ressource bancaire ;

- du capital social ou fonds propres des banques. La réglementation bancaire camerounaise[80] a fixé le montant minimum du capital social requis pour l'obtention d'un agrément d'ouverture d'une banque à 1 milliard de francs CFA quelle que soit la catégorie de banque.

Les données statistiques sur les différentes composantes des ressources des banques (tableau 15) appellent un certain nombre d'observations.

Pour ce qui est de l'évolution des dépôts bancaires, on note que les dépôts privés - dépôts à vue, dépôts d'épargne et dépôts à terme - constituent le plus important poste des ressources bancaires. Ils représentent en effet une moyenne annuelle d'au moins 50% du total de bilan au cours de la période considérée. Il apparaît que dans ces dépôts, l'essentiel revient aux dépôts d'épargne et à terme soit environ 35.84% du total des ressources contre 21.40% seulement pour les dépôts à vue (graphique du tableau 15).

Sur l'ensemble de la période, la part totale de ces dépôts a augmenté de façon continuelle jusqu'en 1985, année où une pointe de 62.2% est atteinte. Une chute brutale de près de 10.95 points de cette part - toutes catégories de dépôts confondues - est enregistrée entre 1986 et 1988. Elle est ensuite suivie d'un relèvement timide - ponctué de temps en temps par des baisses légères - entre 1988 et 1992 où l'on assiste de nouveau à un

---

[79] Dans le cadre de l'économie camerounaise, il existe une gamme de plus en plus diversifiée de produits d'épargne tels que les bons de caisse, les comptes d'épargne-logement, d'épargne-retraite, etc. Pour une analyse détaillée de ces produits, se reporter à l'article de L. Tchamanbé Djiné (1993), communication aux 3èmes journées scientifiques de l'UREF, Benin-Cotonou, mars- avril 1993.

[80] Décret n° 90/1470 du 09 novembre 1990 fixant le capital social minimum des établissements de crédit.

effondrement des dépôts. Un redressement est observé à nouveau depuis le début de l'année 1994.

L'on estime que cette forte instabilité apparente est le fait de deux événements importants, la limitation des fuites des ressources suite à la récente décision[81] de suspension du rachat des billets CFA hors de sa zone d'émission, et le reflux des ressources vers la zone BEAC consécutif au réajustement de la parité du franc CFA en janvier 1994.

En effet, parce que la BEAC ne peut plus racheter les billets CFA à la banque centrale des pays comme le Nigeria, le Zaïre, etc., les échanges commerciaux entre les pays de la zone BEAC, en l'occurrence le Cameroun et ces derniers, connaissent une contraction de leur volume. Ce qui limite en même temps la sortie ou la fuite des billets CFA dont une bonne partie est convertie en dépôts bancaires. De même, l'effet -prix de la dévaluation du franc CFA par rapport au franc français ramenant ainsi la parité entre ces deux monnaies de 1 franc français pour 50 FCFA à 1 franc français pour 100 FCFA se solde par le rapatriement d'importantes quantités de ressources dont une partie se dirige vers les banques.

Quant aux dépôts de l'État et des entreprises publiques, leur contribution dans le total des ressources des banques n'est que de 13% en moyenne. Cette dernière croît de manière irrégulière jusqu'en 1986. Cependant, une hausse spectaculaire est enregistrée en 1987 et 1988 avec des niveaux records respectivement de 17.65% et 19.93% (graphique du tableau 15).

On peut mettre ce renforcement des dépôts publics et parapublics au compte des actions de soutien de la liquidité des banques entreprises par l'État. Ce qui semble bien se justifier dans la mesure où à partir de ce moment, les dépôts de l'État varient de manière contra-cyclique avec les dépôts privés.

Concernant l'évolution des fonds propres et de l'endettement des banques, il apparaît que les concours aux banques - refinancement de la BEAC - viennent en deuxième position. Ils représentent une moyenne

---

[81] Le 20 août 1993, la BEAC prend la décision de ne plus racheter les billets émis par elle et échangés à l'extérieur des pays africains de la zone franc. En septembre de la même année, cette mesure de contrôle de change sévère est étendue à la zone UMOA.

annuelle de près de 17.85% du total du passif bancaire, sauf en 1987 et 1988 où la proportion atteint respectivement 27.21% et 25.30% (tableau 15). Ce recours massif au refinancement bancaire de la BEAC et à l'emprunt extérieur peut s'interpréter comme une mesure destinée à contrer la baisse des dépôts privés et par voie de conséquence renflouer la liquidité bancaire dont l'insuffisance se faisait déjà sentir avec acuité.

Les emprunts extérieurs occupent dans l'ensemble une place relativement modeste dans les ressources des banques camerounaises. Leur contribution moyenne est de l'ordre de 9%, sauf en 1987 et 1989 où, pour des raisons certaines de compensation de la baisse des dépôts privés, la proportion atteint respectivement, 12% et 15% (tableau 15).

Les évolutions enregistrées au niveau des différentes composantes des ressources des banques reflètent celles de la liquidité bancaire elle - même.

<u>Graphique du tableau 15</u> : Evolution de la part des dépôts dans le total des ressources des banques.

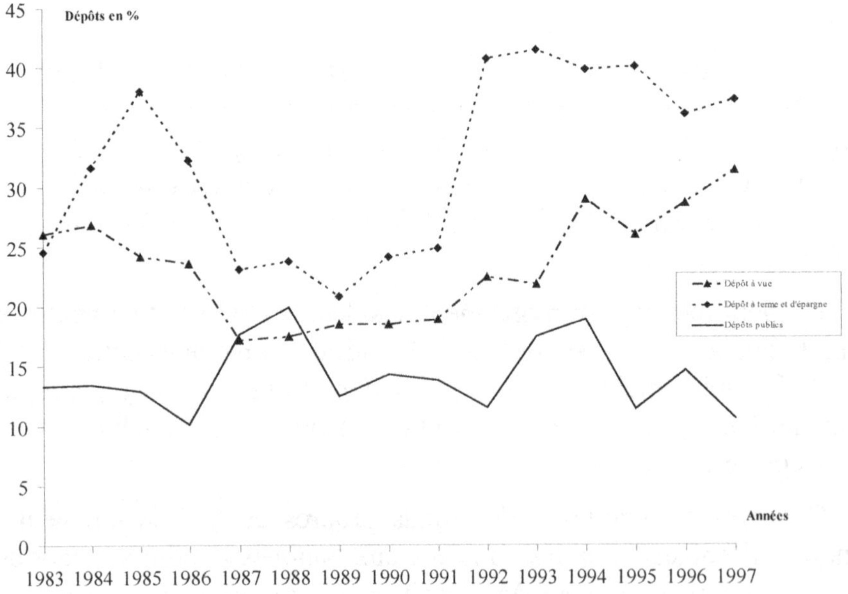

Graphique du tableau 15 (suite) : Evolution de la part du refinancement BEAC, des emprunts extérieurs et des fonds propres dans les ressources des banques.

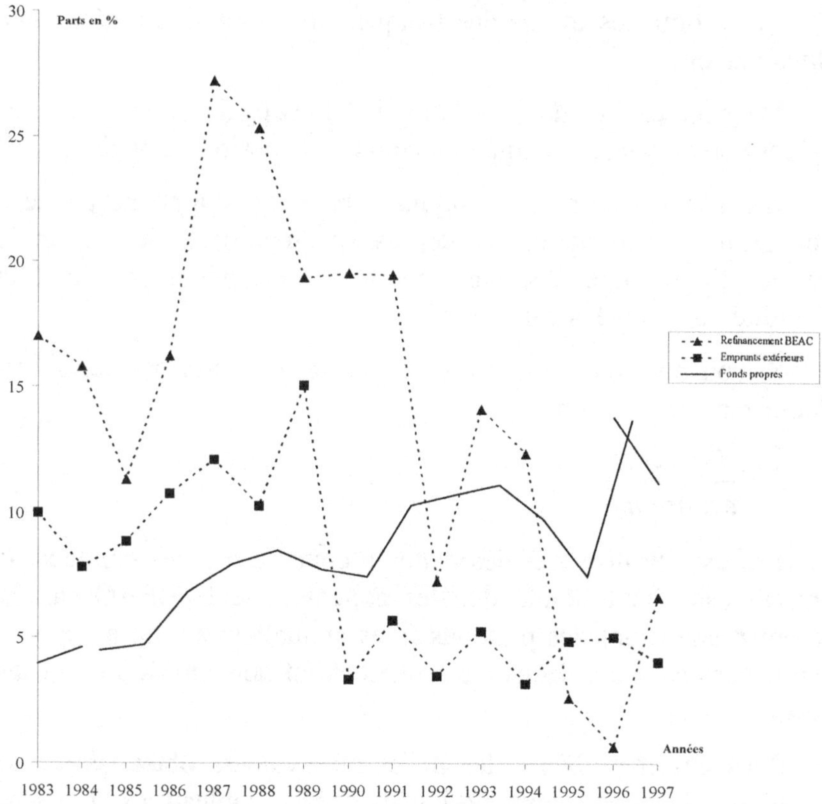

II.1.2. L'évolution de la liquidité des banques et le phénomène des ruées bancaires

L'expression liquidité bancaire désigne les avoirs en monnaie centrale ou base monétaire et en actifs considérés comme équivalents susceptibles d'être convertis sans délai ni coûts en monnaie centrale détenue par l'ensemble des banques dans l'économie à un moment donné. Son importance réside dans le fait qu'elle est à la base de toute la monnaie en circulation. En analyse monétaire, cet agrégat L est formellement donné par l'expression suivante :

$$L = Res + b + t \qquad (1)$$

où :

Res représente les réserves des banques à la banque centrale ;

b : la somme des billets en caisse dans les banques ;

t : le total des avoirs des banques en monnaie du trésor -monnaies divisionnaires.

Dans les calculs de L, le terme b + t est égal au montant en billets et pièces détenu par les banques au cours de la période d'analyse.

L'évolution du ratio de liquidité bancaire s'apprécie par le taux de couverture des crédits par les dépôts. Evalué à partir de la formule (1), il permet d'avoir une idée plus précise sur le phénomène de la crise de liquidité ou des ruées bancaires.

Si l'on note par l le ratio de liquidité bancaire, par définition, il est donné par l'expression :

$$l = \frac{liquidités}{exigibilités} \qquad (2)$$

Les exigibilités sont des dettes à court terme des banques. Dans le présent cas, étant donné que les concours de la BEAC aux banques commerciales sont des plafonds fixés annuellement, on a admis que les exigibilités sont constituées essentiellement des dépôts à court terme ou dépôts à vue.

Sous ces hypothèses, les différentes valeurs obtenues à partir des équations (1) et (2) sont consignées dans le tableau 16. Trois périodes ponctuent l'évolution du coefficient de liquidité bancaire (l). Entre 1980 et 1987, on observe une évolution en dents de scie, avec un maximum de 16.61% en 1986. Un accroissement régulier est observé entre 1987 et 1991, suivi d'une baisse successive en 1992 et en 1993. Un redressement spectaculaire du ratio est intervenu à partir de 1994 et s'explique comme déjà mentionné par la décision de non rachat des billets CFA hors zone d'émission BEAC et la dévaluation de cette monnaie (graphique tableau 16).

On impute également la faiblesse de la liquidité des banques aux fuites des ressources hors du circuit bancaire. Pour rendre compte de ce phénomène, une étude de corrélation entre liquidité bancaire et liquidité de l'économie est faite. Elle s'appuie sur l'hypothèse logique suivante : il y a fuite s'il y a liquidité dans l'économie et pas dans les banques ; autrement dit, une corrélation négative entre les deux variables implique une fuite des dépôts.

Les calculs ci-après donnent un coefficient de corrélation négatif. Ce qui voudrait dire en d'autres termes que liquidité de l'économie et liquidité bancaire varient en sens inverse (graphique du tableau 16). Ce qui rend bien compte d'après notre hypothèse, du phénomène des fuites de dépôts.

Toutefois on note que le coefficient de corrélation est très faible -0.2054 soit -20.54%. Ceci peut être une explication à l'évasion des ressources hors du pays. Autrement dit, le coefficient de corrélation faible peut traduire le fait qu'une petite partie seulement des fuites des ressources hors du circuit bancaire se retrouve dans l'économie.

Calcul du coefficient de corrélation entre taux de liquidité bancaire (l) et taux de liquidité de l'économie (f)

Si ρ_{lf} désigne ce coefficient, il se définit par :

$$\rho_{lf} = \frac{\mathrm{cov}(lf)}{\sigma_l \sigma_f}$$

$$\sigma_l = \sqrt{\sigma_l^2}$$

$$\sigma_l^2 = \frac{\sum (l_i - \bar{l})}{T} = \frac{\sum l_i^2 - T(\bar{l})^2}{T}$$

$$\sigma_f^2 = \frac{\sum f_i^2 - T(\bar{f})^2}{T}$$

$$\mathrm{cov}(lf) = \frac{\sum f_i l_i - T\overline{lf}}{T}$$

$$\bar{l} = \frac{1.88288}{15} = 0.125525$$

$$\bar{f} = \frac{3.096}{15} = 0.206283$$

$$\sum l_i^2 = 0.267493$$

$$\sum f_i^2 = 0.644718$$

$$\sigma_l^2 = \frac{0.454497}{15} = 0.00207 \Rightarrow \sigma_l = 0.053353$$

$$\sigma_f^2 = \frac{0.00651}{15} = 0.000434 \Rightarrow \sigma_f = 0.0217131$$

$$cov(lf) = \frac{-0.003325}{15} = -0.0002216$$

$$\rho_{lf} = \frac{cov(lf)}{\sigma_l \sigma_f} = \frac{-0.0002216}{0.00107920} = -0.2054$$

avec :

σ_l : l'écart-type de la variable l ;

σ_f : l'écart-type de la variable f ;

$cov(lf)$: la covariance ;

T : la période d'analyse.

<u>Graphique du tableau 16</u> : Liquidité bancaire et liquidité de l'économie.

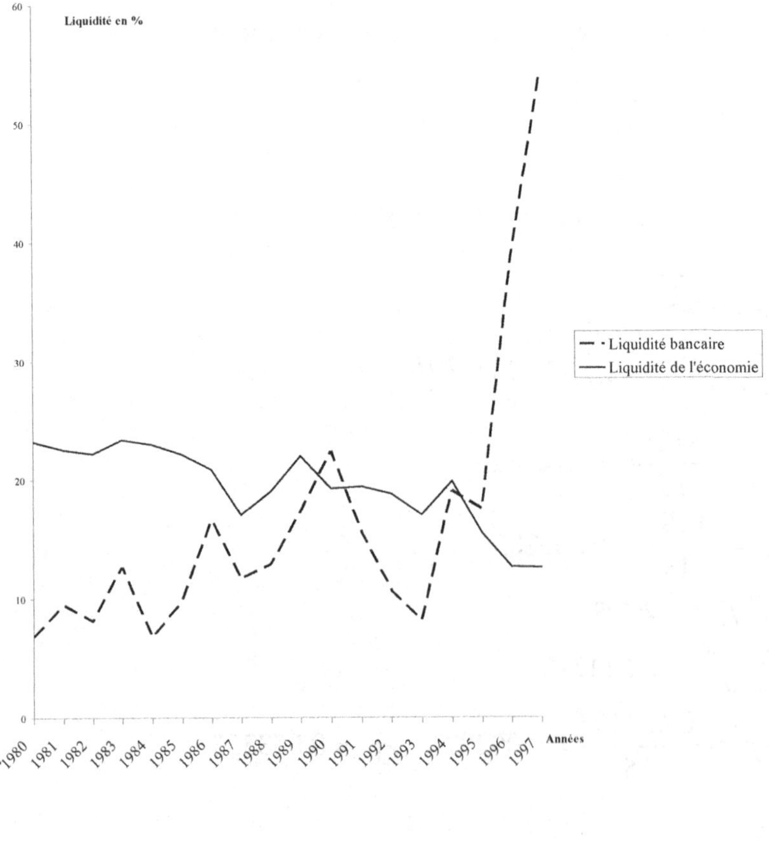

Sur le plan concret, l'effondrement du ratio de liquidité constaté dès 1987 consécutif à la chute brutale des dépôts à vue et des dépôts à terme et d'épargne après un niveau sans précédent en 1986, reflète les tensions de trésorerie dont les longues files d'attente devant les guichets d'un certain nombre de banques - CamBank, BCD, SCB, Paribas, etc. - toutes en liquidation aujourd'hui, en sont la manifestation publique.

En effet, au 30 juin 1988, la (CamBank), la Banque camerounaise de développement (BCD), la Société camerounaise de banque (SCB) et la Banque de Paris et des Pays-Bas (Paribas), toutes en faillites aujourd'hui, sont emprunteuses nettes auprès de la banque centrale. À la même date, la BCD et la CamBank sont débitrices nettes de l'État. Il en résulte que la norme de liquidité d'alors de 70%[82] est difficilement respectée par ces banques car, les actifs liquides et immédiatement mobilisables sont largement inférieurs au passif exigible à court terme (tableau 16a) en annexe.

Bien que les calculs attestent de la liquidité de la SCB et de la BCD (tableau 16a), la réalité est tout autre. Ces banques présentent bien avant le 30 juin 1988 des signes notoires d'illiquidité matérialisés en 1987 d'une part, par de longues files d'attente aux abords des caisses et d'autre part, par leur impossibilité d'honorer un ordre de paiement dont le compte est pourtant bien approvisionné[83].

Le bon comportement effectif du coefficient de liquidité bancaire jusqu'en 1990 (tableau 16) peut être imputable aux premières mesures de restructuration bancaire mises en place notamment, la libéralisation des taux d'intérêt, la recapitalisation des banques, les abandons des dépôts et des créances, etc. La détérioration dont il fait l'objet entre 1991 et 1993 est liée à la persistance de la crise économique, à la conjoncture sociopolitique particulièrement agitée et à la rumeur de la dévaluation du franc CFA qui planait encore. Le rapatriement des capitaux à la suite de l'ajustement de change intervenu en janvier 1994 serait à l'origine du bond que connaît le ratio à partir de 1994 (graphique du tableau 16).

---

[82] Jusqu'en décembre 1989, la norme minimale de liquidité pour le Cameroun est de 70%. Le nouveau dispositif de réglementation prudentielle entré en application en juillet 1993 l'a portée à un minimum de 100%.

[83] Dans le meilleur des cas, un règlement partiel du chèque est proposé aux usagers, même si le montant initial du chèque est insignifiant.

Il apparaît à la suite de ces analyses que la liquidité bancaire qui atteint des niveaux parfois très élevés entre 1980 et 1985 au point où l'on a pu parler de la surliquidité des banques camerounaises, fait un énorme plongeon entre 1986 - 1987, puis entre 1990 et 1993.

Les ruées bancaires et les longues files d'attente observées à ces périodes[84], devant un grand nombre d'établissements financiers[85], sont bel et bien la manifestation concrète et publique des graves tensions de trésorerie que connaissent la plupart des banques. Les résultats du test empirique confirment-ils ce phénomène ?

II.2. Paniques et ruées bancaires : estimations empiriques

La préoccupation est ici de procéder aux tests empiriques des hypothèses théoriques explicatives du phénomène des ruées. Plus spécifiquement, il s'agit de montrer que les ruées bancaires résultant du comportement stratégique des déposants, sont la manifestation publique d'une crise de liquidité (II.2.1). À la différence du modèle de base de Diamond et Dybvig, les ruées bancaires ont une origine économique endogène en l'occurrence la chute des recettes d'exportation consécutive à l'effondrement des cours mondiaux des principaux produits de base (II.2.2). La nature permanente et non conjoncturelle du phénomène de course aux guichets s'expliquant par le retour des files d'attente observées notamment à chaque période de paiement des salaires, traduit une carence structurelle profonde, reflet d'une inadéquation du système bancaire au contexte national et international (II.2.3).

---

[84] Il est nécessaire de préciser que les ruées bancaires sont ici de deux types : les ruées bancaires conjoncturelles à la Diamond-Dybvig (1983) et les ruées qui sont des phénomènes permanents s'observant à chaque période de virement des salaires. Pour la plupart, la banque est un lieu de transit des salaires. Aussi observe-t-on jusqu'à l'heure actuelle à chaque période de paiement des salaires, de longues files d'attente devant les établissements bancaires. Chaque période de paiement des salaires devient pour ainsi dire une période de course aux dépôts ou de ruées bancaires.

[85] Il s'agit notamment, de la Cameroon-Bank (CamBank), de la Société camerounaise de banque (SCB), de la Banque camerounaise de développement (BCD), de la Banque de Paris et des Pays-Bas Cameroun (BPPB).

II.2.1. Paniques et ruées bancaires : une manifestation publique d'une crise de liquidité

Pour tester cette hypothèse du modèle de base de Diamond-Dybvig et ses extensions qui revient à vérifier que la valeur liquidative des banques (d) est inférieure au montant des retraits (W) soit, d < W, il convient de spécifier et d'estimer ces variables (II.2.1.1) avant de procéder à l'interprétation des résultats obtenus (II.2.1.2).

II.2.1.1 Spécification et estimation des variables

Les variables clés de l'analyse sont ici a) les ressources et des actifs liquidés par les banques (d) et b) les demandes de retraits (W).

a) d : le montant total des ressources et des actifs liquidés par la banque pour rembourser les dépôts

Il correspond à la somme de la variation négative des réserves (Res) et de l'accroissement des principales composantes des ressources bancaires à savoir, les dépôts bancaires (D_b) et les emprunts des banques (E_m), soit :

$$d = \Delta Res^{-} + \Delta D_b^{+} + \Delta Em^{+} \qquad (18)$$

avec :

ΔRes : actif liquidé correspondant ou montant ponctionné sur les réserves (Res) détenues par les banques auprès de la banque centrale pour faire face aux retraits. Formellement, il est égal à la diminution ou à la variation négative des réserves Res ;

ΔD_b : accroissement des dépôts bancaires ;

$\Delta D_b = \Delta DAV + \Delta DAT + \Delta EP$.

Avec :

ΔDAV : accroissement des dépôts à vue ;

ΔDAT : accroissement des dépôts à terme et d'épargne ;

ΔEP : accroissement des dépôts d'État et d'organismes publics ;

ΔEm : l'augmentation des emprunts. Elle sera réduite ici à la seule composante crédits de la BEAC. L'engagement extérieur comprenant la dette postale qui ne peut lui être facilement dissociée est négligé.

Il convient de préciser ici que nous avons retenu une hypothèse forte sur d dans la mesure où l'estimation de d ne tient pas compte des coûts des ressources qui viennent en déduction de ces ressources. Par ailleurs, l'insuffisance des fonds propres a été telle que la plupart des banques éprouvaient de réels besoins en fonds propres. Leur comptabilisation dans les ressources des banques aurait affaibli davantage les ressources des banques.

b) W : la demande des retraits totaux des dépôts bancaires

On a assimilé W ici à la variation négative des dépôts observée au cours de la période d'analyse. Comme il y a les dépôts à vue et les dépôts à terme et d'épargne, (les dépôts de l'État et des organismes publics étant considérés comme des dépôts à vue), W sera la somme de W_1 et W_2 soit :

$$W = W_1 + W_2 \quad (19)$$

avec :

- W_1 : les retraits totaux des dépôts à vue et des dépôts d'État et d'organismes publics ;

- W_2 : les retraits des dépôts à terme et d'épargne ;

On admettra que les retraits des dépôts à vue (W_1) sont ceux des déposants de type 1 et que ceux des dépôts à terme et d'épargne (W_2) correspondent à ceux des déposants du type 2.

De même, si γ_{ij} est la proportion des agents de type i qui se révèlent de type j à la date T = 1, alors, γ_{ij} peut être estimé par le rapport entre la demande de retrait des agents de type i et le montant total des dépôts à la période j, soit :

- $\gamma_{11} = W_1$ / total dépôts à vue ;
- $\gamma_{21} = W_2$ / total dépôts à terme et d'épargne ;

Les valeurs de ces différentes variables estimées à partir des données statistiques recueillies sont consignées dans le tableau 16b en annexe.

II 2.1.2 Résultats et Interprétations

Les résultats du tableau 16b suscitent un certain nombre de commentaires.

1) La valeur liquidative (d) des banques connaît une évolution plus ou moins satisfaisante jusqu'en 1987, année à partir de laquelle elle accuse une dégradation continue jusqu'en 1997, hormis les années 1994 et 1996. Cette dégradation a été telle que les banques se sont trouvées dans un besoin réel de ressources, notamment entre 1990 et 1993, puis en 1995 et 1997 (tableau 16 b). Les nombreuses liquidations de banques enregistrées au cours de cette période reflètent bien cette tension de trésorerie bancaire.

2) Les dépôts bancaires (D_b) qui augmentent régulièrement entre 1980 et 1986, connaissent une inversion de tendance d'évolution à partir de 1986. En effet, hors mis les années 1988 et 1994, les calculs révèlent d'importants retraits de dépôts toutes catégories confondues entre les exercices budgétaires 1985 et 1997. Les retraits les plus élevés sont enregistrés en 1986, 1987, 1990 et 1996 (tableau 16b). La diminution des dépôts bancaires, toutes catégories confondues, met en exergue le comportement des transfuges, confirmant ainsi la thèse du comportement stratégique des déposants.

3) Le comportement des transfuges se vérifie d'autant plus aisément que les dépôts à terme et d'épargne (W_2) qui, par définition nécessitent un délai autrement dit, dont les retraits ne sont pas à l'instar de ceux des dépôts à vue immédiats (W_1), connaissent en 1986, 1987 et 1996 un taux de retrait plus élevé que celui des déposants à vue. En effet, à ces différentes dates, les retraits des dépôts à terme sont tous supérieurs aux retraits des dépôts à vue ($W_2 > W_1$) (tableau 16 b). En d'autres termes, la proportion des déposants à vue qui retirent à cette période est bien inférieure à celle des déposants à terme et d'épargne ($\gamma_{11} < \gamma_{21}$) (tableau 16 b) et traduit bien ce comportement.

Cela signifie qu'un grand nombre de déposants d'épargne et de détenteurs des dépôts à terme (31.8% contre 14.76% pour les déposants à vue en 1987, 22.50% contre O.24% en 1996 (tableau 16b)) qui, d'après le modèle théorique correspondent aux patients qui sont initialement de type 2 et devraient recourir à leurs dépôts seulement après cette année, se sont révélés être des déposants de type 1. Ils n'ont donc pas attendu et se sont précipités aux guichets des banques. En d'autres termes, les agents du type 1 ont été devancés dans la file d'attente.

4) Les retraits massifs des dépôts bancaires se sont traduits par une ponction importante sur les réserves (Res) des banques notamment en 1987, 1990, 1991, 1992, 1993, 1995 et 1997 (tableau 16 b).

5) Le recours massif des banques au refinancement de la BEAC (Em) notamment entre 1987 et 1993 (tableau 16 b) traduit la passe difficile dans laquelle se trouvent les banques, ainsi que les efforts déployés pour faire face aux demandes de retraits ou de conversion des dépôts en billets qui leur sont adressées. La chute drastique des concours de la BEAC depuis 1994 est à mettre au compte de l'effet prix de la dévaluation de janvier 1994 et de l'entrée en vigueur du marché monétaire dès le 1er juillet 1994.

6) En dehors des années 1987, 1988 et 1989, les demandes de retraits (W) excèdent la valeur liquidative des banques (d) (tableau 16b). Les résultats révèlent aussi que les banques se sont trouvées entre 1990 et 1993 puis en 1995 et 1997 dans un besoin de ressources[86].

7) On se trouve dès lors dans la plupart des cas où $d < w$, soit, $d / w < 1$. La probabilité μ de verser le montant promis (r_1) aux déposants, à $T = 1$ est très faible, voire parfois même négative - aucune chance pour les épargnants d'entrer en possession de leurs dépôts - contrairement à la probabilité inverse, $1 - \mu$ de ne rien retirer en

$T = 1$ ($r_1 = 0$) et en $T = 2$ ($r_2 = 0$).

En effet, d'après l'alternative de l'équation (10) de Diamond et Dybvig donnée par :

$$r_1^* = \begin{cases} r_1 \text{ avec la probabilité } \mu = \text{mini } \{1, d / w\} \text{ et} \\ 0 \text{ avec la probabilité } 1 - \mu\} \end{cases}$$

Chaque déposant qui désire retirer en $T = 1$ obtient en 1987 :

$$r_1^* = \begin{cases} r_1 \text{ avec la probabilité } \mu = 0.82636138 \approx 82.64\% \text{ et,} \\ 0 \text{ avec la probabilité } \mu = 0.17363862 \approx 17.37\% \end{cases}$$

Ce dernier résultat permet de déduire qu'en 1987, la probabilité de ne rien retirer en $T = 1$ est de 17.37%. Ceci dénote que la demande totale de retrait se décompose en deux sortes de déposants, les agents de type 1 qui

[86] Ces besoins de ressources se traduisent par la valeur négative de d.

retirent normalement à la date T = 1 et les transfuges qui sont des agents de type 2 qui, face aux nécessités de consommations imprévues ou qui, observant une affluence inhabituelle devant les guichets sont amenés à liquider leurs dépôts avant l'échéance et donc à se comporter comme des agents de type 1.

Cela induit une ruée des déposants sur la banque car ils tentent tous de retirer en T = 1. On obtient un équilibre instable ou sous optimal. Le bien-être de tous les déposants est réduit y compris celui des agents de type 1, car ils sont devancés dans la file d'attente. Aucun des agents n'est assuré d'être servi et tout dépend de la place occupée dans la file d'attente.

Dans le même ordre de raisonnement, on note que la probabilité μ de convertir les dépôts en retraits est négative (aucune chance d'entrer en possession de ses dépôts) de 1990 à 1993, puis en 1995 et 1997 (tableau 16b). La faillite d'un grand nombre de banques enregistrée au cours de cette période - en l'occurrence, la Méridien-BIAO en 1996, le Crédit agricole du Cameroun en 1997 pour ne citer que les plus récentes - ajoutée au fait que de nombreux déposants n'ont été indemnisés que plusieurs années plus tard, rendent compte de cet équilibre de panique[87].

Au total, il apparaît à la suite du test empirique que les ruées bancaires observées au Cameroun s'expliquent par le comportement rationnel des déposants que décrit le modèle de Diamond et ses extensions. Cependant, si en mettant en relief le comportement des transfuges le test empirique confirme la thèse des ruées comme signe prémonitoire d'une crise de liquidité, il n'en est plus de même de l'origine des ruées qui n'est plus aléatoire, mais dépend comme le démontrent les extensions du modèle de Diamond-Dybvig du contexte économique dans lequel évoluent les banques.

II 2.2. Paniques et ruées bancaires : un phénomène endogène d'origine économique

Du rapport sur le développement dans le monde en 1989, il ressort que les conditions économiques, la politique de développement et de

[87] Trois tranches d'indemnisation des déposants sont opérées depuis le lancement des opérations de la Société de recouvrement du Cameroun en 1989. La première en juillet 1991, la seconde en janvier 1992 et la dernière en août 1992.

financement menée au cours des décennies 1970 et 1980 dans la plupart des pays en développement, ont eu une grande responsabilité dans la crise bancaire en général et celle de la liquidité bancaire en particulier. L'objectif est ici de montrer que les ruées bancaires, manifestation publique d'une crise de liquidité observée au cours de la période d'analyse, sont imputables pour une part appréciable aux conditions économiques moroses.

Pour atteindre cet objectif, nous avons opté de régresser la variable susceptible de refléter l'indicateur de liquidité bancaire sur quelques variables caractéristiques de la conjoncture économique. Pour mener à bien cette analyse, nous commençons par une spécification du modèle à régresser (II.2.2.1) avant de procéder ensuite à l'interprétation des résultats issus du test (II.2.2.2).

II.2.2.1 Spécification et estimation du modèle

L'examen des éléments de l'équation (16) précédente montre que la composante essentielle de la liquidité bancaire se réduit aux réserves bancaires. Etant donné le poids que revêtent les réserves (Res) dans la liquidité des banques comparativement aux billets en caisse et aux avoirs en monnaie de trésor, l'indicateur de liquidité bancaire retenu est ici la variable réserves notée Res.

Par ailleurs, compte tenu de l'importance des recettes d'exportation et notamment les recettes d'exportation des produits de base en l'occurrence, cacao, café et pétrole dans les ressources de l'économie camerounaise, la conjoncture économique est appréhendée par ces dernières. Soit :

Rex : les recettes d'exportation ;

Rexcac : les recettes d'exportation du cacao ;

Rexcaf : les recettes d'exportation du café. Il convient de préciser ici que la non disponibilité des données statistiques désagrégées en café arabica et robusta, a réduit nos données uniquement en valeurs globales ;

Rexpp : les recettes pétrolières.

L'exploitation des premiers gisements pétrolifères du Cameroun ne remontant qu'en 1978, nos estimations portent sur la période 1978 - 1997. Les données statistiques de ces différentes variables sont consignées dans le tableau 17 en annexe.

Au regard de tout cela, l'équation à estimer s'écrit :

$$Res = C + a_1\, Rex + a_2\, Rexcac + a_3 Rexcaf + a_4 Rexpp + \varepsilon \qquad (20)$$

D'après notre hypothèse, les différents coefficients de l'équation (20) doivent être positifs, traduisant ainsi l'existence d'une causalité positive entre l'indicateur de liquidité bancaire et la conjoncture économique. En effet, les recettes d'exportations constituent les principales sources de revenu de l'État. Une partie importante de ce revenu est utilisée pour soutenir les ressources des banques sous forme de dépôt, dont une partie est constituée en réserves. Il va s'en dire, que l'augmentation des recettes d'exportation est de nature à entraîner un gonflement des dépôts bancaires et par voie de conséquence les réserves des banques.

II.2.2.2 Résultats et interprétations

On s'attendrait à ce que les deux types de recettes - totales et par produit - créent un problème de multicolinéarité. On note que leur spécification a plutôt permis de définir un degré de colinéarité suffisant pour garantir une performance appréciable du modèle.

En effet, la spécification uniquement de l'une ou l'autre de ces variables dans le modèle donne les résultats résumés dans les équations (20') et (20") ci-après :

$$Res = C + a_1\, Rex + \varepsilon \qquad (20')$$

Dependent Variable is RES

Variable	**Coefficient**	**Std. Error**	**t-Statistic**	**Prob.**
C	-2792.51 (-0.95425)	2926.405	-0.95425	0.3473
REX	0.072149* (10.34609)	0.006974	10.34609	0

R-squared	0.775430	
Adjusted R-squared	0.768186	
Durbin-Watson stat	0.847135	
Akaike info criterion	18.68595	
Schwarz criterion	18.77665	
F-statistic	107.0415*	Prob(F-statistic) 0

L'estimation de la relation (20') révèle un modèle relativement performant. En effet, bien que le coefficient de Rex soit positif et significatif, il n'en va pas de même pour la variable C. On note par ailleurs que malgré un R^2 (0.775430) acceptable et un R^2 ajusté également élevé (0.768186), la statistique de Durbin Watson demeure très faible (0.847135). Un Durbin Watson faible et doublé d'un coefficient de détermination R^2 élevé, est signe d'une régression fallacieuse due au problème de co-intégration.

De même, le modèle décrit dans l'équation (20") se révèle encore moins performant que celui estimé dans l'équation (20').

$$Res = C + a_1 Rex + a_2 Rexcac + a_3 Rexcaf + a_4 Rexpp + \varepsilon \qquad (20")$$

Dependent Variable is RES

Variable	Coefficient	**Std. Error**	**t-Statistic**	**Prob.**
C	-20522.9 (-1.43455)	14306.12	-1.43455	0.1707
REXCAC	0.542357*** (1.929835)	0.281038	1.929835	0.0716
REXCAF	-0.36929 (-1.56159)	0.236486	-1.56159	0.1379
REXPP	0.169731* (4.386853)	0.038691	4.386853	0.0005

R-squared	0.602507	
Adjusted R-squared	0.527977	
Durbin-Watson stat	1.099724	
Akaike info criterion	19.52134	
Schwarz criterion	19.72048	
F-statistic	8.084103*	Prob(F-statistic) 0.001632

En effet, les coefficients Akaike et de Schwarz sont plus élevés dans le modèle en (20") qu'en (20'). Par ailleurs, seuls deux coefficients sur quatre sont significatifs respectivement au seuil de 10% pour Rexcac et 1% pour Rexpp. Les niveaux moyens de R^2 (0.62507) et R^2 ajusté (0.52797) et un Durbin Watson encore faible (1.099724) confirment cette faible performance globale du modèle.

Tout cela peut trouver une justification dans le poids non négligeable des autres produits d'exportation - coton banane, ananas, huile de palme, etc. - dans les recettes d'exportation totales (Rex). En d'autres termes, les recettes d'exportation ne sauraient être égales seulement aux recettes de cacao, café et pétrole.

Compte tenu de tout ceci, nous avons spécifié les deux types de recettes d'exportation totale et par produit dans le modèle (équation 20). Les résultats du test de régression sont donnés par l'équation (20-1).

$$Res = a_1 Rex + a_2 Rexcac + a_3 Rexcaf + a_4 Rexpp + \varepsilon \qquad (20\text{-}1)$$

Dependent Variable is RES

Variable	Coefficient	Std. Error	t-Statistic	Prob.
C	-32815.46* (-3.201245)	10250.84	-3.201245	0.0059
REX	0.052206* (4.330326)	0.012056	4.330326	0.0006
REXCAC	0.409688** (2.091217)	0.195909	2.091217	0.0539
REXCAF	-0.092102 (-0.526437)	0.174954	-0.526437	0.6063
REXPP	0.085352** (2.586025)	0.033005	2.586025	0.0207

R-squared	0.823346	
Adjusted R-squared	0.776238	
Durbin-Watson stat	2.070081	
Akaike info criterion	18.81036	
Schwarz criterion	19.05929	
F-statistic	17.47788*	Prob(F-statistic) 0.001372

L'estimation de la relation de long terme explicitée par cette équation révèle un modèle performant. C'est ce qu'indiquent les coefficients qui, à l'exception d'un seul - celui de Rexcaf - sont significatifs notamment au seuil de 1% pour les variables C, Rex et 5% pour Rexcac, Rexpp (équation 20-1). On a par ailleurs, un niveau élevé de R^2 (0.823346), de R^2 ajusté (0.776238), et un Durbin Watson (2.070081) indiquant une absence d'auto corrélation. Mais ayant affaire à des séries chronologiques, il est nécessaire de se prononcer sur la stationnarité des différentes variables.

Résultats du test de stationnarité de Phillips -Perron

Variables	Test de Stationnarité		Stationnarité
	Niveau	Différencié	
Res		-6.15*	I(1)
Rex	2.6	-4.6526*	I(1)
Rexcac	-1.6789	-4.6475*	I(1)
Rexcaf	-2.2741	-7.3513*	I(1)
Rexpp	-1.9162	-4.1490	I(1)
Resresid	-4.3795*		I(0)

Note : * désigne la significativité à 1% ; ** à 5% et *** à 10%.

Les résultats du test de stationnarité indiquent que toutes les variables sont intégrées à l'ordre 1[88]. C'est le test de racine unitaire sur le résidu (Resresid) de l'estimation de la relation de long terme qui a permis de se prononcer sur l'ordre d'intégration. Le résultat du test est tel qu'indiqué ci-après :

Resresid - 4.3795* I(0)

Ce test indique que le résidu définit une série stationnaire, preuve de l'existence d'une relation de co-intégration entre les variables du modèle. Pour éviter le résultat de régression fallacieuse qu'aurait impliqué l'évaluation du modèle en équation (20-1), il est nécessaire de procéder à une correction. Le modèle est ainsi estimé sous sa forme ECM (Error Correction Model). La correction suivant la méthode de Hendry est préférée à la méthode à deux étapes de Engel Granger car, elle permet de pouvoir décrire la dynamique sous-jacente[89].

Les résultats de l'estimation du modèle sont donnés par l'équation (20-2).

[88] Cela signifie que toutes les variables sont non stationnaires, mais rendues stationnaires par différenciation à l'ordre 1.

[89] La correction à la Hendry permet de voir la relation entre les variables explicatives et les formes retardées des variables explicatives alors qu'à la Engel Granger, on a un seul coefficient qui décrit cette dynamique entre la variable indépendante et le résidu décalé d'une période.

D(Res) =C +D(Rex)+ D(Rexcac) +D(Rexcaf) D(Rexpp) (20-2)

Dependent Variable is D(RES)

Variable	Coefficient	Std. Error	t-Statistic	Prob.
C	-46681.31* (-4.995919)	9343.888	-4.995919	0.0007
D(REX)	0.129461* (4.256914)	0.030412	4.256914	0.0021
D(REXCAC)	-0.138538 (-0.682910)	0.202865	-0.682910	0.5119
D(REXCAF)	-0.051136 (-0.281019)	0.181965	-0.281019	0.7850
D(REXPP)	0.029047 (0.474349)	0.061236	0.474349	0.6465
REX(-1)	0.057329* (4.310646)	0.013299	4.310646	0.0020
REXCAC(-1)	0.153239 (0.703484)	0.217829	0.703484	0.4995
REXCAF(-1)	0.373338*** (1.784627)	0.209197	1.784627	0.1080
REXPP(-1)	0.054644 (1.593953)	0.034282	1.593953	0.1454
RES(-1)	-0.886701* (-4.742772)	0.186958	-4.742772	0.0011

R-squared	0.896958	
Adjusted R-squared	0.793917	
Durbin-Watson stat	2.901296	
Akaike info criterion	18.09507	
Schwarz criterion	18.59214	
F-statistic	8.704819*	Prob(F-statistic) 0.001763

Ces résultats montrent contrairement à ceux de l'équation (20-1), un modèle globalement performant. Il apparaît en l'occurrence que les coefficients Akaike et Schwarz du modèle en (20-2), sont tous inférieurs aux mêmes coefficients en (20-1). De même, le coefficient de l'endogène retardée Res(-1) est négatif et significatif à 1%, indiquant une convergence vers l'équilibre de long terme. La vitesse est de 0.886701 et correspond à une bonne vitesse de convergence.

Toutefois, un grand nombre de coefficients sont non significatifs, ce qui nous conduit à rechercher une forme parcimonieuse du modèle estimée dans l'équation (20-3).

Dependent Variable is D(RES)

Variable	**Coefficient**	**Std. Error**	**t-Statistic**	**Prob.**
C	-46237.36* (-4.303448)	10744.26	-4.303448	0.0009
D(REX)	0.098648* (3.777508)	0.026114	3.777508	0.0023
REX(-1)	0.058185* (3.863748)	0.015059	3.863748	0.0020
REXCAC(-1)	0.542697* (3.835029)	0.141511	3.835029	0.0021
REXPP(-1)	0.074357** (2.543369)	0.029236	2.543369	0.0245
RES(-1)	-1.005786* (-4.784689)	0.210209	-4.784689	0.0004

R-squared	0.790472	
Adjusted R-squared	0.709884	
Durbin-Watson stat	2.120080	
Akaike info criterion	18.38374	
Schwarz criterion	18.68198	
F-statistic	9.808850*	Prob(F-statistic) 0.000465

Tous les coefficients du modèle sont significatifs et presque tous à 1%. R^2 et R^2 ajusté sont élevés et le coefficient de l'endogène retardée Res (-1) est négatif, significatif à 1% avec une très bonne vitesse de convergence (-1.005786) vers l'équilibre de long terme.

Le test de régression fait apparaître comme attendu, une rélation positive entre l'indicateur de liquidité bancaire (Res) et les recettes d'exportation totales (Rex), du cacao (Rexcac) et du pétrole (Rexpp). Il en résulte que plus les recettes d'exportation augmentent, plus les réserves des banques augmentent. Toutefois, l'endogène (Res) est liée aux variables explicatives avec retard. Autrement dit, l'effet des recettes d'exportation sur les réserves bancaires n'est ressenti qu'un an après. Economiquement, cette relation retardée peut se justifier par le fait que l'exercice budgétaire est chevauché sur deux années. Les recettes d'exportation de l'année budgétaire en cours - qui interviennent à la fin de la campagne de récolte et de commercialisation vers le mois de juin - sont budgétisées dans l'exercice suivant qui commence le premier juillet de chaque année.

On note également que la contribution des exogènes à la constitution des réserves bancaires diffère d'une variable à l'autre. Les résultats montrent en effet que les recettes d'exportation du cacao entrent pour près de 54.27% dans la formation des réserves des banques, contre seulement 7.5% pour les recettes pétrolières et 5.82% pour les recettes d'exportation totales.

L'estimation révèle par ailleurs, l'absence de la variable Rexcaf dans l'équation (20-3) montrant ainsi, la non contribution des recettes d'exportation du café dans la constitution des réserves bancaires au cours de la décennie sous revue. En dehors des erreurs de spécifications sur nos données, ce résultat paradoxal peut trouver *a priori* sa justification dans un certain nombre de faits :

- l'indisponibilité des données statistiques désagrégées sur les recettes d'exportation du café arabica et robusta a conduit à utiliser les données globales qui présentent l'inconvénient de masquer les spécificités de chaque produit et ne permettent pas d'apprécier l'influence respective de chacune des variables ;

- les cafés arabica et robusta se cultivent dans une zone où la pratique des tontines est très développée. Ceci peut être de nature à drainer une part considérable des recettes d'exportation de ces produits davantage vers le circuit des tontines.

En résumé, il ressort des estimations et analyses précédentes que la crise de liquidité dont les ruées bancaires sont la manifestation publique a, contrairement au modèle théorique de base de Diamond-Dybvig (1983), une origine économique. En particulier, elle est liée à la chute des recettes d'exportation des principaux produits de base imputable à leur tour, à l'effondrement de leurs cours mondiaux lequel a compromis à partir de 1986, les meilleures performances enregistrées jusque-là par l'économie camerounaise[90] (graphique 17a).

En analysant en effet les différences de phase entre croissance économique et difficultés bancaires, on note que la période de croissance remarquable de l'économie camerounaise entre 1980 et 1985 secrète des ressources qui permettent de soutenir la liquidité des banques. L'apparition des premiers signes de difficultés économiques sanctionnées par les retraits importants de dépôts, notamment ceux de l'État à partir de 1986 (tableau 16) provoque des tensions de trésorerie, expliquant en grande partie de longues files d'attente devant les guichets dès 1987.

La diversification des ressources bancaires se révèle nécessaire pour éviter la fragilisation de leur base fondée jadis principalement sur les dépôts de l'État provenant essentiellement des recettes d'exportation des principaux produits de rente. cet égard, la création d'un marché monétaire dès le 1/7/1994 est une initiative louable qui mérite d'être complétée par celle d'un marché financier. Pour ce faire, il est impératif de hâter le projet de création d'une bourse des valeurs au Cameroun et en Afrique centrale.

Il faut préciser cependant, que toutes les longues files d'attente observées aux guichets des banques au Cameroun ont certes une origine économique, mais elles ne sont pas toutes de la même nature que celles décrites dans le modèle théorique de Diamond et Dybvig et ses extensions. À l'observation, deux types de longues files d'attente peuvent être mis en exergue ici :

- les longues files d'attente traduisant les ruées bancaires, phénomène ponctuel et conjoncturel, manifestation publique d'une crise de liquidité, qui répondent à la logique du modèle de Diamond et Dybvig (1983) et ses extensions et trouvent leur origine dans l'évolution des conditions économiques défavorables ;

---

[90] Entre 1980-81 et 1985-86, l'économie camerounaise enregistre un fort taux de croissance de près de 8% en termes réels, grâce essentiellement au développement du secteur pétrolier.

- les files d'attente qui prennent en revanche la forme d'un phénomène fréquent, matérialisé par le retour des files d'attente observables notamment à chaque période de paiement des salaires.

Concrètement, on peut se rendre compte du phénomène périodique du retour des files d'attente :

- soit à travers la diminution des dépôts bancaires à chaque période de paiement des salaires ;

- soit à travers les besoins de refinancements importants des banques en particulier le poste prêts de la BEAC aux banques commerciales pendant et après les retraits périodiques ;

- soit à travers l'accroissement de l'écart entre le taux marginal d'escompte (TME) défini comme différentiel entre le taux d'intérêt d'appel d'offre de liquidité (TIAO) lancé par la banque centrale pour une période de 7 jours, et le taux d'intérêt de prise en pension (TIPP).

<u>Graphique du tableau 17a</u> : Evolution du taux de croissance du PIB.

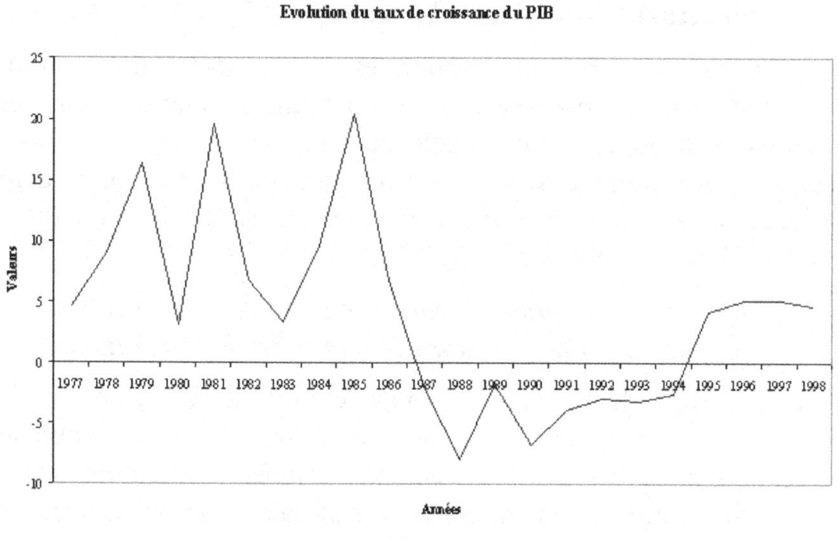

Dans les deux premiers cas de solutions malheureusement, les statistiques monétaires disponibles sont généralement annuelles. Ce qui confine dès lors, notre analyse à une simple observation de terrain. Dans le dernier cas, les statistiques sur ces taux (tableau 18) montrent une évolution en dents de scie. Ce qui ne nous permet pas de tirer les conclusions de manière tranchée sur ce problème. Peut-être est-ce dû au fait que toutes les banques ne sont pas éligibles au marché monétaire ?

Dans tous les cas, il faut dire que le retour des files d'attente aux guichets bancaires est un phénomène contre-productif, car il entraîne des coûts de transaction importants : temps perdu, poste de travail déserté, baisse de la productivité, etc.

Au total, on se trouve dans une situation où les longues files d'attente aux guichets des banques ne sont pas automatiquement des ruées bancaires traduisant la manifestation d'une crise de liquidité à la Diamond et Dybvig (1983). On a donc un cas atypique où les files d'attente ne décrivent pas les ruées - phénomène de perte de confiance dans la liquidité des dépôts - mais traduisent une carence structurelle profonde du système bancaire due à l'inadaptation des banques au contexte national et international - la faiblesse de la liquidité effective des dépôts du fait d'un faible degré d'intermédiation, du rationnement de la conversion des dépôts en billets.

II.2.3. Les files d'attente permanentes : reflet d'une carence structurelle du système bancaire

La préoccupation de cette section est de montrer que les ruées bancaires permanentes observées au Cameroun, lesquelles échappent partiellement à la logique du modèle de Diamond et Dybvig (1983), trouvent dans une certaine mesure leur justification dans le faible degré de financiarisation de l'économie camerounaise (II.2.3.1), et dans le système de paiement prédominant (II.2.3.2).

II.2.3.1 La thèse de la sous-bancarisation de l'économie et des agents économiques dans le retour des files d'attente

Le dictionnaire de banque et bourse définit la bancarisation des agents comme un phénomène économique et financier qui conduit les agents économiques à ouvrir des comptes auprès des établissements bancaires afin d'utiliser la monnaie scripturale comme moyen de paiement (Y. Crozet, B. Bellante, P. Y. Gomez et B. Laurant (1993)).

Il faut préciser ici que dans les économies industrialisées, c'est la sur-bancarisation de l'économie ou la bancarisation de la grande majorité des ménages qui est tenue pour l'un des facteurs de course aux guichets des années quatre-vingt. Sur cet aspect du problème, la théorie financière révèle qu'au cours des décennies 1960 et 1970, la bancarisation d'une grande majorité des ménages conduit à une vive concurrence bancaire. Pour éviter au maximum les fuites interbancaires, les banques s'efforcent d'élargir leur clientèle afin d'attirer le maximum de dépôts. À cette fin, elles n'hésitent pas à multiplier le nombre des agences.

Le développement considérable de la monnaie scripturale qui en a résulté a été tel que l'on a assisté à un phénomène de dématérialisation de celle-ci ; c'est-à-dire au processus qui conduit à détacher progressivement la monnaie scripturale tout comme les titres de leurs supports matériels tels que la monnaie métallique et la monnaie fiduciaire. Les profondes mutations des systèmes financiers intervenues dans les années 1980, se sont soldées par un reflux ou un repli à la liquidité, occasionnant ainsi des ruées aux guichets.

Il apparaît au total que dans des économies développées, la sur-bancarisation est un facteur de courses aux guichets. Dans les P.E.D en revanche, c'est plutôt la sous-bancarisation traduisant un nombre d'habitants par guichet bancaire très élevé qui constitue le facteur de ruées bancaires. Pour démontrer cette hypothèse, il convient de spécifier et d'estimer le modèle (II.2.3.1.1) avant d'interpréter les résultats (II.2.3.1.2).

II.2.3.1.1 Spécification et estimation du modèle

Formellement, le modèle à estimer s'écrit ainsi qu'il suit :

$$W = C + a_1 \text{ tibC} + a_2 \text{ tibDla} + a_3 \text{ tibYdé} + a_4 \text{ tpbc} + \varepsilon \qquad (21)$$

W est la variable ruées bancaires appréhendée ici par le taux de conversion des dépôts bancaires en billets, soit W = Billets / Dépôts. En effet, étant donné que les ruées se manifestent par des retraits et que les autres indicateurs s'expriment en termes de ratio, nous avons déflaté les retraits par les dépôts pour respecter cet ordre de grandeur ;

- tibC représente le nombre d'habitants pour un guichet bancaire qui permet d'apprécier le degré d'intermédiation financière de l'économie camerounaise.

Dans une étude consacrée au début des années 1980 à une synthèse des modèles sur la répression financière dans les économies en développement, M. J. Fry (1982) estime que la norme internationale acceptable de cet indicateur dans les P.E.D, doit être de un guichet pour 10000 habitants ;

- tibDla désigne le degré de financiarisation de la ville de Douala c'est-à-dire le nombre d'habitants pour un guichet bancaire à Douala ;

- tibYdé est le degré de bancarisation de la ville de Yaoundé ou le nombre d'habitants pour un guichet bancaire à Yaoundé.

Un examen des données statistiques sur les indicateurs d'intermédiation financière du Cameroun (tableaux 17 et 19) révèle que le nombre d'habitants pour un guichet en diminution continuelle au cours de la décennie 1970, a inversé le sens d'évolution à partir de 1988. Et depuis lors, il est en constante augmentation (tableaux 17 et 19). Cette tendance s'observe tant au niveau de l'indicateur de financiarisation de l'économie tout entière (tibC), qu'au niveau de celui des grandes métropoles du pays, Douala (tibDla) et Yaoundé (tibYdé) (tableau 19).

Les indicateurs d'intermédiation financière tibc, tibdla et tibYdé exprimant le nombre d'habitants par guichet bancaire, si ce nombre est élevé et que de nombreuses personnes se présentent en même temps à la banque comme c'est le cas généralement en période du paiement des salaires, on assiste inéluctablement à une affluence suivie de longues files d'attente. En d'autres termes, un nombre d'habitants par guichet bancaire élevé favorise la formation des files d'attente et vice versa. On s'attend dès lors, à une relation linéaire positive entre la variable endogène (W) et les différents indicateurs d'intermédiation financière, tibC, tibDla et tibYdé ainsi spécifiés.

- tpbc décrit le taux de pénétration bancaire de la population ou encore LE taux de bancarisation des agents économiques. Il indique le pourcentage d'agents économiques titulaires d'au moins un compte courant. Dans les pays développés, ce ratio avoisine 100%, alors qu'il atteint difficilement 35% dans le cas d'espèce. Il se calcule comme étant le rapport entre le nombre de comptes clients des établissements de crédit et le nombre de ménages.

N'ayant pas pu obtenir les données statistiques nécessaires pour son calcul, nous l'avons assimilé abusivement ici au ratio entre la monnaie scripturale (MS) et la masse monétaire (M2). Soit, TPBC = Ms / M2. Il indique le poids de la monnaie scripturale dans la masse monétaire. Un examen des données statistiques enregistrées entre 1965 et 1997 (tableau 20), conclut à une importance considérable de la monnaie fiduciaire dans les transactions d'une part, et au plafonnement de la monnaie scripturale autour de 45% de la masse monétaire d'autre part. En termes relatifs, cela signifie que le taux de pénétration bancaire de la clientèle reste encore très faible (tableau 20).

Indiquant le poids de la monnaie scripturale dans la masse monétaire, le renforcement de l'importance de ce type de monnaie traduit une tendance plus grande de la population à utiliser les produits et les infrastructures bancaires. La diminution de cette dernière aura par voie de conséquence l'effet inverse. En d'autres termes, la bancarisation de la clientèle se traduit par une diminution considérable de l'importance des monnaies fiduciaires et divisionnaires au profit de l'utilisation des mouvements sur comptes bancaires. Ainsi précisé, on doit pouvoir avoir une corrélation négative entre la variable endogène W et l'indicateur de pénétration bancaire de la clientèle tpbc.

Il faut souligner que l'absence de célérité dans le traitement des opérations avec la clientèle contribue aussi à l'allongement des queues devant les guichets de banques. En effet, il apparaît que même l'avènement des guichets automatiques des billets n'arrive pas à résoudre le problème de lenteur et de lourdeur procédurales dans les opérations de retrait. En effet, en raison de son expansion actuellement limitée à une seule banque de la place d'une part (BICEC), et de nombreuses pannes techniques - bourrage fréquent lié à la qualité des coupures introduites dans l'appareil - d'autre part, la qualité de service rapide incombant à ce système d'automatisation des opérations de paiement est sérieusement compromise. Aussi observe-t-on paradoxalement des files d'attente devant les guichets automatiques de billets.

Toutefois, la variable absence de célérité est d'ordre qualitatif et pas facilement quantifiable.

II.2.3.1.2 Résultats et interprétations

L'estimation de la relation de long terme de l'équation (21) conduit aux résultats consignés en équation (21-1).

$$W = C + a_1 Tibc + a_2 TibDla + a_3 TibYde + a_4 TPBC + \varepsilon \qquad (21\text{-}1)$$

Dependent Variable is W

Variable	Coefficient	**Std. Error**	**t-Statistic**	**Prob.**
C	464.0900* (3.392985)	136.7793	3.392985	0.0026
TIBC	-0.003025* (-3.633490)	0.000833	-3.633490	0.0015
TIBDLA	0.009235* (4.122262)	0.002240	4.122262	0.0004
TIBYDE	0.001103 (0.716621)	0.001539	0.716621	0.4811
TPBC	-1.074099* (-2.748765)	0.390757	-2.748765	0.0117

R-squared	0784363	
Adjusted R-squared	0.745156	
Durbin-Watson stat	0.900990	
Akaike info criterion	8.378585	
Schwarz criterion	8.618554	
F-statistic	20.00577*	Prob(F-statistic) 0.000000

Il apparaît qu'à l'exception du TibYdé, tous les coefficients sont significatifs notamment au seuil de 1%. R^2 et R^2 ajusté sont acceptables, mais la statistique de Durbin Watson (0.900990) est très faible, ce qui est signe d'une régression fallacieuse due au problème de co-intégration. Les résultats du test de stationnarité de Phillips-Perron ci-après, notamment celui sur le résidu de l'estimation de la relation qui définit une série stationnaire, confirment l'existence d'une relation de co-intégration entre les variables du modèle.

variables	Test de stationnarité	stationnarité
Tibc	-2.679274***	I(1)
tibdla	-2.684921***	I(0)
tibyde	-5.482612*	I(2)
tpbc	-7.575717*	I(1)
Wresid	-5.203673*	I(0)

Celle-ci est corrigée en estimant le modèle sous sa forme Modèle à correction d'erreur (ECM). La correction suivant la méthode de Hendry a conduit au modèle en équation (21-2).

Dependent Variable is D(W)

Variable	Coefficient	Std. Error	t-Statistic	Prob.
C	58.93351 (0.398608)	147.8484	0.398608	0.6955
D(TIBC)	-0.001299 (-1.114925)	0.001165	-1.114925	0.2813
D(TIBDLA)	0.001398 (0.419841)	0.003330	0.419841	0.6802
D(TIBYDE)	0.002697** (2.026404)	0.001331	2.026404	0.0597
D(TPBC)	-0.469345 (-1.525927)	0.307580	-1.525927	0.1466
TIBC(-1)	-0.000170 (-0.189499)	0.000895	-0.189499	0.8521
TIBDLA(-1)	0.003078 (0.843704)	0.003648	0.843704	0.4113
TIBYDE(-1)	-0.001330 (-0.792707)	0.001678	-0.792707	0.4395
TPBC(-1)	-0.105683 (-0.792707)	0.413761	-0.792707	0.8017
W(-1)	-0.299099*** (-1.864208)	0.160443	-1.864208	0.0807

R-squared	0.687847	
Adjusted R-squared	0.512261	
Durbin-Watson stat	2.072336	
Akaike info criterion	7.346786	
Schwarz criterion	7.830670	
F-statistic	3.917432*	Prob(F-statistic) 0.008503

L'estimation montre un modèle globalement plus performant qu'en (21-1). Ici, les coefficients Akaike et Schwarz ont des valeurs plus petites. Le coefficient de l'endogène retardée est négatif et significatif et la vitesse de convergence d'une valeur d'environ 0.30 est acceptable. Mais un grand nombre de coefficients sont non significatifs. Cela nous conduit à rechercher une forme parcimonieuse du modèle décrit par l'équation 21-3.

Dependent Variable is D(W)

Variable	Coefficient	Std. Error	t-Statistic	Prob.
C	27.49573*** (1.607119)	17.10871	1.607119	0.1223
D(TIBYDE)	0.002223* (3.833413)	0.000580	3.833413	0.0009
D(TPBC)	-0.487076** (-2.354666)	0.206856	-2.354666	0.0279
W(-1)	-0.146790* (-2.645274)	0.055491	-2.645274	0.0148

R-squared	0.619360	
Adjusted R-squared	0.567455	
Durbin-Watson stat	1.930364	
Akaike info criterion	7.083607	
Schwarz criterion	7.277160	
F-statistic	11.93249*	Prob(F-statistic) 0.000076

Les résultats révèlent un modèle globalement performant. Les coefficients sont significatifs et leur signe est celui attendu. Le coefficient de l'endogène retardée est négatif et significatif malgré une faible vitesse de convergence (0.146790). Les coefficients Akaike et Schwarz ont des valeurs inférieures à celles du modèle en équation (21-2). Il en résulte que la course permanente aux espèces qui occasionne des files d'attente aux guichets des banques est fonction croissante du nombre d'habitants par guichets, et décroissante du taux de pénétration bancaire des agents économiques. On peut donc retenir que la faible extension du réseau bancaire aggravée au cours de la décennie 1986/1987-1996/1997 par de nombreuses faillites des banques a accentué le phénomène de course permanente aux espèces de guichets bancaires.

Cette course permanente aux espèces s'observe plus à Yaoundé qu'à Douala en raison de la non significativité de la variable tibDla dans l'estimation. Cela peut être imputable à deux faits majeurs. Le nombre d'habitants par guichet est moins élevé à Yaoundé qu'à Douala (tableau 17), bien que la population totale de la ville de Douala soit supérieure à celle de Yaoundé. En outre, Yaoundé étant le siège des institutions camerounaises, regorge plus de fonctionnaires percevant un salaire que Douala. Les ruées permanentes s'observant surtout en période de salaire, il va sans dire que Yaoundé soit plus affectée par ce phénomène que Douala.

Pour éviter la permanence de longues files d'attente devant les banques, phénomène contre-productif aux coûts non négligeables, la multiplication des guichets automatiques de billets et la modernisation du système de paiement, notamment dans les grands centres urbains s'imposent.

Au total, si la faible extension du réseau bancaire trouve sa justification dans des raisons évidentes et légitimes de coûts de gestion élevés, il est indéniable de reconnaître que les longues files d'attente aux guichets des banques s'expliquent pour une part appréciable par la faible bancarisation de l'économie, notamment des grands centres urbains à forte concentration humaine et par celle des agents économiques. La sous- bancarisation des agents économiques se traduit par une diminution considérable de l'importance des mouvements sur comptes bancaires au profit de l'utilisation des monnaies fiduciaires et divisionnaires. Ainsi apparaît-il que ce phénomène a trait à la structure du système de paiement également mise en cause dans la course permanente aux guichets bancaires.

II.2.3.2 La thèse du système de paiement en cause dans les ruées bancaires permanentes

L'examen de la structure du système de paiement de l'économie camerounaise à l'instar de celle de la plupart des pays semblables, laisse apparaître la faiblesse persistante de la monnaie scripturale et par conséquent, une prépondérance de la monnaie fiduciaire dans les transactions (tableau 20 et graphique 20).

L'objectif est ici de montrer que le système de paiement caractérisé par la prépondérance de la monnaie fiduciaire explique pour une part appréciable, le phénomène de course permanente aux guichets bancaires observé au Cameroun, du fait de leur faible modernisation et de l'inadaptation de ses instruments. À cet effet, on commence par une spécification et une estimation du modèle (II.2.3.2.1) avant de procéder à une interprétation des résultats (II.2.3.2.2).

<u>Graphique du tableau 20</u> : Structure du système de payement.

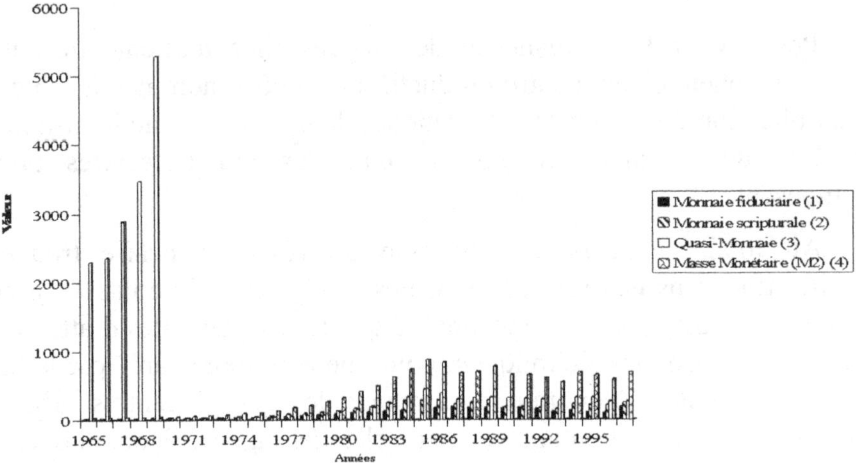

II.2.3.2.1 Spécification et estimation du modèle

La prépondérance de la monnaie fiduciaire est appréhendée ici à travers les indicateurs suivants :

1) Le taux d'utilisation de la monnaie scripturale (TUMS)

Le taux d'utilisation de la monnaie scripturale dans les transactions est appréhendé par les dépenses du PIB qui s'effectuent par chèques. Les analyses révèlent un faible taux d'utilisation de la monnaie scripturale dans les transactions, taux qui a été même négatif (quasi-absence de chèques dans les transactions) entre 1965 et 1970 (tableau 20). Pour le déterminer, nous avons essayé d'estimer la place qu'occupent les paiements de la main à la main dans le système. Pour cela, on a comparé le montant des billets à celui des dépôts à vue afin de déterminer la valeur des chèques utilisés dans les transactions.

Il faut dire que l'analyse aurait été plus fructueuse et surtout aurait gagné en précision si au lieu de procéder par déduction, l'on avait disposé des statistiques exactes sur le montant et le nombre des chèques. Toutefois, cette carence de données statistiques ne change pas fondamentalement nos conclusions.

La comparaison du montant des billets et pièces - monnaie fiduciaire - à celui des dépôts bancaires à vue - monnaie scripturale - montre que les billets et pièces représentent en moyenne 67% des dépôts sur la période 1965/1997 (tableau 20). Comme les dépôts bancaires à vue sont mobilisables par chèques, ceci veut dire que la valeur des chèques utilisés dans les transactions n'a été en moyenne que de l'ordre de 33% au cours de la période. Ainsi apparaît-il que les paiements de main à main sont encore prépondérants.

Pour mettre en exergue ces paiements en espèces, on a rapporté le nombre de chèques en valeur à un indicateur de dépenses, le P.I.B. La comparaison aboutit à la conclusion suivante : les dépenses du PIB qui s'effectuent par chèques ne s'élèvent qu'à 2.52% du PIB en moyenne (tableau 20). On peut en conclure que les paiements de main à main, 97.48% en moyenne du PIB, sont de loin prédominants.

Si TUMS augmente (c'est-à-dire que les paiements de mains à la main diminuent), il faut s'attendre à ce que le phénomène de course à la liquidité ou de conversion des dépôts en billets (W) diminue. Formellement, cela signifie qu'on doit avoir une corrélation négative entre TUMS et W.

2) Le taux de couverture des crédits par les dépôts (Lq) donné par le ratio entre les crédits et les dépôts bancaires. Dans un contexte de prédominance de la monnaie fiduciaire, même le crédit octroyé se mobilise davantage par billets que par chèques ou par virement de comptes à comptes. On doit s'attendre par conséquent à ce que, si le Lq augmente, alors W augmente aussi et vice versa.

3) La variable réserves bancaires (Res) est l'indicateur de liquidité montrant le fait que dans un système où il y a une forte préférence des agents économiques pour les espèces, ces réserves peuvent être très sollicitées pour faire face aux demandes de retraits. Cela aux dépens du procédé de compensation qui résulte des virements bancaires de comptes à comptes. Ainsi, des réserves bancaires importantes peuvent traduire un faible recours aux encaisses par les banques, et vice versa.

À ces variables, il convient d'ajouter le taux de pénétration bancaire de la clientèle (TPBC) et l'indicateur de développement financier du Cameroun (TIBC) déjà spécifiés.

L'équation à estimer s'écrit ainsi :

$W = C + a_1TPBC + a_2TUMS + a_3TIBC + a_4Res + a_5Lq + \varepsilon$ (22)

II.2.3.2.2 Résultats et Interprétations

Les résultats du test économétrique de l'équation 22 sont donnés par l'équation 22-1.

Dependent Variable is W

variable	Coefficient	Std. Error	t-Statistic	Prob.
C	-245.3206* (-4.151449)	59.09278	-4.151449	0.0005
TPBC	0.706247** (2.222872)	0.317718	2.222872	0.0373
TUMS	-4.322027* (-3.725614)	1.160084	-3.725614	0.0012
TIBC	0.001647* (3.264577)	0.000505	3.264577	0.0037
RES	-0.001510* (-3.761793)	0.000402	-3.761793	0.0011
LQ	214.3667* (3.361407)	63.77291	3.361407	0.0030

R-squared	0.947330	
Adjusted R-squared	0.934790	
Durbin-Watson stat	2.095564	
Akaike info criterion	7.0431	
Schwarz criterion	7.331063	
F-statistic	75.54233*	Prob(F-statistic) 0.00000

L'estimation de la relation de long terme révèle un modèle performant. Cela transparaît dans les coefficients tous significatifs, notamment au seuil de 1%, un R^2 élevé (0.947330), un R^2 ajusté également élevé (0.934790) et un Durbin Watson (2.095564) traduisant une absence d'auto corrélation. Mais, ayant affaire à des séries chronologiques, il est nécessaire de se prononcer sur la stationnarité des différentes séries dont les résultats sont les suivants :

Résultats du test de stationnarité de Phillips-perron.

Variables	Test de stationnarité	stationnarité
W	-8.41*	I(1)
TPBC	- 7.5758*	I(1)
TUMS	-3.25***	I(0)
TIBC lag(5)	-5.74*	I(1)

Lq	-5.74*	I(1)
Res	-6.15*	I(1)

Ces résultats font ressortir qu'à l'exception de la variable TUMS qui est stationnaire, toutes les autres variables sont intégrées à l'ordre 1. Ce qui nécessite la réalisation d'un test de co-intégration. Plus spécifiquement, un test de racine unitaire fait sur le résidu (Wresid) de l'estimation de la relation de long terme donne le résultat suivant :

Wresid	-5.20*	I(0)

Ce test indique que le résidu définit une série stationnaire, preuve de l'existence d'une relation de co-intégration entre les variables du modèle. Pour éviter le résultat de la régression fallacieuse qu'impliquerait l'évaluation du modèle en (22-1), il est nécessaire de procéder à une correction en estimant le modèle sous sa forme Error Correction Model (ECM). Dans la perspective de pouvoir décrire la dynamique entre variables explicatives et les formes retardées desdites variables, la correction suivant la méthode de Hendry est préférée à la méthode à deux étapes de Engel Granger. Les résultats sont exprimés dans l'équation (22-2).

Dependent Variable is D(W)

Variable	Coefficient	Std. Error	t-Statistic	Prob.
C	-257.8284*	93.16375	-2.767475	0.0151
	(-2.767475)			
D(TPBC)	-0.057859	0.472985	-0.122327	0.9044
	(-0.122327)			
D(TUMS)	-1.410341	1.642735	-0.858532	0.4051
	(-0.858532)			
D(TIBC)	0.001284	0.000790	1.624664	0.1265
	(1.624664)			
D(RES)	-0.000208	0.000756	-0.275355	0.7871
	(-0.275355)			
D(LQ)	161.9589**	71.93179	2.251562	0.0409
	(2.251562)			
TPBC(-1)	0.093089	0.426675	0.218174	0.8304
	(0.218174)			
TUMS(-1)	-1.815968	1.736903	-1.045521	0.3135
	(-1.045521)			
TIBC(-1)	0.001716***	0.000917	1.871072	0.0824

	(1.871072)			
RES(-1)	-0.000373	0.000959	-0.389153	0.7030
	(-0.389153)			
LQ(-1)	256.9747**	112.3370	2.287533	0.0382
	(2.287533)			
W(-1)	-0.684460**	0.271357	-2.522363	0.0244
	(-2.522363)			

R-squared	0.822101	
Adjusted R-squared	0.682323	
Durbin-Watson stat	2.154106	
Akaike info criterion	6.938354	
Schwarz criterion	7.519014	
F-statistic	5.881488*	Prob(F-statistic) 0.001372

Ces résultats montrent comparativement à ceux en (22-1), un modèle globalement performant. En l'occurrence, le coefficient de l'endogène retardée est négatif et significatif, indiquant une convergence vers l'équilibre de long terme. La vitesse est de 0.684460 et correspond à une bonne vitesse de convergence. Le coefficient de Akaike (6.938354) est ici inférieur à celui obtenu en (22-1). A l'exception de la variable TPBC, le signe de tous les autres coefficients est le signe attendu. Malheureusement, un grand nombre de coefficients sont non significatifs, ce qui nous conduit à rechercher, la forme parcimonieuse du modèle, donnée par l'équation (22-3=.

Dependent Variable is D(W)

Variable	Coefficient	Std. Error	t-Statistic	Prob.
C	-242.4679*	73.21831	-3.311575	0.0039
	(-3.311575)			
D(TUMS)	-1.401198**	0.576551	-2.430312	0.0258
	(-2.430312)			
D(TIBC)	0.001116**	0.000551	2.026601	0.0578
	(2.026601)			
D(LQ)	154.6228*	45.49407	3.398747	0.0032
	(3.398747)			
TUMS(-1)	-1.229890**	0.536123	-2.294044	0.0340
	(-2.294044)			
TIBC(-1)	0.001523*	0.000380	4.009749	0.0008
	(4.009749)			
LQ(-1)	239.2364*	56.38519	4.242894	0.0005

	(4.242894)			
W(-1)	-0.560433*	0.116917	-4.793416	0.0001
	(-4.793416)			

R-squared	0.817960		
Adjusted R-squared	0.747166		
Durbin-Watson stat	2.121765		
Akaike info criterion	6.653675		
Schwarz criterion	7.040782		
F-statistic	11.55416*	Prob(F-statistic)	0.000016

Les résultats montrent ici un modèle encore plus performant qu'en (22-2). Tous les coefficients sont significatifs dans leur majorité au seuil de 1%, et leur signe est celui attendu. Le coefficient de détermination R^2 (0.817960) est élevé ainsi que le R^2 ajusté (0.747166). De même, les coefficients Akaike et Schwarz ont tous des valeurs inférieures à celles en (22-2). Par ailleurs, le coefficient de l'endogène retardée est négatif et significatif à 1%, et a une vitesse de convergence appréciable.

En résumé, les résultats de l'estimation du modèle en équation (22) confirment l'hypothèse de la structure du système bancaire et notamment, celle du système de paiement en cause dans les ruées permanentes sur les espèces. L'interprétation qui peut en être donnée trouve son fondement dans les deux principaux faits suivants :

- un circuit des chèques qui ne fonctionne pas convenablement. Il y a ici comme une espèce de fuite ou de réticence devant les chèques renforçant ainsi la forte préférence pour la liquidité ;
- un système de paiement peu modernisé : retard dans l'utilisation des cartes de crédit, quasi-absence des distributeurs automatiques de billets.

1 - Des difficultés liées à l'utilisation du chèque comme moyen de paiement

Dans une récente étude, A. Lenoir (1995) lie les difficultés à utiliser le chèque comme moyen de paiement à l'absence de recours vis-à-vis de l'émetteur défaillant. Ce point de vue est également le nôtre, ce d'autant plus que l'effet produit en amont est le refus d'acceptation du chèque. Aussi, pensons-nous que la justice doit suivre de manière à sanctionner sévèrement les auteurs malhonnêtes.

Mais en plus de l'argumentation de A. Lenoir (1995), nous pensons qu'il convient d'ajouter aussi que les difficultés à utiliser le chèque comme moyen de paiement, procèdent d'une culture financière insuffisante des populations.

En effet, le système bancaire en place dans la plupart des pays de l'Afrique subsaharienne, à l'instar du Cameroun, ne résulte pas d'une transformation ou d'une évolution positive du système financier traditionnel existant. Il apparaît davantage comme une structure étrangère implantée non seulement dans un milieu non préparé, mais devant être utilisée par une population qui dans sa grande majorité, ne maîtrise pas grand chose sur ses rouages et sur ses principes.

Un grand nombre de clients des banques, soit par ignorance, soit par mauvaise foi, assimilent le chèque à un billet de banque et passent outre le principe qui soumet l'émission d'un chèque à la condition de l'existence préalable d'une provision dans un compte. D'où une utilisation incontrôlée et anarchique de ces derniers. Il en résulte une recrudescence de chèques sans provisions jetant ainsi un discrédit sur cet instrument de mobilisation et de transfert des ressources.

En somme, nous pensons que la culture de la monnaie scripturale n'a pas été bien menée. Ce qui entraîne une prolifération de chèques sans provisions créant ainsi une méfiance vis-à-vis de cet instrument de paiement. La conséquence en est que le chèque n'est pas accepté dans le règlement des transactions obligeant, il va sans dire, un grand nombre d'agents à détenir ou à recourir aux espèces pour régler les transactions même les plus importantes. Cette situation est d'autant plus fréquente qu'il y a l'absence de recours vis-à-vis de l'émetteur défaillant du chèque.

Comme les périodes de paiement de salaire correspondent en général à celles d'importantes transactions, il se produit une ruée aux guichets des banques.

2 - Retards des systèmes bancaires dans l'utilisation des cartes de crédit

Le vaste mouvement d'innovations financières qui accompagne la mondialisation de la finance, en l'occurrence le développement de la technologie financière à travers la monétique, les distributeurs automatiques de billets, les cartes de crédit, la banque à distance, etc., a transformé profondément le paysage financier de la plupart des pays industrialisés depuis le début des années 1980.

Toutefois, force est de constater que ceci n'atteint que faiblement la plupart des pays de l'Afrique subsaharienne, en l'occurrence le Cameroun. Lorsqu'on sait que cette tendance persiste au terme du vaste programme de restructuration bancaire engagé au Cameroun depuis près d'une décennie, nous convenons avec B. Bekolo Ebe que la restructuration bancaire a été non seulement "non restructurante" (B. Bekolo Ebe (1991)), mais en plus n'intègre pas la mondialisation (B. Bekolo Ebe (1998)).

C'est dans le même ordre de considérations qu'il convient de situer l'étude récente de A. Lenoir (1995) qui, s'interrogeant sur l'adaptabilité des systèmes financiers africains actuels, relève à juste titre, qu'il n'y a pas un seul distributeur à Bamako, à Cotonou, à Conakry, à Bangui, à N'djamena, etc. L'étude précise par ailleurs qu'à l'exception du Gabon et en dehors des hôtels internationaux, il est quasiment impossible de se servir d'une carte de crédit.

Au Cameroun actuellement, une seule banque, la Banque internationale du Cameroun pour l'épargne et le crédit (BICEC) issue de la scission- liquidation de la BICIC en mars 1997, est dotée d'un guichet automatique de billets. Les cartes de crédit délivrées par cette banque sont acceptables dans quelques deux ou trois magasins de la place. Le montant total des achats autorisés qui était de 50000frs au départ, a subi une baisse avec la dévaluation. Il apparaît ainsi une limitation dans l'utilisation des cartes de crédit. Dans ces conditions, il n'existe que les billets et pièces pour régler la majeure partie des transactions. Comme conséquence, on assiste à une ruée permanente sur les espèces qui transitent par les banques.

Dans l'ensemble, le circuit des chèques ne fonctionne pas beaucoup et l'utilisation des cartes de crédit dans les transactions reste méconnue. Il faut reconnaître que si personne ne veut garder les chèques, c'est parce que les agents ne font pas confiance à cet instrument de mobilisation des fonds que proposent les banques ; autrement dit, la fuite devant les chèques traduit le faible attrait des instruments financiers, montrant ainsi que les contrats de dépôts proposés et les conventions de financement développées ne répondent pas toujours aux aspirations de la clientèle.

Pour augmenter le taux d'utilisation de la monnaie scripturale, il y a lieu de vulgariser et de crédibiliser le chèque. L'institution du chèque barré actuellement en vigueur procède de la logique de la crédibilisation et du renforcement de l'usage du chèque. Mais il présente un gros inconvénient, celui de limiter l'usage du chèque dans les transactions car, il ne peut être utilisé pour régler une transaction entre titulaire et non titulaire de compte. Il convient d'envisager des mesures visant sa vulgarisation comme l'assouplissement des conditions d'ouverture d'un compte courant actuellement prohibitives. Dans le même ordre de considérations, il est nécessaire de promouvoir l'utilisation des cartes de crédit.

En résumé, on retient que les ruées bancaires sont non seulement la manifestation publique d'une crise de liquidité bancaire imputable à l'effondrement des recettes d'exportation, mais également le fait, d'une sous bancarisation de l'économie et des agents économiques, et d'un système de paiement très peu modernisé.

Les files d'attente observées au Cameroun revêtent deux aspects :

- les files d'attente qui décrivent des ruées ponctuelles et conjoncturelles. Celles-ci résultent d'une perte soudaine de confiance envers les banques, trouvent leurs interprétations principalement dans l'hypothèse de rationalité de comportement des déposants à la Diamond et Dybvig et leur origine dans les difficultés économiques liées à l'effondrement des cours mondiaux de matières premières, des produits de base ;

- les files d'attente permanentes observées devant les guichets des banques. Leur présence n'indique plus automatiquement et uniquement une crise de liquidité, mais une carence structurelle profonde du système. Elles trouvent leurs interprétations dans les facteurs tels que, le faible degré de bancarisation de l'économie et des agents économiques, la forte préférence des agents pour la liquidité, la structure du système de paiement encore peu modernisé et à forte prédominance de monnaie fiduciaire, les difficultés liées à l'utilisation des chèques et des cartes de crédit, etc.

Conclusion

Les enseignements suivants peuvent se dégager des analyses précédentes :

1) Le risque moral sur le comportement des emprunteurs explique en partie l'accumulation d'importantes créances douteuses qui sont à l'origine de la crise et des faillites bancaires,

2) Les paniques et ruées bancaires observées au Cameroun expliquent pour une part appréciable la crise de liquidité bancaire de la décennie 1986 / 1987 - 1996 / 1997. La valeur des ressources liquidées par les banques (d) régulièrement inférieures aux demandes de retraits (W) au cours de la période d'analyse le montre fort bien ;

3) Ces ruées ont une origine économique et non aléatoire comme dans le modèle théorique de base. Dans ce sens, l'analyse de régression entre crise bancaire et contexte économique a révélé l'existence d'une corrélation positive entre l'indicateur de liquidité bancaire (RES) et les recettes d'exportation des principaux produits de base de l'économie camerounaise en l'occurrence le cacao, le café, le pétrole ;

4) - les ruées résultent du comportement rationnel des déposants. Cette attitude rationnelle des déposants transparaît dans le comportement de transfuges mis en exergue par les calculs, et notamment dans l'inégalité ($\gamma_{11} < \gamma_{21}$) ;

5)- les files d'attente, un phénomène permanent observable notamment à chaque période de paiement des salaires. Elles ne décrivent plus automatiquement les ruées, signe prémonitoire de la manifestation publique d'une crise de liquidité, mais reflètent une carence structurelle du système bancaire.

Ainsi, les longues files d'attente se sont révélées être le fait d'un faible degré de bancarisation de l'économie, d'une sous bancarisation des agents économiques, d'une inadéquation des banques au contexte national -forte préférence des agents pour des espèces dans les transactions, difficultés d'utilisation des chèques - et au contexte actuel - faible développement de la monétique, retard dans l'utilisation des cartes de crédit, etc.

CONCLUSION DE LA PREMIERE PARTIE

Au terme de cette première partie qui s'est préoccupée d'une part, de déceler les origines du phénomène de la crise et des faillites bancaires, d'identifier les facteurs mis en cause dans la mauvaise performance des banques et d'interpréter théoriquement et empiriquement leurs hypothèses explicatives d'autre part, il ressort que :

1) La crise et les faillites bancaires des dernières années, trouvent leur origine dans la forte exposition des banques au risque de leurs activités, et dans l'insuffisante couverture de ces risques par les fonds propres ;

2) La montée incontrôlable du risque d'insolvabilité et du risque de liquidité bancaires consécutive à cette situation, compte parmi les principaux facteurs mis en cause dans la mauvaise performance des banques au cours de la dernière décennie, et a pour principales hypothèses explicatives :

- l'ingérence excessive de l'État dans la gestion des banques du fait de leur statut de monopoles financiers d'État ;

- les imperfections informationnelles sur le choix du projet à financer et dans les relations de crédit, limitant ainsi l'aptitude des banques à maîtriser l'appréciation du risque de l'emprunteur ;

- les imperfections informationnelles sur le comportement ex post de l'emprunteur en matière d'utilisation des ressources obtenues.

3) La crise de confiance née entre les banques et les déposants, a été à l'origine des paniques qui ont emporté les banques dans les ruées sur les dépôts bancaires, les plaçant dès lors, dans une situation de crise aiguë de liquidité.

4) Les ruées bancaires, manifestation publique d'une crise de liquidité, ont ici une origine économique et non aléatoire comme dans le modèle théorique. En particulier, c'est le fait de l'insuffisante diversification des crédits bancaires orientés principalement vers les activités commerciales aux faibles garanties, et vers les secteurs mono productifs d'exportation, particulièrement vulnérables à la volatilité des cours mondiaux des produits de base.

5) Il y a lieu de distinguer dans le cadre spécifique de cette étude deux types de files d'attente aux guichets des banques :

- les files d'attente qui décrivent les ruées bancaires conjoncturelles, signe prémonitoire ou la manifestation publique d'une crise de liquidité et trouvent leur explication dans la thèse de rationalité de comportement des déposants à la Diamond et Dybvig (1983). Elles sont déclenchées principalement par les conditions défavorables de l'économie ;

- les files d'attente permanentes observables notamment à toutes les périodes de virement des salaires des fonctionnaires. En raison de cette nature permanente et non conjoncturelle, ces files d'attende ne s'identifient plus automatiquement et uniquement à une crise de liquidité comme dans le modèle théorique de Diamond et Dybvig (1983). Mais elles traduisent une carence structurelle du système bancaire du fait de la faiblesse de la liquidité effective des dépôts bancaires résultant : du faible degré d'intermédiation financière et bancaire de l'économie et du rationnement de la conversion des dépôts en billets. Dès lors, le retour des files d'attente et la fuite des dépôts qui en découle se prêtent à d'autres interprétations :

* culture financière de la population marquée par une forte préférence des agents pour la liquidité ;

* faible culture bancaire de la population : structure du système de paiement peu modernisée et dominée par la monnaie fiduciaire, témoignant ainsi les réticences et les handicaps à utiliser les chèques et les cartes de crédit dans les transactions bancaires, commerciales, etc.

Parvenu à ce stade d'analyse, il convient de s'interroger sur ce qu'il y a lieu de faire pour réduire les risques bancaires. C'est à cela qu'est consacrée la deuxième partie de cette étude.

DEUXIEME PARTIE

L'INTERNALISATION DES RISQUES BANCAIRES

Alors que la première partie de cette étude s'est préoccupée d'une part, de faire le point sur les origines, les facteurs et les différentes hypothèses théoriques explicatives de la crise et des faillites bancaires dans les pays en développement de l'Afrique subsaharienne au cours de la décennie 1986/1987 - 1996/1977 et d'autre part, de les tester empiriquement sur le cas camerounais, la deuxième partie quant à elle, se penche sur la question de savoir comment réduire les risques bancaires afin de rendre les banques plus performantes ; autrement dit, la préoccupation est ici d'examiner les voies et moyens susceptibles d'aider les banques à mieux maîtriser leurs risques et en l'occurrence, le risque de crédit.

Dans cette optique, la littérature financière fait état de l'existence d'un certain nombre de signaux financiers et des mécanismes incitatifs qui sont de nature à réduire les imperfections informationnelles dans les relations de crédit, les paniques bancaires et les ruées des déposants. Après une présentation théorique des divers signaux financiers et mécanismes incitatifs au chapitre 3 intitulé "Analyse de l'internalisation des risques bancaires", nous nous proposons de les tester empiriquement sur le cas du Cameroun au chapitre 4 dénommé "Analyse empirique de l'internalisation des risques bancaires".

CHAPITRE 3

ANALYSE THEORIQUE DE L'INTERNALISATION DES RISQUES BANCAIRES

Les analyses précédentes révèlent que les imperfections informationnelles sur le comportement de l'emprunteur et des déposants d'une part, et le non respect de la réglementation des fonds propres d'autre part, expliquent pour une part appréciable la montée du risque de défaut, l'accumulation d'importantes créances compromises et la tension de trésorerie des banques. Dès lors, le contrôle de ces risques passe par la réduction des imperfections informationnelles dans les relations de crédit (I) et entre les banques et les déposants (II).

I. Internalisation du risque de crédit bancaire

L'examen des hypothèses explicatives de la montée du risque de défaut[91] révèle que le risque moral sur le comportement de l'emprunteur et dans une certaine mesure, la sélection contraire, sont au centre de l'accumulation d'importantes créances compromises enregistrées au Cameroun au cours de la décennie 86/87-96/97. Pour réduire le risque de défaut de l'emprunteur, la théorie financière propose d'élaborer des contrats de dette incorporant, soit des signaux financiers incitant l'emprunteur à révéler sa qualité (I.1), soit des mécanismes incitatifs (I.2).

I.1. Les signaux financiers dans le contrôle du risque de défaut de l'emprunteur

Comme leur nom l'indique, les signaux financiers sont des éléments dont l'existence dans un contrat de dette constitue un indicateur de la qualité de l'emprunteur pour le prêteur. Bien que les signaux financiers soient essentiellement des modèles de finance d'entreprise, ils peuvent être transposés à la firme bancaire car, la vision des banques et leur rôle dans l'économie, ont considérablement évolué ces dernières années.

En effet, dans la vision traditionnelle des économistes, le secteur bancaire, voire la banque, est modélisé comme un agrégat passif et à la

---

[91] Supra chapitre 2.

limite une institution redondante dans l'économie. Le rôle des banques se réduisait au simple rôle de transformation des maturités et leur fonction principale consistait à réduire les coûts de transaction dans l'activité d'intermédiation financière. X. Freixas et J.C. Rochet (1997) font observer à juste titre qu'en raison de l'incapacité du modèle d'équilibre général de référence en l'occurrence celui de Arrow - Debreu[92] d'expliquer le rôle des banques dans l'économie, le secteur bancaire est considéré comme un agrégat passif et les programmes d'études sur les banques sont focalisés soit, sur des aspects de gestion et notamment la gestion des risques, soit sur des aspects monétaires et leurs conséquences macro-économiques.

D'après cette conception également, il n' y a pas de frictions dans l'économie et il n' y aurait pas de raison de prendre en compte les coûts des services rendus au public par les banques surtout qu'en raison de la substituabilité parfaite entre titres et dépôts d'une part, titres et crédits bancaires d'autre part, les banques ne réalisent pas de profit dans leurs activités.

Cette vision traditionnelle des banques qui trouve son fondement dans le paradigme de complétude et de perfection des marchés ou de symétrie d'information symétrie ayant orienté les réflexions et les recherches scientifiques jusqu'à la fin des années 1970, s'est avérée dépassée lorsque le paradigme de perfection a cédé la place au paradigme d'asymétrie d'information centré sur l'hypothèse que les agents économiques possèdent des informations sur les variables pertinentes de l'économie et les utilisent au moment opportun à leur profit, ce paradigme s'est avéré extrêmement pertinent et puissant dans plusieurs domaines de l'analyse économique, dont les banques.

Concernant la théorie économique de la banque, ce paradigme a permis d'expliquer le rôle des banques dans l'économie et a mis en relief les faiblesses structurelles du secteur bancaire - exposition des banques

---

[92] Le modèle de Arrow -Debreu décrit entre autres un monde où l'information sur les marchés est parfaite ; il n y a pas de frictions et par conséquent pas de coût de transport et les banques sont des agents passifs, transparents ne réalisant pas de profit. Leurs décisions n'ont aucun impact sur les agents économiques en raison de la substituabilité entre dépôts bancaires et titres financiers d'une part, crédits bancaires et titres financiers d'autre part.

aux ruées et paniques, risque moral, persistance du rationnement sur le marché du crédit, risque systémique - qui justifieraient l'intervention ou la réglementation publique.

Dans cette nouvelle vision, la banque est considérée comme un agent économique actif utile qui remplit plusieurs fonctions importantes dans l'économie. Mieux encore, dans la vision contemporaine, la banque est perçue comme une entreprise, une firme à telle enseigne qu'on ne parle plus de "théorie économique de la banque" comme cela l'était dans le modèle des marchés complets et contingents[93] de Arrow-Debreu, mais de "théorie de la firme bancaire". Ici, les banques commerciales sont modélisées non plus comme des agents passifs et à la limite transparents mais en tant que des entités qui cherchent à optimiser les réactions de leur environnement.

Etant considérée comme une firme au même tire qu'une entreprise commerciale ou industrielle, la banque doit être appréhendée sous l'approche de l'organisation industrielle. En d'autres termes, l'approche de l'organisation industrielle doit être appliquée à la banque. A ce titre, les services fournis au public, notamment la gestion des prêts et des dépôts, sont coûteux et les intermédiaires financiers, dont les banques, entrent en compétition dans un contexte de différenciation des produits. Par voie de conséquence, le coût des services fournis aussi bien qu'un degré de différenciation des produits doivent être pris en compte dans les activités de la banque.

Par ailleurs, à l'instar des autres firmes, les banques sont définies comme étant des intermédiaires voire des détaillants qui achètent certains biens ou services des producteurs et les revendent aux consommateurs. En particulier, les banques sont des détaillants des titres financiers c'est-à-dire, des intermédiaires financiers qui achètent un certain type de titres - les prêts - et vendent un autre type - les dépôts. En effet, pour X. Freixas et J.C. Rochet (1997), accorder un prêt c'est comme acheter un titre émis

---

93 Un contrat contingent est un contrat dont les causes prévoient pour chaque éventualité (état de nature), les conditions de réalisation du contrat. Ainsi, un contrat de crédit complet et contingent spécifierait pour chaque éventualité et pour chaque période, le montant des remboursements et le montant des crédits additionnels, le taux d'intérêt sur le reste de la dette, les garanties exigées par le prêteur, les actions et notamment les décisions d'investissement à entreprendre par les emprunteurs.

par un emprunteur. De manière similaire, collecter les dépôts c'est comme émettre les titres. En d'autres termes, les IF, dont la banque sont des agents économiques spécialisés dans les activités d'achat et de vente simultanées de contrats financiers et de titres.

De même, comme l'entreprise industrielle ou commerciale, l'équilibre du secteur bancaire est analysé sous les spécifications alternatives des différents types de marchés qui prévalent en théorie économique. C'est ainsi que le secteur bancaire est analysé en situation de concurrence pure, de monopole, de d'oligopole, de duopole et de concurrence monopolistique.

Toutefois, la banque est une firme de type particulier qui fait d'elle un investisseur du fait de la spécificité de ses produits, de ses nombreuses facettes et de la nature de ses clients.

En effet, bien que la banque soit une entreprise, ses activités sont plus complexes que celles des entreprises industrielles ou commerciales en raison de la spécificité des produits bancaires[94]. Par ailleurs, à la différence des entreprises industrielles ou commerciales, les créanciers des banques en l'occurrence les déposants ou prêteurs, sont aussi leurs clients. Vue sous cet angle, la banque est une "coalition ou une mutuelle des prêteurs individuels" qui exploite des économies d'échelle ou d'envergure liées à la technologie de transaction. Les banques sont ainsi assimilées aux investisseurs qui essayent de diversifier en cherchant à détenir davantage d'actifs ayant un rendement attendu positif et moins d'actifs à rendement négatif. Les actifs à rendement positif sont les crédits et ceux à rendement négatif sont les dépôts.

Ainsi, elles sont considérées à la fois comme des firmes et comme des investisseurs et la relation prêteurs /emprunteurs devient une relation investisseurs / entrepreneurs. En tant qu'investisseur, la relation entre banque et emprunteurs est analysée comme une relation entre un

---

[94] Les produits bancaires sont spécifiques pour deux raisons principales : les banques ont affaire aux contrats financiers (crédits et dépôts) qui ne peuvent être facilement vendus contrairement aux titres financiers (valeurs mobilières, bonds, certificats de dépôts) qui sont anonymes et facilement vendables. Les banques doivent donc détenir au bilan ces contrats jusqu'à leur expiration. La deuxième raison réside dans le fait que les caractéristiques des contrats ou des titres émis par les firmes (emprunteurs) sont souvent différentes de celles désirées par les investisseurs (déposants) notamment du point de vue de la liquidité.

financeur - créancier potentiel - en quête de placements rentables et des entrepreneurs non distinguables. Comme on est en situation d'imperfections informationnelles en raison du paradigme d'asymétrie d'information qui prévaut, les emprunteurs mieux informés que les investisseurs sur les projets qu'ils désirent financer, peuvent aider à résoudre partiellement ce problème d'imperfections informationnelles en utilisant les signaux traditionnels de la finance d'entreprise pour révéler leur qualité.

En particulier, S. Bhattacharya (1979, 1980) démontre dans ces deux contributions que le gestionnaire d'une entreprise peut utiliser le montant des dividendes versés aux actionnaires pour signaler la valeur de l'entreprise qu'il dirige aux financeurs ou apporteurs de ressources notamment les associés.

Dans le même ordre de considérations, Leland and Pyle (1977) ont montré que l'emprunteur - la firme - peut utiliser le niveau des fonds propres - apport personnel - investis dans son projet comme un signal à l'investisseur - la banque - qui forme une coalition de partage d'information et de risque avec elle.

Dans le même ordre d'idées, Ross (1977) montre que le gestionnaire d'une entreprise peut utiliser la structure financière de l'entreprise pour révéler sa valeur aux investisseurs en quête de placements rentables, qu'ils soient des associés ou de simples créanciers à l'instar des banques.

La banque étant un investisseur - financeur - les modèles de finance d'entreprise peuvent lui être transposés.

Au total, la banque est devenue dans la vision contemporaine des économistes, une firme au même titre qu'une entreprise industrielle ou commerciale. Les différentes fonctions qu'elle remplit dans l'économie lui confèrent plusieurs interprétations. Vue du côté de ses créanciers, c'est-à-dire des déposants ou prêteurs, la banque est interprétée comme une "coalition des prêteurs individuels" - investisseurs - qui exploite des économies d'échelle ou d'envergure liées à la technologie de transaction. Vue du côté de ses débiteurs c'est-à-dire des emprunteurs - entrepreneurs - la banque est interprétée comme une "coalition de partage d'information" et de risque avec les entrepreneurs.

En tant qu'investisseur, la relation entre banque et emprunteurs est analysée comme une relation entre financeur et entrepreneurs non distinguables en raison du paradigme d'asymétrie d'information qui prévaut. Dès lors, étant un investisseur - financeur - les modèles de finance d'entreprise peuvent être transposés à la banque. Dans cette optique, les emprunteurs mieux informés que les investisseurs sur les caractéristiques des projets qu'ils désirent financer, peuvent utiliser les signaux traditionnels de la finance d'entreprise pour révéler leur qualité à la banque. Dans cette catégorie sont classés les dividendes versés aux actionnaires (I.1.1), l'apport personnel de l'emprunteur (I.1.2) et la structure financière de l'entreprise emprunteur (I.1.3).

I.1.1. Les contrats de dette avec dividendes dans le contrôle du risque de défaut de l'emprunteur

Considérer les dividendes comme signal de la bonne qualité de l'emprunteur a fait l'objet de préoccupation d'un certain nombre d'auteurs. Les premiers travaux à s'être penchés sur la politique de dividendes comme signal du type de firme en présence, sont ceux de Brittain (1966). Dans son étude exhaustive sur la politique des dividendes, Brittain montre que le taux de distribution des dividendes est une fonction décroissante du taux d'imposition et du taux d'intérêt de l'endettement. Dans les contributions ultérieures se situant dans cette lignée de pensée figurent les modèles dans lesquels, l'activité de signalisation par la politique de dividendes comporte un coût (Kalay (1980), Bhattacharya (1979)), et ceux dans lesquels cette activité est sans coût (Bhattacharya (1980)). On commence par une présentation des deux versions du modèle (I.1.1.1) avant de procéder à l'appréciation des contrats de dette avec dividendes (I.1.1.2).

I.1.1.1 Le modèle de S. Bhattacharya (1979, 1980)

Dans ce modèle, les dividendes sont employés comme signal des flux de liquidités futurs de la firme dans un environnement d'information imparfaite. Partant de l'idée que l'imperfection de l'information est liée au fait que les actionnaires ne connaissent pas exactement la rentabilité des investissements de la firme, S. Bhattacharya (1979) admet ici que deux coûts sont associés à l'activité de signalisation : le coût de l'imposition des dividendes supérieur aux gains en capital et le coût de pénalité relevant de l'endettement supplémentaire contracté par le gestionnaire pour honorer ses engagements à l'égard des actionnaires, au cas où les dividendes promis sont supérieurs aux bénéfices générés par la firme. Ce modèle diffère de celui de Kalay (1980) dans lequel il n'y a qu'un seul coût, la pénalité due, lorsque le dividende signalé s'avère supérieur au bénéfice.

La démarche de Bhattacharya s'appuie sur les principales hypothèses suivantes :

- les dirigeants signalent le type de leur firme par une politique de dividendes et cette activité de signalisation est onéreuse. Ainsi, une bonne entreprise annonce un dividende élevé ;

- la promesse faite par un dirigeant de verser les dividendes élevés est contraignante car, il y a réticence de la part des dirigeants à diminuer le dividende annoncé ;

- les coûts associés à l'activité de signalisation et supportés à travers la distribution des dividendes sont doubles : d'une part, les dividendes sont imposés à un taux supérieur aux gains en capitaux et d'autre part, si les dividendes sont supérieurs au bénéfice généré, ils sont financés par un endettement contracté à un taux supérieur aux conditions normales du marché ;

- les dirigeants sont supposés neutres vis-à-vis du risque et ont intérêt à assurer la maximisation de la valeur espérée du capital investi par les actionnaires pouvant s'écrire :

$$\frac{1}{r+1}\left[\frac{t}{2}+V(D)-\tau D-\beta\frac{D^2}{2t}\right] \qquad (1)$$

où :

r est le taux d'intérêt sans risque ;

t est le cash flow, distribué uniformément entre 0 et t ($E(\overline{X})=\frac{t}{2}$) ;

V(D) la valeur de la firme quand les dirigeants s'engagent à régler un coupon D et qu'ils le feront réellement dans une période ;

τ est le taux d'imposition des dividendes (les plus-values ne sont pas imposées) ;

β représente le supplément de coût de financement supporté lorsque le dividende excède les possibilités d'autofinancement de la firme.

Ce supplément de coût est exigé sur la partie du dividende qui n'est pas autofinancée (soit D - X) si X est le cash flow généré. En conséquence, pour tout cash flow inférieur à D, les actionnaires supportent un coût égal à :

$$- (D - X)\beta. \qquad (2)$$

Comme la distribution de X est uniforme entre 0 et t, l'espérance de coût est égale à :

$$- \beta \int_0^D (D - X)\frac{1}{t} DX \text{ ou encore } \beta \frac{D^2}{2t} \qquad (3)$$

La résolution de ce problème met en évidence les propriétés suivantes :

1) La condition du premier ordre de maximisation s'écrit le long du sentier optimal D*(t) :

$$\frac{1}{r+1}\left[V'D^*(t) - \tau - \beta\frac{D^*(t)}{t}\right] = 0 \qquad (4)$$

2) Bhattacharya ayant émis par hypothèse que les investisseurs sont neutres vis-à-vis du risque, que les cash flow générés par le projet unique ainsi que la politique de dividende sont stationnaires, il s'ensuit qu'au bout d'une période, la valeur de la firme est égale à :

$$\frac{1}{r}\left[\frac{t}{2} + V^*(t) - \beta\frac{D^*(t)^2}{2t}\right] \qquad (5)$$

Pour que l'équilibre de signalisation soit stable, il est nécessaire que la valeur signalée en début de période V(D(t)) soit confirmée, soit :

$$V'(D^*(t)) = \left[\frac{t}{2} - \tau D^*(r) - \beta\frac{D^*(t)^2}{2t}\right] \qquad (6)$$

3) En dérivant V(D*(t)) - $\frac{1}{r}\left[\frac{t}{2} - \tau D^*(r) - \beta\frac{D^*(t)^2}{2t}\right]$ par rapport à t, on obtient :

$$- \frac{1}{r}\left[\frac{t}{2} - \tau D*(r) - \beta\frac{D*(t)^2}{2t}\right] + \left[V'(D*)(t) + \frac{1}{r}\tau + \frac{1}{r}\beta\frac{D*(t)}{t}\right]\frac{\partial D*(t)}{\partial t} = 0$$

L'élimination de V' à partir des conditions de premier ordre conduit à l'équation différentielle suivante :

$$(1 + r)\left(\tau + \beta\frac{D*(t)}{t}\right)\frac{\partial D*(t)}{\partial t} - \left(\frac{1}{2} + \beta\frac{D*(t)^2}{2t}\right) = 0 \qquad (8)$$

Bhattacharya montre qu'une politique de dividende, de la forme $D^*(t) = at$, est solution de l'équation (8) à condition de prendre comme taux de distribution :

$$a = - \frac{-\tau}{\beta}\left[\frac{1+r}{1+2r}\right] + \frac{1}{\beta}\left[\frac{(1+r)^2\tau^2 + 2\beta(1+r) - \beta}{4(1+r) - 4(1+r) + 1}\right]^{\frac{1}{2}} \qquad (9)$$

Bhattacharya souligne que ce résultat est en partie conforme aux observations empiriques de Brittain (1966). Cependant, la valeur prise par le taux de distribution apparaît beaucoup plus élèvée et peu réaliste. L'auteur précise que la raison provient des faibles variations de la valeur de l'entreprise engendrées par une fluctuation du montant des dividendes distribués. Ils en concluent que la performance du dividende comme instrument de signalisation peut sensiblement être accrue si l'horizon de placement de l'actionnaire n'est plus d'une période.

Envisageant une extension simple de son modèle dans le cas où l'actionnaire place ses fonds avec un horizon de n périodes, Bhattacharya aboutit aux résultats d'après lesquels, le coefficient d'élasticité est multiplié par un facteur constant $\sum_{i=0}^{n-1}(1+r)^i$ et un niveau de distribution a plus faible, est requis pour atteindre un équilibre de signalisation. Ainsi donc, plus l'horizon de placement des actionnaires est éloigné, plus le taux de distribution nécessaire est faible.

Le modèle de Bhattacharya (1979) comme celui de Kalay (1980) présente une faiblesse majeure, celle de faire supporter les coûts de signalisation par les seuls dirigeants. Ce qui peut amener les actionnaires à exiger ou à inciter les dirigeants des moins bonnes entreprises à se signaler faussement, en les dédommageant par des "dessous-de-table" et à liquider leur placement. Il est donc nécessaire d'interdire aux actionnaires de vendre immédiatement leur participation et leur faire supporter les coûts de faillite en partie.

C'est l'une des raisons qui amènent Bhattacharya dans sa contribution de 1980 à abandonner l'aspect fiscalité comme élément dissuasif coûteux, au profit de la promesse de payer des dividendes élevés.

Le modèle de S. Bhattacharya (1980)

Dans cette contribution, contrairement au modèle de 1979, il n'y a aucune différence d'imposition entre plus-values et dividendes et aucun coût supplémentaire pour financer en partie ou en totalité la distribution quand le résultat s'avère faible. S. Bhattacharya (1980) envisage ici l'hypothèse où l'activité de signalisation possède un coût de pénalité différent du coût lié à l'endettement contracté pour compenser l'écart entre le dividende attendu et l'insuffisance des bénéfices. Cette pénalité est déterminée par un mécanisme d'ajustement par le marché. Se référant au marché du travail[95], Bhattacharya propose que la valeur de liquidation de l'entreprise soit ajustée dans une période par le marché en fonction de la différence qui apparaîtra entre le dividende annoncé et le premier résultat constaté. Sur cette base, Bhattacharya (1980) étudie les conditions d'un équilibre de signalisation lorsque l'information est asymétrique entre dirigeants et actionnaires et montre que la valeur de liquidation de l'entreprise est fonction croissante du dividende versé.

Formellement, dans une économie où trois périodes sont individualisées, le modèle s'écrit :

en $t = 0$:

$$\text{MAX } W(D) + M - C(D, M) \qquad (10)$$

Où :

$W(D)$ est la valeur de liquidation en $t = 0$ de la firme en fonction du dividende - signal D, annoncé ex ante (en $t = 0$) ;

---

[95] Bhattacharya montre que sur le marché du travail, lorsqu'un salarié déclare ex ante un niveau de productivité, il obtient un salaire fixe fonction de ce niveau déclaré, si cette productivité est égale ou supérieure à ce qu'il avait annoncé. Dans le cas contraire, le salaire sera diminué d'une pénalité fonction de l'écart constaté.

M est le résultat espéré de la première période qui est versé aux actionnaires en t = 1 ;

C(D, M) est la fonction de coût espéré de signalisation.

Si de plus, on suppose que les résultats durant les deux périodes sont identiquement, inter temporellement et indépendamment distribués, la condition de cohérence exige que le long du sentier d'équilibre D(M) :

$$W(D) - C(D, M) = M \tag{11}$$

A titre illustratif, C(D, M) peut être obtenu de la manière suivante :

En t = 1, la valeur de la prime W(D) est révisée d'un montant égal à :

0 si X > 0

α(D-X) sinon

où : X est le résultat réalisé en période 1.

Il est facile d'en déduire si X est uniformément distribué sur l'intervalle (0, t) que :

$$C(D, M) = \int_0^D (D - X)\frac{1}{t}dX = \alpha\frac{D^2}{2t} = \alpha \tag{12}$$

Si par souci de simplification, on considère que les investisseurs sont neutres vis-à-vis du risque et que le taux d'intérêt est nul, la condition de premier ordre implique :

$$W(D) - \alpha \frac{D}{t} = 0. \tag{13}$$

La condition d'équilibre implique que le long de D*(t) :

$$D^*(t) - \left[\frac{\alpha D^{*2}}{2t}\right] = \frac{1}{2} \tag{14}$$

Par dérivation on obtient :

$$W(D) - \alpha \frac{D^*}{t} + \alpha \left[\frac{D^{*2}}{2t} - \frac{1}{2}\right]\frac{\partial D^*}{\partial t} = 0 \tag{15}$$

Ce qui implique en tenant compte de la condition du premier ordre :

$$\frac{\alpha D^{*2}}{2t^2} - \frac{1}{2} = 0 \qquad \text{ou encore} \qquad D^* = \left(\frac{1}{2}\right)^{\frac{1}{2}} t.$$

En remplaçant D* par sa valeur, W(D*) est égale à (α)1/2 D*.

Le résultat $W(D^*) = \left(\frac{1}{\alpha}\right)^{\frac{1}{2}} D^*$ montre que la valeur de l'entreprise W(D*) est fonction croissante du dividende comme l'a proposé Bhattacharya. Aussi, l'annonce des dividendes élevés est-elle un indicateur crédible de risque. Toutefois, l'auteur précise lui-même que la résolution de ce problème nécessite d'après lui de nouvelles extensions des modèles de signalisation où les caractéristiques des deux modèles - équilibre onéreux et équilibre non onéreux - seraient intégrées et où les résultats suivraient des processus stochastiques. En dehors de cette faiblesse relevée par l'auteur lui-même, l'utilisation des dividendes versés aux actionnaires comme critère de bons risques appelle quelques observations.

I.1.1.2 La portée critique des contrats de dette avec dividendes

Dans la hiérarchie des ratios de gestion d'une entreprise, les dividendes se déduisent de son résultat d'exploitation (RE), élément capital dans l'appréciation de la rentabilité de celle-ci. Si une entreprise emprunteuse distribue des dividendes importants, c'est qu'elle a forcément un (RE) élevé. De ce fait, le niveau de dividendes versés constitue le véhicule de l'information sur la valeur d'une entreprise.

Le montant des dividendes est un bon indicateur du risque d'autant plus que leur versement est coûteux pour l'entreprise. L'examen du système de fiscalisation des revenus du capital et des plus-values en capital montre que les dividendes sont taxés à un taux plus élevé que les plus-values. L'entreprise qui verse des dividendes est doublement taxée - impôt sur les dividendes et impôt sur les plus-values - contrairement à celle qui n'en distribue pas. De ce fait, Il est relativement plus aisé pour une entreprise de bonne qualité de verser des dividendes que pour une entreprise à faible valeur qui, préférant payer moins de dividendes, révèle ainsi sa position aux financiers.

Toutefois, deux réserves peuvent être faites sur l'utilisation des dividendes comme critère de bons risques :

1) Le critère des dividendes ne couvre que partiellement les emprunteurs. En effet, le versement des dividendes suppose que les entreprises emprunteuses soient déjà en activité. Dès lors, ce critère s'avère insuffisant pour permettre de porter un jugement sur la qualité d'une entreprise qui sollicite un crédit pour démarrer son projet ;

2) Par ailleurs, un tel critère ne tient plus lorsqu'une entreprise qui se révèle être un bon risque, s'abstient pour des besoins de gestion ou pour une raison stratégique, de verser des dividendes élevés à ses actionnaires - syndrome Peugeot. Si l'on se fonde sur ce critère, cette entreprise sera considérée comme un mauvais risque alors que ce n'est pas le cas. Ceci montre à quel point ce critère peut être trompeur. C'est peut-être pour cette raison que certains auteurs pensent que dans la détermination de la qualité de l'emprunteur, il faut associer apport personnel et dividendes.

C'est ce qu'envisagent Ambarish, Kose et Williams (1987). Dans cette contribution, ils montrent que le signal de la bonne qualité du projet se fait par une combinaison appropriée des dividendes et de l'investissement en apport personnel. Pour montrer en quoi la combinaison de ces deux éléments transmet l'information sur la valeur de l'emprunteur aux financiers, les auteurs s'appuient sur les deux hypothèses suivantes :

- les entreprises emprunteuses paient des taxes sur leurs investissements. Ce qui implique qu'en situation d'information parfaite, aucun dividende ne sera versé ;

- elles disposent de deux paramètres de qualité : la valeur de leurs actifs en place et la valeur de leurs projets futurs.

Partant de l'idée qu'une entreprise à qualité élevée a une valeur agrégée - présente et future - plus élevée qu'une entreprise mauvaise en information asymétrique, c'est la composition relative des paramètres de qualité qui détermine la nature du signal optimal de la bonne firme. Dès lors, deux cas de figures sont considérés :

a) la bonne firme a, relativement à la mauvaise firme, peu de bons projets mais des actifs en place de grande valeur. Alors, elle signale sa véritable situation en diminuant son investissement et en versant des dividendes. Renonçant ainsi à certains projets qui ont une valeur nette positive, elle signale ce faisant sa bonne qualité d'autant plus qu'il est moins coûteux pour une bonne entreprise de baisser son investissement que pour une mauvaise entreprise. La diminution de l'apport personnel ou de l'investissement et le versement des dividendes - en cas de bons projets et mauvaises perspectives d'avenir - constituent un signal crédible de la bonne qualité d'une entreprise emprunteuse ;

b) la bonne entreprise a par rapport à la mauvaise, de meilleures perspectives d'avenir. Les auteurs montrent que le bon signal pour elle consiste à accroître son investissement. Ce qui peut l'amener à entreprendre des projets à valeur présente négative. Elle dévie ainsi de son niveau optimal d'investissement où elle verse des dividendes, ce qui lui fait encourir des coûts, révélant par là même sa vraie valeur.

L'hypothèse implicite qui sous-tend la politique des dividendes comme signal crédible de risque, suppose que les entreprises emprunteuses soient de forme sociétaire. Ayant admis par hypothèse que la clientèle bancaire principale dans le contexte de notre étude est composée de particuliers des administrations publiques et privées, des entreprises individuelles à capitaux uni personnels[96], le test de ce signal sur le cas camerounais paraît inapproprié, comparativement à l'apport personnel et à la structure financière des entreprises.

En résumé, en situation d'information asymétrique, le montant des dividendes versés aux actionnaires peut constituer un signal crédible ou un mécanisme de révélation de la qualité des emprunteurs aux banques. Le problème que cet élément rencontre dans le cadre retenu par cette étude réside soit dans les hypothèses implicites qui le sous-tendent - entreprises sociétaires-, soit dans leur mode de détermination - fixation exogène - soit dans leur quasi-absence. D'où la nécessité d'inciter les entreprises - par la fiscalité - à distribuer des dividendes.

I.1.2. L'apport personnel dans l'internalisation du risque de défaut de l'emprunteur : le modèle de Leland et Pyle (1977)

Les principaux travaux consacrés à l'apport personnel exigé des emprunteurs comme moyen de réduire la sélection contraire et par ricochet le risque de défaut, sont ceux de Leland et Pyle (1977). On

---

[96] Ce sont des PME dans lesquelles, le dirigeant est le principal détenteur des fonds propres.

commence par une présentation du modèle (I.1.2.1) avant d'examiner sa portée (I.1.1.2).

I.1.2.1 Présentation du modèle

Le modèle de Leland et Pyle (1977) est un modèle d'équilibre simple de structure du capital et d'évaluation de la firme. L'idée de base défendue par ces deux auteurs est qu'un apport personnel de montant élevé constitue un signal de bon risque car, il est positivement relié à la valeur de la firme. La démonstration s'appuie sur un certain nombre d'hypothèses.

1) Hypothèses du modèle

- Les entrepreneurs cherchent à financer des projets dont ils sont seuls à connaître la qualité. Ils sont donc supposés connaître la valeur incertaine de leur entreprise ;

- la valeur nominale de la firme en situation d'équilibre est positivement reliée au pourcentage de la participation détenue par l'entrepreneur dans le capital de la firme. Dès lors, la volonté de l'entrepreneur d'investir dans son projet peut servir comme signal de la qualité du projet ;

- la rétention d'une partie des fonds propres (apport personnel) est coûteuse pour la firme dans la mesure où cela l'empêche de procéder à une diversification de son portefeuille. A ce titre, elle constituera un apport personnel important si et seulement s'il espère avoir des recettes futures élevées par rapport à la valeur nominale présente de la firme ;

- les entrepreneurs investiront davantage dans leur projet qu'ils ne le feraient s'ils pouvaient communiquer gratuitement au marché l'information qu'ils détiennent.

2) Les variables du modèle

K : dépense d'investissement ou coût initial d'investissement ;

μ : valeur ou revenu attendu du projet à la fin de la période ;

$\widetilde{X}$: variable aléatoire de moyenne 0 et de variance σ^2 ou le rendement du projet à financer ;

α : fraction de capital (fonds propres) détenu par l'investisseur emprunteur. Il est considéré comme un signal émis par l'entrepreneur ;

1- α : fraction apportée par les prêteurs ;

D : dette ou montant de l'emprunt contracté ;

r : taux d'emprunt ;

λ : pde risque exigée par les actionnaires étant donné les caractéristiques de $\tilde{X}$;

Y : coût de détention d'actifs moins risqués ;

V_M : Valeur de marché du portefeuille de l'investisseur ;

β : fraction du portefeuille de marché détenu par l'investisseur emprunteur ;

$\tilde{M}$: rendement aléatoire du portefeuille de marché de l'investisseur ;

W_0 : patrimoine initial de l'investisseur emprunteur ;

$\tilde{W}_1$: richesse finale de l'emprunteur à la fin du projet ;

V : valeur totale de marché du projet ou de la firme.

3) Spécification des relations entre les variables

Pour démontrer le résultat selon lequel l'apport personnel est relié positivement à la valeur du projet ou de la firme, les auteurs adoptent une démarche en deux étapes. Tout d'abord, ils établissent à l'équilibre la relation entre la valeur du projet V et l'apport personnelα. Ensuite, ils déterminent celle existante entre la valeur du projet V et le niveau d'endettement D.

Relation entre V et α

Pour démontrer cette relation, il est admis que l'emprunteur - investisseur dispose d'opportunités d'investissement qui nécessitent une dépense initiale K. Si l'investissement est réalisé, il génère au cours des périodes suivantes, un flux de recettes incertain μ tel que

$\mu + \tilde{x}$ = rendement futur du projet

Le flux de recettes μ est estimé à partir de l'information dont on dispose en particulier sur α, signal émis par l'entrepreneur.

$\mu = \mu(\alpha)$

Leland et Pyle (1977) ont montré que si la firme se réduit à ce seul projet, sa valeur est donnée par l'équation :

$$V(\alpha = \frac{1}{1+r}[\mu(\alpha) - \lambda] \quad (1)$$

Si W_0 désigne la richesse initiale de l'entrepreneur et si K est financé en partie par l'endettement D, au taux r, et en partie par la vente d'actions, alors

$(1-\alpha)[V(\alpha) - D]$, son patrimoine après les transactions relatives au projet est :

$$W_0 + D + (1-\alpha)[V(\alpha) - D] - K.$$

Si ce patrimoine est, soit investi dans le portefeuille de marché de valeur aléatoire $\tilde{M}$ au taux de rendement β, soit dans un actif sans risque Y au taux r, alors son budget doit satisfaire la contrainte suivante :

$$W_0 + D + (1-\alpha)[V(\alpha) - D] - K = \beta\tilde{M} + (1+r)Y \quad (2)$$

La richesse finale à la fin du projet $\tilde{W}_1$ est égale à la somme des rendements du projet et des différents placements de l'investisseur, soit :

$$\tilde{W}_1 = \alpha\,[\mu + \tilde{x} - (1+r)D] + \beta\,\tilde{M} + (1+r)Y \quad (3)$$

En remplaçant Y tiré de (2) et V(α) tiré de (1) dans (3), on obtient :

$$\tilde{W}_1 = \alpha\,[\mu + \tilde{x} - \mu(\alpha) + \lambda] + \beta\,[\tilde{M} - (1+r)V_m] + (W_0 - K)(1+r) + \mu(\alpha) - \lambda \quad (3')$$

Si l'entrepreneur maximise l'espérance d'utilité de sa richesse finale, le problème est de trouver les valeurs optimales α* et β* qui maximisent la quantité $E[U(\tilde{W}_1)]$ pour un μ donné. Il y a autant de solutions α* et β* que de μ :

$$\alpha^* = \alpha^*(\mu)$$
$$\beta^* = \beta^*(\mu) \quad (4)$$

Toutefois, les deux auteurs ne s'intéressent qu'à la valeur de μ(α) qui a une propriété d'équilibre et plus précisément celle qui satisfait la condition suivante :

$$\mu\,[\alpha^*(\mu)] = \mu \quad (5)$$

La différentielle de l'espérance d'utilité de la richesse finale respectivement par rapport à α et β donne :

$$\frac{\partial E\left[U(\widetilde{W}_1)\right]}{\partial \alpha} = E\left[U'(\widetilde{W}_1)\right]\left[\widetilde{x} + \mu - \mu(\alpha) + \lambda + (1-\alpha)\,\mu_\alpha\right] = 0 \qquad (6)$$

$$\frac{\partial E\left[U(\widetilde{W}_1)\right]}{\partial \beta} = E\left[U'(\widetilde{W}_1)\right]\left[\widetilde{M} - (1+r)V_M\right] = 0 \qquad (7)$$

où $\widetilde{W}_1$ est donné par (3′) et $\mu_\alpha = \dfrac{d\mu(\alpha)}{d\,\alpha}$.

En utilisant la condition d'équilibre donnée par l'équation (5), (6) peut encore s'écrire :

$$(1\text{-}\alpha)\ \mu_\alpha = -\ \frac{E\left[U'(\widetilde{W}_1)(\widetilde{x} + \lambda)\right]}{E\left[U'(\widetilde{W}_1)\right]} \qquad (8)$$

α et β optimaux doivent satisfaire les conditions du premier et du second ordre données par :

$$A = \frac{\partial^2}{\partial \alpha^2} E\left[U(\widetilde{W}_1)\right] < 0\ ;$$

$$B = \frac{\partial^2}{\partial \beta^2} E\left[U(\widetilde{W}_1)\right] < 0\ ;$$

$$C = \frac{\partial^2}{\partial \alpha \partial \beta} E\left[U(\widetilde{W}_1)\right] < 0 \text{ et } AB - C^2 > 0 \qquad (9)$$

Utilisant les conditions (8) et (9) pour examiner les propriétés du programme d'équilibre, les auteurs démontrent que la valeur d'équilibre μ(α) est strictement croissante avec α. Le marché voit dans un apport personnel élevé, un bon indicateur de risque.

Pour examiner les caractéristiques des futurs points d'équilibre et leurs implications sur la structure financière de l'entreprise, Leland et Pyle proposent l'étude d'un cas particulier où l'espérance de l'utilité de la richesse finale est donnée par l'expression suivante :

$$E\left[U(\widetilde{W}_1)\right] = G\left[E(W_1)\right] - \left[\left(\frac{b}{2}\right)\sigma^2(\widetilde{W}_1)\right] \quad (10)$$

où G est une fonction monotone croissante, $\sigma^2(\widetilde{W}_1)$ = variance et

$$\lambda = \lambda^* \mathrm{Cov}\,(\widetilde{x}, \widetilde{M}) \text{ avec } \lambda^* = \frac{\left[E(\widetilde{M}) - (1+r)V_M\right]}{\sigma_M^2} \quad (11)$$

En utilisant la condition (10), les équations (6) et (7) peuvent encore se réécrire :

$$\left[\mu - \mu(\alpha) + \lambda^* \mathrm{cov}(\widetilde{x}, \widetilde{M})\right] + (1-\alpha)\,\mu_\alpha - ab\sigma_x^2 - \beta b \,\mathrm{cov}(\widetilde{x}, \widetilde{M}) = 0 \quad (12)$$

$$\left[E(\widetilde{M}) - (1+r)\,V_M\right] - ab\,\mathrm{cov}(\widetilde{x}, \widetilde{M}) - \beta b \sigma_M^2 = 0 \quad (13)$$

En utilisant les équations (5), (11), (12) et (13), (8) peut encore s'écrire :

$$(1-\alpha)\,\mu_\alpha = b\alpha[Z] \quad (14)$$

$$\text{où } Z = \frac{\sigma_x^2\sigma_M^2 - \left[\mathrm{cov}(\widetilde{x} - \widetilde{M})\right]^2}{\sigma_M^2}$$

Remarques :

- Z étant le risque spécifique du projet, est toujours non négatif ($Z \geq 0$) :

- si le projet est indépendant du rendement du marché, $\mathrm{cov}(\widetilde{x}, \widetilde{M}) = 0$ et $Z = \sigma_x^2$;

- si le rendement du projet et le rendement du marché sont parfaitement corrélés, $Z = 0$;

- dans la plupart des cas, $0 \leq Z \leq \sigma_x^2$.

La solution de la différentielle totale de l'équation (14) est une famille de la fonction :

$$\mu(\alpha) = -\,bZ[\log(1-\alpha) + \alpha\,] + c \quad (15)$$

$$\text{Si } \alpha > 0,\ \mu(\alpha) = -\,bZ\,[\mathrm{Log}(1-\alpha) + \alpha] + (1+r)K + \lambda \quad (16)$$

En reportant (16) dans (1), on obtient :

$$V(\alpha) = \frac{1}{1+r}\left[-bZ\left(\log(1-\alpha)+\alpha\right)\right]+K$$

$V(0) = K$ et $V(\alpha) > K$ pour $\alpha > 0$ (17)

Une augmentation de b ou de Z réduit la proportion de capital α détenue car

$[\log(1-\alpha) + \alpha] < 0 \ \forall \ \alpha > 0$ et $Z \geq 0$.

À l'équilibre, l'apport personnel de l'entrepreneur dans son projet (α) est corrélé positivement à la valeur V du projet.

Relation entre la valeur du projet (V) et l'endettement (D)

A partir de l'équation de la contrainte budgétaire (2), on peut remarquer que :

$H \equiv \alpha D - Y = K - W_0 - (1-\alpha)V(\alpha) + \beta V_M$ (18)

On considère toujours l'hypothèse de la fonction d'utilité admise à la section précédente, mais il est supposé en plus que :

- le rendement du projet est indépendant du rendement du marché. Ce qui implique :

$\mathrm{Cov}(\tilde{x}, \tilde{M}) = 0$;

β indépendant de α ;

$Z = \sigma^2_{\tilde{x}}$ = variance du rendement du projet $\tilde{x}$;

βV_M = constante ;

- les prêts et emprunts sont au même taux r, l'entrepreneur ne peut emprunter et prêter simultanément ;

- on ne s'intéresse qu'au domaine de α où la dette D est positive ($D>0$). Dans ce domaine, $Y = 0$.

Sous ces conditions, l'équation (18) peut s'écrire :

$$D = \frac{1}{\alpha}[K - W_0 + \beta V_M - (1-\alpha)V(\alpha)]$$

$$= \frac{1}{\alpha}\left[K - W_0 + \beta V_M - (1-\alpha)\left[\frac{1}{r+1}[-bZ(\log(1-\alpha)+\alpha)] + K\right]\right] \qquad (19)$$

$$= \left[K - \frac{1}{\alpha}(W_0 + \beta V_M) - \frac{1}{r+1}\left(\frac{1-\alpha}{\alpha}\right)[-bZ(\log(1-\alpha)+\alpha)]\right]$$

$$\frac{\partial D}{\partial \alpha} = \frac{1}{\alpha^2}(W_0 - \beta V_M) - \left(\frac{1}{1+r}\right)\left(\frac{-1}{\alpha^2}\right)\left[-bZ(\log(1-\alpha)+\alpha^2)\right]$$

Le signe de $\frac{\partial D}{\partial \alpha}$ = signe $\{W_0 - \beta V_M - bZ(\log(1-\alpha)+\alpha)+\alpha^2\}$ (20)

Remarque : $\frac{\partial D}{\partial \alpha}$ ne sera pas >0 pour toutes les valeurs de α, W_0 et bZ. Les calculs montrent que si $\frac{W_0 - \beta V_M}{K} \geq 18{,}6\%$ alors, $\frac{\partial D}{\partial \alpha} > 0$ pour toutes les valeurs de α telles que $D \geq 0$. Dès lors, D est fonction croissante de α lorsque la contribution de la firme au projet (apport personnel) est au moins égale à 18,6% du coût du projet.

Concernant la relation entre V et D, étant donné que V et D sont positivement reliés à α et à μ, une régression de V sur D montre une corrélation positive.

4) Résultats du modèle

1) Un projet ne sera entrepris que si et seulement si sa vraie valeur de marché excède son coût K.

2) L'activité de signalisation possède des propriétés d'efficience remarquable puisque l'ensemble des projets acceptés coïncide avec l'ensemble des projets qui seraient acceptés si l'information était transmise sans coût.

3) Une augmentation soit du risque spécifique du projet (Z), soit de l'aversion au risque de l'entrepreneur (b) réduit à l'équilibre la proportion α du capital (apport personnel) détenu par l'entrepreneur.

4) Une augmentation du risque spécifique du projet (Z) conduit à une plus grande espérance d'utilité pour l'entrepreneur quel que soit le niveau de μ pour lequel le projet est réalisé. Les projets les plus risqués sont aussi les plus distincts donc les plus faciles à signaler.

5) Pour un niveau de revenu μ espéré, une variance plus grande du projet implique un financement optimal par dette plus faible, indépendamment de toute considération en matière de coût de faillite. En d'autres termes, dans un monde où l'information est asymétrique mais où α est observable, un changement de niveau d'endettement (D) ne modifie pas la perception qu'a le marché des recettes futures (μ) si α ne varie pas. Dans ce cas, la valeur de la firme (V) reste constante et la politique de financement est indifférente. Par contre, si α est modifié, la valeur de la firme (V) change de même que la politique de financement. Ainsi, il est possible d'observer une relation non pas causale mais statistique entre la valeur de la firme et son niveau d'endettement.

Le modèle ainsi présenté appelle quelques observations.

I.1.2.2 La portée critique du modèle de Leland et Pyle (1997)

Dans le modèle théorique α, l'apport personnel, est un pourcentage du capital. Sous ces conditions, α élevé prive l'entrepreneur de la possibilité de diversification de son portefeuille et peut être un signal crédible de la valeur du projet. Le cas où α n'est pas plus une fraction des fonds propres de l'emprunteur, mais provient d'un emprunt auprès des tiers - tontines et associations, etc. - par exemple, n'est pas envisagé. Dans un tel contexte, un apport personnel aussi élevé soit-il peut-il encore être un signal crédible de risque ? En d'autres termes, la valeur V du projet serait-elle une fonction croissante de α ?

Par ailleurs, le modèle théorique s'appuie sur l'hypothèse implicite que c'est l'emprunteur qui fixe le montant de l'apport personnel qu'il propose au banquier. Qu'adviendrait-il si le montant de l'apport personnel à détenir est déterminé par voie réglementaire ?

En général, le montant de l'apport personnel dépend de la taille du projet et du montant de crédit sollicité. Il est même très souvent l'équivalent d'un certain pourcentage du montant du crédit. Etant donné que l'apport personnel est un pourcentage du montant de crédit fixé de surcroît dans certains cas par voie réglementaire[97], on peut se demander

---

[97] La décision n° 2 / 83 du 9 août 1983 fixant les modalités d'octroi des petits crédits d'équipement et d'investissement au Cameroun, prévoit en son article premier, un plafonnement à 2500 francs CFA pour le petit équipement, 5 millions de francs CFA respectivement pour l'acquisition de terrain et l'amélioration de l'habitat. Le montant de

dans quelle mesure l'apport personnel peut être un indicateur de bon risque ou un signal crédible de risque. Si l'on s'en tient uniquement au critère du montant de l'apport personnel pour identifier les bons projets des mauvais, on peut être amené sur cette base soit, à rejeter les petits projets de bonne qualité parce qu'ils exigent un apport personnel moins élevé, soit à les classer parmi les projets risqués alors qu'en réalité ce n'est pas le cas.

Aussi pensons-nous que pour utiliser le critère du montant de l'apport personnel dans la détermination de la qualité de l'emprunteur, les projets doivent être des projets comparables. Ce qui, dans un contexte d'insuffisance d'informations, n'est pas une chose aisée. En effet, le montant d'apport personnel étant de manière générale fonction du montant du crédit, deux crédits de même montant et, par conséquent, ayant le même apport personnel peuvent être, l'un bon, l'autre mauvais.

En définitive, pour qu'un apport personnel soit un signal de bon risque, il faudrait que l'on module son montant en fonction du niveau du risque des projets présentés. Autrement dit, qu'il ne dépende plus uniquement du montant du crédit comme c'est le cas en général, mais également de la qualité du projet. L'agent qui trouve un avantage dans cette modulation est la banque elle-même et c'est à elle qu'il reviendrait de le faire. Or, si l'on envisage cette possibilité, on fait glisser la nature du problème. Car, l'apport personnel cesse d'être un moyen de révélation de la qualité du projet quand l'initiative vient de la banque.

En résumé, en situation d'information asymétrique, l'apport personnel peut constituer un signal crédible ou un mécanisme de révélation de la qualité des emprunteurs aux banques. Le problème que cet élément rencontre dans le cadre retenu par cette étude réside dans le mode de détermination - fixation exogène. D'où l'impérieuse nécessité de ne pas fixer réglementairement le montant de l'apport personnel des demandeurs de prêt. Bref, il convient de faire révéler la qualité des projets par une incitation à l'engagement de contribuer financièrement à leur crédibilité et à leur réussite.

La littérature financière classe ces deux premiers types de signaux financiers parmi les signaux coûteux, comparativement aux signaux non

---

l'apport personnel exigé dans chaque cas s'élève invariablement à 20% du montant total du crédit.

coûteux dans lesquels entre la structure financière de l'entreprise, et plus spécifiquement, le niveau de son endettement.

I.1.3. La structure financière de l'entreprise dans l'internalisation du risque de défaillance de l'emprunteur : le modèle de Ross (1977)

Les travaux les plus connus consacrés à l'aspect structure financière comme un moyen d'internaliser le risque de défaut de l'emprunteur sont ceux de Ross (1977). Le modèle de Ross ou modèle du choix d'une politique d'endettement, se fonde sur l'idée selon laquelle, les managers signalent le type de la firme qu'ils dirigent par la structure financière qu'ils lui donnent. La structure financière de l'entreprise est ainsi un signal crédible de la vraie valeur de la firme. En particulier, Ross (1977) montre qu'une structure financière présentant un niveau d'endettement élevé est interprétée comme un signal crédible de la solvabilité de la firme. Il convient de présenter le modèle de Ross (1977) (I.1.3.1) avant d'examiner sa portée et ses limites (I.1.3.2).

I.1.3.1 Présentation du modèle de Ross (1977)

Les arguments développés en faveur d'un niveau d'endettement élevé comme signal de bons risques, tiennent aux hypothèses suivantes :

1 - Hypothèse du modèle de Ross (1977)

- Les managers possédant des informations privilégiées sur les firmes auxquelles ils appartiennent, le choix d'une structure financière couplée à un système de compensation managériale constitue un signal qui permet de communiquer l'information au marché ;

- une entreprise à valeur élevée choisit un niveau de dette si important pour elle, qu'il entraînerait la faillite d'une firme à faible valeur qui tenterait de l'imiter ;

- le privilège du financement par dette augmente la possibilité de faillite de l'entreprise. Aussi, en se permettant un endettement supérieur à la moyenne, son gestionnaire montre que sa firme a une valeur plus élevée. Ce choix révèle sa vraie valeur car il fait comprendre que si elle s'endette plus, c'est qu'elle est capable de dégager des ressources nécessaires pour faire face à ses engagements tel que le remboursement de son emprunt ;

- Le financement par accroissement de la dette rend toute imitation non profitable pour tout gestionnaire de firme à valeur faible. Car, la sanction sévère et coûteuse qui est au bout du compte à savoir la faillite de l'entreprise, exerce un effet dissuasif sur le comportement des entreprises à faible valeur. Cette attitude constitue un mécanisme de révélation de la vraie valeur de l'emprunteur.

- La valeur des firmes (V) s'accroît avec le levier dans la mesure où l'augmentation de l'endettement entraîne un accroissement de la valeur perçue de la firme.

- Le théorème de Modigliani et Miller (1958) sur l'indifférence de la structure financière suppose que le marché possède toutes les informations concernant les activités des firmes et connaît la distribution de probabilité des flux de liquidités de chaque firme. Contrairement à ce théorème, le marché n'évalue que la distribution perçue des flux de liquidités futurs.

- Il existe un niveau d'endettement optimal correspondant à la valeur la plus élevée de la firme, au-delà duquel un endettement additionnel ferait baisser la valeur de l'entreprise, lui faisant courir en même temps un risque de défaillance élevé.

Pour démontrer ces propositions, Ross (1977) adopte une démarche en deux étapes. Il développe dans un premier temps un modèle simplifié avec deux catégories d'entreprises. Puis, il généralise ses résultats dans le cas où il y a un spectre continu d'entreprises de qualité différente.

a) Cas de deux firmes

Il est supposé qu'il n'y a que deux types de firmes, les bonnes firmes (A) dans la proportion q et les moins bonnes (B) dans la proportion (1-q).

Il n'y a que deux périodes d'analyse (0, 1). En période 1, les firmes A génèrent un flux de liquidités (a) et les firmes B, (b).

En l'absence de signaux et dans le cadre d'une évaluation neutre vis-à-vis du risque, on a :

$$V_0^A = V_0^B = \frac{aq + (1-q)b}{1+r} \tag{1}$$

où V_0^A, V_0^B : les valeurs actuelles des deux firmes

r : le taux sans risque

Dans cette économie, il est possible de construire un modèle d'équilibre à base d'activités de signalisation en prenant en compte les motivations des dirigeants. Dans ce modèle par hypothèse, le dirigeant détient des informations privilégiées qui lui permettent de déterminer à quel type de firme appartient son entreprise, mais ne possède aucune information sur le type des autres firmes.

Il est supposé par ailleurs que les dirigeants sont gratifiés du système d'intéressement M suivant :

$$M=(1+r)\,\gamma_0 V_0 + \gamma_1 = \begin{cases} V_1 & \text{si} \quad V_1 > F \\ V_1 - L & \text{si} \quad V_1 < F \end{cases} \qquad (2)$$

Où : γ_0 et γ_1 sont des pourcentages positifs d'intéressement

L joue le rôle d'une pénalité imposée aux managers en cas de dépôt de bilan ou de faillite ;

F mesure le niveau d'endettement. C'est la variable de décision contrôlée par les dirigeants.

Soit F* un niveau critique de dette tel que :

$B < F^* < a$

Si $F > F^*$, le marché perçoit que la firme est du type A

et si $F < F^*$, le marché perçoit la firme comme étant du type B.

Pour aboutir à un équilibre, il faut montrer que les perceptions des investisseurs se révèlent exactes, c'est-à-dire que toutes les firmes de type A émettent un montant de dette $F_A > F^*$ et celles de type B un montant de dette $F_B < F^*$.

Dans ces conditions, les gratifications des dirigeants des firmes A et B sont respectivement :

$$M^A(F) = \begin{cases} (\gamma_0 + \gamma_1)a & \text{si} \quad F^* < F^A \leq a \\ \gamma_0 b + \gamma_1 a & \text{si} \quad F^A \leq F^* \end{cases} \qquad (3)$$

$$M^B(F) = \begin{cases} \gamma_0 b + \gamma_1 (b - L) & \text{si} \quad F^B > F^* \\ (\gamma_0 + \gamma_1) b & \text{si} \quad F^B \leq b \leq F^* \end{cases} \qquad (4)$$

Si les managers de A choisissent un niveau de dette F^A tel que $F^* < F^A < a$ et ceux de B un niveau de dette F^B tel que $F^B < b < F^*$, on peut obtenir un équilibre dans les activités de signalisation. Mais il faut également qu'aucun dirigeant n'ait d'incitation à changer de niveau d'endettement et que les signaux permettent au marché de discriminer les bonnes firmes des moins bonnes. Pour les dirigeants de type A, ce sera nécessairement le cas puisque :

$(\gamma_0 + \gamma_1)\, a > \gamma_0\, b + \gamma_1\, a$ dans la mesure où $a > b$.

Ce sera le cas pour les managers de type B dans la mesure où

$$\gamma_0\,(a - b) < \gamma_1 L \qquad (5)$$

Cette dernière condition implique que les dirigeants de B se signaleront correctement si le gain marginal qu'ils tirent d'un signal faux $\gamma_0\,(a - b)$ est inférieur à la pénalité encourue.

b) Cas de plusieurs firmes

Pour étendre ce modèle au cas de plus de deux firmes et au cas où les flux de liquidités sont incertains, il est introduit sous forme spécifique, un risque de faillite qui limite le financement par dette.

Ces firmes ont donc des résultats aléatoires X distribués uniformément dans l'intervalle (0, t) avec $t \in \{c, d\}$. Le système d'intéressement des dirigeants est le suivant :

$$M = (1+r)\,\gamma_0 V_0 + \gamma_1\, E \begin{cases} X & \text{si } X \geq F \\ X - L & \text{si } X < F \end{cases} \qquad (6)$$

où F indique la valeur de remboursement de la dette et E l'opérateur espérance mathématique.

Si le type t d'une firme est connu avec certitude, sa valeur est :

$$V_0 = \frac{t}{2\,(1 + r)} \qquad (7)$$

Si au vu du signal, la valeur de la firme de type t est égale à V = a(F) et que F est inférieur ou égal à t, l'équation (6) devient :

$$M = \frac{1}{2}\gamma_0\, a(F) + \gamma_1 (\frac{1}{2} t - L - \frac{F}{t}) \qquad (8)$$

Où F/t est la probabilité de faillite. En différenciant (8) par rapport à F, on obtient le niveau de dette optimal :

$$\frac{1}{2}\gamma_0\, a'(F) = \gamma_1 \frac{L}{t} \qquad (9)$$

mais (1) a'(F) = 1/F', d'où $F' = \frac{1}{2}\frac{\gamma_0}{\gamma_1}\frac{t}{L}(F - b)$

dont la solution est : $F_t = \frac{\gamma_0}{4\gamma_1}\frac{t}{L} + b$ (10)

b étant une constante d'intégration.

Pour être assuré d'obtenir un équilibre de signal,

$$a(F) = t = 2\left[\left(\frac{\gamma_1}{\gamma_0}L\right)(F-b)\right]^{1/2} = 2\left[\left(\frac{\gamma_1}{\gamma_0}L\right)(F-b)\right]^{1/2}.$$

La firme située en bas du spectre pour laquelle t = c aura tout intérêt à ne pas se signaler, elle fixera $F_C=0$, ce qui implique :

$$b = \frac{\gamma_0}{4\gamma_1}\frac{C^2}{L} \qquad (11)$$

$$\text{et} \quad F_t = \frac{\gamma_0}{4\gamma_1}(t^2 - C^2) \qquad (12)$$

Par ailleurs, $F_d < d$ implique :

$$F_d = \frac{\gamma_0}{4\gamma_1}\frac{(d^2 - C^2)}{L} < d$$

D'où $d^2 - c^2 < (4\gamma_1)/(\gamma_0)\ L\,d$ (13)

La condition (5) peut s'écrire dans ce cas :

$$\frac{1}{2}\gamma_0\,(d - C) < \gamma_0 L \qquad (14)$$

En définitive, si la structure d'incitation est celle décrite dans l'équation (6), avec L comme paramètre négociable, le dirigeant d'une firme de type d choisit L = L* tel que (14) soit une égalité. Ceci permet une pleine discrimination des " bonnes " et " moins bonnes " firmes.

Ce modèle suppose que d est suffisamment grand pour qu'un dirigeant d'une entreprise soit à coup sûr dans l'obligation de déposer son bilan quand il la signale.

I.1.3.2 La portée et les limites du modèle de Ross (1977)

Le modèle de Ross ainsi présenté a fait l'objet d'un certain nombre d'observations.

B. Jacquillat et M. Levasseur (1982) soulignent que le modèle de Ross possède plusieurs implications empiriques. Ils relèvent que le coût du capital n'est pas affecté par la décision de financement, bien qu'il y ait dans le modèle une structure financière propre à chaque firme. En effet, le coût du capital ρ peut être défini comme :

$$\rho = \frac{E(X)}{V_0} \qquad (15)$$

Avec, quel que soit le financement :

$$E(X) = \frac{1}{2}t \qquad (16)$$

Si un équilibre de signaux se forme, alors la dette F signale le type t de la firme, et sa valeur V_0 dans (15) est égale à :

$$V_0 = \frac{(1/2)\,t}{1+r}$$

Ce qui implique que ce coût du capital ρ est égal à r.

Le risque de cessation d'activité est une fonction croissante de F (ce qui est conforme à la théorie traditionnelle) mais aussi de t, ce qui semble contraire au bon sens.

En effet, dans la mesure où X est distribué uniformément,

$$\rho(X < \frac{F}{t}) = \frac{F}{t}$$

$$= \frac{\gamma_0}{4\gamma_1 L}(t - \frac{C^2}{t})$$

L'expression tient ici au fait que l'augmentation de l'endettement fait certes accroître le risque, mais signale aussi une plus grande productivité de l'entreprise. En définitive, une corrélation apparaît entre la valeur de la firme et le ratio d'endettement.

Il est fait observer par ailleurs que, pour que la structure financière soit un signal crédible de la valeur de la firme, il faut que ce dernier soit coûteux. Il faut supposer pour cela que les rendements de l'entreprise soient aléatoires. Car, s'ils sont certains, à l'équilibre il n'y aura aucune faillite, chaque gestionnaire ayant choisi une structure financière supportable par sa firme. Le signal n'est plus coûteux et par conséquent ne peut plus être révélateur de la qualité de l'entreprise.

La critique de S. Bhattacharya (1979) porte sur les conditions de validité des mécanismes de révélation de Ross (1977) qu'il trouve incomplets. Par hypothèse, le contrat conclu entre les actionnaires et le gestionnaire l'incitant à choisir une structure financière qui révèle la valeur de la firme, est contingent à la solvabilité de l'entreprise. En cas de faillite ici, le gestionnaire supporte seul les coûts.

Bhattacharya (1979) montre ainsi que lorsque les coûts reposent uniquement sur le gestionnaire, l'incitation est forte et peut conduire à un faux signal. En effet, les actionnaires d'une entreprise à faible valeur peuvent amener son gestionnaire à émettre un faux signal permettant de surestimer la valeur de son entreprise, afin de réaliser des gains en capital. Aussi préconise-t-il pour empêcher cela, que les actionnaires supportent eux aussi les coûts de faillite de l'entreprise due à un mauvais choix de sa structure financière.

Dans l'ensemble, on note, qu'il s'agisse des dividendes, de l'apport personnel, ou de la structure financière de l'entreprise, que les modèles à signaux financiers présentent un dénominateur commun : c'est l'emprunteur qui propose un contrat qui révèle sa qualité au financier. C'est l'inverse avec les modèles à mécanismes incitatifs.

I.2. Les mécanismes incitatifs dans le contrôle du risque de crédit bancaire

Comme leur nom l'indique, les mécanismes incitatifs sont des éléments dont la présence dans un contrat de prêt, incite l'emprunteur à révéler sa qualité et à prendre moins de risque. Le collatéral et les relations de long terme entre le financier et l'emprunteur constituent les principaux mécanismes incitatifs proposés dans la littérature financière. La théorie financière précise que ces deux mécanismes incitatifs peuvent être utilisés pour résoudre le problème d'aléa moral et de sélection contraire. On va examiner successivement l'aptitude du collatéral (I.2.1) et des relations de long terme (I.2.2) à imposer un type de comportement à l'emprunteur.

I.2.1. Le collatéral dans la limitation du risque de défaillance de l'emprunteur

Le collatéral est l'ensemble des garanties ou sûretés financières, personnelles ou réelles demandées par le créancier contre le risque que lui fait courir son débiteur. La littérature financière considère cet élément comme une solution au problème du risque de crédit dû, soit à une mauvaise sélection de l'emprunteur dès le départ, soit à l'absence du contrôle de l'utilisation qui est faite du financement obtenu. Le collatéral comme critère de sélection des emprunteurs est au centre de préoccupation d'un certain nombre d'auteurs. Il convient de distinguer dans ce sens, les modèles traditionnels de sélection des emprunteurs par la garantie qui examinent l'impact du rôle du collatéral dans les modèles avec rationnement de crédit (I.2.1.1), et les modèles de sélection des emprunteurs par la garantie mettant un accent plus important sur le rôle de signal pour l'information à transmettre aux prêteurs (I.2.1.2).

I.2.1.1 Les modèles traditionnels de sélection des emprunteurs par la garantie

Les modèles traditionnels de sélection des emprunteurs par la garantie examinent le rôle du collatéral dans les modèles avec rationnement de crédit et analysent l'impact de l'exigence des garanties sur la sélection adverse. Les modèles les plus représentatifs dans cette catégorie sont ceux de J. E. Stiglitz et A. Weiss (1981, 1983, 1985) et H. C. Wette (1983).

1. Le modèle de J. E. Stiglitz et A. Weiss (1981, 1983, 1985)

Les auteurs analysent dans leur modèle l'incidence de la sélection contraire sur le marché des crédits en présence des garanties. Le modèle s'appuie sur les hypothèses fondamentales selon lesquelles, les emprunteurs adverses au risque ont des ressources propres limitées d'une part, et les prêteurs ne peuvent distinguer entre bons et mauvais projets d'autre part.

Partant du fait que l'effet de sélection contraire est dû à l'élévation par la banque des taux d'intérêt débiteur, ces deux auteurs aboutissent à la conclusion selon laquelle les garanties de valeur élevée présentent deux inconvénients :

i)- elles éliminent du marché les emprunteurs à richesse élevée et à forte aversion pour le risque, accroissant ainsi la sélection contraire ;

ii)- elles font baisser de ce fait le profit moyen du banquier.

En résumé, la sélection adverse peut résulter des effets de l'accroissement du collatéral au même titre que ceux du taux d'intérêt débiteur.

2. Le modèle de H. C. Wette (1983)

Contrairement à Stiglitz et Weiss (1981) qui fondent leurs analyses sur l'hypothèse que les emprunteurs sont averses envers le risque, Wette (1983) montre en retour que les effets de sélection contraire dus à l'élévation des garanties peuvent s'observer même quand les emprunteurs sont neutres vis-à-vis du risque. S'appuyant sur certaines hypothèses du modèle de Stiglitz et Weiss, Wette démontre qu'en plus de la baisse du profit moyen espéré de la banque, l'effet de sélection contraire peut entraîner la baisse des recettes attendues du projet d'investissement de l'emprunteur et augmenter son risque de non remboursement.

Pour démontrer comment la sélection contraire résulte aussi bien de l'élévation des taux d'intérêt que du collatéral même quand les emprunteurs sont neutres envers le risque, Wette suppose que chaque projet a une fonction de distribution de revenu $F(R,\theta)$. R désigne les recettes du projet et θ le risque du projet ; θ élevé indique un projet plus risqué.

En notant par $G(\theta)$, la fonction de distribution de risque du projet, il suppose aussi que le profit espéré par l'emprunteur est une fonction croissante du risque θ du projet entrepris.

Ainsi, pour une garantie donnée C, il y a une valeur critique $\hat{\theta}$ telle qu'un agent pourra emprunter à la banque et entreprendre un projet si et seulement si $\hat{\theta} \geq \theta$.

Au fur et à mesure que la garantie augmente, la valeur critique de θ en dessous de laquelle les individus ne demandent pas de crédit augmente aussi.

La valeur critique $\hat{\theta}$ pour laquelle les emprunteurs attendent un profit nul est donnée par l'équation :

$$\pi(\hat{C}, \hat{\theta}) = - CF.(1 + r - \hat{C}, \hat{\theta}) + \int_{1+r}^{\infty} [R - (1+r)]\, dF(R; \hat{\theta}) = 0 \quad (1)$$

où r représente le taux d'intérêt débiteur.

La différentielle totale du risque du projet $\hat{\theta}$ par rapport à la garantie $\hat{C}$ est :

$$\frac{d\hat{\theta}}{d\hat{C}} = - \left[\frac{\partial\pi(\tilde{C}, \hat{\theta})}{\partial\hat{C}}\right] \Big/ \left[\frac{\partial\pi(\hat{C}, \hat{\theta})}{\partial\hat{\theta}}\right] \quad (2)$$

$$= F(1 + r - \tilde{C}, \hat{\theta}) \Big/ \left[\frac{\partial\pi(\hat{C}, \hat{\theta})}{\partial\hat{\theta}}\right] > 0.$$

Or comme par hypothèse le profit espéré est fonction croissante du risque θ du projet,

$\frac{\partial\pi(\tilde{C}, \hat{\theta})}{\partial\hat{\theta}} > 0$, alors

$$F(1+r, \tilde{C}, \hat{\theta}) > 0 \quad (3)$$

Dès lors, $\frac{\partial\hat{\theta})}{\partial\hat{C}} > 0$ (4)

Les conclusions de Wette découlent de la condition de l'équation (4). Pour une garantie de valeur élevée, les emprunteurs moins risqués - ou des projets à faible valeur de θ - se retirent du marché des crédits. Ceci s'explique par le fait que pour un profit donné, une hausse du collatéral augmente le coût de l'emprunt et baisse le profit de l'emprunteur. Graphiquement, ce résultat se présente de la manière suivante :

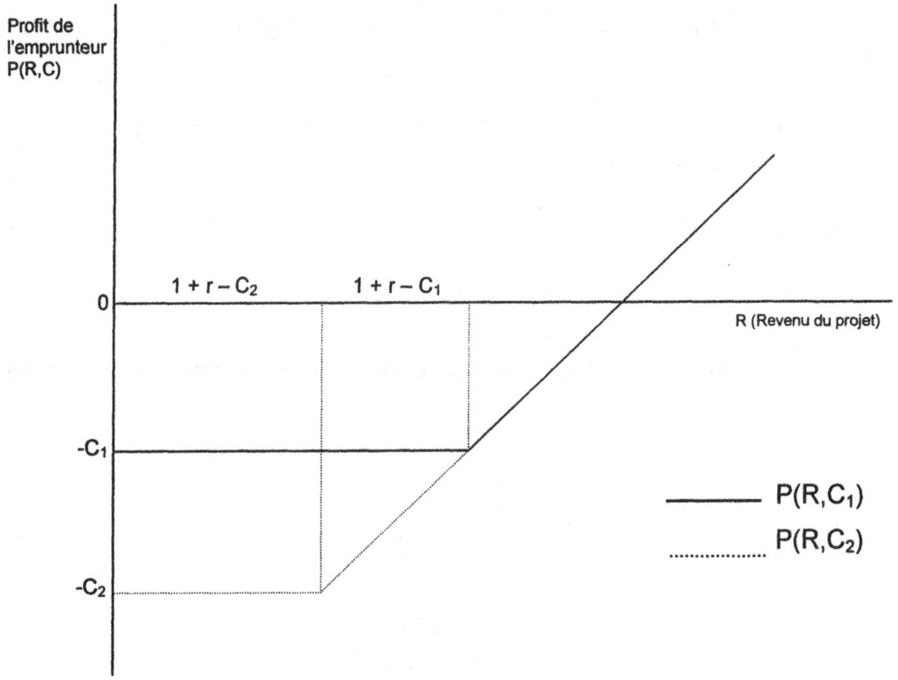

Il apparaît clairement sur le graphique que la baisse du revenu ou du profit de chaque projet signifie que certains projets qui étaient rentables à un niveau de garantie C_1 deviennent non rentables à une garantie plus élevée C_2.

3. La portée des modèles traditionnels

Les analyses de Guttentag et Herring (1984) conduisent plutôt à un résultat contraire à celui de Stiglitz et Weiss. Dans leur modèle microéconomique de rationnement de crédit par la garantie représentée par le capital propre de l'emprunteur, Guttentag et Herring démontrent que contrairement au taux d'intérêt, lorsque la garantie augmente, le risque diminue.

En particulier, leurs analyses révèlent que si le capital de l'emprunteur est équivalent à la garantie exigée de l'emprunteur, une augmentation du capital propre élimine le conflit d'intérêt qui existe dans les contrats de prêts et fait disparaître le risque moral.

I.2.1.2 L'utilisation du collatéral comme un signal crédible de risque

Le collatéral comme signal de bon risque est au centre des préoccupations d'un certain nombre d'auteurs. Les contributions dans ce sens peuvent être regroupées en deux variantes suivant que la garantie joue le rôle d'un mécanisme auto sélectif des emprunteurs réduisant de ce fait la sélection contraire (I.2.1.2.1), ou qu'elle joue le rôle d'un mécanisme incitatif et dissuasif sur le comportement d'aléa moral des emprunteurs (I.2.1.2.2).

I.2.1.2.1 L'hypothèse d'auto sélectivité des emprunteurs par la garantie

L'utilisation des exigences du collatéral comme mécanisme d'auto - sélection des emprunteurs est examinée pour la première fois par H. Bester (1985a, 1987).

Dans ses travaux, H Bester montre que lorsque la banque utilise conjointement le taux d'intérêt et la garantie comme instrument, les bons risques révèlent leur qualité en acceptant un accroissement des exigences de garantie contre une diminution du taux d'intérêt. En d'autres termes, les bons risques acceptent les garanties de valeur élevée contre un taux d'intérêt faible. À l'inverse, les emprunteurs plus risqués préfèrent des taux d'intérêts élevés contre des garanties de faible valeur.

Pour démontrer ces résultats, l'auteur s'appuie sur les hypothèses suivantes :

1) Le marché de crédit comporte deux types d'emprunteurs neutres envers le risque et n'ayant pas de contrainte sur le montant de garantie à offrir. Cette hypothèse est abandonnée dans le modèle de 1987. Dans cette 2e version du modèle, il considère n types d'emprunteurs (i = 1,..., n) averses au risque et ayant des garanties limitées.

2) Chaque investisseur emprunteur a l'opportunité d'entreprendre un investissement financé par crédit bancaire de montant fixe B.

3) Les différents investisseurs se distinguent par la probabilité de distribution du rendement de leur projet p_i si le projet réussit avec un rendement positif X_i, et $1\text{-}p_i$ si c'est un échec. Il est admis que $1 > p_1 > p_2 > p_n > 0$ et $B < X_1 < X_2 <\ldots< X_n$.

4) Tous les investisseurs emprunteurs ont le même montant de patrimoine initial W tel que, $0 < W < B$.

5) Les préférences des investisseurs sont décrites par une fonction d'utilité de type Von Neumann-Morgenstern U c'est-à-dire vérifiant les conditions $U' > 0$, $U'' < 0$.

Un constat de crédit γ est un triplet $\gamma = (R,C,\lambda)$ où R désigne les intérêts payés sur le crédit ($R = (1 + r)B$) et $R \geq 0$, C le montant de la garantie avec $0 \leq C \leq W$ et λ la probabilité pour qu'une demande de crédit obtienne un accord de crédit, avec $0 \leq \lambda \leq 1$.

Le gain espéré de l'emprunteur investisseur i, V_i pour le contrat de crédit γ est donné par :

$$V_i(\gamma)=\lambda[p_iU(X_i - R +W) + (1 - P_i)U(W - C) - U(W)] \quad (1)$$

L'emprunteur choisit dans l'ensemble des contrats de crédit $\{\gamma, \bar{\gamma}\}$ qui lui sont proposés, celui qui lui permet de maximiser le gain espéré. Cette décision est symbolisée par la variable $h_i(\gamma, \bar{\gamma})$ telle que :

$$h_i(\gamma, \bar{\gamma}) = 1 \text{ si } V_i(\gamma) > V_i(\bar{\gamma})$$

$$h_i(\gamma, \bar{\gamma}) = 0 \qquad \text{si } V_i(\gamma) \leq V_i(\bar{\gamma}) \quad (2)$$

Comme les banques financent leur offre de crédit à partir des dépôts au taux r, la fonction d'offre des fonds préalables L est fonction de ce taux. Ainsi, sur un contrat de crédit γ accordé à un emprunteur i, la banque réalise un profit attendu π_i de :

$$\pi_i(\gamma,r) = \lambda N_i[p_iR + (1 - p_i)C - (1 + r)B] \quad (3)$$

La banque ne pouvant observer la caractéristique de son client, H Bester démontre qu'en utilisant conjointement les deux instruments, le taux d'intérêt sur le prêt et le montant du collatéral, la banque peut offrir un ensemble de contrat de crédit permettant de classer les emprunteurs en fonction des risques en présence.

En particulier, il aboutit aux résultats selon lesquels les investisseurs emprunteurs à faible probabilité de risque de défaut révèlent leur qualité en acceptant les exigences de collatéral de montant élevé pour une réduction du paiement des intérêts. À l'inverse, les emprunteurs à forte probabilité de risque de défaut préfèrent les contrats de crédit avec intérêt élevé et faible montant de collatéral.

Pour démontrer cela, H. Bester calcule le taux marginal de substitution σ_i entre R et C de l'emprunteur i pour un contrat de crédit (γ) donné. Par définition, ce taux est donné par l'expression :

$$\sigma_i(\gamma) = -\frac{(1-p_i)U'(W-C)}{p_i U'(X_i - R - W)} \qquad (4)$$

D'après l'hypothèse selon laquelle $1 > p_i > p_{i+1} > \ldots > p_n$, il est facile de constater que, pour chaque contrat γ, $\sigma_i(\gamma) > \sigma_{i+1}(\gamma)$. Ce qui signifie que les emprunteurs à faible probabilité de risque de défaut exhibent un taux marginal de substitution entre R et C plus élevé que celui des emprunteurs à forte probabilité de risque.

C'est aux mêmes résultats qu'aboutissent Y.S. Chan et G. Kanatas (1985), Y.S. chan et A.V. Thakor (1987) et M. Deshons et X. Freixas (1987)[98]. Toutefois, à la différence des autres modèles, Deshons et Freixas introduisent dans leur formulation, un paramètre μ servant à repérer la qualité du projet sur laquelle porte justement l'asymétrie d'information. Les deux auteurs font ensuite dépendre le taux d'intérêt débiteur et la garantie exigée de ce paramètre. Sur cette base, ils démontrent que la garantie exigée est fonction croissante de la qualité du projet tandis que le taux d'intérêt décroît avec ce dernier. Ils en concluent que les contrats de prêts qui permettent une discrimination des emprunteurs comportent une garantie croissante et un taux d'intérêt décroissant.

Au total, une garantie de valeur élevée couplée avec un taux d'intérêt faible constitue un indicateur de bon risque. À l'inverse, un taux d'intérêt élevé contre une faible garantie constitue un indicateur de mauvais risque.

I 2.1.2.2 Le collatéral, un mécanisme dissuasif du risque moral des emprunteurs

Cet aspect est examiné par les auteurs comme H. Bester (1987), Y.S. Chan et A.V. Thakor (1987). Dans sa contribution, H. Bester (1987)

---

[98] M. Deshons et X. Freixas (1987), "Le rôle de la garantie dans le contrat de prêt bancaire, *Finance*, vol.8, pp.7-32.

montre que l'exigence d'une garantie de valeur élevée constitue également une solution au risque moral lié au comportement des emprunteurs. En particulier, il montre que le taux d'intérêt appliqué et la valeur de la garantie ont une importance sur la décision des emprunteurs. Plus précisément, son analyse conduit aux résultats selon lesquels, une hausse du taux d'intérêt a des effets incitatifs négatifs sur la probabilité de remboursement, tandis qu'une hausse du collatéral a des effets incitatifs positifs.

En d'autres termes, une hausse du taux d'intérêt amène les emprunteurs à choisir les projets risqués. l'inverse, une garantie élevée amène les emprunteurs à sélectionner les projets moins risqués. Les hypothèses sur lesquelles il s'appuie dans ses démonstrations ne changent pas fondamentalement par rapport à l'analyse précédente.

Ici, il considère n différents projets (i = 1,…, n).

Le projet i est toujours caractérisé par une probabilité de succès p_i et son rendement X_i.

Comme précédemment, il est supposé que $p_i > p_{i+1}$ et que $X_i < X_{i+1}$.

Il y a N investisseurs emprunteurs identiques ayant une fonction d'utilité U et un patrimoine initial W tel que 0 < W < B.

Chaque investisseur décide du choix de son projet à entreprendre et finance son projet par crédit bancaire d'un montant B.

Le gain attendu par l'emprunteur i sur un contrat de prêt γ (R, C, λ), est V_i (γ).

Il est également supposé que les contrats de prêt proposés doivent être auto dissuasifs, c'est-à-dire être tels qu'un emprunteur qui a obtenu un contrat γ_i n'ait pas l'envie de choisir un projet différent.

Dans ces conditions, H. Bester (1987) précise qu'un γ_i est incitatif si

$V_i (\gamma i) \geq V_j (\gamma_j)$ pour tout j. (5)

Pour démontrer que les intérêts versés (R) et la garantie (C) ont un impact sur la décision des emprunteurs, H. Bester (1987) considère deux contrats incitatifs γ_i et γ_j. Si $R_i > R_j$, $C_i \leq C_j$ et $(R_i, C_i) \neq (R_i, C_j)$, alors $p_i \leq p_j$.

D'après l'équation (5), on a $V_j(\gamma_j) - V_j(\gamma_i) \geq V_i(\gamma_j) - V_i(\gamma_i)$ c'est-à-dire

$$p_j [U(X_j - R_j + W) - U(X_j - R_i + W) - U(W - C_j) + U(W-C_i)]$$

$$\geq p_j [U(X_i - R_j + W) - U(X_i - R_i + W) - U(W - C_j) + U(W-C_i)] \quad (6)$$

En supposant $p_j < p_i$, alors,

$$U(X_j - R_j + W) - U(X_j - R_i + W) > U(X_i - R_j + W) - U(X_i - R_i + W) \quad (7)$$

Mais comme $X_j > X_i$, on aboutit à une contradiction impliquant que :

$(R_i, C_i) \neq (R_j, C_j)$

Donc une hausse du taux d'intérêt débiteur incite les emprunteurs à choisir les projets plus risqués. Ce qui compromet la probabilité de remboursement du prêt. Par contre, un accroissement du collatéral a des effets incitatifs positifs car, il amène les emprunteurs à sélectionner les projets moins risqués. C'est aux résultats similaires qu'aboutissent Y.S. Chan et A.V. Thakor (1987).

Le modèle de Y.S. Chan et A.V. Thakor (1987).

Ces deux auteurs raisonnent en termes d'efforts à fournir par les emprunteurs pour choisir une action optimale devant maximiser le gain attendu.

En effet, dans leur contribution, ils considèrent deux types d'emprunteurs b_j ($j = 1, 2$) se distinguant par leur propension à travailler dur. Cette propension dépend de leur rendement marginal d'effort.

Chaque emprunteur maximise sa fonction d'utilité en choisissant une action optimale $a°(i, C, b_j)$, i, le taux d'intérêt et C la garantie.

Pour un contrat de crédit (i, C) donné, les deux auteurs montrent que $\frac{\partial a^0}{\partial C} \geq 0$ et $\frac{\partial a^0}{\partial i} \leq 0$, ce qui signifie, toutes choses égales par ailleurs, qu'une garantie élevée induit un niveau d'effort élevé, mais qu'un taux d'intérêt élevé implique un faible niveau d'effort. Leur raisonnement est simple. Pour un contrat de prêt (i, C) donné, un emprunteur choisit le niveau d'effort tel que son rendement marginal attendu soit égal au coût marginal d'effort.

Une garantie élevée accroît la perte de l'emprunteur au cas où le projet échouerait et que le collatéral est transféré à la banque. La perte attendue peut être limitée en réduisant la probabilité d'échec qui ne peut être obtenue pour un type d'emprunteur, qu'en faisant davantage d'effort. En d'autres termes, une garantie de valeur élevée rend le risque de défaut plus coûteux pour l'emprunteur, et par conséquent amène celui-ci à faire des efforts pour éviter l'échec.

À l'inverse, un taux d'intérêt élevé réduit le revenu net de l'emprunteur dans le cas où le projet réussirait et que le remboursement est effectué. Dès lors, faire des efforts pour accroître la probabilité de succès d'un projet devient moins préoccupant pour l'emprunteur.

Au total, les emprunteurs de bonne qualité déploient beaucoup d'efforts pour accroître la probabilité de succès d'un projet. Autrement dit, le rendement marginal d'effort est plus élevé chez les emprunteurs moins risqués que chez les plus risqués. Comme une garantie de valeur élevée induit un niveau d'effort élevé d'une part, et qu'un niveau d'effort élevé pour accroître la probabilité de succès est plus importante chez les bons risques d'autre part, une garantie de valeur élevée incite les emprunteurs à choisir une action optimale et par conséquent les projets moins risqués.

Ainsi présentés, les modèles d'utilisation de la garantie comme un signal d'information à transmettre au banquier appellent quelques observations relatives pour la plupart aux hypothèses de l'analyse.

Sur ce point précisément, les modèles dans leur ensemble admettent l'hypothèse selon laquelle tous les emprunteurs sont identiques et ont le même montant de patrimoine initial. Ceci est irréaliste car dans la réalité, il y a des riches et des pauvres. De ce fait, le critère, garantie élevée comme indicateur de bon risque peut favoriser les riches qui pourraient être de mauvais risques et éliminer les pauvres qui sont pourtant de bons risques.

Par ailleurs, les analyses supposent que la banque a la latitude de fixer à son gré, et le taux d'intérêt, et le collatéral. Ce qui suppose que l'on est dans un contexte de libéralisation totale des taux d'intérêt. Dans un contexte où le taux d'intérêt est administré ou tout simplement encadré, il convient de relativiser la portée des analyses.

Dans le même ordre de considérations, l'ajustement des garanties à la hausse suppose que c'est le banquier qui détermine leur montant en fonction des risques en présence. Or, dans la pratique, non seulement ce n'est pas le cas, ce qui aurait pour inconvénient de déplacer le centre du problème, mais en plus, la garantie est le plus souvent fixée par voie réglementaire. Ce qui fausse quelque peu le jeu du principe de révélation de la qualité des emprunteurs qui veut que ce soit l'emprunteur lui-même qui propose le montant de la garantie.

À cela, il faudrait ajouter la critique générale selon laquelle la garantie limite le risque de défaut sans toutefois l'éliminer. Ce qui est préjudiciable à la portée de cet instrument dans l'appréciation de la qualité de l'emprunteur.

I.2.1.3 La portée critique des garanties dans l'appréciation du risque de défaut de l'emprunteur

Les critiques formulées à l'encontre de la garantie comme élément d'appréciation du risque de défaut de l'emprunteur sont pour la plupart relatives à la difficulté liée à sa réalisation, à son montant et à sa nature.

Pour ce qui est de la difficulté juridique, on note que la réalisation de la garantie est souvent rendue difficile par la présence d'un cadre juridique inopérant. Sur ce point justement, il est fait observer qu'en raison des procédures de saisie souvent longues et lourdes, certaines banques ne jugent pas possible de poursuivre les mauvais payeurs. Ce laxisme du cadre juridique a des effets pervers sur le comportement bancaire. En effet, au lieu de s'adresser à la justice pour obtenir une saisie, beaucoup de banques préfèrent continuer d'inscrire à l'actif de leur bilan les intérêts impayés et reconduire les prêts non remboursés - comptabilisation erronée abordée précédemment.

Évoquant les collatéraux sous l'angle quantitatif, il apparaît que pour que le collatéral ait un effet dissuasif, il faut que son montant soit suffisamment consistant. C'est ce qui expliquerait que dans la tradition américaine où le collatéral prend la forme d'un dépôt de titres publics - garanties financières, contrairement en France ou au Cameroun où elles sont davantage réelles - le montant de la garantie est le plus souvent supérieur à celui du crédit.

Un certain nombre d'études s'accordent pour reconnaître que les garanties réelles sont insuffisantes pour compenser les risques élevés que représentent les activités commerciales. C'est entre autres choses cet aspect qui fait parler de l'inadaptation de l'analyse du risque par les banques dans les pays de l'Afrique noire. Analysant cela en effet, Ch. Eboué (1988) souligne que les banques sont attachées à une vision du risque compensable par des garanties réelles souvent inexistantes ou insuffisantes. Que représenterait le nantissement d'un matériel de seconde main d'une valeur de 10 millions face à un crédit de 100 millions, ou même une hypothèque ferme sur un terrain valant 5 millions pour un crédit de 50 millions ?

Pour que le collatéral joue efficacement dans ces conditions, il faudrait ajuster les garanties à la hausse. Or, leur augmentation crée un autre problème, celui du rationnement des emprunteurs. En d'autres termes, exiger les garanties élevées dans un contexte où elles sont insuffisantes voire presque inexistantes, peut contribuer à réduire considérablement les risques de défaillance. Toutefois, en raison de l'élimination d'un bon nombre d'emprunteurs potentiels, cette mesure conduit plutôt à un rationnement de crédit qui exerce en retour un effet répressif sur les banques. De nombreux auteurs s'accordent pour reconnaître qu'une telle pratique qui se solde par l'éviction d'une frange importante de la population des concours bancaires entraînant avec elle d'importantes fuites des ressources, est l'un des facteurs explicatifs de l'essor de la finance informelle au cours des années 1980 (Ch. Eboué (1988), C. Mayoukou (1994)).

Concernant la nature de la garantie, un certain nombre d'études s'accordent pour reconnaître qu'étant donné l'insuffisance des sûretés individuelles, les utiliser comme solution ne permettrait pas d'obtenir tous les effets incitatifs et auto- sélectifs escomptés. C'est eu égard à la portée limitée des garanties individuelles que A. Lenoir (1991) propose de créer et de promouvoir dans les économies d'Afrique noire à l'instar du Cameroun, des organismes de garanties mutuelles. Dans un pareil système, non seulement les sûretés deviennent substantielles, mais en plus les membres sont solidairement garants du crédit contacté par l'un des leurs. Dans ces conditions, la pression morale plus ou moins explicite peut amener un emprunteur potentiel à faire plus attention lorsqu'il s'engage dans un projet qui requiert un financement.

En effet, la vie communautaire ou la vie en groupe est tellement ancrée dans les moeurs africaines que chaque fois que l'on veut mettre en place un système qui privilégie, ou qui sollicite davantage un déploiement individuel, les résultats ne sont guère probants. En d'autres termes, la spécificité des structures dans cette région constitue en quelque sorte un barrage à la possibilité d'appliquer l'analyse et les réformes économiques standard. D'où la nécessité de tenir compte de leur existence lors de l'élaboration des mesures dont l'application leur est destinée.

En résumé, nous pensons que pour que le collatéral contribue à réduire la sélection contraire et / ou le risque moral, le système actuel de garanties nécessite un réaménagement. Aussi convenons-nous avec A. Lenoir (1991) que compte tenu de la spécificité des économies sous revues, un système de garanties mutuelles ou collectives paraît mieux à même de jouer ce rôle. L'atout principal de ce type de sûretés repose en général sur les relations de proximité, de confiance et de solidarité existant entre les membres et sur leur poids psychologique.

L'établissement des relations de clientèle ou de long terme entre les banques et leur clientèle, l'autre solution théorique préconisée, devient dès lors nécessaire.

I.2.2. Les contrats de crédit avec relation de long terme dans le contrôle du risque de crédit bancaire

La relation banque-client est l'un des indicateurs qualitatifs importants qui entrent dans la politique d'octroi de crédit. Cette relation procède de l'observation du comportement de l'emprunteur au cours des périodes et se fonde sur les engagements, les promesses et la confiance des parties contractantes. En particulier, il s'agit de lier ou de rendre le comportement du débiteur temporellement ou inter temporellement cohérent.

Aussi, la relation de clientèle s'apprécie-t-elle par l'intermédiaire du capital-confiance dont dispose l'entreprise vis-à-vis de la banque. Pour une banque par exemple, cette relation se caractérise par des éléments tels que, la date d'entrée de l'entreprise en relation, la régularité dans le remboursement des prêts antérieurs, le fait pour l'entreprise de toujours honorer ses engagements à l'échéance, la participation de la banque dans le chiffre d'affaires de l'entreprise…

Elle réside le plus souvent dans les conversations entre la banque et le client. Ces conversations comportent deux avantages. D'une part, elles permettent au banquier de suivre l'évolution des affaires qu'il finance afin d'éviter les mauvaises surprises. D'autre part, elles permettent au banquier d'obtenir auprès de son client les indications complémentaires et notamment des éclaircissements sur certains postes de son bilan et comptes de résultats, ainsi que des précisions sur l'importance de ses avoirs et de ses engagements hors bilan.

Ces conversations qui se déroulent habituellement dans une ambiance de confiance réciproque permettent au banquier de connaître les projets, les espoirs, parfois même les difficultés et les déceptions de son client ainsi que son tempérament et ses réactions. Ces indices que le banquier a tendance à négliger au moment d'octroi du crédit peuvent avoir des incidences sur la vie de l'entreprise et sur sa capacité future de remboursement.

Les premiers travaux ayant intégré la relation de clientèle dans la théorie de l'offre de crédit sont ceux de D.R. Hodgman (1960), Kane et Malkiel (1965), Jaffee et Modigliani (1969), Koskala (1976) et Baltensperger (1978). Le dénominateur commun à tous ces modèles traditionnels réside dans le fait qu'ils considèrent la relation de clientèle comme un moyen empêchant la banque de recourir au rationnement du client qui entretient une solide relation avec elle.

Les modèles plus récents mettent l'accent sur le rôle de signal que joue la relation de clientèle lui conférant ainsi la possibilité de limiter le risque de sélection contraire et de risque moral. L'établissement de la relation de clientèle est par conséquent un moyen de contrôle du risque de l'emprunteur.

La théorie financière montre que l'établissement de la relation de long terme entre le banquier et le client peut se faire, soit par des contrats implicites, soit par des contrats explicites. Par quels mécanismes ces contrats permettent-ils d'internaliser les risques de signature ? À cet égard, on commence par examiner les principales conclusions des modèles de contrats implicites (I.221) et explicites (I.222). Ensuite on apprécie leur portée (I.223).

I.2.2.1 Les contrats implicites dans le contrôle du risque de défaillance de l'emprunteur

Les premiers travaux consacrés aux contrats implicites remontent au début des années 1970 avec notamment les contributions de C. Azariadis (1975), C. Bull (1983), S.J. Grossman and O.D. Hart (1981), C. Azariadis and J. Stiglitz (1983). Dans ces études, la théorie des contrats implicites est applicable en particulier aux relations entre l'employeur et les employés sur le marché du travail. Par la suite, les travaux s'intéressent également au marché du crédit, avec J.E. Stiglitz et A. Weiss (1983), D.W. Diamond (1989, 1991), S.A. Sharpe (1990), etc.

La théorie financière précise que, quand il n'existe plus de moyen légal de contraindre l'emprunteur à révéler sa qualité, lorsque le recours à un contrat contingent s'avère trop coûteux, les relations implicites qui existent naturellement entre le banquier et son client, peuvent permettre de contourner le problème de la sélection contraire ou de risque moral.

Contrairement aux contrats explicites, les contrats implicites, ne font pas apparaître formellement par écrit ce qui attend l'emprunteur en cas de défaillance. Les clauses du contrat implicite des prêts ne font pas ressortir de manière claire et précise les dispositions - sanctions à l'encontre de l'emprunteur, attitude ou résolutions du banquier vis-à-vis de son client - à envisager lorsque ces clauses ne sont pas respectées par l'une des parties, en particulier le débiteur. En un mot, les mécanismes d'incitation de l'emprunteur n'apparaissent pas formellement dans les dispositions du contrat de crédit. Les rapports qui s'établissent entre le banquier et son client du fait de l'opération de crédit demeurent sous-entendus et se basent en général, sur deux éléments : la réputation et la bonne foi ou confiance des parties.

Les contrats implicites mettent ainsi en jeu la réputation des protagonistes en présence et s'appuient pour ainsi dire sur la confiance mutuelle. Cette réputation est importante car il est possible de recourir à l'observation directe de la qualité de l'emprunteur avant de procéder au choix. Parlant de la réputation du banquier, S.A. Sharpe (1990) souligne que, si dans une relation de crédit les banques exploitent leurs premiers clients, il faudrait vraisemblablement s'attendre à ce qu'elles perdent des parts de marché potentiel sur la nouvelle clientèle au cas où elle en viendrait à s'informer sur de telles pratiques. Mais dans la plupart des modèles (D. Diamond (1989, 1991) par exemple, la réputation du banquier est considérée comme une donnée constante au contraire de celle de l'emprunteur qui elle, est une variable déterminante.

L'argument sous-tendant les modèles de contrats implicites s'appuie sur un certain nombre d'hypothèses :

- hypothèse 1 : le signal émis par la banque, à savoir la promesse de renouveler ses prêts est une information publique. Cette hypothèse est d'ailleurs le dénominateur commun aux modèles de contrats implicites et explicites. Mais dans les contrats implicites, cette promesse est non contraignante. En revanche, dans la catégorie des contrats explicites, la promesse de consentir des prêts futurs est conditionnelle ;

- hypothèse 2 : le comportement affiché par l'emprunteur dans le passé est révélateur du type auquel il appartient ;

- hypothèse 3 : la régularité ou la permanence de la réputation de l'emprunteur. S'il a eu une bonne réputation dans le passé, alors il est un bon risque maintenant et le sera dans le futur.

Par observation donc, le banquier s'enquiert du comportement passé de l'emprunteur vis-à-vis de ses engagements. À ce niveau, les effets de deux mécanismes entrent en jeu : les effets de réputation qui limitent la sélection contraire et les effets de confiance qui réduisent l'aléa moral.

* Les effets de réputation : si par le passé le débiteur a été crédible, prudent dans ses prises de risques, ou s'il a honoré ses engagements et effectué normalement les remboursements des emprunts contactés antérieurement, sa qualité d'emprunteur solvable se trouve ainsi révélée. Comme résultat, le choix est facilité et le risque de sélection contraire se trouve par voie de conséquence réduite.

* Les effets de confiance : comme par hypothèse les effets de réputation sont supposés se prolonger dans le futur, le banquier fait confiance à l'emprunteur quant à sa volonté de conserver sa qualité de bon client par une prise modérée du risque. Il admet ainsi que l'emprunteur, au risque de perdre cette confiance placée en elle, sera prudent dans sa prise de risque. Du coup, le problème de l'aléa moral ne se pose plus et la nécessité d'un contrôle ou d'une surveillance sur l'emprunteur s'avère moins utile. C'est l'une des conclusions auxquelles aboutit Diamond (1991). En effet, dans son modèle consacré à l'analyse

de l'interrelation entre le "monitoring" et la réputation, Diamond (1991) démontre que les effets de réputation éliminent la nécessité d'un contrôle sur l'emprunteur.

Au total, les contrats implicites par les effets de réputation et de confiance qu'ils mettent en jeu peuvent être un moyen de limitation du risque de crédit. Toutefois, un certain nombre de réserves doivent être faites sur les principales hypothèses explicatives retenues. D'une manière générale, pour que les effets de réputation jouent de manière significative, il faut au moins deux conditions :

- que l'agent investisse dans sa réputation et que celle-ci affecte et améliore les revenus et les profits futurs de l'emprunteur. Dans l'hypothèse contraire où la réputation ne constitue pas une préoccupation pour l'emprunteur - cas des emprunteurs factices opportunistes - il faudrait s'attendre à ce que l'adoption d'une telle mesure ne produise que des effets limités ;

- que le comportement passé soit un indicateur du comportement d'aujourd'hui, et celui d'aujourd'hui, un indicateur du comportement futur. En effet, la réputation est établie à partir de l'observation du comportement passé que l'on projette sur le présent puis sur le futur. Ainsi, pour que la réputation du débiteur se conserve dans le présent et dans l'avenir, il faut supposer un comportement corrélé ou un comportement cohérent et rationnel dans le temps.

Dès lors, la question intéressante est de savoir comment inciter un emprunteur à préférer une relation de long terme à des contrats à court terme renouvelés qui laissent la porte ouverte à un comportement opportuniste et obligent à une vérification coûteuse du résultat à chaque période ?

Ces observations restent dans leur ensemble valables pour les modèles de contrats explicites.

I.2.2.2 Les contrats explicites dans le contrôle du risque de défaillance de l'emprunteur

À la différence des contrats implicites, les dispositions des contrats explicites font apparaître clairement, en plus des éléments entrant dans un contrat de crédit normal, des sanctions - résiliation du contrat, exclusion du marché de crédit, rationnement du crédit, application des taux d'intérêt élevés etc.- auxquelles s'exposent les emprunteurs en cas de non respect des termes du contrat. Ces contrats sont assortis d'un acte juridique légal donnant droit entre autres, aux poursuites judiciaires à l'encontre de l'emprunteur défaillant.

Dans la perspective des relations de long terme, J.E. Stiglitz et A. Weiss (1983) envisagent la possibilité pour une banque d'offrir des contrats explicites à deux périodes. Examinant les conditions sous lesquelles il est souhaitable d'utiliser un contrat contingent, et celles sous lesquelles un contrat contingent entraîne la dénonciation de la relation, les auteurs aboutissent à la conclusion selon laquelle dans l'hypothèse de l'incapacité de l'emprunteur à effectuer son remboursement à la fin de la première période, il peut être rationné par le banquier à la deuxième période ; celui-ci peut par exemple lui infliger un taux d'intérêt élevé. La solution préconisée par F. Allen (1983) est bien plus sévère lorsqu'il propose l'exclusion de l'emprunteur du marché des crédits en cas de défaillance.

Mais qu'il s'agisse des contrats explicites ou des contrats contingents, le principe à la base des analyses et les conditions requises pour l'obtention d'un nouveau crédit sont les mêmes.

En effet, ces modèles se fondent sur l'idée selon laquelle la menace de suspension des relations de crédit à long terme et l'application des sanctions constituent des mesures incitatives pour l'emprunteur. En outre, le principe de l'antériorité des dettes conditionne les autres crédits. De ce fait, les dettes antérieures ont préséance ou priorité sur les nouvelles dettes. Autrement dit, tout emprunteur ne peut obtenir un autre crédit que s'il s'est acquitté de tous les engagements pris à la première période. Il faut dire que le principe de l'antériorité de la dette est de nature à rendre la menace de suspension ou de rationnement efficace. Toutefois, pour que ces conditions et cette menace soient effectives, il faut au moins deux préalables : l'absence d'autres sources de financement et la menace de suspension des relations de crédit pouvant affecter les profits futurs.

En ce qui concerne l'absence d'autres sources de financement, les emprunteurs potentiels ne doivent pas avoir la possibilité de substituer au crédit bancaire une autre source de financement. Si tel est le cas, ils pourraient rester indifférents face à la menace de suspension de crédit ou d'exclusion du marché de crédit. Or, dans le contexte des économies contemporaines et notamment occidentales où l'accès au marché des capitaux est relativement aisé et banalisé, l'instrument "menace" perd toute sa force en tant que mécanisme incitatif pour l'emprunteur avide de gains car, il peut recourir à ces marchés de capitaux pour se procurer les ressources dont il a besoin. Il est également important de relever que même dans la plupart des pays de l'Afrique subsaharienne où ces marchés sont en général quasi-inexistants, la présence des circuits financiers informels (tontines et autres associations d'épargne et de crédit) qui accordent les crédits, contribuerait à affaiblir cet instrument.

Pour ce qui est de la menace de suspension des relations de crédit pouvant affecter les profits futurs, il convient de signaler que lorsque l'emprunteur n'a pas de profit futur à préserver, il faudrait s'attendre à ce qu'une telle pénalisation n'ait que des effets incitatifs limités sur son comportement et qu'elle ne décourage pas en tant que tel ce dernier dans sa prise de risque.

Par ailleurs, des observations peuvent être faites sur la manière dont sont établies la réputation de l'emprunteur et les relations de long terme. En effet, dans les modèles de contrats implicites et explicites, la réputation est un constat ex-post établi uniquement à partir de l'observation passée du comportement de l'emprunteur. Force est donc de reconnaître que ces modèles ne disent rien en revanche sur la réputation d'un nouvel emprunteur. La question est, comment recueillir les informations sur la réputation d'un nouveau client reste ainsi posée ?

Au total, les relations de long terme qui peuvent s'établir, soit par des contrats implicites, soit par des contrats explicites, mettent en jeu la réputation de l'emprunteur pouvant être appréhendée par la régularité dans le remboursement des prêts antérieurs. Ces contrats se fondent sur l'idée selon laquelle, la menace de suspension de cette relation et l'application des sanctions constituent un instrument supplémentaire à côté des garanties et partant un moyen de réduire la sélection contraire et le risque moral, autrement dit, limiter le risque de crédit. La suspension de la relation qui est la conséquence d'une perte de confiance, de réputation et de profit, oblige l'emprunteur à rembourser convenablement ses dettes et à adopter un comportement raisonnable dans la gestion du crédit obtenu.

Malgré les réserves émises à l'encontre de ces mécanismes incitatifs, il convient de reconnaître que le pouvoir incitatif de ces derniers reste indéniable. Ce qui confère à cette approche du risque de crédit une portée appréciable.

I.2.2.3 La portée critique de l'approche du risque de défaut de l'emprunteur par la relation de clientèle

L'approche de l'appréciation du risque de crédit par la relation de clientèle a eu un écho très favorable auprès d'un certain nombre de chercheurs. Comparativement à l'approche usuelle du risque basée sur les documents comptables, l'approche par la relation est tantôt perçue comme un complément nécessaire de l'approche fondée davantage et souvent uniquement sur les seuls documents comptables, tantôt comme une alternative.

Dans un récent article, P. Poutret (1994) relève que l'approche basée uniquement sur les documents comptables se révèle incomplète pour apprécier la qualité de l'emprunteur. La non maîtrise du risque de crédit est imputable en grande partie à l'utilisation exclusive de cette approche. Aussi P. Poutret (1994) préconise-t-il à juste titre, que l'approche par les documents comptables soit complétée par l'approche par la qualité.

Pour certains chercheurs qui se sont penchés en particulier sur le cas des PED, l'approche du risque par les documents comptables est inadaptée pour plusieurs raisons :

- une insuffisance de l'information comptable en raison d'une comptabilité incertaine ou quasi-inexistante, et de la faible fiabilité des comptes des résultats. Dès lors, les documents comptables de l'entreprise emprunteuse, mode traditionnel de collecte d'informations sur cette dernière et son projet et éléments sur lesquels la banque doit fonder son opinion, ne fournissent pas d'informations nécessaires et suffisantes à cette fin. Dans ce contexte où l'absence de comptabilité ne permet ni de connaître exactement la situation de l'entreprise, ni la rentabilité de ses opérations, comment justifier la rentabilité d'un investissement et quelles garanties de remboursement lui proposer si l'échelonnement des recettes à venir ne peut être prévu ?

- Les documents comptables comme éléments d'appréciation du risque de défaillance sont inadaptés et, à la limite, inadéquats. Ch. Eboué (1988) y voit surtout un problème de garanties c'est-à-dire - de collatéral - hypothèque, procédure de cautionnement ou d'aval. Mais, à l'instar de

E. Bloy et C. Mayoukou (1994), nous voyons dans cette inadaptabilité de l'analyse du risque, davantage un problème de support d'information qui ne correspond pas toujours à la réalité vécue. Comment dans ces conditions donner à une banque les informations qu'elle demande ?

- Les bilans et les comptes d'exploitation exigés se révèlent de peu d'utilité dans nombre de cas. À cet égard, Bloy et Mayoukou (1994) soulignent que dans le cadre d'une petite entreprise de transport par exemple, il est de peu d'utilité d'avoir un bilan dans lequel figureront les immobilisations dont le chef d'entreprise n'est pas propriétaire, et dont les valeurs sont sans commune mesure avec la réalité. Dans de pareilles conditions, il vaudrait mieux connaître directement le nombre de véhicules possédés, leur valeur vénale, les recettes qu'ils dégagent et les activités auxquelles ils donnent lieu. Et toutes ces informations ne peuvent être obtenues que par des interventions sur le terrain.

Pour toutes ces raisons, l'approche par la relation se présente dans certains cas comme une alternative sérieuse à l'approche par les documents comptables. Aussi convenons- nous avec ces auteurs que pour limiter les risques encourus par les banques dans leurs opérations de crédit ou pour réduire la croissance des créances douteuses, toute solution envisagée doit pouvoir contribuer à surmonter le problème de l'inadaptation du support de l'information qu'utilisent les banques dans l'appréciation du risque. Ce qui nécessite dans ce cas, que le banquier aille vers son client pour recueillir les informations dont il a besoin.

L'approche par la relation fondée sur la réputation de l'emprunteur apparaît ainsi mieux à même de maîtriser le risque de défaut de crédit. Tout le problème réside dans l'évaluation de cette réputation. Pour mieux évaluer la réputation de l'emprunteur nécessaire au fondement d'une relation de long terme plus bénéfique pour les deux parties, la condition requise à notre avis est de partir des informations fondées sur une connaissance en profondeur de l'emprunteur et de ses activités et non uniquement sur l'observation ex-post du comportement de celui-ci.

Pour un certain nombre d'auteurs en l'occurrence les tenants de la banque à l'engagement[99], l'évaluation de la réputation passe par la

[99] Pour établir la classification des banques aujourd'hui, une question se pose de savoir s'il faut la repenser selon l'étendue de ses activités - degré de spécialisation - ou suivant

personnalisation des relations entre le banquier et son client. Pour cela, P. Poutret (1994) pense que la relation entre banquier et client ne doit plus se résumer en une simple relation d'intermédiation où les banques sont principalement des "apporteurs de crédits". Les banques doivent mettre en place des stratégies de fidélisation des clients, ce qui peut les conduire à élargir l'offre des produits à l'activité de conseil aux entreprises emprunteuses. C'est donc une véritable relation de partenariat qui devra s'instaurer entre les banques et leurs clients. À cet égard, le contrat explicite de crédit pourra être assorti de clauses de supervision et d'intervention directe dans la gestion de l'emprunteur lorsque la probabilité de faillite augmente, ou instaurer pour le banquier un coût en cas de faillite de l'emprunteur.

Cette personnalisation des relations implique également des interventions sur le terrain autrement dit, le rapprochement du banquier de son client. C'est l'approche par la proximité qui permet de mieux établir la réputation. Dans tous les cas, toute approche qui s'oriente vers la connaissance personnalisée du client, soit pour fidéliser la relation, soit pour exercer en partenariat avec ce dernier est de nature à faciliter la maîtrise du risque par les banques. Pour Bloy et Mayoukou (1994), les relations de partenariat relèvent de ce qu'ils appellent "la proximité relationnelle versus relations de clientèle". Les auteurs notent que pour une connaissance plus complète de l'emprunteur, l'analyse devrait s'étendre à toutes les composantes de la proximité.

En effet, dans un récent article consacré à l'approche par la "proximité" comme moyen d'endogénéisation du risque et d'évaluation de la réputation de solvabilité d'une part, et comme un palliatif de la carence et de la faible fiabilité des informations comptables d'autre part, Bloy et Mayoukou (1994) définissent trois composantes du concept de proximité : culturelle, spatiale et relationnelle.

---

la nature de la relation de crédit. Sous l'angle de la relation de crédit, deux modèles de banques sont en présence : le modèle de banque à l'acte - Royaume-Uni, États-Unis - qui se caractérise par l'importance des procédures standardisées et anonymes imposées à tout le monde ; le modèle à l'engagement - Allemagne, France, Italie, Japon - qui se caractérise par l'importance des opérations moins soumises à la standardisation et fait appel à des procédures d'informations non codifiées et plus personnalisées. Se reporter à J.P.Lemaire et J. B. Ruffini (1993) pour plus de détails sur ces modèles.

Dans sa composante culturelle[100], la proximité permet de mesurer l'importance qu'accorde le prêteur ou l'emprunteur aux traditions, coutumes et mœurs dans les transactions financières. Et dans un contexte où l'importance de la famille ou "l'allégeance" au groupe ou à l'ethnie prévaut généralement sur l'autonomie et l'intérêt personnel, la connaissance culturelle de son partenaire permet de réduire le risque culturel, c'est-à-dire les aléas résultant du poids et du rôle de la communauté par rapport à celui de l'individu.

La proximité spatiale quant à elle renvoie au droit de regard de l'intermédiaire financier sur le client. Elle inclut une activité routinière de surveillance marquée par de nombreuses rencontres entre l'intermédiaire et son client, des échanges d'informations et d'avis sur des opportunités d'investissements ou d'activités plus rentables susceptibles d'être exploitées par le client. Aussi, par l'immersion du créancier dans le milieu où évolue son client, la proximité géographique permet-elle de connaître les besoins des clients, de repérer leurs difficultés avant qu'un défaut de paiement n'ait lieu. L'aboutissement de cette immersion est la proximité relationnelle qui conduit à l'établissement des relations de confiance et de réputation.

Au total, l'approche par la proximité permet aux institutions financières et aux entreprises emprunteuses de se forger une démarche collective reposant sur un comportement d'apprentissage au cours duquel se construit la réputation. Cette réputation s'exprime par des liens de fidélité et de confiance mutuelle. Les liens de fidélité et de confiance permettent d'apprécier la qualité des transactions, non en fonction de l'analyse financière conventionnelle exclusivement - analyse bilancielle - mais en intégrant dans la décision la capacité des agents à respecter leurs engagements par l'évaluation de leur crédibilité, leur réputation et leur confiance (Bloy et Mayoukou (1994, p. 16)).

L'approche par la relation est l'atout principal des contrats de tontines, l'une des composantes les plus dynamiques de la finance informelle qui connaît aujourd'hui dans l'économie examinée un essor

[100] La proximité culturelle désigne le partage de mœurs identiques entre le prêteur et l'emprunteur. D'une manière générale, elle signifie aussi la connaissance de la culture de son partenaire.

considérable[101]. Le contrat de tontines s'établit entre un groupe de personnes unies par des liens familiaux, professionnels, amicaux, etc.

Se connaître et se faire confiance sont les attributs de la finance informelle en général et des tontines en particulier. Ils jouent comme le relève C. Mayoukou (1994, p.68), le rôle de barrière à l'entrée pour les nouveaux membres. Dans le même ordre d'idées, M. Lelart (1989) souligne que l'organisateur ou le groupe médiateur n'accepte de nouveaux membres qu'en fonction de l'information sur leur réputation ou de leur solvabilité. L'accès à l'information sur la réputation d'un postulant ou d'un membre est d'autant plus aisé que la circulation de l'information est quasi-totale au sein de ces associations.

M. Lelart (1989) relève que la tontine est "l'occasion de passer un moment agréable, c'est pour chacun l'occasion d'échanger des informations, de parler de ses affaires, de ses projets, des soucis, les plus jeunes sollicitent les conseils des plus âgés, les nouveaux venus peuvent demander assistance". Les réunions fréquentes qu'engendrent les associations tontinières sont autant d'occasions offertes pour la circulation de l'information sur le marché, pour les mico-entrepreneurs d'échanger des nouvelles locales. B. Békolo Ebe (1993) souligne à cet effet que chaque membre de la tontine se sent "en effet délié, à tort ou à raison, aux centres de décisions. Il livre donc l'information aux autres participants. Ainsi la tontine fonctionne- t- elle comme un club d'initiés d'autant efficient que le délit n'existe pas".

La disponibilité de l'information sur les membres ne permettrait pas certes de connaître avec précision le taux de rentabilité des activités des uns et des autres. Néanmoins, elle permet de savoir si les affaires prospèrent ou pas. Ce qui est important pour apprécier la capacité de remboursement des membres. Aussi apparaît-il que l'information financière, composante essentielle dans la relation prêt-emprunt qui fait

[101] Une récente étude précise que le secteur financier informel a collecté en 1982-83, 66% de l'épargne des ménages camerounais (Banque mondiale 1986, p.42). La même étude révèle que ce secteur est une source importante de financement pour les entreprises qui est pour la même année de 11% de leurs ressources totales contre 22% pour le système bancaire. Les enquêtes menées par B. Bekolo-EBE, Fouda-Owoundi, Bilongo et Dissaké (1991) sur les tontines dans les provinces du Centre, du Littoral, de l'Ouest et du Nord-ouest, ainsi que l'étude récente de M. Nzemen (1993) confirment cette tendance expansionniste de la finance informelle.

doublement défaut dans la relation banques-emprunteurs est présente dans les contrats de tontines. Ce qui réduit les phénomènes de sélection contraire et de hasard moral et limite les défauts de paiement qui, "loin d'apparaître comme un simple manquement à la discipline, prennent l'allure d'un crime contre la fidélité due aux amis" (C. Mayoukou (1994), p. 68)).

Au total, les relations fortement personnalisées dans les contrats de tontine rendent l'asymétrie d'information quasi - inexistante dans les opérations de prêt, et conduisent à des taux de défaillance sensiblement nuls. Par ailleurs, en raison du principe de sélection fondée sur la réputation, chacun investit dans cette dernière. La livraison d'informations exactes et précises sur les activités en cours ou sur les projets constitue un mécanisme de révélation de la qualité du membre. Toutefois, malgré l'information quasi-parfaite, les tontines s'entourent d'un certain nombre de sûretés : aval d'un demandeur de crédit par un membre qui n'a pas encore levé ses fonds ; garanties du prêt par les avoirs détenus en caisse. Pour un nouvel adhérent, le parrainage par un membre du groupe est une garantie importante car il engage la crédibilité de celui-ci.

Les représailles en cas de manquement conduisent à la marginalisation totale du mauvais payeur. Il est exclu du système de prêts et perd toute confiance vis-à-vis du groupe pour avoir failli à sa parole. Toutefois, le principe de solidarité jouant, il peut emprunter par personne interposée. Par ailleurs, ce même principe amène les prêteurs à recourir aux voies de rachat qui débouchent sur des compromis acceptables par tous. Très souvent, pour ne pas exclure complètement le mauvais payeur et par peur qu'il ne récidive, il est classé à la fin du cycle suivant et ne lèvera les fonds qu'en dernier lieu. On procède également au rééchelonnement de la dette du mauvais payeur ; ceci en lui donnant la possibilité de s'acquitter progressivement de sa dette dont le remboursement peut s'étendre parfois sur plusieurs cycles de tontine.

En résumé, des développements précédents il ressort que :

1) pour réduire l'asymétrie d'information dans les relations banquiers/ clients, il convient :

- d'une part, d'amener les emprunteurs à révéler leur qualité aux banques. À ce titre, l'analyse des différents signaux financiers, apport personnel, dividendes et la structure financière de l'entreprise révèlent que :

* le montant de l'apport personnel est un bon indicateur de risque s'il est positivement relié à la valeur de l'emprunteur ;

* le versement ou la promesse de payer des dividendes élevés et une structure financière présentant un niveau d'endettement au-dessus de la moyenne, constituent également des signaux pertinents de risque à condition que leurs montants soient positivement corrélés à la valeur de l'emprunteur ;

- d'autre part, permettent d'instituer les mécanismes incitatifs. A cet égard, il apparaît que :

* la valeur de la garantie apportée par l'emprunteur est un signal crédible de risque si elle est fonction croissante de la valeur du projet ou de l'entreprise de l'emprunteur ;

* la réputation ou la connaissance directe de l'emprunteur établie à partir des relations de plus en plus poussées et, pourquoi pas, personnalisées avec les clients et à travers des contrats implicites ou explicites, se révèle également être un indicateur fiable de risque.

2) Les analyses théoriques reposent sur une hypothèse très forte que l'emprunteur ne doit pas recourir à d'autres sources de financement et ne doit verser ni les dettes sociales, ni les impôts. Ces éléments ayant une incidence certaine sur la capacité de remboursement de l'emprunteur, leur prise en compte est susceptible de fournir des informations sur la qualité de l'emprunteur en présence. Pour compléter les modèles théoriques, nous les avons intégrés sous la variable "engagement de l'emprunteur envers le tiers" regroupant l'engagement envers les tontines (NTA), à la centrale des risques (NEC), auprès des fournisseurs (NEF), à l'égard de l'État (PRI) et des organismes sociaux (VDS). Il a également été pris en considération la Rentabilité du projet de l'emprunteur (RPE).

Ainsi, si l'on désigne par :
- VEP, la valeur du projet ou de l'entreprise ;
- APP, le montant de l'apport personnel de l'emprunteur ;
- RDA, les dividendes versés aux actionnaires ;
- VGA, la valeur de garantie apportée par l'emprunteur ;

- la réputation de l'emprunteur appréhendée par les variables RPA, la régularité dans le remboursement des prêts antérieurs et CRE la capacité de remboursement de l'emprunteur.

Le modèle de synthèse des résultats théoriques avec prise en compte de nouvelles variables à tester empiriquement peut s'écrire de la manière suivante :

$$VEP = C + a_1APP + a_2AFI + a_3RDA + a_4VGA + a_5RPA + a_6CRE + a_7NEF + a_8NEC + a_9NTA + a_{10}VDS + a_{11}PRI + a_{12}RPE + \varepsilon$$

Si l'on se situe dans la logique des modèles théoriques, tous les coefficients a_i doivent être positifs à l'exception de, a_7, a_8, et a_9, signifiant ainsi qu'un niveau d'engagement élevé peut compromettre la capacité de remboursement de l'emprunteur et influencer négativement sa valeur.

Avec un apport personnel dont le montant proposé émane de l'emprunteur, avec les garanties - mutuelles, cautions solidaires - solides, avec la prise en compte de la réputation de l'emprunteur et avec un système bancaire qui investit dans la connaissance poussée de ses clients, on aboutit à une réduction des imperfections informationnelles dans les relations de prêts et donc à une meilleure appréciation du risque de crédit. Nous pensons également que la même approche doit prévaloir dans la lutte contre la crise de liquidité bancaire.

II. Internalisation du risque de liquidité bancaire

Les analyses précédentes mettent en exergue, deux grands groupes de facteurs dans l'explication de la crise de liquidité se manifestant par les ruées bancaires et les fuites permanentes des ressources auxquelles elles donnent lieu.

D'une part, il s'agit du manque de confiance des détenteurs de ressources vis-à-vis des institutions bancaires. Celui-ci est imputable essentiellement à la perte de crédibilité des banques et à l'existence de l'asymétrie d'information renforcée par leur distanciation. En effet, le système bancaire camerounais fonctionne de manière très fermée. De façon générale, aucune information n'est diffusée dans le public, et la seule information livrée à la clientèle se limite au solde de son compte. Sous prétexte de secret bancaire, le système bancaire pratique une politique exacerbée de rétention de l'information.

En raison de l'existence de cette asymétrie d'information en faveur des banques, il devient difficile aux clients de connaître le degré de risque que représentent les banques auxquelles ils désirent confier leurs avoirs. Aussi hésitent-ils à faire confiance à quelqu'un qui leur est étranger. P. Sangkyun (1991) abonde dans le même sens lorsqu'il souligne que ce manque d'information spécifique sur la banque explique le renforcement d'une défiance du public vis-à-vis des banques et la montée d'une confiance rehaussée envers le système des tontines.

D'autre part, il s'agit du faible attrait des instruments financiers proposés par les banques. De récentes analyses[102] révèlent que les produits financiers classiques - compte à vue et à terme, compte d'épargne, bons de caisse, etc. - non seulement ne garantissent pas la liquidité, la rentabilité et la sécurité des dépôts, mais en plus ne répondent pas aux aspirations d'un grand nombre de déposants potentiels. Sur ce dernier point, il est important de préciser que les déposants étant en même temps les acteurs de la finance informelle, leur forte préférence pour les espèces s'explique en grande partie par les exigences des transactions financières informelles faites uniquement en monnaie fiduciaire.

Au total, la crise de confiance des déposants doublée du faible attrait des instruments financiers proposés est à l'origine de la crise de liquidité dont les ruées bancaires sont la manifestation publique. Sur le plan théorique il existe un certain nombre de recettes à la solution de la crise de liquidité. Il s'agit notamment des éléments que la banque utilise pour révéler sa crédibilité aux déposants. En effet, la théorie de la finance énonce que la banque peut se protéger contre les ruées des déposants par suspension de convertibilité des dépôts (II.1) ou par l'institution d'un système d'assurance - dépôts (II.2).

II.1. Les contrats de dépôts avec suspension de convertibilité dans la limitation des ruées bancaires

Un contrat de dépôt avec suspension de convertibilité est un contrat dont l'une des clauses prévoit qu'en cas de besoin, la banque peut cesser momentanément le remboursement des retraits. Les principales contributions sur cet aspect sont essentiellement celles de G. Gorton

[102] Se reporter à l'article de L. Tchamanbé Djiné (1994).

(1982, 1985), Diamond et Dybvig (1984) M. Engineer (1987). Envisageant cette possibilité comme solution dans leur modèle de ruées bancaires à deux périodes, Diamond et Dybvig (1984) aboutissent à la conclusion pour le moins paradoxale selon laquelle, la suspension de la convertibilité peut conduire à une situation dans laquelle, "la convertibilité ne sera jamais effectivement suspendue". L'idée développée par les auteurs tient aux arguments suivants :

- si le montant des retraits au-delà duquel aucun autre retrait ne serait plus possible est tel que le rendement r_2 versé aux déposants qui vont retirer plus tard à la période T= 2 est supérieur à r_1, celui de ceux qui désirent retirer en T= 1, alors aucun agent de type 2 n'a intérêt à retirer en T= 1 ;

- lorsque la banque émet un contrat de dépôt avec suspension de la convertibilité, il existe un seul équilibre, l'équilibre de Nash correspondant au cas où chaque déposant ne se présente à la banque qu'à la période convenue en T = 1 au moment du choix de son type d'appartenance.

Toutefois la question est ici de savoir comment les agents du type 2 sont informés de leur rendement ? Autrement dit, comment savent-ils que le rendement (r_2) que leur proposent les banques après l'adoption de la clause de suspension de la convertibilité est supérieur au rendement (r_1) des agents du type 1 qui ont déjà procédé aux retraits ? On note en effet que le modèle n'apporte pas de réponse à cette interrogation. Ce qui contribue à affaiblir la clause de la suspension de convertibilité dans les contrats de dépôts, comme solution au phénomène des ruées bancaires.

Dans ses travaux, G. Gorton examine les conditions dans lesquelles, il est intéressant de procéder à la suspension de convertibilité des dépôts. Selon lui, la convertibilité joue un rôle important quand les déposants sont encore incomplètement informés de l'état des investissements de la banque. En d'autres termes, l'utilisation de l'instrument "suspension de convertibilité" est recommandée en cas d'asymétrie d'information en faveur des banques. Car, en situation de parfaite information, envisageant des pertes de capital futures, les déposants ne seraient jamais d'accord pour une suspension de convertibilité qui les empêcherait, ce faisant, de procéder à une allocation optimale de leur portefeuille. Aussi assisterait-on sous cette hypothèse plutôt aux ruées des déposants.

L'analyse révèle par ailleurs que l'élément déterminant de l'utilisation ou de la non utilisation de l'instrument "suspension de convertibilité", est l'information des déposants sur la qualité des actifs bancaires. En outre, la décision de suspension apparaît comme un signal à finalité préventive. Ainsi, pour la banque, connaissant mieux la qualité de ses actifs, par la décision de suspendre la convertibilité des dépôts, elle signale aux déposants qu'il est dans l'intérêt de tous de continuer le processus de leur investissement.

En d'autres termes, la suspension est considérée comme un signal selon lequel, ne pas procéder ou recourir aux retraits immédiats serait mutuellement bénéfique pour la banque et pour les déposants. Et parce que la connaissance de la qualité des actifs laisse supposer qu'il existe un indicateur avancé de l'état des investissements des banques, la suspension de convertibilité, au même titre que les paniques, est ici un événement prévisible et non aléatoire. De l'analyse de G. Gorton, il découle qu'un contrat de dépôt avec clause de suspension de convertibilité ne permet d'exclure les paniques bancaires que si ces dernières sont des phénomènes non aléatoires.

Chari (1989) insiste aussi sur l'aspect aléa comme une limite au mécanisme des contrats de dépôts avec suspension de convertibilité. Mais l'aléa porte ici sur un élément différent de celui de Gorton. Il s'agit notamment de t, la proportion des déposants du type 1, ou ceux qui consomment leurs dépôts au bout de la première période. Le problème est en fait celui de savoir comment fixer le seuil ou la masse critique à partir duquel la banque décide de suspendre la convertibilité des dépôts en monnaie fiduciaire.

Chari soutient que lorsque t est supposé stochastique, le contrat de suspension de convertibilité ne permet pas toujours d'exclure les paniques. Un tel contrat peut au contraire engendrer des coûts sociaux élevés. Il en est ainsi notamment lorsque t est supérieur au montant ou à la fraction f des retraits déjà effectués, fraction au-delà de laquelle toute conversion des dépôts est suspendue. Car, dans ce cas, même les déposants de type 1 ne pourront plus retirer en T= 1, ce qui est sous optimal. Aussi apparaît-il que, quand t est aléatoire, la barre de la suspension peut être fixée tellement bas qu'elle exclut de la conversion des dépôts même ceux qui y ont droit d'après le principe du modèle. Ce qui peut plutôt engendrer les ruées des déposants. Aussi, quand t est aléatoire, mieux vaudrait recourir à l'assurance des dépôts pour éviter le déclenchement des paniques.

M. Engineer (1989) situe le problème plutôt au niveau de la période d'analyse. Si, au lieu de faire une analyse sur deux périodes comme dans les modèles de Diamond et Dybvig (1984) ou de G. Gorton (1985), l'on introduit dans le modèle une période supplémentaire, le contrat de suspension de convertibilité ne contribue plus à enrayer les ruées aux guichets.

Tout bien considéré, on note que l'efficacité d'un contrat avec suspension de convertibilité suppose que :

- les déposants à terme n'aient aucun avantage à vouloir retirer avant l'échéance ;
- la suspension de convertibilité et les ruées bancaires ne soient pas des phénomènes aléatoires. Ce qui exige l'existence établie d'un indicateur nécessaire à leur prévision ;
- la proportion des agents du type 1 soit déterministe et non aléatoire.

La réalisation de ces conditions est assez difficile, rendant ainsi la fixation du montant seuil ou la masse critique des retraits approximative. Ce qui, au lieu de prévenir les ruées, risque plutôt de les provoquer. Dans ce sens, il convient de souligner que l'adoption de la suspension de convertibilité des dépôts par les banques camerounaises au cours des dernières années a plutôt provoqué une véritable ruée aux guichets ; les déposants trouvant dans cette mesure davantage un signe de l'incapacité des banques à honorer leurs engagements. La perte de crédibilité qui en a résulté n'est pas étrangère à l'exacerbation du phénomène de fuites des ressources hors des circuits bancaires. Avec une telle réaction, il faudrait s'attendre à ce qu'une telle mesure ne produise que des effets limités. C'est pourquoi lorsqu'il est impossible de prédéterminer t, la suspension de convertibilité devient inopérante et il est proposé de recourir à une assurance des dépôts.

II.2. Les contrats de dépôt avec assurance-dépôts dans la limitation des ruées bancaires

Les analyses précédentes montrent que les ruées bancaires s'expliquent par la crainte d'une éventuelle perte de capital de la part des déposants. Le système d'assurance-dépôts[103] est l'une des thérapeutiques proposées pour se couvrir contre cette perte. Il consiste en un apport supplémentaire de ressources aux institutions bancaires en cas de défaillance.

Les modèles avec assurance de dépôts se fondent sur l'idée centrale selon laquelle le système d'assurance -dépôts augmente la valeur liquidative ou les ressources des banques. Ce faisant, elle met les banques hors de la contrainte des ressources ou de liquidité. On commence par une présentation des résultats des principales contributions en présence (II.2.1) avant d'examiner la portée du système d'assurance-dépôts (II.2.2).

II.2.1. Les contrats de dépôt avec assurance-dépôts : les modèles en présence

J. Kareken et N. Wallace (1978) figurent parmi les auteurs à s'être penchés sur le système d'assurance-dépôts. Deux hypothèses sont à la base de leur analyse : un système bancaire non réglementé et la perfectibilité du marché, autrement dit, l'absence d'imperfections informationnelles. Se plaçant ainsi dans un système de marché complet, les deux auteurs montrent que l'assurance dépôt est redondante dans la mesure où un système bancaire non réglementé conduit à une allocation efficiente sans être vulnérable aux paniques. Evidemment, la question se pose de savoir si cette hypothèse peut encore tenir dans le cas où le système bancaire est réglementé comme c'est le cas en général. Les auteurs n'apportent pas de précision sur cet aspect du problème.

Les autres contributions qui ont suivi se placent dans un environnement où prédomine l'asymétrie de l'information.

J. Bryant (1980 et 1981), Ch. Jacklin et S. Bhattacharya (1988) qui abordent justement les ruées en termes d'asymétrie d'information, soulignent dans leur modèle que l'assurance des dépôts permet d'exclure

[103] Il y a deux modes d'organisation du dispositif d'assurance-dépôts. Il peut, soit consister en la mise en place d'un fonds de garanties des banques à la manière de celui des banques mutualistes et coopératives, des caisses d'épargne en France, ou encore de la Federal Deposit Insurance Corporation aux États-Unis, soit s'appuyer sur la solidarité des actionnaires, la solidarité professionnelle ou la solidarité de place.

les paniques parce qu'elle supprime l'intérêt qu'ont les déposants de rechercher des informations sur la qualité des actifs bancaires.

Dans leur modèle repris par F. Marini (1992), Diamond et Dybvig (1984) et Anderlini (1986, 1989) envisagent le cas où le système d'assurance est financé par le recours à une taxe sur les agents qui retirent leurs dépôts à la fin de la première période T= 1. Les auteurs montrent que cette politique de sauvetage est optimale et permet d'exclure les paniques si le taux d'imposition est adéquat. Car d'une part, l'assurance des dépôts rend le rendement d'un retrait pour chaque déposant indépendant des retraits agrégés et d'autre part, l'imposition des agents qui ont retiré en T = 1, rend peu intéressant le désir de retrait par les déposants de type2. En d'autres termes, l'assurance-dépôts améliore le bien-être, car elle permet d'atteindre une allocation optimale sans que les banques ne soient vulnérables aux paniques.

Dans l'ensemble, le système d'assurance des dépôts a fait l'objet d'un certain nombre d'observations critiques.

II.2.2. La portée critique du système d'assurance-dépôts

Parlant de ce système, M. Friedman et A. Schwarz (1963) soutiennent que le système d'assurance -dépôts a contribué à la stabilité monétaire plus que ne l'a fait l'institution du Federal Reserve System. Ainsi, ne comprennent-ils pas pourquoi certains auteurs, McKinnon, certaines institutions internationales, FMI, Banque mondiale et certaines autorités politiques ne sont pas unanimes pour le recommander dans plusieurs pays en développement.

Théoriquement, il est reproché à ce système de conduire à un problème de risque moral de la part des banques qui peuvent accroître l'utilité attendue des clients en augmentant le taux de rémunération sur les dépôts, comptant de ce fait ex-post sur les autorités pour faire face aux paiements promis. F. Marini (1992) qualifie une telle attitude de situation de jeu non coopératif pour lequel il n'existe pas d'équilibre de vérité. Aussi suggère-t-il pour en assurer un, le plafonnement des taux d'intérêt ou du montant de dépôt remboursable.

Il est intéressant de faire remarquer ici que, si plafonner le taux d'intérêt est la solution préconisée pour réduire le risque moral rendu possible par la mise en application du système d'assurance-dépôts, on note qu'elle va quelque peu à l'encontre d'une autre mesure adoptée dans le cadre de la politique de la restauration de la liquidité bancaire : "la libéralisation des taux d'intérêt". D'où la question, que faut-il donc choisir ? La libéralisation financière ou alors le système de garantie des dépôts ?

Sur le plan pratique, deux observations peuvent être faites concernant d'une part, la discrimination observée au niveau de la mise en application du système et d'autre part, le coût encouru par l'organisme d'assurance - dépôts.

Pour ce qui est de la discrimination, outre le fait que l'on ne sache pas très bien quels critères remplir pour bénéficier de la "solidarité de place" par exemple, il apparaît que le dispositif ne couvre ni tout le montant ni tous les types de dépôts. À propos du montant, il est souligné que "l'assurance-dépôts est un mécanisme qui, en cas de défaillance d'un établissement de crédit, garantit aux déposants le remboursement de leurs dépôts à hauteur d'un plafond fixé à l'avance" (S. de Coussergues (1994 ; p. 43)). Cette couverture partielle amène certains commentateurs à faire la réflexion selon laquelle la protection et l'indemnisation des clients d'une banque défaillante sont un "leurre" (R.D'Ornano (1993)).

Sur la question des coûts, il est reproché aux organismes d'assurance -dépôts de faire contribuer les banques de la même façon et de rembourser les dépôts sans tenir compte de leur niveau de risques. La crise des organismes de garanties américains - la Federal Deposit Insurance Corporation (F.D.I.C) enregistrée au cours des années 1980 trouve une part de justification dans cette pratique. Aussi la solution préconisée actuellement pour amortir les coûts est-elle d'adopter le principe des contributions au fonds de garantie-dépôts au prorata des risques présentés par chaque banque. Autrement dit, de moduler la prime d'assurance en fonction du risque.

Il faut noter que sous réserve des limites précédentes, le système d'assurance des dépôts contribue à desserrer la contrainte de liquidité bancaire. Cela suffit-il pour enrayer d'une part, la crise de confiance qui caractérise la relation banque - déposants dans le contexte examiné par notre étude et d'autre part, l'exacerbation du phénomène de fuites des ressources ? En d'autres termes, la question se pose sur l'aptitude de l'assurance-dépôts à restaurer la confiance dans les banques.

Sur ce point, les développements précédents montrent que la crise de confiance dans les institutions bancaires est le résultat d'une crainte éventuelle de perte de capital par les déposants, crainte renforcée par l'asymétrie d'information sur la valeur de ces établissements et leur aptitude à honorer leurs engagements. L'institution d'un système d'assurance-dépôts qui s'interprète en quelque sorte comme un signal, une information diffusée dans le public pour révéler la valeur des banques, dissipe dès lors le doute du déposant. Par ailleurs, comme il a pour effet d'augmenter la valeur liquidative des banques, il rassure ce faisant les déposants contre toute éventualité de perte de capital.

Si l'on s'en tient à l'hypothèse selon laquelle restaurer la confiance dans les institutions bancaires passe par une connaissance des aptitudes de ce dernier, on peut dire que le système d'assurance-dépôts contribue à desserrer la contrainte d'asymétrie d'information des banques vis-à-vis des clients.

En résumé, le système d'assurance - dépôts restaure la confiance dans les banques à travers deux effets : la réduction de l'asymétrie d'information entre la banque et les déposants, et la dissipation de la crainte d'une perte de capital. Garantissant le remboursement ne serait-ce que partiel des déposants d'une banque en cas de cessation de paiement, il peut exercer sans nul doute un attrait sur les détenteurs des ressources.

Une autre question relative à l'aptitude du système d'assurance-dépôts est de savoir s'il remplit les exigences d'un contrat de dépôt optimal. Les analyses précédentes révèlent qu'en raison de la spécificité du comportement des déposants qui sont également des acteurs de la finance informelle, le contrat de dépôt optimal qu'ils recherchent est celui qui garantit non seulement, liquidité, rentabilité et sécurité, mais doit en plus, revêtir un caractère polyvalent.

On assimile ici "contrat de dépôt attrayant" au "contrat de dépôt optimal", au sens de Diamond et Dybvig (1983). Dans ce modèle, le contrat optimal de dépôt est celui qui mutualise le risque, c'est-à-dire celui qui vérifie les conditions suivantes :

$$C_1^1 > 1 \quad \text{et} \quad C_2^2 < R \qquad (1)$$

où R est le rendement de l'opération, si la consommation ou le retrait du dépôt intervient à la fin de la deuxième période, T = 2

C_1^1 est la consommation de l'agent du type 1 à la fin de la période T=1 et C_2^2 celle des agents du type 2 à la fin de la période T = 2. Ces conditions théoriques sont-elles celles requises par le vécu quotidien ? Autrement dit, le contrat de mutualisation des risques est-il le contrat requis ?

La condition de mutualisation des risques qui transparaît dans l'équation (1) satisfait les exigences de liquidité. En effet, que l'on soit agent du type 1 ou du type 2 la conversion des dépôts en billets est effective. En d'autres termes, la valeur liquidative des banques étant supérieure à la demande totale de remboursement des dépôts exprimée, la crainte de ne pouvoir être remboursé par les banques le moment venu, peut être dissipée. En d'autres termes, il y a une optimalité au sens du partage des risques et cela assure la liquidité du contrat de dépôt.

En revanche, la condition de rentabilité satisfaite pour les agents de type 1 puisque $C_1^1 > 1$, ne l'est que partiellement pour les agents du type 2 car, par l'opération de mutualisation, leur rendement est inférieur à ce qu'il devrait être normalement. On a ainsi, $C_2^2 < R$ au lieu de $C_2^2 = R$.

Quant à la dernière caractéristique qui est l'exigence capitale à savoir la" polyvalence" du contrat de dépôt, elle implique son utilisation indifféremment aussi bien dans les transactions financières formelles qu'informelles. Or, les transactions financières qui se règlent uniquement en espèces dans ce secteur exigent la détention de la monnaie fiduciaire. Etant donné cette préférence pour la liquidité, tout déposant souhaiterait détenir sur lui après son opération de dépôt, un titre qui non seulement atteste son acte et représente la valeur de ses avoirs, mais surtout pouvant être utilisé en lieu et place des billets et pièces et dans tous les secteurs financiers.

Le contrat de dépôt avec garantie assure la liquidité, la rentabilité et la sécurité des dépôts[104]. Pour qu'il soit en plus un contrat de dépôt

[104] Cette caractéristique n'est satisfaite que si le remboursement des dépôts est effectué entièrement et non partiellement.

polyvalent, nous pensons qu'il doit être assorti d'un titre à la manière du "flash-cash[105]" de la Caisse commune d'épargne et d'investissement (CCEI).

En résumé, en révélant l'aptitude des banques à faire face aux retraits des déposants, en assurant la liquidité, la rentabilité et la sécurité des dépôts dissipant ainsi la crainte d'une perte éventuelle de capital, le système d'assurance-dépôts peut contribuer à restaurer la confiance dans les institutions bancaires. Le seul problème commun d'ailleurs à l'ensemble des réformes proposées dans ce contexte, est le niveau très insuffisant de la culture bancaire de la majorité de la population cible.

Dans le même ordre de réflexions, les modèles de contrats de dépôts avec assurance présentés apprécient les effets d'un système d'assurance-dépôts déjà fonctionnel. Ils n'abordent ni le problème de la fixation des primes d'assurance ni celui concernant le débat actuel consistant de savoir s'il faut un système d'assurance-dépôts public ou privé, autrement dit, la question de savoir comment financer le système d'assurance ? Etant donné que le système d'assurance-dépôts n'est pas encore opérationnel dans le cadre retenu par notre étude, c'est davantage sur ces questions que porteront nos réflexions dans l'aspect empirique.

Conclusion

Au terme de ce chapitre consacré à l'internalisation du risque de crédit et de liquidité bancaires, il ressort que :

1) Dans un contexte d'asymétrie d'information entre le banquier et les emprunteurs, pour réduire les imperfections informationnelles préjudiciables à l'appréciation du risque de crédit, il convient d'amener les emprunteurs à révéler leur qualité aux banques. À ce titre, le banquier peut :

[105] La Caisse commune d'épargne et d'investissement (CCEI) est une banque commerciale créée en 1987 (tableau 1). Son capital est majoritairement détenu par les Camerounais. Elle a proposé au début des années 1990 un produit d'épargne dénommé "flash -cash". C'est un certificat de dépôt rémunéré qui s'utilise dans les transactions financières tant du secteur formel qu'informel. Pour plus de détail sur ce produit, se reporter à l'article de L. Tchamanbé Djiné (1994).

- utiliser les signaux financiers tels que : le montant des dividendes versés aux actionnaires, le montant de l'apport personnel de l'emprunteur, le ratio de l'endettement de l'emprunteur, le montant de la garantie apportée par l'emprunteur, la réputation de l'emprunteur ;

- établir également les relations de clientèle ou de long terme avec sa clientèle à partir des contrats implicites ou des contrats explicites fondés sur la réputation de l'emprunteur.

2) Dans un contexte d'asymétrie d'information entre la banque et les déposants, pour éviter les paniques et ruées aux guichets consécutives à la crise de confiance, la banque peut signaler sa crédibilité en procédant, soit à la suspension de convertibilité des dépôts, soit en souscrivant à un système d'assurance dépôts.

Les analyses ont également révélé que les modèles théoriques des signaux financiers et des mécanismes incitatifs examinés n'ont pas pris en compte un certain nombre de variables qui peuvent être des signaux crédibles de risque. Ainsi, pour compléter l'analyse, outre les signaux financiers et les mécanismes incitatifs analysés dans les modèles théoriques, la spécificité du contexte de notre étude nous a amenée à introduire d'autres signaux pouvant contribuer à réduire l'asymétrie d'information sur le marché de crédit. Il s'agit notamment de l'engagement de l'emprunteur envers les tiers (tontines et associations diverses, fournisseurs, centrale des risques, État et organismes sociaux), de la rentabilité du projet et de la capacité de remboursement du promoteur. C'est au test empirique de tous ces éléments formalisés dans un modèle de synthèse qu'est consacré le chapitre 4.

Il est également apparu qu'en examinant les conditions et les mécanismes par lesquels le système d'assurance-dépôts agit afin de limiter les paniques des déposants, les modèles théoriques analysés présentent surtout un système d'assurance-dépôts déjà fonctionnel. Il en résulte que le débat actuel portant sur la nature publique ou privée du système d'assurance et sur le mode de détermination de la prime d'assurance, aspects qu'il convient avant tout de régler avant la mise en service d'un système d'assurance -dépôts n'est pas abordé. Le système d'assurance-dépôts n'étant pas encore opérationnel dans le cadre retenu par notre étude, c'est surtout sur ces aspects que vont porter nos réflexions au chapitre 4.

CHAPITRE 4

ANALYSE EMPIRIQUE DE L'INTERNALISATION DES RISQUES BANCAIRES

Ce chapitre se préoccupe à travers une étude empirique : d'un côté, d'identifier les variables financières qui peuvent être considérées comme des indicateurs crédibles de risque et par conséquent, des signaux de la qualité de l'emprunteur lors de l'appréciation du risque de crédit par les banques camerounaises (I) ; de l'autre, de spécifier le système d'assurance-dépôts susceptible de garantir la crédibilité des banques et donc la confiance des déposants envers elles (II).

I. Analyse empirique de l'internalisation du risque de crédit bancaire

La question centrale est ici de savoir si les signaux financiers, les mécanismes incitatifs et les relations de long terme peuvent être des indicateurs crédibles de risque au Cameroun ? D'après les résultats des modèles théoriques, pour qu'il en soit ainsi, il faudrait entre autres que :

- le montant de l'apport personnel de l'emprunteur soit positivement relié à la valeur du projet ou de l'entreprise ;
- le montant des dividendes versés aux actionnaires soit corrélé positivement à la valeur de l'entreprise ;
- la structure financière de l'entreprise appréhendée par le ratio d'endettement de l'emprunteur ait une relation significative et positive avec la valeur de l'entreprise ou du projet ;
- la garantie apportée par l'emprunteur soit fonction croissante de la valeur du projet ;
- la banque établisse des relations de clientèles nécessaires pour connaître la réputation ou la connaissance directe de l'emprunteur, les ressorts profonds de ses activités et sa réputation et se fonde sur cette réputation pour apprécier le risque de crédit.

En somme, tout revient à estimer les coefficients de l'équation du modèle théorique de synthèse issu des analyses théoriques suivantes :

$$VEP = a_1APP + a_2AFI + a_3RDA + a_4VGA + a_5RPA + a_6CRE + a_7RPE + a_8NTA + a_9NEF + a_{10}NEC + a_{11}VDS + a_{12}PRI + \varepsilon \qquad (1)$$

À cet effet, après la présentation de la méthodologie utilisée (I.1) suivra l'analyse des résultats (I.2).

I.1. Approche méthodologique

Faute de pouvoir obtenir directement auprès des banques des données statistiques quantifiables primaires et/ou secondaires sur les entreprises ayant bénéficié des concours bancaires et les conditions y afférentes, en raison du secret bancaire, la méthode de régression multiple se révèle peu appropriée. Pour contourner le problème, nous avons opté pour une enquête sous-tendue par un questionnaire semi directif. Cette enquête a été effectuée auprès de quelques responsables des principales banques en activité au Cameroun à fin 1997, afin de recueillir leur appréciation sur les variables du modèle à estimer et leur poids dans leur décision de prêts. Dans cet ordre de considérations, il convient de procéder à l'estimation des variables retenues (I.1.1), à la description de l'échantillon des banques sur lequel a porté l'enquête (I.1.2) ainsi que de la technique statistique utilisée (I.1.3).

I.1.1. Estimation des variables du modèle

La variable expliquée VEP

La variable VEP représente la valeur du projet à financer ou la valeur de l'entreprise emprunteuse. Différentes méthodes permettent d'appréhender cette valeur. Dans le contexte camerounais où il n'existe pas de marché financier, seule l'approche comptable semble indiquée pour son estimation. Trois méthodes permettent dans ce cadre d'évaluer l'entreprise. Il s'agit de la méthode par le patrimoine, la méthode d'évaluation à partir du rendement et la méthode mixte ou méthode du goodwill.

La méthode par le patrimoine évalue l'entreprise par la détermination de l'actif net comptable corrigé (ANCC). La valeur de l'entreprise est :

VEP = ANCC = capitaux propres (CPP) - non valeur ou actifs fictifs[106].

[106] Les actifs fictifs ou non valeur représentent les frais d'établissements, charges à répartir sur plusieurs exercices, charges constatées d'avance, prime de remboursement des obligations, écart de conversion (gains ou pertes latentes sur opérations de change) d'actifs.

C'est une approche simple, dont la difficulté réside dans la qualité d'évaluation des éléments qui composent le patrimoine.

La méthode du rendement consiste en l'actualisation d'un flux. Ce qui nécessite de savoir quel flux actualisé, sur quelle période et à quel taux d'actualisation. Très souvent le résultat net d'impôt est retenu comme flux à actualiser et le taux d'actualisation le coût d'emprunt ou plutôt le coût du capital. C'est ainsi que si on appelle R ce flux à actualiser et i le coût du capital, la valeur de l'entreprise est :

$VEP = R\,[1 - (1 + i)^{-n}] / i$ si n est connu, ou

$VEP = R / i$ si n est infini

n représentant la période.

La méthode mixte ou du goodwill a l'avantage, par rapport aux deux premières, de tenir compte des éléments non financiers notamment, le climat social, la bonne notoriété, la bonne organisation, le dynamisme et la compétence de l'équipe dirigeante. Ici, deux méthodes de calcul sont envisagées : la méthode d'évaluation indirecte des praticiens et la méthode d'évaluation directe du goodwill.

La méthode d'évaluation indirecte des praticiens fait la moyenne des deux méthodes précédentes à savoir : (ANCC + valeur de rendement)/2.

Ainsi, le superprofit (SP) est défini comme étant la différence entre la valeur de l'entreprise déterminée précédemment ôtée de ANCC.

L'évaluation directe nécessite tout d'abord la détermination du surprofit SP avec :

$SP = REX \times AE.t$

Où :

REX représente le résultat d'exploitation après impôts ;

AE, la valeur substantielle ou valeur des capitaux permanents nécessaires à l'exploitation ;

t, le taux de rentabilité.

Si on appelle GW le goodwill, on a :

$GW = SP\,[1 - (1 + i)^{-n}] / (1 - i)$ pour n finie ou

GW = SP / t   pour n infinie.

La valeur de l'entreprise est alors :

VEP = GW + ANCC.

L'objet de l'étude est de déterminer la valeur des entreprises ayant bénéficié des concours bancaires au cours d'une période donnée. Cela nécessite que l'on puisse connaître ces entreprises et le volume des concours bancaires obtenus. En raison du secret professionnel, ces informations ne sont pas mises à la disposition du public. Ce qui constitue une difficulté pour estimer la valeur (VEP) des entreprises emprunteuses.

Les variables explicatives

APP : l'apport personnel représente tout ou une fraction des capitaux propres en termes d'actifs immobilisés ou de fonds de roulement. Dans la législation camerounaise, le banquier exige que l'emprunteur présente un apport personnel d'une valeur égale au moins à 40% du montant de crédit sollicité ;

AFI : autonomie financière du promoteur (niveau des capitaux propres / total des dettes) permet d'appréhender la structure financière de l'entreprise. Ce ratio se calcule à partir des éléments du bilan de l'entreprise ;

RPE : rentabilité du projet (Résultat net / Investissement en actif) ;

RDA : régularité des dividendes versés aux actionnaires. Le dividende se lit dans le tableau d'affectation des résultats de l'entreprise ;

VGA : la valeur des garanties apportées. La garantie est l'ensemble des sûretés financières, personnelles ou réelles demandées par le créancier contre le risque que lui fait courir son débiteur.

Les sûretés financières sont constituées des titres financiers proposés à l'appui d'une demande de crédit. Par sûreté personnelle ou physique, on entend tout engagement souscrit par un tiers, de se substituer au débiteur, si celui-ci n'exécute pas ses obligations envers le créancier. Les sûretés personnelles se réalisent sous forme de cautionnement[107] et de l'aval qui

[107] Le cautionnement est d'après le code civil, un contrat par lequel une personne appelée caution promet au créancier d'une obligation, d'y satisfaire si le débiteur ne la

est lui-même, une forme de cautionnement soumis à des règles particulières.

Une sûreté réelle consiste dans l'affectation d'un bien en garantie d'une dette. Lorsque les biens affectés sont des immeubles, on parle de sûretés réelles immobilières. Lorsque ce sont des biens autres que les immeubles, on parle de sûretés réelles mobilières. La sûreté réelle immobilière est l'hypothèque[108] qui s'applique sur les immeubles et parfois sur les immeubles par destination tels que le matériel et l'installation. Les sûretés réelles mobilières s'appuient souvent sur l'objet du crédit. Elles comportent essentiellement, les nantissements[109] sur le matériel technique ou outillage, les véhicules, les fonds de commerce, les titres, les marchandises et les effets de commerce.

Les garanties exigées[110] par les banques camerounaises sont constituées d'hypothèques, de nantissement, de cautions et d'avals de toute sorte, et varient avec le type de crédit demandé.

Pour les crédits destinés à l'habitat social, il est précisé clairement que tout demandeur doit présenter comme garanties, les éléments suivants :

- une promesse notariée d'hypothèque ou un engagement notarié de ne pas hypothéquer un immeuble bâti ou non bâti, objet du prêt sollicité ;

- une délégation de salaire ou de revenus fixes ;

---

remplit lui-même. La valeur d'une caution donnée par un tiers au profit du banquier varie selon qu'il s'agit de l'engagement de personnes physiques ou de celui d'une société mère (association, groupe).

[108] Le droit que donne l'hypothèque au banquier est celui de faire vendre aux enchères publiques, sans jugement de condamnation, le bien affecté en gage, si l'obligation qu'il donne n'est pas payée à l'échéance, et de se payer sur les prix de la vente.

[109] Le nantissement est un contrat par lequel, des biens sont affectés à un créancier pour garantir le paiement de sa dette.

[110] Dans la législation camerounaise, les garanties à l'appui d'une demande de crédit sont instituées par l'ordonnance 85/002 du 31 août 1985 relative à l'exercice de l'activité des établissements de crédit et par les décisions à caractère général suivantes : décision n° 1/92 du 10 avril 1992 modifiant la décision n° 1/76 du 25 mars 1976 déterminant les garanties exigées des demandeurs de crédit pour l'habitat social ; la décision n° 2/83 du 9 août 1983 modifiant la décision n° 6/76 du 30 août 1976, fixant les modalités d'octroi des petits crédits d'équipement et d'investissement.

- une assurance-vie.

Il convient de préciser ici que ces garanties sont remplacées par l'aval du conjoint[111] du demandeur de crédit si celui-ci est salarié ou s'il possède des revenus fixes.

Pour un crédit automobile le dossier doit comporter :

- une attestation de virement irrévocable des salaires ou des revenus. S'il est aisé d'établir un certificat de virement irrévocable des salaires, il n'en est pas de même pour l'attestation de virement irrévocable des revenus. La question se pose d'ailleurs de savoir qui est habilité à dresser ce certificat.

- une caution ou un aval, une assurance tous risques et le gage sur le véhicule.

Le crédit pour acquisition de terrain nécessite en plus des garanties exigées pour le crédit automobile, une hypothèque ferme.

Quant au crédit pour installation ou pour exercer une activité professionnelle, il donne lieu à un nantissement du matériel d'exploitation, de stock ou du fonds de commerce.

Au total, les banques camerounaises peuvent sécuriser leurs prêts avec une gamme variée de sûretés, hypothèques sur les matériels - titres fonciers, immeuble - avals, cautions, nantissements de matériel de commerce, assurance-vie, assurance tous risques, attestation de virement irrévocable des salaires ou des revenus, etc. Seule l'exécution de ces garanties pose souvent des problèmes au rang desquels figurent :

- l'impossibilité pour les banques d'exiger des garanties notamment dans le cas des crédits par affinité accordés sans garanties nécessaires préalables ;

- la mauvaise conjoncture économique qui rend quelques collatéraux inopérants. On note que l'attestation de virement irrévocable des salaires et la délégation de salaire ou de revenus fixes, constituent ici des éléments importants de sûreté. Or, l'une des conséquences du marasme économique des dernières années réside dans les pertes d'emplois et donc

---

[111] C'est ce que stipule l'article 2 de la décision n° 1/92 du 10 avril 1992 déterminant les garanties de crédit pour l'habitat social.

de salaire consécutives soit, aux politiques de compression des effectifs, soit aux faillites et aux dépôts de bilan d'un grand nombre d'entreprises. Dès lors, cette situation se révèle fatale pour les crédits avalisés par les salariés compressés, rendant du coup ce type de garantie inopérant. L'institution il y a quelques années dans certaines banques - notamment la défunte BICIC - des dépôts de solidarité[112], répond à la préoccupation de compenser une partie des pertes sur crédit imputable à ce genre de situation ;

- un cadre juridique peu propice. En raison des procédures de saisine souvent longues et lourdes, certaines banques ne jugent pas possible de poursuivre les mauvais payeurs. Ce laxisme du cadre juridique a des effets pervers sur le comportement bancaire. En effet, au lieu de s'adresser à la justice pour obtenir une saisie, beaucoup de banques préfèrent continuer d'inscrire à l'actif de leur bilan les intérêts impayés et reconduire les prêts non remboursés - comptabilisation erronée abordée précédemment.

Les garanties, l'une des conditions de crédit exigées par le banquier ne figurant pas explicitement dans le bilan des entreprises, sa valeur (VGA) doit s'obtenir directement auprès des banques. Le secret bancaire rend l'accès à ces informations quasiment impossible.

CRE : capacité de remboursement du promoteur (capacité d'autofinancement (CAF) / dettes financières). Ce ratio se calcule également à partir des éléments du bilan, étant entendu que la capacité d'autofinancement (CAF) = Résultat non distribué + Dotations aux amortissements.

NEF : le niveau d'engagement du promoteur à l'égard des fournisseurs se lit au bilan au poste "dettes fournisseurs" ;

NEC : niveau d'engagement du promoteur à la centrale des risques de la banque centrale.

---

[112] Le principe des dépôts de solidarité est le suivant : le dépôt de caution préalable à l'obtention d'un crédit et qui doit être reversé automatiquement à l'emprunteur au terme du remboursement total de son crédit, ne lui est restitué que si tous ceux qui ont emprunté la même année que lui, ont eux aussi procéder au remboursement total de leurs emprunts. Sinon les cautions, y compris celles de ceux qui se sont acquittés convenablement de leurs dettes, sont affectées au compte de dépôts de solidarité pour amortir les pertes de la banque.

VDS : versements réguliers des dettes sociales qui se lisent aussi au bilan au poste "dettes sociales et fiscales".

PRI : paiement régulier des impôts et taxes. Pour avoir leur montant il faut se référer au poste "dettes sociales et fiscales" de l'entreprise considérée.

NTA : niveau d'engagement auprès des tontines et associations. Seule l'entreprise concernée peut fournir cette information.

RPA : régularité dans le remboursement des prêts antérieurs.

Compte tenu des difficultés à recueillir des données statistiques quantifiables primaires et/ou secondaires sur les entreprises ayant bénéficié des concours bancaires, l'estimation de ces variables est rendue difficile. Cet état de choses compromet comme déjà relevé, l'utilisation de la méthode de régression multiple ou des modèles à correction d'erreurs (ECM) pour la détermination des coefficients des variables du modèle de l'équation (1), au profit de la méthode de l'analyse en composantes principales (ACP).

I.1.2. Constitution et description de l'échantillon

Notre étude a porté sur un échantillon de huit banques sur neuf établissements de crédit que comptait le Cameroun à fin 1977 (tableau 1b). Nous avons fait prévaloir dans le choix, le critère d'ancienneté. C'est ainsi que les banques nouvellement créées n'ont pas été retenues. Des huit banques de l'échantillon, trois sont des filiales des groupes étrangers parmi lesquelles une banque d'affaires et les cinq autres, des groupes à capitaux nationaux prédominants. La faible densité du réseau bancaire camerounais donc de l'échantillon, nous a conduit à solliciter des entretiens auprès des cadres des services des engagements afin de réduire la subjectivité des réponses obtenues. Sur une trentaine de questionnaires adressés à ces derniers, seuls vingt et un nous ont répondu. Ce qui donne un taux de réponse de 70%. Notre analyse a ainsi porté sur ces vingt et un cas.

I.1.3. Méthode statistique

Devant une multitude de variables supposées influencer la décision du banquier, nous avons retenu l'analyse en composantes principales comme méthode statistique dans l'intérêt de résumer l'information apportée par un grand nombre de variables, par un nombre plus restreint de variables nouvelles. La plupart des variables étant liées, cette méthode consiste à concevoir à partir d'un tableau "individus-variables" de données quantitatives, un autre tableau "individus-nouvelles variables", en réduisant le nombre de variables nécessaires pour décrire les individus, tout en perdant le moins possible d'information.

Le questionnaire adressé aux banquiers les invitait, en fonction des variables retenues dans chaque question, de porter une note allant de 1 à 5 eu égard à l'importance de la variable dans la décision d'octroi de crédit.

À partir d'une analyse en composantes principales, nous avons effectué deux tests : un premier sur les variables financières hormis les relations de long terme ou de clientèle ; un deuxième sur les variables financières avec prise en compte des relations de long terme[113].

Le choix des axes ou composantes principales est fait en fonction d'un seuil correspondant au pourcentage minimum d'inertie que nous souhaitions restituer. Pour cela, on a retenu le nombre q d'axes nécessaires pour atteindre ce seuil que nous avons fixé au moins à 80%. Ce seuil est égal au rapport entre la somme des valeurs propres et la trace de la matrice des variances-covariances de l'espace vectoriel considéré W. Il est donné par la formule suivante :

$$I_W = [(\lambda_1 + \lambda_2 + \ldots + \lambda_q) / \text{trace } V\,] \geq 80\% \qquad (2)$$

Où :

$\lambda_1 + \lambda_2 + \ldots + \lambda_q$ représentent les valeurs propres ;

V représente la matrice de variance - covariance de la matrice individus-variables ;

I_W représente l'inertie expliquée.

I.2. Analyse des résultats

Cette partie du travail est consacrée à la présentation des résultats de l'étude (II.2.1) et à leur interprétation (II.2.2).

---

113 Opter pour un test empirique en deux temps répond à la logique de vérifier si l'approche du risque de crédit par la relation de clientèle peut être une alternative à l'approche classique par le bilan comptable.

I.2.1. Présentation des résultats de l'étude

Le traitement de nos données a été réalisé avec le logiciel Spad[114]. Les résultats obtenus sont les suivants :

- les valeurs propres issues des deux tests sont données respectivement par les résultats1a (variables financières hormis la relation de long terme) et les résultats 1b (variables financières avec relation de long terme) ci-après :

Résultats 1a : histogramme des valeurs propres (sans relation de long terme)

Variables	Numéros des axes	Valeurs propres	Pourcentage d'inertie expliquée	Pourcentage cumulé
APP	1	5.5306	50.28	50.28
AFI	2	2.3337	21.22	71.49
RPE	3	1.5573	14.16	85.65
RDA	4	1.1707	10.64	96.29
VGA	5	.2542	2.31	98.60
CRE	6	.1148	1.04	99.65
NEF	7	.0387	.35	100.00
NEC	8	.0000	.00	100.00
VDS	9	.0000	.00	100.00
PRI	10	.0000	.00	100.00
NTA	11	.0000	.00	100.00

Résultats 1b : histogramme des valeurs propres (avec relation de long terme)

Variables	Numéros des axes	Valeurs propres	Pourcentage d'inertie expliquée	Pourcentage cumulé
APP	1	6.0812	50.68	50.68
AFI	2	2.3859	19.88	70.56
RPE	3	1.8983	15.82	86.38
RDA	4	1.1948	9.96	96.33
VGA	5	.2755	2.30	98.63
CRE	6	.1154	.96	99.59
NEF	7	.0490	.41	100.00
NEC	8	.0000	.00	100.00
VDS	9	.0000	.00	100.00
PRI	10	.0000	.00	100.00
NTA	11	.0000	.00	100.00
RPA	12	.0000	.00	100.00

[114] Spad version 1998 est un logiciel économétrique de traitement des données statistiques.

On observe que les trois premiers axes suffisent pour expliquer les données des résultats puisqu'ils totalisent respectivement 85.65% de l'inertie pour le tableau 1a et 86.38 % pour le tableau 1b, le seuil minimum fixé dans l'analyse étant de 80%.

- les matrices des corrélations sont données par les résultats 2a et 2b ci-après :

Résultats 2a : matrice des corrélations (sans relation de long terme).

	APP	AFI	RPE	RDA	VGA	CRE	NEF	NEC	VDS	PRI	NTA
APP	1.00										
AFI	.69	1.00									
RPE	-.15	.15	1.00								
RDA	.19	.14	-.06	1.00							
VGA	.67	.04	.30	-.52	1.00						
CRE	-.05	-.40	.86	-.34	.57	1.00					
NEF	.17	-.47	.49	-.51	.76	.75	1.00				
NEC	.27	-.25	.43	-.65	.67	.68	.79	1.00			
VDS	.10	-.09	-.73	.44	-.16	-.64	-.17	-.39	1.00		
PRI	.42	.79	-.56	.53	-.35	-.79	-.74	-.67	.43	1.00	
NTA	-.09	.27	-.12	.93	-.47	-.41	-.54	-.81	44	.65	1.00
	APP	AFI	RPE	RDA	VGA	CRE	NEF	NEC	VDS	PRI	NTA

Résultats 2b : matrice des corrélations (avec relation de long terme).

	APP	AFI	RPE	RDA	VGA	CRE	NEF	NEC	VDS	PRI	NTA	RPA
APP	1.00											
AFI	.69	1.00										
RPE	-.15	.15	1.00									
RDA	.19	.14	-.06	1.00								
VGA	.67	.04	.30	-.52	1.00							
CRE	-.05	-.40	.86	-.34	.57	1.00						
NEF	.17	-.47	.49	-.51	.76	.75	1.00					
NEC	.27	-.25	.43	-.65	.67	.68	.79	1.00				
VDS	.10	-.09	-.73	.44	-.16	-.64	-.17	-.39	1.00			
PRI	.42	.79	-.56	.53	-.35	-.79	-.74	-.67	.43	1.00		
NTA	-.09	.27	-.12	.93	-.47	-.41	-.54	-.81	44	.65	1.00	
RPA	.25	.17	.80	-.39	.47	.77	.44	.65	-.86	-.41	-.44	1.00
	APP	AFI	RPE	RDA	VGA	CRE	NEF	NEC	VDS	PRI	NTA	RPA

Les résultats 3a et 3b suivants contiennent les coefficients de corrélation entre les variables et les cinq premières composantes principales. Ils vont servir à représenter les variables dans les cercles de corrélations.

Résultats 3a : corrélations variable -facteur (sans relation de long terme).

Variables	Coordonnées				
	Axe 1	Axe 2	Axe 3	Axe 4	Axe 5
APP	.04	.97	.12	-.18	.02
AFI	-.43	.72	.46	.26	.04
RPE	.63	-.27	.71	-.09	.04
RDA	-.71	-.31	.37	-.46	.21
VGA	.68	.59	.03	-.35	-.20
CRE	.87	-.18	.38	-.19	-.04
NEF	.86	.08	-.12	-.43	-.03
NEC	.88	.24	-.11	-.02	.38
VDS	-.57	.09	-.58	-.57	.06
PRI	-.87	.45	.16	.03	.04
NTA	-.78	-.19	.40	-.43	-.10

Résultats 3b : corrélations variable-facteur(avec relation de long terme).

Variables	Coordonnées				
	Axe 1	Axe 2	Axe 3	Axe 4	Axe 5
APP	.09	-.96	-.13	.21	-.02
AFI	-.34	-.84	.37	-.17	.00
RPE	.69	.16	.65	.22	.02
RDA	-.69	.20	.43	.50	-.22
VGA	.68	-.52	-.25	.38	.21
CRE	.89	.16	.28	.26	.06
NEF	.83	.02	-.29	.42	.03
NEC	.88	-.16	-.23	.01	-.37
VDS	-.65	.02	-.60	.45	-.12
PRI	-.83	-.53	.15	-.01	-.04
NTA	-.75	.08	.43	.48	.09
RPA	.78	-.28	.53	-.10	-.12

A partir des résultats 3a et 3b, on peut obtenir les graphiques et les cercles de corrélations associés dans le plan des axes 1 et 2 et les axes 2 et 3 conformément au pourcentage d'inertie expliquée par les trois axes à savoir, 85.65% pour les résultats 1a et 86.38 % pour les résultats 1b.

Ces graphiques et cercles de corrélations associés se présentent ainsi qu'il suit :

Graphique 1a : composantes principales axe 1/axe 2 (sans relation de long terme).

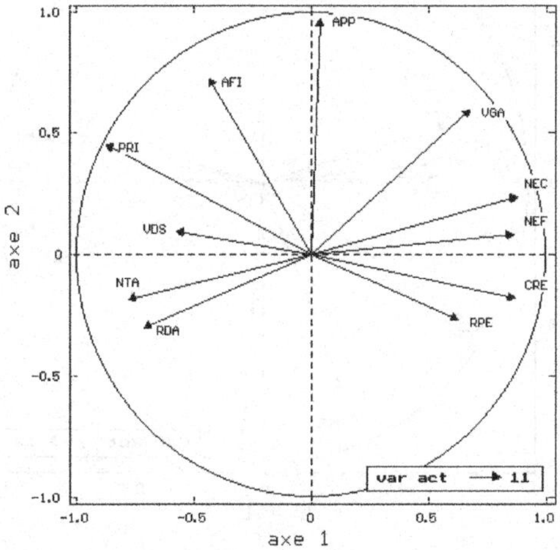

Graphique2a : composantes principales axe 2/axe3 (sans relation de long terme).

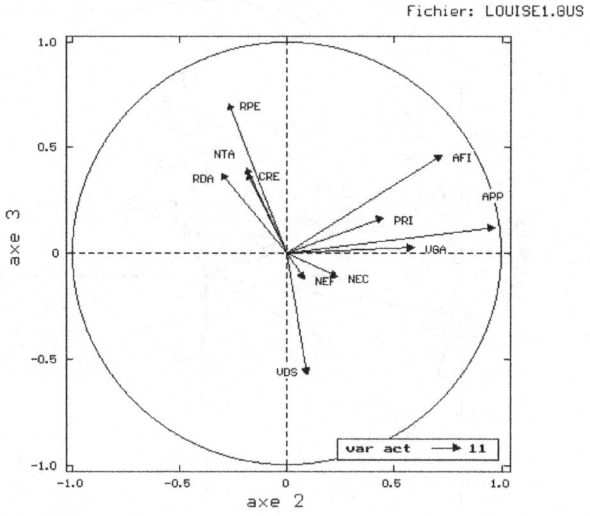

Graphique 1b : composantes principales axe 1/axe2 (avec relation de long terme)

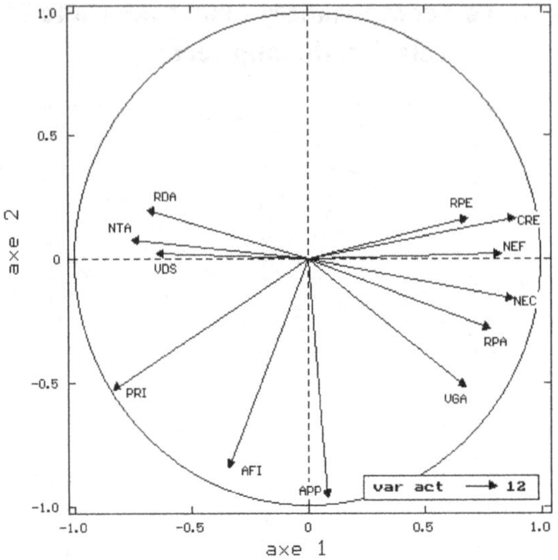

Graphique2b : composantes principales axe 2/axe3 (avec relation de long terme)

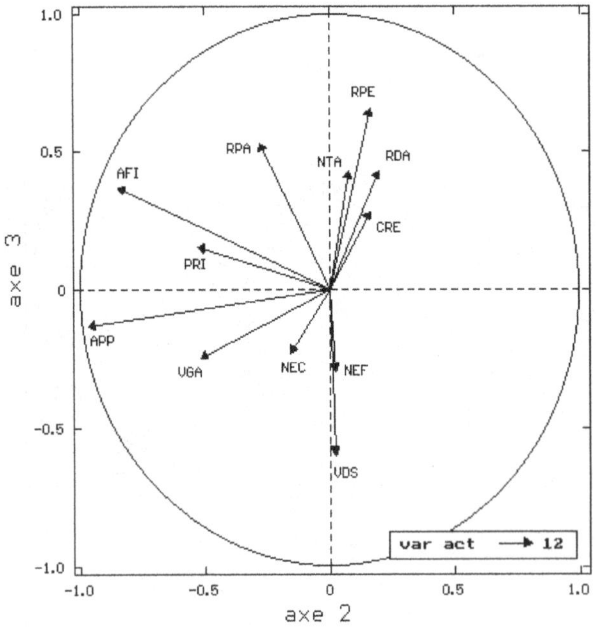

I.2.2. Interprétation des résultats

L'interprétation des résultats est fonction des composantes principales représentées par les trois axes retenus.

I.2.2.1 Test sans prise en compte de la relation de long terme

En ce qui concerne le test portant sur les variables financières hormis la relation de long terme ou de clientèle, il apparaît que :

1) l'axe 1 ou première composante principale peut être interprété comme **niveau d'engagement de l'emprunteur envers les tiers**. Ceci est confirmé par les résultats 3a des corrélations où les variables NEF et NEC représentant respectivement les niveaux d'engagements envers les fournisseurs et la centrale des risques, bien représentées sur le cercle du graphique 1a, sont celles les plus corrélées avec l'axe 1.

Si on appelle r ce coefficient de corrélation, on a bien :

$r_{NEF\ axe1} = 0,86$ $r_{NEF\ axe2} = 0,08$ $r_{NEF\ axe3} = -\ 0,12$

$r_{NEC\ axe1} = 0,88$ $r_{NEC\ axe2} = 0,24$ $r_{NEC\ axe3} = -\ 0,11$

D'après ces résultats, il est clair que dans leur politique d'octroi des crédits, les banquiers prennent en compte le niveau d'engagement de l'emprunteur déterminé par les variables NEF et NEC qui ont une incidence certaine sur la capacité de remboursement CRE, déterminée par la capacité d'autofinancement de l'emprunteur par rapport à ses dettes financières, fortement corrélée à l'axe 1 :

$r_{CRE\ axe1} = 0,87$ $r_{CRE\ axe2} = -\ 0,18$ $r_{CRE\ axe3} = 0,38$

Il est apparu à ce niveau que la plupart des banques à prédominance de capitaux nationaux sont beaucoup plus portées vers ces critères.

Par contre, les variables telles que RDA, VDS, PRI et NTA représentant respectivement les dividendes versés aux actionnaires, le versement régulier des dettes sociales, le paiement régulier des impôts et taxes et le niveau d'engagement auprès des tontines et associations, bien représentées, sont négativement corrélées à cette composante principale :

$r_{RDA\ axe2} = -\ 0,71$ $r_{RDA\ axe1} = -\ 0,31$ $r_{RDA\ axe3} = 0,37$

$r_{VDS\ axe2} = -\ 0,57$ $r_{VDS\ axe1} = 0,09$ $r_{VDS\ axe3} = -\ 0,58$

$r_{PRI\ axe2} = -\ 0,87$ $r_{RPI\ axe1} = 0,45$ $r_{PRI\ axe3} = 0,16$

$r_{NTA\ axe2} = -0,78$ $r_{NTA\ axe1} = -0,19$ $r_{NTA\ axe3} = 0,40$

Cette corrélation négative traduit le fait que ces variables sont moins considérées à ce niveau par les banquiers. Ceci confirme notre hypothèse selon laquelle, les promoteurs des PME étant généralement actionnaires majoritaires de leurs affaires, le versement des dividendes ne saurait être un bon signal pour le banquier.

Par ailleurs, la moindre importance accordée à ces variables peut également se justifier par le fait que les banquiers sont dans l'impossibilité de rassembler les informations fiables concernant l'engagement des PME envers les associations ainsi que les autres informations concernant le paiement des impôts et dettes sociales.

2) La deuxième composante principale (axe 2) peut être interprétée comme **l'importance du patrimoine de l'emprunteur**. Cela se traduit par la forte corrélation positive de la variable APP (apport personnel du promoteur) à l'axe 2 du graphique 1a, d'après le coefficient de corrélation qui est :

$r_{APP\ axe2} = 0,97$ $r_{APP\ axe1} = 0,04$ $r_{APP\ axe3} = 0,12$

Ce résultat révèle que l'apport personnel est un élément déterminant de la décision du banquier. Il revêt une importance capitale pour toutes les banques commerciales de l'échantillon en dehors de l'unique banque d'affaires où il paraît secondaire. Cette position de choix est confortée par l'autonomie financière (AFI) et la valeur de la garantie apportée (VGA) de l'emprunteur dont les coefficients de corrélation, positifs et significatifs, sont respectivement de 0,72 et 0,59 soit :

$r_{AFI\ axe1} = -0,43$ $r_{AFI\ axe2} = 0,72$ $r_{AFI\ axe3} = 0,43$

$r_{VGA\ axe1} = 0,68$ $r_{VGA\ axe2} = 0,59$ $r_{VGA\ axe3} = 0,03$

3) La variable rentabilité du projet (RPE) est bien représentée et est fortement corrélée positivement avec la troisième composante principale (axe 3 du graphique 2a). Cet axe peut ainsi être assimilée à la **rentabilité du projet de l'emprunteur**. Le coefficient de corrélation de la variable RPE par rapport à cette composante est donc :

$r_{RPE\ axe3} = 0,71$ $r_{RPE\ axe2} = -0,27$ $r_{RPE\ axe1} = 0,63$

Ceci montre que l'attention du banquier peut être portée sur un projet rentable dont le promoteur présente un faible niveau de garanties. L'étude révèle que ce critère semble être une caractéristique des banques d'affaires. Car, c'est la seule banque de l'échantillon pour laquelle ce critère occupe une place de choix dans la décision d'octroi de crédit, les autres banques privilégiant l'apport personnel et la garantie comme déjà relevé. Ceci confirme bien l'optique des banques d'affaires dont la logique est de financer des projets à long terme rentables. Cet état de choses expliquerait également la méfiance des banques commerciales à l'égard du risque, eu égard aux nombreuses faillites bancaires de la décennie écoulée, et leur préférence pour la garantie aux dépens de la rentabilité à terme des projets.

I.2.2.2 Test avec prise en compte de la relation de clientèle

Pour ce qui est du test avec prise en compte de la relation de long terme, on note que :

1) La composante principale (axe 1 du graphique 1b) garde sa dénomination de **niveau d'engagement de l'emprunteur envers les tiers** d'après les résultats 3b des corrélations. Les variables NEF (niveau d'engagement envers les fournisseurs) et NEC (niveau d'engagement à la centrale des risques) sont bien représentées et fortement corrélées à cette composante.

$r_{NEF\ axe1} = 0{,}83$ $r_{NEF\ axe2} = 0{,}20$ $r_{NEF\ axe3} = -\ 0{,}29$

$r_{NEC\ axe1} = 0{,}88$ $r_{NEC\ axe2} = -\ 0{,}16$ $r_{NEC\ axe3} = -\ 0{,}23$

Ceci est conforté par la "relation de clientèle" appréhendée par les variables CRE (capacité de remboursement de l'emprunteur) et RPA (régularité dans le remboursement des prêts antérieurs). Ces deux variables ont leurs coefficients de corrélation positifs et fortement corrélés à l'axe 1 :

$r_{CRE\ axe1} = 0{,}89$ $r_{CRE\ axe2} = 0.16$ $r_{CRE\ axe3} = 0{,}28$

$r_{RPA\ axe1} = 0{,}78$ $r_{RPA\ axe2} = -\ 0{,}28$ $r_{RPA\ axe3} = 0{,}53$

Comme révélé par le test 1 (axe 1 du graphique 3a), les dividendes versés aux actionnaires (RDA) et l'engagement de l'emprunteur envers les organismes sociaux (VDS), l'État (PRI) et les tontines associations (NTA), revêtent encore une moindre importance pour le banquier. Leurs coefficients bien représentés sont négativement corrélés à l'axe 1 :

$r_{RDA\ axe1}$= - 069 $r_{RDA\ axe2}$ = 0,16 $r_{RDA\ axe3}$ = 0,65

$r_{VDS\ axe1}$= - 065 $r_{VDS\ axe2}$ = 0,20 $r_{VDS\ axe3}$ = - 0,60

$r_{PRI\ axe1}$= - 0,83 $r_{PRI\ axe2}$ = - 0,53 $r_{PRI\ axe3}$ = 0,15

$r_{NTA\ axe1}$= - 0,75 $r_{NTA\ axe2}$ = 0,08 $r_{NTA\ axe3}$ = 0,43

2) Par contre, l'axe 2 du graphique 1b représente **la moindre importance du patrimoine de l'emprunteur.** Ceci est davantage confirmé par la variable apport personnel du promoteur (APP) et la variable autonomie financière (AFI), dont les coefficients de corrélation élevés et négatifs, sont les plus importants par rapport à l'axe 2 :

$r_{APP\ axe2}$= - 0,96 $r_{APP\ axe1}$ = 0,09 $r_{APP\ axe3}$ = - 0,13

$r_{AFI\ axe2}$= - 0,84 $r_{AFI\ axe1}$ = - 0,34 $r_{AFI\ axe3}$= 0,34

Toutefois, on note qu'avec la prise en compte du critère "relation de long terme ou de clientèle" représentée par la variable (RPA), les variables, APP (apport personnel), AFI (autonomie financière) et VGA (valeur des garanties), bien que fortement corrélées à l'axe 2 du graphique1b, sont de signe négatif comme le montrent leurs coefficients de corrélation respectifs (résultats 3b).Ces résultats révèlent que bien que ces variables soient bien représentées, la prise en compte de la réputation de l'emprunteur appréhendée par la régularité dans le remboursement des prêts antérieurs (RPA) relègue au second plan l'importance du patrimoine mis en gage par le promoteur à l'appui de sa demande de crédit. Ceci confirme l'idée classique selon laquelle, un patrimoine important en gage d'un emprunt ne signifie pas automatiquement un remboursement assuré, vu les difficultés qu'éprouvent très souvent les banquiers à réaliser la garantie en cas de défaillance de l'emprunteur.

3) La variable RPE (rentabilité du projet) significativement et positivement corrélée à l'axe 3 du graphique 2b confirme son nom de **rentabilité du projet de l'emprunteur** (résultats 3b). Cette rentabilité dont le coefficient de corrélation est de 0,65, va de pair avec la régularité dans le remboursement des prêts antérieurs (RPA) elle aussi bien représentée sur l'axe 3 avec pour coefficient de corrélation 0,53 (résultats 3b). Ce qui laisse penser que le choix de projet rentable incite l'emprunteur de bonne moralité à honorer régulièrement ses engagements. Ce résultat valide les conclusions des modèles théoriques à mécanismes incitatifs ((D.W. Diamond (1989,1991) ; S.A. Sharpe

(1990)) selon lesquels les emprunteurs qui investissent dans leur réputation signalent leur qualité dans le choix des projets moins risqués. Ce qui limite à la fois la sélection adverse et l'aléa moral.

Qu'il s'agisse du premier ou du second test, on note que la variable RDA (régularité des dividendes versés aux actionnaires) est fortement et négativement corrélée à la composante principale **niveau d'engagement de l'emprunteur envers les tiers**. Son coefficient de corrélation pour les premier et second tests est respectivement de :

$r_{RDA\ axe1} = -\ 0{,}71$ (résultats 3a)

$r_{RDA\ axe1} = -\ 0{,}69$ (résultats 3b)

Ce résultat traduit le fait que les banques camerounaises accordent peu d'importance à ce critère dans leur décision d'octroi de prêts. Ceci confirme notre hypothèse selon laquelle le versement régulier des dividendes ne saurait être un bon signal pour le banquier dans le contexte camerounais où les promoteurs des PME sont généralement actionnaires majoritaires de leurs affaires. Dans une telle situation, le pouvoir de contrôle et de décision revient au seul chef d'entreprise. Ainsi, retenir la distribution des dividendes comme indicateur de risque n'aurait qu'une portée significative limitée. Ce qui rejoint ici les conclusions des analyses de D.H. Downes et R. Heinkel (1982) infirmant ainsi celles de S. Bhattacharya (1979, 1980) et A. Kalay (1980).

Au total, sur le plan empirique, on note qu'en cas de non prise en compte de la relation de long terme ou de clientèle, les informations financières qui entrent dans la décision d'octroi des crédits sont pour l'ensemble des banques de l'échantillon, l'apport personnel du promoteur (APP), le ratio d'autofinancement (AFI) et le niveau d'engagement des emprunteurs envers les tiers. À cela s'ajoutent, la valeur des garanties pour la banque commerciale et la rentabilité du projet pour la banque d'affaires.

En d'autres termes, le montant de l'apport personnel (APP), le ratio d'autofinancement (AFI), la valeur de la garantie apportée (VGA) et le niveau d'engagement à la centrale des risques (NEC) et auprès des fournisseurs (NEF) sont des indicateurs crédibles de risques pour les banques camerounaises.

L'introduction de la relation de clientèle, notamment la régularité dans le remboursement des prêts antérieurs, influence la composante principale "**patrimoine de l'emprunteur**". En effet, dans le premier test sans relation de clientèle, cette composante revêt une grande importance tandis que dans le second test avec prise en compte de la relation de clientèle, elle est de moindre importance. Dès lors, il apparaît que l'intégration du critère "relation de long terme" relègue au second plan le patrimoine de l'emprunteur au profit de celle-ci. Ce qui justifie le fait qu'un patrimoine important n'est pas synonyme d'un remboursement assuré ou une garantie sûre en cas de risque de défaut, étant donné la difficulté qu'éprouve très souvent le banquier à réaliser cette garantie. Il faut en plus et surtout que l'emprunteur ait une bonne réputation.

L'enseignement principal qui se dégage ici est que les banques camerounaises accordent dans leur décision d'octroi de prêts, un poids important à la réputation de l'emprunteur. En effet, il apparaît à la suite des tests empiriques qu'en raison de la faible fiabilité des informations comptables et des difficultés à réaliser les garanties apportées, l'approche par la relation de clientèle ou approche basée sur la réputation de l'emprunteur se révèle être un complément nécessaire de l'approche par le patrimoine. Autrement dit, l'approche financière couplée à l'approche par la relation permettrait dans le cadre envisagé ici, de mieux apprécier le risque de crédit et par voie de conséquence de limiter la croissance des crédits douteux. Il en résulte que la banque à l'engagement se révèle être celle qu'il convient de promouvoir ici.

En d'autres termes, les banques gagneraient à investir dans la connaissance de la réputation de leurs emprunteurs en cherchant à se rapprocher davantage de leurs clients pour recueillir les informations fiables. Etant donné que les structures d'organisation et la formation actuelle du personnel des banques ne les prédisposant pas à ce type de tâche, l'adoption d'une telle approche nécessite de procéder à une réelle restructuration bancaire. En d'autres termes, la méthode proposée renvoyant à des modes d'organisation qui ne sont pas ceux des institutions bancaires actuelles, le système actuel devrait être revu ou re-conçu. Dès lors, toute la question est de savoir comment mettre en place un tel système ?

Sur la question, nous pensons que la démarche pourrait s'opérer en deux étapes. Une première phase consistera en une réorganisation interne des banques afin de susciter la confiance des clients envers elles. À ce titre, il convient d'étendre les services offerts par les banques en y prévoyant à titre d'exemple, un service conseils et pourquoi pas d'assistance au montage financier des projets. L'exemple de la Caisse commune d'épargne et d'investissement (CCEI)[115] est à cet égard louable. L'impact d'un tel service - de conseil et d'assistance - est indéniable. Le client sent que le banquier s'intéresse à lui et à la réussite de son projet. Il ne lui est plus étranger. Par conséquent, il lui fait confiance, les échanges d'informations s'établissent entre eux et favorisent les relations de partenariat.

Etant donné que le coût d'une telle opération peut s'avérer élevé, étant donné qu'il peut subsister des réticences de la part des clients qui pourraient voir dans le rapprochement à outrance du banquier un moyen de s'immiscer voire de contrôler leurs activités, une organisation externe s'avère être un complément nécessaire. À ce titre, il serait utile pour les banques de promouvoir et d'associer les structures existantes qui fonctionnent selon les règles de proximité. En effet, il existe au Cameroun comme dans la plupart des pays semblables, une multitude d'associations et mutuelles informelles d'épargne et de crédit. De par leurs exigences et leur mode de fonctionnement, ces associations peuvent d'une part, fournir des informations fiables sur la crédibilité de leurs membres qui désirent solliciter un crédit auprès d'une institution bancaire et d'autre part, jouer le rôle de caution auprès de la banque en cas de défaillance du débiteur - cas des mutuelles communautaires de croissance MC^2.

La démarche consisterait à se rapprocher de ces structures de relais. Une façon de le faire ne serait-elle pas d'abord de commencer par inclure

---

115 La Caisse commune d'épargne et d'investissement (C.C.E.I) est une banque camerounaise d'origine locale créée en 1987. A la différence des autres banques de la place, elle comporte deux volets : un volet banque commerciale et un volet banque d'investissement au sein duquel existe une structure d'assistance technique et financière dénommée "Appropriate development for african fundation (ADAF) ". Cette structure bénéficie d'un financement de la C.C.E.I et s'occupe principalement de la recherche d'appui au développement et d'assistance du client dans le montage et la réalisation de ses projets.

et même de privilégier dans les modalités et les conditions actuelles d'octroi de crédit la clause, "être membre d'une coopérative, d'une association ou d'une mutuelle d'épargne et de crédit" ? Dans le même ordre d'idées, les institutions bancaires pourraient également chercher à engager des concertations avec ces structures en vue de devenir pour elles, des banques de refinancement à la manière de la Banque nationale de développement agricole du Mali, du Crédit agricole burkinabé et de la Caisse commune d'épargne et d'investissement (CCEI) du Cameroun[116].

En effet, la Caisse commune et d'épargne et d'investissement du Cameroun est la banque de refinancement des mutuelles communautaires de croissance (MC^2) mises en place en 1990[117]. Est considérée comme MC^2, toute association d'épargne et de crédit implantée de préférence en zones rurales, qui accepte de souscrire et signer auprès de la CCEI une convention de suivi et d'assistance et de se conformer aux dispositions de la loi relative aux formalités administratives (article 1 du statut). Elle a pour but, de développer l'épargne et le crédit populaire, de mobiliser l'épargne rurale au service de la communauté et de promouvoir par l'entraide, le bien-être économique et social des populations des zones les plus reculées inaccessibles au service d'une banque moderne.

En somme, une MC^2 est une association d'épargne et de crédit - tontine - implantée principalement en zones rurales, gérée par les membres eux-mêmes mais assistée et suivie dans ses activités par la banque d'appui (CCEI)[118]. La qualité de mutualiste[119] peut s'acquérir par

---

[116] La Banque nationale de développement agricole du Mali est la banque de refinancement pour les "Caisses Villageoises en Pays Dogon" (Mali), le Crédit agricole burkinabé, celle des "Crédits solidaires du Yatenga" (Burkina Faso). Ces cas sont analysés par. A.S. Boisgallais et A. Le Bismonnais (1993). La C.C.E.I est quant à elle la banque de refinancement des Mutuelles Communautaires de croissance. Ce cas a fait l'objet d'une récente étude (L. Tchamanbé Djiné (1993)).

[117] Créées en 1990, les MC^2 n'ont effectivement démarré leurs activités qu'en 1992. Six MC^2 fonctionnent déjà. D'autres sont en voie de lancement.

[118] La banque d'appui apporte à la MC^2 une assistance technique (stage de formation des mutualistes appelés à gérer quotidiennement la mutuelle, conseils, mise à leur disposition des intrants et semences sélectionnées, etc.) et une assistance financière par le billet d'une ligne de crédit.

[119] La qualité de mutualiste peut s'acquérir par toute personne, agriculteur, éleveur, fermier, artisan, commerçant qui accepte de s'acquitter de ses droits d'adhésion (2500

toute personne, agriculteur, éleveur, fermier, artisan, commerçant, etc., ayant une bonne conduite morale et jouissant de ses droits civiques et qui accepte de contribuer au fonds_d'établissement de la MC^2[120]. Dans son principe de fonctionnement, elle apparaît être au centre d'une structure intégrée.

À la base il y a les mutualistes qui reçoivent de la MC^2 le crédit nécessaire pour la réalisation de leurs projets individuels. Mais la MC^2 peut également financer les projets communautaires réalisés par un groupe de paysans. Ces projets communautaires peuvent également bénéficier du concours de la banque d'appui par le canal des élites de la localité d'implantation.

Au sommet, il y a la banque d'appui qui intervient soit directement auprès de la MC^2 (assistance technique et financière), soit indirectement. Dans ce dernier cas, la CCEI a créé à son niveau une structure dénommée ADAF. Cette dernière bénéficie d'un financement de la CCEI et s'occupe principalement de la recherche d'appui au développement et d'assistance du paysan dans le montage et la réalisation de ses projets[121].

La MC^2 procure à chaque mutualiste un avantage certain, qu'il soit matériel ou moral. En particulier, elle sert d'aval, de caution auprès de la CCEI pour l'obtention d'un crédit important par un mutualiste ou par un groupement de paysans. Ce qui est extrêmement important lorsqu'on sait que pris individuellement, l'accès leur aurait été impossible.

Par ailleurs, la pratique du crédit groupé ou crédit solidaire[122] qui consiste à octroyer des crédits par groupe constitué, le groupe étant solidairement responsable, c'est-à-dire considéré comme garant du prêt obtenu par l'un des membres, constitue également une source

---

FCFA), de contribuer pour un montant de 10 000 FCFA au fonds d'établissement de la MC^2 et s'engager à effectuer régulièrement un dépôt de 1000 FCFA par mois, au titre de la constitution de son épargne cessible à vue ou à terme.

120 Le fonds d'établissement est fixé à 10 millions de FCFA, libellables en parts sociales d'une valeur de 1000 FCFA chacune. Le mutualiste doit payer un montant minimum initial de 5 000 FCFA.

121 L'ADAF a participé au projet semencier de Santchou relatif à la sélection des semences. Les variétés semencières de haute qualité sont proposées aux mutualistes.

122 Pour plus de précisions se reporter à Banque mondiale, Rapport sur le développement dans le monde, 1989.

d'informations non négligeable sur la qualité des emprunteurs. Aussi, cette pratique constitue-t-elle un précieux moyen de contrôle de l'activité du groupe bénéficiaire.

Pour garantir l'efficacité de cette approche, il convient d'éviter que cette personnalisation des relations banque / client ne dégénère en relation d'affinité aux conséquences néfastes que nous connaissons. En effet, compte tenu de l'importance et du poids des crédits par affinité mentionnés dans les facteurs de l'accroissement des créances compromises de la décennie sous revue, il faudrait se demander si l'approche du risque de crédit par la proximité ne conduirait pas plutôt à aggraver la situation en amenant par exemple les banques, soit à renoncer à contrôler les emprunteurs soit, à ne pas leur refuser des prêts qu'elles savent pourtant risqués. Pour ce faire, il est souhaitable d'éviter de parachuter à la direction des banques, des managers qui n'y ont aucun intérêt ni aucun compte à rendre en cas de gestion approximative.

Par ailleurs, la nécessité d'instituer un système de contrôle conséquent et de sanction s'impose. Ce qui signifie en principe, que les contrats de crédit assortis de sanctions, ou encore les contrats explicites, peuvent avoir un effet dissuasif sur de tels comportements en jetant par exemple un discrédit sur la personnalité ou l'honorabilité du débiteur. C'est dans cette dernière optique qu'il a été envisagé de créer au Cameroun un fichier national de mauvais payeurs à la centrale des risques, lequel sera rendu public. La décision s'inspire ainsi du critère "honneur" qui revêt une importance particulière dans les pratiques financières informelles - les tontines - car il exerce une influence positive sur le niveau du risque de défaillance. En effet, dans ces structures informelles, l'honneur, le "qu'en dira-t-on" est tellement préoccupant, qu'aucun débiteur ne veut faillir au respect de la parole donnée ou aux engagements pris vis-à-vis du groupe.

Dans l'ensemble, les résultats empiriques obtenus quoique partiels, viennent confirmer, entre autres, un certain nombre de conclusions des modèles théoriques. Peut-on en dire de même du système d'assurance - dépôts, signal émis par les banques pour révéler leur crédibilité afin de restaurer la confiance des déposants envers elles ?

II. Internalisation du risque de liquidité bancaire : une analyse empirique

Pour consolider la liquidité du système bancaire, les autorités des pays de la Communauté économique et monétaire de l'Afrique centrale (CEMAC) ont récemment opté pour la création d'un fonds de garantie des dépôts en Afrique centrale en abrégé FOGADAC[123]. Notre préoccupation ici est de savoir dans quelle mesure ce système d'assurance-dépôts peut être un signal de révélation de la crédibilité des banques camerounaises en vue de restaurer la confiance des déposants dans le système bancaire.

Au regard des réalités économiques des pays de la sous région et de la portée régionale qu'aura le futur fonds de garantie des dépôts en Afrique centrale (FOGADAC) non encore fonctionnel, notre étude a pour objet de mener une réflexion approfondie sur l'organisation opérationnelle d'un tel système. Cette réflexion devra aboutir sur une proposition d'un modèle de fonctionnement dudit système en termes de gestion des fonds recueillis, de la détermination des primes d'assurance à appliquer, etc. Pour ce faire, celle-ci s'organise autour de trois grandes questions.

1) Quelle nature devrait revêtir le système d'assurance des dépôts bientôt opérationnel dans cette sous région en général et au Cameroun en particulier ? En d'autres termes, le FOGADAC devra-t-il être de nature publique, privée, semi-publique et privée ? (II.1).

2) Quel système adopter pour le calcul des primes d'assurance ? (II.2).

3) Quel montant de dépôts assurer ? (II.3).

II.1. Quel système d'assurance des dépôts ?

Le vaste mouvement de libéralisation financière des années 1980, la débâcle de nombreuses caisses d'épargne américaines pourtant assurées, les nombreuses faillites de banques et surtout la crise majeure du système d'assurance-dépôts américains suscitent un vif débat entre les économistes et les banquiers. Trois tendances se dégagent. On a d'un côté

---

[123] Le Cameroun vient de ratifier par décret n° 99 / 091 / PR du 20 avril 1999, la création de ce fonds.

les partisans d'un système d'assurance-dépôts entièrement financé par le secteur privé, de l'autre ceux qui soutiennent un système public enfin ceux qui sont pour un système d'assurance-dépôts hybride. On va analyser les atouts et les inconvénients de chaque système avant de proposer une option pour le cas du Cameroun.

II.1.1. Le système d'assurance-dépôts privé : atouts et inconvénients

Les défenseurs du système d'assurance-dépôts privé soutiennent qu'un système d'assurance-dépôts géré entièrement par une entreprise privée à l'instar d'une compagnie d'assurance ordinaire est plus indiqué pour signaler la crédibilité des intermédiaires financiers et réduire ce faisant les paniques des déposants. Les arguments avancés pour soutenir cette assertion sont multiples. Ils font valoir entre autres que :

- les responsables d'un tel système ont plus d'incitation à mesurer le risque de façon précise et continue et à tarifier des primes d'assurance liées à ce risque que leurs homologues du système d'assurance-dépôts public ;

- ils sont responsables financièrement en cas de pertes plus que ne le sont leurs homologues du système d'assurance-dépôts public ;

- un accroissement de la prime d'assurance incite la banque à réduire les dépôts et donc à se recapitaliser.

Les partisans du système d'assurance-dépôts public leur reprochent souvent non seulement d'ignorer le risque systémique, mais également et surtout de n'être pas capables de faire face à leurs obligations en cas de graves chocs macroéconomiques, alors que l'État peut difficilement se désengager de ses obligations d'assureur en dernier ressort dans de telles circonstances.

Il est également relevé que le fait que les primes d'un système d'assurance-dépôts privé croissent avec le risque de la banque, conduisent à un comportement d'aléa moral, car elles poussent celle qui est en moins bonne santé à prendre plus de risques à dépôts donnés.

Dans le même ordre d'idées, M. Dewatripont et J. Tirole (1992) montrent que l'utilisation exclusive d'un système d'assurance-dépôts privé est dangereuse. Tout d'abord, elle renforce l'effet pervers d'une incitation plus grande à la prise de risque en situation de souscapitalisation, car elle aggrave les difficultés auxquelles la banque fait face. Ensuite, le recours à l'évaluation d'une assurance-dépôts répond en partie à l'objectif selon lequel, une bonne performance du secteur bancaire passe par une information correcte concernant sa capitalisation et la nature de ses activités en particulier son risque global. Par ailleurs, ce recours à l'assurance-dépôts privé n'est pas suffisant pour la réalisation de l'objectif d'après lequel une bonne performance passe par un interventionnisme externe croissant lorsque la performance se détériore, et en particulier, un mécanisme crédible de transfert de contrôle vers une partie externe plus interventionniste lorsque la performance de la banque est suffisamment mauvaise.

II.1.2. Le système d'assurance-dépôts public : atouts et inconvénients

La raison d'être de l'assurance-dépôts étant de diminuer les incitations aux ruées des déposants, renforcer de ce fait leur confiance dans le système bancaire et ce faisant, stabiliser le système financier, de nombreux économistes s'accordent pour reconnaître que seule l'assurance -dépôts par l'État peut garantir cette finalité. Les raisons qui les amènent à préférer l'assurance par l'État sont nombreuses.

Pour D. Diamond et P. Dybvig (1983) qui examinent dans leur contribution la possibilité de financement des fonds injectés dans le système d'assurance par un impôt, la raison est la suivante : l'État dispose du pouvoir de taxation que n'a pas une compagnie d'assurance privée et encore moins une banque qui doit fournir un service séquentiel et ne peut réduire le montant d'un retrait après qu'il a été fait.

Certains auteurs notamment J. Guttentag et R. Herring (1982) puis L. Scialom (1993), mettent en exergue la possibilité pour les fonds d'assurance privés de devenir eux aussi insolvables. En effet, à partir de la présentation simplifiée d'un système d'assurance des dépôts en termes de bilan, J.M. Guttentag et R. Herring (1982) puis L. Scialom (1993) établissent la condition de solvabilité qui s'impose au fonds d'assurance-dépôts. Ce qui montre ainsi les limites de ses interventions et une éventuelle faillite. Pour cette raison, l'assurance-dépôts par l'État est préférée à celle des compagnies car l'État est plus crédible face aux compagnies privées qui, au risque de devenir, doivent se constituer des réserves suffisantes en cas d'interventions massives.

Dans la mesure où le prêteur en dernier ressort peut renforcer les réserves d'un système d'assurance-dépôts par une ligne de crédit illimité, L. Scialom (1993) précise que seul un engagement explicite du prêteur en dernier ressort à assumer l'ensemble des engagements du fonds d'assurance-dépôts privé peut rendre ce dernier totalement crédible quand les créances nettes potentielles sur lui apparaissent importantes.

En définitive, l'assurance des dépôts par l'État exclut toute panique bancaire tant par l'effet d'annonce d'une intervention que par la mise en place d'un taux d'imposition. Les carences du système d'assurance - dépôts par l'État les plus évoquées résident généralement dans sa gestion approximative du fait de l'ingérence de l'État et des lourdeurs de procédures que cela entraîne.

II.1.3. Le système d'assurance-dépôts hybride : atouts et inconvénients

Le système bancaire est un secteur névralgique de l'économie. Les conséquences socioéconomiques et déstabilisatrices de l'équilibre macroéconomique que peuvent générer les faillites des banques sont néfastes. Par ailleurs, la responsabilité de la stabilité du système financier relève de la responsabilité publique

Compte tenu de tout ceci, les défenseurs de ce type d'assurance-dépôts soutiennent qu'il est nécessaire de maintenir une bonne dose de réglementation des systèmes privés d'assurance-dépôts. Ainsi, les organisations privées d'assurance, bien que fonctionnant sur une base de gestion autonome, sont placées sous contrôle et surveillance des gouvernements ou des autorités monétaires. Cette solution médiane empêche soit d'abandonner le système d'assurance-dépôts complètement aux mains des acteurs privés, soit le faire relever directement de l'autorité publique. L'avantage majeur d'un tel système est la crédibilité que lui confère sa nature hybride.

C'est au regard de tout ceci et des expériences récentes tirées de l'existence des structures similaires au Cameroun, que nous mènerons nos réflexions et ferons nos suggestions. Dans un passé assez récent, il a été créé au Cameroun, un certain nombre de structures[124]. Il s'agit du

[124] Il s'agit principalement du Fonds de garantie aux petites et moyennes entreprises (FOGAPE) créé par l'État camerounais pour garantir les concours bancaires à cette

Fonds de garantie aux petites et moyennes entreprises et de la Caisse de stabilisation des produits de base pour ne citer que ces deux cas. Leur vocation essentielle était d'assurer la protection des crédits bancaires consentis à cette catégorie d'entreprise pour le premier, et des producteurs des cultures de rente pour le second. Aujourd'hui, ces structures étatiques sont en faillite et l'une des principales causes évoquées est leur système de gestion.

Aussi pensons-nous que, quel que soit le scénario envisagé[125], il est souhaitable que le fonds de garantie des dépôts (FOGADAC) bientôt opérationnel au Cameroun et dans la sous région Afrique centrale soit une structure à statut hybride dans laquelle l'intervention des États dans la gestion devra être prohibée. Tout au plus, leur rôle se limiterait au rôle réglementaire et de contrôle spécifiant par exemple :

- le niveau du capital social à détenir ;

- une norme prudentielle définie par le ratio du capital rapporté au montant des primes d'assurance à respecter ;

- les clauses précisant les conditions de l'engagement explicite du prêteur en dernier ressort à assumer les engagements du Fonds quand les créances nettes potentielles sur lui sont importantes. L'exercice de ce rôle serait confié à la Commission bancaire de l'Afrique centrale (COBAC) si le Fonds est créé sur une base collective par les banques ou les coopératives d'épargne et de crédit ou obéissant aux dispositions du code CIMA si elle devrait fonctionner comme une compagnie d'assurance privée.

II.2. Le système de détermination des primes d'assurance-dépôts

Compte tenu de la contrainte de solvabilité qui s'impose au Fonds d'assurance-dépôts, le calcul du prix ou de la prime d'assurance qui

catégorie d'entreprise et de l'Office national de commercialisation des produits de base (ONCPB) chargé entre autres, de garantir les revenus aux producteurs des cultures de rente.

125 Dans le cadre de l'Afrique centrale, on peut imaginer, soit un système d'assurance-dépôts supra national, soit un système où coexisteraient différents Fonds d'assurance-dépôts dont les activités s'organiseraient selon le principe de la responsabilité du pays d'origine, mais qui seraient soumis à des modalités de fonctionnement communes décidées au niveau de la CEMAC.

conditionne les réserves de l'assureur, et détermine le degré de couverture des dépôts, revêt une grande importance. L'analyse théorique met en exergue deux modes de détermination des primes d'assurance - dépôts. Une prime forfaitaire définie par unité de dépôts et des primes d'assurance différenciées en fonction de la banque c'est-à-dire en fonction du risque inhérent à l'activité de l'assuré. La réflexion porte ici sur la question de savoir quel mode de calcul retenir pour la prime ?

Compte tenu du comportement d'aléa moral sur les banques, l'inconvénient majeur du système d'assurance -dépôts avec prime forfaitaire, nous penchons pour une prime déterminée en fonction du risque pris par chaque banque. Certes, c'est une technique difficile à mettre en œuvre, mais pas impossible.

Dans ce sens, l'une des mesures préconisées dans le cadre de la réforme du système d'assurance -dépôts américain engagée par le Federal Deposit Insurance Corporation en 1991, est justement de moduler la prime d'assurance-dépôts en fonction du ratio, fonds propres / actifs pondérés par le risque.

Formellement, cela signifie que si pour une banque i, au cours d'une période t - qui peut être trimestrielle, semestrielle ou annuelle - on note par :

$FP_{i,(t)}$: les fonds propres de la banque i au cours de la période t ;

$\Sigma D_{i,(t)}$: la somme des dépôts de la banque i au cours de t ;

$\Sigma\alpha_n A_{i,(t)}$: la somme des actifs bancaires pondérés par le risque ;

α_n étant les différents coefficients de pondération ;

$E_{i,(t)}$: le montant total des engagements de la banque i au cours de t. Ils comprennent tous les crédits octroyés et les engagements hors bilan - effets escomptés non échus ;

$PAD_{i,(t)}$: le montant de la prime d'assurance - dépôts versé au fonds d'assurance par la banque i au cours de t ;

$q_{i,(t)}$: le ratio des fonds propres sur actifs pondérés par le risque de la banque i au cours de t s'écrit :

$$q_{i,(t)} = FP_{i,(t)} / \Sigma\alpha_n A_{i,(t)} \qquad (1)$$

Dès lors, la prime d'assurance - dépôts modulée en fonction du ratio de fonds propres sur actifs bancaires pondérés par le risque, versée par la banque i au cours de la période t, peut ainsi s'écrire :

$PAD_{i,(t)} = C + a_1 \Sigma D_{i,(t)} + a_2 q_{i,(t)}$ (2)

Où :

C : est une constante d'analyse ;

a_1 : un coefficient représentant pour la banque i, la fraction des dépôts versés au fonds d'assurance-dépôts ;

a_2 : un coefficient représentant le degré de couverture des engagements de la banque par ses fonds propres.

Dans le cas d'espèce, on va admettre que l'actif de la banque i au cours de t, se réduit aux réserves des banques et aux différents concours bancaires[126] - qui vont être pondérés par le total des engagements ($E_{i,(t)}$), soit :

$RE_{i,(t)}$: les réserves détenues par la banque i pendant la période t ;

$PB_{i,(t)}$: prêts de la banque i aux pouvoirs publics ;

$PM_{i,(t)}$: les concours de la banque i aux ménages au cours de t ;

$PET_{i,(t)}$: les prêts de la banque i aux entreprises pendant la période t.

Dès lors :

$\Sigma\alpha_n A_{i,(t)} = \alpha_1 RE_{i,(t)} + \alpha_2 PB_{i,(t)} + \alpha_3 PM_{i,(t)} + \alpha_4 PE_{i,(t)}$ (3)

Où :

$\alpha_1 = RE_{i,(t)} / E_{i,(t)}$

$\alpha_2 = PB_{i,(t)} / E_{i,,(t)}$

$\alpha_3 = PM_{i,(t)} / E_{i,(t)}$

$\alpha_4 = PE_{i,(t)} / E_{i,(t)}$

En portant l'équation (3) dans l'équation (1), on obtient :

$q_{i,(t)} = FP_{i,(t)} / (\alpha_1 RE_{i,(t)} + \alpha_2 PB_{i,(t)} + \alpha_3 PM_{i,(t)} + \alpha_4 PE_{i,(t)})$ (4)

En reportant (4) dans l'expression (2) de la formule de la prime, on obtient :

---

[126] On pourra aussi utiliser selon le cas, la classification suivant le terme qui conduirait ainsi à distinguer entre crédits à court, moyen et long termes ou suivant le secteur d'activité, etc.

$$PAD_{i,(t)} = C + a_1 D_{i,(t)} + a_2 [FP_{i,(t)} / (\alpha_1 RE_{i,(t)} + \alpha_2 PB_{i,(t)} + \alpha_3 PM_{i,(t)} + \alpha_4 PE_{i,(t)})] \quad (5)$$

Cette formulation de la prime modulable en fonction du ratio FP / Actifs pondérés par le risque, proposée par P. Adhémar (1991), et non plus en fonction du ratio FP / Actif total comme suggéré par le FDIC, renforce le concept de base des ratios Cooke. Or, ces ratios présentent, comme le relèvent M. Dewatripont et J. Tirole (1992), l'inconvénient de ne concerner que le risque de crédit, et se concentrent donc seulement sur la nature du débiteur. Ils excluent le risque d'intérêt qui provient de la volatilité de la structure de taux d'intérêt et de la traditionnelle asymétrie des termes entre les actifs et les passifs bancaires, ainsi que de nombreux autres risques dont certains sont liés aux caractéristiques particulières des économies en présence.

Ainsi, pour compléter l'analyse en tenant compte de la spécificité du système bancaire camerounais et de l'environnement socio-économique, juridique et institutionnel dans lequel il évolue, nous pensons qu'en plus de cette pondération par le ratio Cooke, la prime d'assurance-dépôts devrait également prendre en considération un certain nombre d'éléments dont entre autres :

- la réputation de la banque établie par le dynamisme de l'équipe dirigeante, sa compétence, son professionnalisme et appréciée par son système de gestion. Celle-ci peut se refléter dans le ratio de rentabilité économique moyenne (p_i) de la banque sur une longue période (T). Si $p_{i,(t)}$ désigne ce ratio, formellement il peut être appréhendé par le ratio du produit net bancaire moyen ($\Sigma\ PNB_{i,(t)} / T$) rapporté aux actifs bancaires pondérés par le risque, montrant ainsi la contribution de chaque poste du bilan à la rentabilité, soit en intégrant l'équation (2) :

$$p_{i,(t)} = (\Sigma\ PNB_{i,(t)}) / T\ (\Sigma\ \alpha_n\ A_{i,(t)}) \quad (6)$$

- la taille de la banque estimée par son chiffre d'affaires ($CA_{i,(t)}$) car, les banques de grande taille, généralement ici les filiales des banques étrangères, sont généralement moins vulnérables que les banques de petite taille. Pour tenir compte de cet aspect, la taille de la banque (CA) est déflatée par les actifs pondérés par le risque. Si $k_{i,(t)}$ est ce ratio pour une banque i à la période t, on a :

$$k_{i,(t)} = CA_{i,(t)} / (\Sigma\ \alpha_n\ A_{i,(t)}) \quad (7)$$

- le risque pays déterminé par la variable (l_i), étant donné la couverture sous régionale du système d'assurance-dépôts. Ce risque peut être décomposé en risque lié à l'instabilité politique, aux catastrophes naturelles, etc. Suivant le pays, ce risque peut être plus ou moins important. En effet, on se trouve dans une sous région où les événements politiques - élections municipales, législatives et présidentielles - sont souvent précédés d'un climat trouble qui cristallise l'activité économique et panique les déposants.

- la pression fiscale. Le comportement des intermédiaires financiers est le plus souvent affecté par le cadre réglementaire qui détermine la liquidité des marchés.

Intégrant tous ces éléments formellement, la prime d'assurance-dépôts pour une banque, i, peut s'écrire :

$$PAD_{i,(t)} = C + a_1 \Sigma D_{i,(t)} + a_2 q_{i,(t)} + a_3 p_{i,(t)} + a_4 k_{i,(t)} + a_5 l_{i,(t)} \quad (8)$$

$$= C + a_1 \Sigma D_{i,(t)} + a_2 (FP_{i,(t)} / \Sigma \alpha_n A_{i,(t)}) + a_3 (\Sigma PNB_{i,(t)} / T \Sigma \alpha_n A_{i,(t)}) + a_4 (CA_{i,(t)} / \Sigma \alpha_n A_{i,(t)}) + a_5 l_i,$$

$$PAD_{i,(t)} = C + a_1 \Sigma D_{i,(t)} + (1/ \Sigma \alpha_n A_{i,(t)})[a_2 FP_{i,(t)} + a_3 (\Sigma PNB_{i,(t)} / T) + a_4 CA_{i,(t)} + a_5 l_{i,(t)}] \quad (9)$$

Le signe des coefficients directeurs α_n définis ci-dessus permettrait d'apprécier non seulement le sens de variation de la prime en fonction des différentes variables prises individuellement, mais aussi et surtout le poids de chacune d'elles dans sa détermination.

II.3. Quel montant de dépôts assurer ?

Il est question ici de savoir si le système d'assurance-dépôts devrait assurer en partie ou en totalité les dépôts ? En d'autres termes, quelle sera l'étendue de la protection des dépôts ? Adopter le principe de la protection d'une partie des dépôts seulement revient à procéder à une limitation de la couverture des dépôts à un montant maximum par institution et par individu. Tout le problème réside ici dans la question de savoir comment fixer ce montant.

Sur la question de savoir s'il faut assurer en partie ou en totalité les dépôts, l'analyse révèle que si l'on veut maintenir la confiance des détenteurs de ressources dans les banques, l'idéal serait d'assurer dès l'ouverture du FOGADAC, la couverture totale des dépôts par déposant. Toutefois, si l'on opte pour une couverture partielle des dépôts, une étude préalable sur l'épargne des ménages camerounais qui permettra de déterminer la fourchette dans laquelle se concentre l'épargne de la plupart des ménages est nécessaire pour connaître le plafond à assurer par déposant.

CONCLUSION DE LA DEUXIEME PARTIE

De l'analyse précédente il ressort que pour internaliser les risques bancaires, il convient de réduire les imperfections informationnelles entre banque /emprunteur et banque / déposant.

Sur le plan théorique, il existe deux grands groupes de modèles susceptibles de réduire les imperfections de l'information financière dans la relation de crédit banque / emprunteur. C'est le cas d'une part, des modèles à signaux financiers - apport personnel, structure financière, dividendes versés - et d'autre part, des modèles à mécanismes incitatifs - garanties, relation de long terme - qui permettent de révéler la qualité de l'emprunteur au banquier. Pour compléter les analyses théoriques, la spécificité du contexte de notre étude nous a amenée à introduire d'autres signaux pouvant contribuer à réduire l'asymétrie de l'information sur le marché de crédit. Il s'agit notamment de la rentabilité du projet, de la capacité de remboursement du promoteur et de l'engagement de l'emprunteur envers les tiers - tontines et associations diverses, fournisseurs, centrale des risques, État et organismes sociaux.

Sur le plan empirique, on note qu'en cas de non prise en compte de la relation de long terme ou de clientèle, les informations financières qui entrent dans la décision d'octroi des crédits sont pour l'ensemble des banques de l'échantillon, l'apport personnel du promoteur et le niveau d'engagement des emprunteurs envers les tiers. À cela s'ajoutent, la valeur des garanties pour la banque commerciale et la rentabilité du projet pour la banque d'affaires.

L'introduction de la relation de clientèle, notamment la régularité dans le remboursement des prêts antérieurs, influence la composante principale "patrimoine de l'emprunteur". Dans le premier test sans relation de clientèle, cette composante revêt une grande importance tandis que dans le second test avec prise en compte de la relation de clientèle, elle est de moindre importance. Dès lors, il apparaît que l'intégration du critère "relation de long terme" relègue au second plan le patrimoine de l'emprunteur au profit de celle-ci. Ce qui justifie le fait qu'un patrimoine important n'est pas synonyme d'un remboursement assuré ou une garantie sûre en cas de risque de défaut, étant donné la difficulté qu'éprouve très souvent le banquier à réaliser cette garantie.

Au total, en cas de prise en compte de la relation de clientèle, les variables, la régularité dans le remboursement des prêts antérieurs, la capacité de remboursement de l'emprunteur et le niveau d'engagement de l'emprunteur à la centrale des risques et auprès des fournisseurs sont des indicateurs crédibles de risque. Le banquier camerounais privilégie dans sa décision de prêts, la régularité dans le remboursement des prêts antérieurs qui prouve la capacité de remboursement de l'emprunteur et traduit le faible engagement de l'emprunteur à la centrale des risques et auprès des fournisseurs. Le critère "réputation de l'emprunteur" l'emporte sur le critère "importance du patrimoine", montrant dès lors que lorsque la réputation de l'emprunteur est établie, l'approche du risque de crédit par la relation de clientèle est dans certaines conditions, une alternative à l'approche comptable.

Il est aussi apparu, qu'il s'agisse du premier ou du second test, que les banques camerounaises accordent peu d'importance au critère "dividendes versés aux actionnaires" dans leur décision. Ceci confirme bien notre hypothèse selon laquelle le versement régulier des dividendes ne saurait être un signal crédible de risque dans le contexte camerounais où les promoteurs des PME, principale clientèle des banques camerounaises, sont généralement actionnaires majoritaires de leurs affaires et le pouvoir de contrôle et de décision leur revient.

Explorant les voies et moyens susceptibles de restaurer la confiance des déposants dans les banques afin de consolider la liquidité du système bancaire, on s'est penché sur la suspension de convertibilité des dépôts et le système d'assurance-dépôts, solutions que proposent les modèles théoriques. Reposant sur des conditions difficiles à réaliser telles que, fixer le seuil ou la masse critique des retraits au-delà duquel il convient d'arrêter tout retrait, la suspension de convertibilité au lieu de prévenir les ruées, les provoque plutôt. Compte tenu de cet inconvénient majeur, nos réflexions ont porté davantage sur le système d'assurance-dépôts et s'articulent sur trois grandes interrogations : un tel système dit-il être de nature privée ? Publique ? Semi privée et publique ? Quel mode de calcul adopter dans la détermination de la prime d'assurance à verser au fonds de garantie ? Prime forfaitaire ? Ou modulable en fonction du risque ? Quel montant de dépôts assurés ? Partiellement ou en totalité ?

Concernant la nature du fonds de garantie des dépôts en voie de création au Cameroun et dans la sous région de la zone CEMAC, il est souhaitable compte tenu des avantages et inconvénients de chaque système et eu égard à la portée sous régionale du futur système, qu'il soit une structure supranationale contrôlée et réglementée par la COBAC, fonctionnant dans des conditions optimales d'indépendance afin de garantir une plus grande efficacité de ses activités. Pour ne pas connaître le même sort qu'ont connu les structures semblables - FOGAPE - il est nécessaire que cette nouvelle structure procède à la rentabilisation des fonds détenus par voie de capitalisation ou de placements, tout en s'assurant une couverture contre le risque. Les placements longs - en obligations - sont certes plus rentables, mais également plus risqués que les placements courts. Aussi préconisons-nous des placements sur le marché monétaire, les options sur devises qui offrent des possibilités de couvertures plus intéressantes car limitent le risque encouru au seul prix d'exercice payé.

Pour ce qui est du mode de détermination de la prime d'assurance - dépôts, il est aussi souhaitable qu'elle soit modulable en fonction du risque. À cet égard, la formule de calcul qui consiste à moduler la prime par le ratio de capital rapporté aux actifs pondérés par le risque est complétée par la prise en compte de la réputation de la banque reflétée dans le ratio de rentabilité économique moyen de la banque sur plusieurs périodes, de la taille de la banque estimée par son chiffre d'affaires qui a été déflaté par les actifs pondérés par les risques, du risque pays et de la pression fiscale.

Sur la question de savoir s'il faut assurer en partie ou en totalité les dépôts, l'analyse révèle que si l'on veut maintenir la confiance des détenteurs des ressources dans les banques, l'idéal serait d'assurer dès l'ouverture du FOGADAC, la couverture totale des dépôts par déposant. Toutefois, si l'on opte pour une couverture partielle des dépôts, une étude préalable sur l'épargne des ménages camerounais qui permettra de déterminer la fourchette dans laquelle se concentre l'épargne de la plupart des ménages est nécessaire pour connaître le plafond à assurer par déposant.

CONCLUSION GENERALE

L'estimation des indicateurs de défaillance bancaire sur les données camerounaises révèle que la crise et les faillites bancaires de la décennie 1986/1987 -1995/1996 trouvent leur origine dans deux faits majeurs :

- un niveau de fonds propres des banques insuffisants qui ne leur permet pas d'assurer une couverture suffisante des risques. Cela justifie la recapitalisation des banques et le renforcement du volet contrôle et réglementation prudentiels assurés par la COBAC et préconisés dans le cadre du vaste programme de restructuration bancaire ;

- une grande exposition des banques au risque de leur activité d'intermédiation financière, notamment le risque de crédit et de liquidité. Les indicateurs obtenus montrent que l'exposition des portefeuilles des banques au risque d'activité, a davantage contribué à leur faillite que ne l'a faite l'insuffisance des fonds propres. Ce risque lié aux activités des banques est généralement imputé aux erreurs de gestion, à un environnement juridico réglementaire ambigu et déséquilibré aux dépens des institutions bancaires, à une tutelle lourde, paralysante et dépouillée de toute responsabilité, auxquels est venu se greffer le retournement conjoncturel survenu au cours de l'exercice budgétaire 1985/1986.

Les plans d'assainissement élaborés dès 1990 pour redresser le secteur des établissements de crédit ont consisté à instaurer un cadre juridique et réglementaire approprié pour une plus grande efficacité de l'activité bancaire, à transférer à la banque centrale les attributions autrefois dévolues à la tutelle et à l'institution d'un organe de surveillance qui fonctionne dans des conditions optimales d'indépendance afin d'assurer la supervision du système bancaire. Ces mesures ont eu des résultats positifs indéniables : un redressement de la liquidité bancaire suite à l'effet-prix de la dévaluation du franc CFA de janvier 1994 et qui s'est traduit par un remboursement massif des avances de la banque centrale, une amélioration des ratios de fonds propres, etc.

Toutefois, jusqu'en fin 1996, le secteur bancaire n'est pas encore complètement assaini et la tendance du fléchissement des crédits bancaires à l'économie observée depuis 1994 se poursuit à l'heure actuelle, traduisant la faible implication des banques dans le financement de l'économie. Cela reflète probablement le durcissement de la politique monétaire qui a suivi la modification du taux de change CFA/ FF, mais montre également et surtout à notre avis que les causes du risque de l'activité bancaire qui demeurent, une mauvaise appréciation du risque de crédit, une crise de confiance des déposants dans les banques et une carence structurelle du système ne sont pas encore maîtrisées.

La recherche dans la première partie du travail des facteurs explicatifs de l'appréciation approximative du risque de défaut par les banques, de la crise de confiance et de la carence structurelle du système bancaire, nous a amenée à émettre quatre hypothèses de travail :

1) L'ingérence excessive de l'État dans la gestion des banques du fait de leur statut de monopoles financiers d'État, explique pour une part appréciable, le risque de défaut et l'accumulation d'importantes créances douteuses de la décennie sous revue.

2) Les imperfections informationnelles dans la relation banque /emprunteur compromettent considérablement l'évaluation du risque de défaut par les banques, favorisent la sélection contraire des projets à financer et le risque moral sur le comportement ex-post de l'emprunteur et sont à l'origine de la montée incontrôlable du risque d'insolvabilité.

3) Les imperfections informationnelles entre les banques et les déposants sur la qualité des actifs bancaires et notamment sur leur aptitude à honorer leurs engagements, sont à l'origine des paniques des déposants qui ont emporté les banques dans les ruées sur les dépôts bancaires, les plaçant dès lors dans une situation de crise aiguë de liquidité.

4) Les carences structurelles du système bancaire et les caractéristiques socioculturelles de l'environnement de l'étude confèrent aux ruées bancaires, une nature permanente matérialisée par le retour des files d'attente observables notamment en période de paiement des salaires des fonctionnaires, expliquant ainsi une crise structurelle profonde du système et leur inadaptation à leur contexte d'implantation.

Un essai d'interprétation empirique de ces hypothèses montre que l'accumulation d'importantes créances douteuses enregistrées au cours de la décennie retenue est pour une grande part imputable à la sélection adverse et surtout à l'aléa moral sur le comportement ex-post de l'emprunteur. L'analyse de quelques faits, la "pajerorisation" de l'économie camerounaise, l'époque des trois "V" - villas, véhicules et voyages à l'étranger", etc. - financés essentiellement par les crédits d'investissement, sont en effet l'illustration du détournement de nombreux crédits de montants appréciables des utilisations initiales pour lesquelles ils étaient destinés.

Appréhendant la variable "ruées bancaires" en termes absolus par le montant des retraits et, en termes relatifs par le ratio billets / dépôts bancaires exprimant le taux de conversion des dépôts en espèces, on note que la crise de liquidité observée est le fait des retraits massifs des dépôts bancaires toutes catégories confondues face aux faibles ressources des banques. On a ainsi noté que pour les années 1986, 1987 et 1996, la proportion des retraits des dépôts d'épargne à terme (γ_{21}) est plus importante que celle des dépôts à vue (γ_{11}). Formellement, cela s'est traduit par l'inégalité $\gamma_{21} > \gamma_{11}$ qui confirme ainsi l'existence du comportement des transfuges mis en exergue par le modèle théorique.

Une analyse de la corrélation entre les ruées bancaires et quelques variables caractéristiques de l'économie - taux de croissance réel du PIB, les cours mondiaux des principaux produits de base - conclut à l'existence d'une relation positive et significative. C'est donc dire que les ruées bancaires conjoncturelles qui sont le signe prémonitoire ou la manifestation publique d'une crise de liquidité, ont ici une origine économique et non aléatoire comme dans le modèle théorique de Diamond et Dybvig (1983). En particulier, c'est le fait de l'insuffisante diversification des crédits bancaires orientés principalement vers les activités commerciales aux faibles garanties et vers les secteurs mono productifs d'exportation, particulièrement vulnérables à la volatilité des cours mondiaux des produits de base.

En outre, l'analyse des différences de phase entre l'évolution des réserves des banques, l'indicateur de liquidité bancaire et le taux de croissance économique montre que la période de croissance remarquable de l'économie camerounaise entre 1980 et 1985, secrète des ressources qui permettent de soutenir la liquidité des banques. En raison de la pro cyclicité des résultats des banques, l'apparition des premiers signes de difficultés économiques sanctionnées par les retraits massifs notamment ceux de l'État à partir de 1986, provoque des tensions de trésorerie bancaire, expliquant en grande partie les longues files d'attente devant les guichets des banques dès 1987.

Par ailleurs, les analyses révèlent l'existence d'un phénomène, le retour des files d'attente observables notamment à chaque période de paiement des salaires. Ces files d'attente ne décrivent pas des ruées qui sont un phénomène de perte de confiance dans la liquidité des dépôts bancaires. Au contraire, elles traduiraient ici la faiblesse de la liquidité effective des dépôts, faiblesse due à une carence structurelle profonde du système bancaire - inadaptation du système aux réalités socioéconomiques nationales et au contexte international. Pour le montrer, nous avons régressé cette variable ''ruées au ralenti'' sur deux groupes d'indicateurs :

- les indicateurs de développement financier représentés par le taux de bancarisation de l'économie, ceux des deux plus grandes métropoles du pays - Yaoundé, Douala - et le taux de bancarisation des agents économiques appelé aussi taux de pénétration bancaire de la population ;

- les indicateurs de structure représentés par les indicateurs d'adaptabilité des produits bancaires aux aspirations de la clientèle appréhendés par le taux d'utilisation de la monnaie scripturale dans les transactions, le taux de mobilisation des crédits par les espèces et les indicateurs de modernisation du système de paiement.

Les résultats des estimations révèlent une relation linéaire positive et significative entre la variable endogène ''ruées bancaires au ralenti'', le taux de bancarisation de l'économie et le taux de mobilisation des crédits par des espèces ; une corrélation négative et significative entre la variable endogène, le taux de bancarisation de la population et le taux d'utilisation de la monnaie scripturale. Il en résulte que la course régulière des agents économiques aux espèces qui occasionne des files d'attente aux guichets des banques ne s'identifie plus automatiquement et uniquement à une crise de liquidité comme dans le modèle théorique, mais traduit bien une carence structurelle du système.

En particulier, ces files d'attente régulières sont le fait : d'un faible degré de bancarisation de l'économie ; d'une sous bancarisation des agents économiques, d'une inadéquation des banques aux réalités nationales - forte préférence des agents pour les espèces dans les transactions, difficultés à utiliser les chèques - et au contexte actuel - faible développement de la monétique, retard dans l'utilisation des cartes de crédit, etc. Une modernisation du système de paiement, une utilisation crédible des chèques ainsi qu'une culture financière et bancaire des agents économiques se révèlent nécessaires.

S'interrogeant sur ce qu'il y a lieu de faire pour réduire l'asymétrie d'information dans la relation de crédit afin de permettre aux banques de maîtriser davantage l'appréciation du risque de crédit et devenir ainsi plus performantes, nous sommes conduite à tester sur les données camerounaises, un certain nombre de signaux financiers et de mécanismes incitatifs. Ce sont des éléments dont la présence dans un contrat de crédit révèle la qualité de l'emprunteur en présence. Ils sont démontrés et considérés en théorie financière comme des indicateurs crédibles de risque. Il s'agit du montant de l'apport personnel de l'emprunteur dans son projet, du montant des dividendes versés aux actionnaires, de la structure financière de l'entreprise appréhendée par son ratio d'endettement, du montant des garanties apportées par l'emprunteur et de la relation de clientèle-réputation de l'emprunteur-appréhendée par la variable "régularité dans le remboursement des prêts antérieurs". Pour être des signaux crédibles de risque, l'analyse théorique démontre qu'ils doivent être positivement corrélés à la valeur du projet ou à celle de l'entreprise.

Pour compléter les modèles théoriques, outre les signaux financiers et mécanismes incitatifs analysés dans ces modèles, la spécificité du contexte de notre étude nous a amenée à introduire d'autres signaux pouvant réduire l'asymétrie de l'information sur le marché de crédit. Il s'agit notamment de la rentabilité du projet, de la capacité de remboursement du promoteur appréhendée par le ratio capacité d'autofinancement / dettes financières et de l'engagement de l'emprunteur envers les tiers - tontines et associations diverses, centrale des risques, fournisseurs, État et organismes sociaux.

Pour conduire le test empirique du modèle synthétique issu de tous ces signaux et mécanismes incitatifs, faute de pouvoir obtenir directement auprès des banques des données primaires ou secondaires quantitatives sur les crédits octroyés avec des conditions y afférentes en raison du secret bancaire, nous avons opté pour une enquête sous-tendue par un questionnaire semi directif. Afin de recueillir leur appréciation sur le poids des variables précédentes dans leur décision, cette enquête a été effectuée auprès des cadres des services des engagements de huit des neuf banques existantes à fin 1997. L'analyse en composantes principales est retenue comme méthode statistique dans l'intérêt de résumer l'information apportée par un grand nombre de variables en un nombre plus restreint de variables nouvelles, et le traitement des données est réalisé avec le logiciel Spad.

Dans l'hypothèse de vérifier si l'approche de l'appréciation du risque de crédit par la relation de clientèle peut être une alternative à l'approche par les données comptables, le test est réalisé en deux temps. D'abord le test portant sur les variables financières sans prise en compte de la relation de clientèle ou relation de long terme, ensuite le test du modèle avec relation de clientèle.

Les résultats du test sans relation de clientèle font ressortir trois composantes principales :

- le niveau d'engagement de l'emprunteur envers les tiers représenté par les variables, niveau d'engagement de l'emprunteur envers la centrale des risques et les fournisseurs fortement corrélés à cette composante. Ces deux variables ont une incidence certaine sur la capacité de remboursement de l'emprunteur fortement corrélée elle aussi à cette composante. Il est apparu à ce niveau que la plupart des banques à prédominance de capitaux nationaux sont beaucoup plus portées vers ces critères. Par contre, les autres variables de cette composante principale telles que le niveau d'engagement auprès des tontines et associations, le paiement régulier des impôts et le versement des dettes sociales sont moins considérées par les banques car négativement corrélées à cette composante principale. Ceci peut s'expliquer par le fait que les banquiers sont dans l'impossibilité de rassembler les informations fiables concernant l'engagement des emprunteurs envers les tontines et associations ainsi que les autres informations concernant le paiement des impôts et dettes sociales ;

- l'importance du patrimoine de l'emprunteur qui se traduit par la forte corrélation positive et significative des variables représentatives, apport personnel de l'emprunteur, structure financière de l'emprunteur et la valeur de la garantie apportée à cette composante principale, dont les coefficients de corrélation sont respectivement de 0.97, 0.72 et 0.59. Au vu des résultats, ce critère revêt une importance capitale pour toutes les banques commerciales de l'échantillon à l'exception de l'unique banque d'affaires où il paraît secondaire ;

- la rentabilité du projet de l'emprunteur dont le coefficient de corrélation de la variable représentative est de 0.71. Ce critère apparaît être une caractéristique de la banque d'affaires puisque c'est la seule banque de l'échantillon pour laquelle ce critère occupe une place de choix dans la décision d'octroi de crédit, les autres banques privilégiant la garantie.

Globalement, sans prise en compte de la relation de clientèle, l'apport personnel de l'emprunteur, le ratio d'autonomie financière, la valeur de la garantie apportée et la capacité de remboursement de l'emprunteur appréhendée à partir de son engagement envers les fournisseurs et à la centrale des risques, sont des indicateurs crédibles de risque pour les banques commerciales camerounaises tandis que la rentabilité du projet est celui des banques d'affaires.

Le résultat du test avec prise en compte de la relation de clientèle c'est-à-dire de la réputation de l'emprunteur appréciée par la variable "régularité dans le remboursement des prêts antérieurs" montre que l'une des composantes principales est encore le niveau d'engagement de l'emprunteur envers les tiers. En effet, ses variables caractéristiques, niveau d'engagement à la centrale des risques, auprès des fournisseurs et la capacité de remboursement de l'emprunteur fortement corrélées, soit respectivement 0.88, 0.83 et 0.89, sont confortées par la réputation de l'emprunteur observée à travers la variable "régularité dans le remboursement des prêts antérieurs", elle aussi fortement corrélée (0.78) à cette composante principale.

De même, la variable "rentabilité du projet" est encore une composante principale car significativement et positivement corrélée (0.65) à son axe. On note aussi que cette rentabilité va de pair avec la régularité dans le remboursement des prêts antérieurs elle aussi bien corrélée (0.53) à cette composante principale. Ce qui laisse penser que le choix de projet rentable incite l'emprunteur de bonne moralité à honorer régulièrement ses engagements et valide les conclusions des modèles de D.W. Diamond (1989, 1991) et S.A. Sharpe (1990) selon lesquelles les emprunteurs qui investissent dans leur réputation, signalent leur qualité en choisissant les projets moins risqués.

Toutefois, on note qu'avec la prise en compte du critère "relation de clientèle", la composante principale devient "la moindre importance du patrimoine de l'emprunteur" au lieu de l'importance du patrimoine de l'emprunteur comme dans le premier test. Ceci est confirmé par les variables représentatives apport personnel, l'autonomie financière et la valeur des garanties qui, bien que fortement corrélées à cette composante principale, sont de signe négatif comme le montrent leurs coefficients de corrélation respectifs, -0.96, -0.84 et -0.52. Ces résultats révèlent que, bien que ces variables soient bien représentées, la prise en compte de la réputation de l'emprunteur appréhendée par la régularité dans le remboursement des prêts antérieurs relègue au second plan l'importance du patrimoine mis en gage par le promoteur à l'appui de sa demande de crédit. Ceci confirme l'idée classique selon laquelle, un patrimoine important en gage d'un emprunt, ne signifie pas automatiquement un remboursement assuré, vu les difficultés qu'éprouvent très souvent les banquiers à réaliser la garantie en cas de défaillance de l'emprunteur.

Ainsi, en cas de prise en compte de la relation de clientèle, les variables, régularité dans le remboursement des prêts antérieurs, la capacité de remboursement de l'emprunteur et le niveau d'engagement de l'emprunteur à la centrale des risques et auprès des fournisseurs sont des indicateurs crédibles de risque. Le banquier camerounais privilégie dans sa décision de prêts, la régularité dans le remboursement des prêts antérieurs qui prouve la capacité de remboursement de l'emprunteur et traduit le faible engagement de l'emprunteur à la centrale des risques et auprès des fournisseurs. Ceci signifie que le critère "réputation de l'emprunteur" l'emporte sur le critère "importance du patrimoine", montrant dès lors que lorsque la réputation de l'emprunteur est établie, l'approche du risque de crédit par la relation de clientèle est dans certaines conditions, une alternative à l'approche comptable.

Il est aussi apparu, qu'il s'agisse du premier ou du second test, que les banques camerounaises accordent peu d'importance au critère "dividendes versés aux actionnaires" dans leur décision. Ceci confirme bien notre hypothèse selon laquelle le versement régulier des dividendes ne saurait être un signal crédible de risque dans le contexte camerounais où les promoteurs des PME, principale clientèle des banques camerounaises, sont généralement actionnaires majoritaires de leurs affaires et le pouvoir de contrôle et de décision leur revient.

Explorant les voies et moyens susceptibles de restaurer la confiance des déposants dans les banques afin de consolider la liquidité du système bancaire, on s'est penché sur la suspension de convertibilité des dépôts et le système d'assurance-dépôts, solutions que proposent les modèles théoriques. Reposant sur des conditions difficiles à réaliser telles que, fixer le seuil ou la masse critique des retraits au-delà duquel il convient d'arrêter tout retrait, la suspension de convertibilité au lieu de prévenir les ruées, les provoque plutôt. Compte tenu de cet inconvénient majeur, nos réflexions ont porté davantage sur le système d'assurance-dépôts et s'articulent sur trois grandes interrogations : un tel système doit-il être de type privé ? Public ? Semi privé et public ? Quel mode de calcul adopter dans la détermination de la prime d'assurance à verser au fonds de garantie ? Prime forfaitaire ? Ou modulable en fonction du risque ? Quel montant de dépôts assurer ? Partiellement ? Ou en totalité ?

Concernant la nature du fonds de garantie des dépôts en voie de création au Cameroun et dans la sous région de la zone CEMAC, il est souhaitable compte tenu des avantages et inconvénients de chaque système et eu égard à la portée sous régionale du futur système, qu'il soit une structure supranationale contrôlée et réglementée par la COBAC, fonctionnant dans des conditions optimales d'indépendance afin de garantir une plus grande efficacité de ses activités. Pour ne pas connaître le même sort qu'ont connu les structures semblables - FOGAPE - il est nécessaire que cette nouvelle structure procède à la rentabilisation des fonds détenus par voie de capitalisation ou de placements, tout en s'assurant une couverture contre le risque. Les placements longs - en obligations - sont certes plus rentables, mais également plus risqués que les placements courts. Aussi préconisons-nous des placements sur le marché monétaire, les options sur devises qui offrent des possibilités de couvertures plus intéressantes car limitent le risque encouru au seul prix d'exercice payé.

Pour ce qui est du mode de détermination de la prime d'assurance-dépôts, il est aussi souhaitable qu'elle soit modulable en fonction du risque. À cet égard, la formule de calcul qui consiste à moduler la prime par le ratio de capital rapporté aux actifs pondérés par le risque est complétée par la prise en compte de la réputation de la banque reflétée dans le ratio de rentabilité économique moyen de la banque sur plusieurs périodes, de la taille de la banque estimée par son chiffre s qui a été déflaté par les actifs pondérés par les risques, du risque pays et de la pression fiscale.

Sur la question de savoir s'il faut assurer en partie ou en totalité les dépôts, l'analyse révèle que si l'on veut maintenir la confiance des détenteurs des ressources dans les banques, l'idéal c'est d'assurer dès l'ouverture du fonds de garantie, la couverture totale des dépôts par déposant. Toutefois, si l'on opte pour une couverture partielle des dépôts, une étude préalable sur l'épargne des ménages camerounais qui permettra de déterminer la fourchette dans laquelle se concentre l'épargne de la plupart des ménages est nécessaire pour connaître le plafond à assurer par déposant.

Dans l'ensemble, les résultats obtenus quoique partiels, viennent confirmer entre autres, un certain nombre de conclusions des modèles théoriques. Toutefois, la prise en compte des insuffisances relatives aux données utilisées ainsi que les hypothèses parfois très simplistes sont de nature à relativiser la portée de ce travail qui doit d'être considéré davantage comme une base de réflexion pour les recherches permanentes dans ce domaine en perpétuelles mutations.

BIBLIOGRAPHIE

I. Ouvrages et articles

Adams, D.W. et Fitchett, D.D (1994) : *Finance informelle dans les pays en développement*. Presse Universitaire de Lyon.

Bagehot, W. (1873) : *Lombart Street : a description of monetary market*, Londres Kegan Paul and Co ; traduction française, *Lombart Street ou le marché financier en Angleterre*, Paris, Librairie Germer Baillière.

Baume (de la), Ch. (1988) : *Gestion du risque de taux d'intérêt*. Paris, Economica.

Barro, R.J (1981) : "The equilibrium approach to business cycles" in Barro, *Money, expectations and business cycles*, New York University press.

Blanchard, O.J. and Watson M.W (1982) : "Bubbles rational expectation and gold monetization" in éd. P. Wachted, *Crisis in the Economic and Financial Structure,* Solomon Blros Center. Series on Financial Institutions and Markets, Lexington Books, Lexington.

Bourguinat, H. (1987) : *Les vertiges de la finance internationale*. Paris, Economica.

Bryan, L. (1989) : *La Banque éclatée*. Paris, InterEdition.

Burda, M. et Wyplosz, Ch. (1994) : *Macroéconomie contemporaine : une perspective européenne.* Bruxelles, De Boeck.

Champ, B. and Freeman, S. (1994) : *Modeling monetary economics*. John Wiley.

Chant, J. (1992): "The new theory of intermediation", in Dowd K. and M Lewis, *Current Issues in Financial and Monetary Economics*, Macmillan.

C.F.P.B (1991) : *La recherche d'une meilleure productivité pour les banques africaines*. Colloque de Lomé - Togo, nov, L'Harmattan.

Coussergues (de), S. (1994) : *La théorie de la banque*. Paris, Dalloz.

Dewatripont, M. et Tirole, J. (1994) : *La réglementation prudentielle des banques*. Lausanne, Payot.

Flood, R.P. and Garber, P.M. (1982) : "Bubbles rational expectation and gold monetization", in P. Wachtel, *Crisis in the Economic and Financial Structure*, Solomon Blros Center. Series on Financial Institutions and Markets, Lexington Books, Lexington.

Friedman, B. (1983) : "The role of money and credit in macroeconomic analysis" in Tobin, *Macroeconomic, prices and quantities,* Blackwell.

Fry, M. (1989) : *Money interest and capital in economic development*. Johns Hopkins, University Press, London.

Galbraith, J.K. (1992) : *Brève histoire de l'euphorie financière.*

Paris, Le Seuil.

Gessel, S. (1929) : *The nature economic order*. Translated from the 6th German ed. by Philip Pye (Berlin : Neo-Verlag).

Germidi, D., Kessler, D. et Meghir, R. (1991) : *Systèmes financiers et développement : quel rôle pour les secteurs financiers formel et informel*. Paris, OCDE,.

Green, Ch.J. et Llewellyn, D.T. (1991) : *Survey in monetary economics,* vol.1, Monetary theory and policy, Blackwell.

Green Ch. J. et Llewellyn, D.T. (1991) : *Survey in monetary economics,* vol.2, Financial markets and institutions, Blackwell.

Hancock D (1991) : *A theory of production for the financial firm*. Kluwer, Academic Publishers, London.

Hayek, F.A. von (1978) : *Denationalization of money : the argument refined : an analysis of the theory and practice of currencies*. 2d ed., London : Institute of Economic Affairs.

Henry, A. Tchuenté, G.H. et Guillerne-Dieumegard, P.H. (1991) : *Tontine au Cameroun, le principe de la société des amis*. Paris, Karthala.

Jacklin, Ch. (1989) : "Demand deposits trading restrictions and risk sharing", in Prescott et Wallace eds, *Contractual Arrangements for Intertemporal Trade*, Federal Reserve Bank of Minneapolis.

Jacquillat, B. et Solnick, B. (1989) : *Marchés financiers. Gestion de portefeuille et des risques*. Paris, Dunod.

Jaffee, D. and Stiglitz, J. (1990) : "Credit rationing", in B.M. Friedman and F.H. Hahn eds, *Handbook of Monetary Economics*, vol. II, pp.837-888.

Kindleberger, Ch. (1994) : *Histoire mondiale de la spéculation financière de 1700 à nos jours, Finance éthique, confiance*. Ed PAU, (édition française de Manias, Panics and Crashes).

Kolari, J. and Rardkoohi, A. (1987) : *Bank with costs structure and performance*. Lexington Books.

Kölner, B. (1993) : *Banking with the poor : self-help groups ngos, and banks as financial Intermediaries*. Verlag, Breitenbach Publishers, Saarbrücken.

*Lemaire, J.P. et Ruffini, P.B. (1993) : *Vers l'Europe bancaire*. Dunod, 1993.

Levratto, N. (1992) : « Une analyse du statut théorique de la notion de rationnement », in Arena et Torre, D. : *Keynes et les nouveaux Keynesiens*. Paris, Puf, pp.333-352.

Lévy-Garboua, V. et Maarek, G. (1985) : *Le boom, la dette, la crise*. Paris, Economica.

Mathis, J. (1992) : *Monnaie et banques en Afrique francophone*. Edicef / AUPELF.

McKinnon, R.I. (1973) : *Money and capital in economic development*. Brookings Institution, Washington, D-C.

McKinnon R.I (1991) : *The order of economic liberalization financial control in the_transition to a market economic*. The Johns Hopkins University Press, Baltimore and London.

Milgrom, P. and Roberts, J. (1994) : *Economic organization and management*. Prentice Hall.

Minsky, H. (1982) : "The financial instability hypothesis, capitalist processes and the behavior of the economy" in Kindleberger, C.P. and

Laffarguries P.J. ed, *Financial crisis, theory history and policy*. Cambridge University Press.

Monti, M. (1972) : "Deposit, credit and interest determination" in Szego and Shell eds, *Mathematical methods in investment and finance*. Amsterdam, NorthHolland.

Montiel, P.J., Agenor, P.R. and Nadeen U Haque (1993) : *Informal financial market in development countries*. Blackwell Publishers, Oxford.

Mourgues (de), M. (1993) : *La monnaie, systèmes financiers et théories monétaires*. 3è éd., Paris, Economica.

Nkuété, J. (1980) : *Monnaie et finance comme moteur du développement*. Ed. Clé.

Nkuété, J. 1981) : *Le franc CFA face aux mutations des grandes unités de compte dollar, DST, ECU*. Ed. Clé.

Ngandjeu, J. (1988) : *Le Cameroun et la crise*. Paris, L'Harmattan, coll. point de vue.

Niehans, D. (1978) : *The theory of money*. Johns Hopkins University Press, Baltimore.

Nzemen, M. (1993) : *Tontines et développement ou le défi financier de l'Afrique*. Presse Universitaire du Cameroun, PUC.

Orléan, A. (1985) : « Comportements mimétiques et diversité des opinions sur les marchés financiers », in Bourguinat et Artus, (dir), *Théorie économique et crises des marchés financiers*, Paris, Economica, pp.45-65.

OCDE (1992) : *La gestion des risques dans les services financiers*. Paris, OCDE.

OCDE (1992) : *Nouveaux défis pour les banques*. Paris, OCDE.

Park, Y.C. (1993) : "The role of finance in economic development in South Corea and Taiwan", in *Finance and development : issues and experience*, ed by A. Giovannini, Ceper, Cambridge University Press, Cambridge.

Prissert, P. (1989) : *Analyse et dynamique du marché des capitaux*. Edition Revue Banque, Coll. CFPB.

Rouach, M. et Naulleau, G. (1994) : *Le contrôle de gestion bancaire et financier*. 2ème édition, Edition Revue Banque Editeur.

Selgin, G. (1987) : *The theory of free-banking.* Cato Institute, Rowmann et Littlefied. Traduction française, *La théorie de la Banque Libre*. Les Belles Lettres, 1991.

Shaw, E.S. (1973) : *Financial deepening in economic development.* New York, Oxford University Press.

Sundarajan, V. and Thomas Balino, J.T. (1991) : *Banking crisis : cases and issues*. IMF.

Taylor, L.(1983) : *Structuralist macroeconomics : applicable models for the third world.* New York, Basic Book.

Tchundjang Pouemi, J. (1980) : *Monnaie, servitude et liberté ; la répression monétaire de l'Afrique*. Paris, Jeune Afrique.

Vogel, R.C. and Buser, S.A. (1976) : "Inflation financial reform and capital formation in Latin America", in *Money and finance in economy growth and development : essay in honor of E.S. Shaw*", ed. par I.I. McKinnon, New York, Marcel Dekker, pp.35-70.

Watchel, P. (1985) : « Quelques observations sur l'épargne des ménages dans les pays en voie de développement » in D. Kessler, P.Ullmo, *Epargne et Développement*, Paris, Economica.

II. Articles de Revue et Périodiques

Aglietta, M. (1992) : "Comportement bancaire et risque de système", C E.P.I.I, Document de travail, n° 92 02.

Aglietta, M. et Moutot, Ph. (1991) : "Le risque de système et sa prévention", Banque de France in *Cahiers Economiques et Monétaires,* n°41, pp. 21-53.

Akerlof, B. (1970) : "The market for lemons : quality uncertainty and the market mechanism", *Quarterly Journal of Economics*, pp. 488-500.

Alton Gilbert, R. (1984) : "Bank market structure and competition : a survey", *Journal of Money Credit and Banking*, vol. 16, n°41, nov, part 2, pp. 617-645.

Ambarish, R., Kose, J. and Williams, J. (1987) : "Efficient signaling with dividends and investments", *Journal of Finance*, vol. XLII, n°2, June, pp.321-343.

Amigues, J.P. (1993) : "Les développements récents de la théorie économique des contrats", *Cahiers d'Economie et Sociologie Rurale*, janvier-mars.

Anderlini, L. (1986) : "Correctly anticipated bank runs in economic theory", *Discussion Paper*, University of Cambridge, n°95, June.

Anderlini, L. (1989) : "Theoretical modeling of bank runs", in Frank Hahn ed, *The economics of missing markets informations and games*, Oxford, University Press.

Artus, P. (1990) : "Crise et instabilité financières", *Marchés et Techniques Financières*, septembre.

Artus, P. (1990) : "Les théories des crises financières", *Marchés et Techniques Financières.*

Artus, P. (1991) : "Ratios de fonds propres et comportement des banques", *Recherches Economiques de Louvain,* vol.57, n°2, pp.189-204.

Artus, P. (1992) : "Coûts des fonds propres, choix de la structure d'investissement et allocation des fonds propres", Document de travail, Caisse de Dépôts et Consignations, juillet.

Azariadis, C. (1975) : "Implicit contracts and unemployment equilibria", *Journal of Political Economy*, dec, 83, pp.183-202.

Azariadis, C. and Stiglitz, J. (1983) : "Implicit contracts and fixed price equilibria", *Quarterly Journal of Economics*, vol. XCVIII, pp.1-22.

Baltensperger, E. (1972 a) : "Cost of banking activities", *Journal of Money, Credit and Banking*, vol.4, n°3, pp.595-611.

Baltensperger, E. (1972 b) : "Economies of scale, firm size and concentration in banking", *Journal of Monetary Economics*, vol. 6, n°1, pp. 1-37.

Baltensperger, E. (1980) : "Alternative approaches to the theory of the banking firm", *Journal of Monetary Economics*, n°6, pp. 1-37.

Baltensperger, E. and Devinney, T.M. (1985) : "Credit rationing theory : a survey and synthesis", *Journal of Institutional and Theoretical Economics*, n°141, pp.475-502.

Barro, R. J. (1976) : "The loan market, collateral and rate of interest", *Journal of Money, Credit and Banking*, nov, pp.439-456.

Barro, R.J. (1977) : "Unanticipated money growth and unemployment in the US", *American Economic Review*, n°2, vol. 67, march, pp.101-115.

Barro, R.J. (1986) : "Reputation in a model of monetary policy with incomplete information", *Journal of Monetary Economics*, 17, pp. 3-20.

Bekolo Ebe, B., Fouda Owoundi, Bilongo, R. et Dissaké (1991) : "Enquêtes sur les tontines dans les provinces du Centre, du Littoral, de l'Ouest et du Nord-Ouest", *Notes de Recherche*, n°91-22, Réseau Thématique de l'entrepreneuriat et mobilisation de l'épargne, UREF.

Bekolo-Ebe, B. (1993) : "Les tontines : lieu d'anticipations financières et de répartition du pouvoir économique", in Ponson, B. et Schaan, J.L. (1993). *L'esprit d'entreprise : aspects managériaux dans le monde francophone*, Paris, John Libbey, pp. 355-368.

Bellando, R. et Lavigne, A. (1992) : "Taux d'intérêts débiteurs et créditeurs en Europe, une approche en termes de causalité", *Revue Economique*, n°2, mars, pp.383-403.

Benjamin D (1978) ; "The use of collateral to enforce debt contracts", *Economic Inquiry*, 16, pp.333-359.

Benston G.J. (1983), "Deposit insurance and bank failures", Federal Reserve Bank of Atlanta, *Economic Review*, March, pp.4-17.

Benston, G.J. (1985) : " An analysis of the cause of Savings and Loans Association failures", monographs series in *Finance and Economics*, n°4-5, Salomon Brothers Center for the Study of Financial Institutions, New York University.

Bernanke, B. and Lown, S.C. (1991): "The credit crunch", *Brookings Papers on "Economic Activity*, n°2, pp.205-247.

Bernanke, B.S. (1983) : "Nonmonetary effects of financial crisis in the propagation of the great depression", *American Economic Review*, vol.73, June, pp. 257-276.

Bernanke, B. and Gertler (1989) : " Agency costs, net worth, and business fluctuations" *American Economic Review*, vol. LXXIV, march, pp.14-31.

Bernhein, Y. (1993) : "Quête des fonds propres par les établissements de crédits", *Banque*, n°537, mai, pp.28-31.

Besanko, D. and Thakor, Av. (1985) : "Competition collateral and rationing models of sorting equilibria in the credit market", BRC *Working Paper*, n°96, Northwestern University.

Bester, H. (1985) : "The level of investment in credit market with imperfect information", *Journal of Institutional and Theoretical Economics*, n°141, pp.503-515.

Bester, H. (1985) : "Screaming vs rationing in credit market with imperfect information", *American Economic Review*, vol.75, n°4, pp.850-855.

Bester, H. (1987) : "The role of collateral in credit markets with imperfect information", *European Economic Review*, n°31, pp.887-899.

Bhattacharya, S. (1979) : "Imperfect information, dividend policy and the bird in the hand fallacy", *Bell Journal of Economics*, 10, Spring, pp.259-270.

Bhattacharya, S. (1982) : "Aspect of monetary and banking theory and moral hazard", *Journal of Finance*, n°37-1, pp.371-384.

Bisignano, J.R. (1993) : "La réglementation prudentielle", *Revue d'Economie Financière,* n°27, hiver, pp.213-220.

Blinder, A.S. (1987) : "Credit rationing and effective supply failures", *Economic Journal*, n° 97, June, pp.327-352.

Boisgallais, A.S. et Le Bismonnais, A. (1993) : "Si l'on prêtait aussi aux pauvres", *Alternatives Economiques*, n°108, juin.

Bordes, Ch. (1991) : "Faillites bancaires et politiques monétaires", *Revue d'Economie Financière*, n°19, hiver, pp.95-121.

Boutillier, M. et Derangère, S. (1992) : "Le taux du crédit accordé aux entreprises françaises, coûts opératoires des banques et prime de risque de défaut", *Revue Economique*, n°2, mars, pp.363-381.

Bryant, L. (1980) : "A model of reserves, bank runs, and deposit insurance", *Journal of Banking and Finance*, n°4, pp.399-409.

Bryant, L. (1981) : "Bank collapse and depression", *Journal of Money, Credit and Banking*, 13, (4), pp.454-464.

Bull, C. (1983) : "Implicit contract in the absence of enforcement and risk aversion", *American Economic Review*, 83, sept, pp.658-671.

Butsch J.L. (1991) ; "Le provisionnement du risque bancaire", *Revue d'Economie Financière,* n°19, hiver, p.133-146.

Castel, M. et Ullmo, Y. (1991) : "Nouvelle intermédiation, développement des marchés et financement des entreprises", *Revue d'Economie Financière*, n°16, printemps, pp.41-61.

Chan, Y.S. and Thakor, A. (1987) : "Collateral and comparative equilibria with moral hazard and private information", *Journal of Finance*, vol. XLII, n°2, pp.345-363.

Chan, Y. and Kanatas, G. (1985) : "Asymmetric valuations and the role of collateral in loan agreement", *Journal of Money, Credit and Banking*, 17, Feb., 84-95.

Chiappori, P.A. (1981) : "Non rémunération des dépôts à vue : quelques éléments théoriques", *Revue Française d'Economie*, été, pp. 39-60.

Chari, V.V. and Jagannathan, R. (1988) : "Banking panics, information and rational expectations equilibrium", *Journal of Finance*, vol. XLII, n°3, July, pp. 749-763.

Chari, V.V. (1989) : "Banking without deposit insurance or banking panics" : Federal Reserve Bank of Minneapolis, *Quarterly Review*, vol. 13, n°3 pp. 3-19.

Chemillier-Gendreau, D. (1993) : "Fonds propres et concurrence", *Banque*, n°537, mai, pp. 32-38.

Chevalier-Farat, T. (1992) : "Pourquoi des Banques ?" *Revue d'Economie Politique*, 102 (5) sept oct, 1992, pp.633-685.

Cho Yoon, J.E. (1986) : "Inefficiencies from financial liberalization in the absence of well-functioning equity market", *Journal of Money Credit and Banking,* vol.18, n°2, may, pp. 191-199.

Cooper, R. and Ross, T.W. (1984) : " Price product qualities and asymetric information : the competitive case", *Review of Economic Studies*, LI,197-207.

Courbis, B. (1987) : "Peut-on parler de désintermédiation en France ?" *Economie et Humanisme*, n°294, mars, pp.8-18.

Davis, E.P. (1991) : "Crises financières, théories et témoignages", *Revue d'Economie Financière*, n°16, printemps, pp.3-32.

Davis, E.P. (1993) : "Theories of intermediation, financial innovation and regulation", National Westminter Bank, *Quarterly Review*, may, pp. 41-53.

Davis, E.P. (1993) : " Bank credit risk", *Working Paper Series*, Bank of England, n° 8, April, pp. 1-45.

Davis, Ph. (1991) : "Dettes des ménages et fragilité financière", *Revue d'Economie Financière*", n°18 automne, pp. 165-174.

Demarigny, F. (1993) : "Le ratio prudentiel des risques de marché", Banque, n°537, mai, p. 53-57.

Desmachelier, F. (1993) : "Impact des fonds propres pour risques généraux", *Banque,* n°537, mai, pp. 44-45.

Dewatripont, M. and Tirole, J. (1993 a) : "Efficient governance structure : implications for banking regulation", in C. Mayer et X. Vives ed, *Capital markets and financial intermediation*, Cambridge University Press, pp.12-35.

Dewatripont, M. and Tirole, J. (1993 b) : "A theory of debt and equity : diversity of securities and manager-shareholder congruence", mimeo, Université Libre de Bruxelles et IDEI, Toulouse.

Diamond, D.W. (1984) : "Financial intermediation and delegated monitoring", *Review of Economic Studies*, vol. 51 July, pp. 393-414.

Diamond, D.W. (1989) : "Reputation acquisition in debt market, *Journal of Political Economy,* august pp. 828-862.

Diamond, D.W. (1991) : "Debt maturity structure and liquidity risk", *Quarterly Journal of Economics*, vol. CVI, August, n°3, pp.709-737.

Diamond, D.W. (1991) : "Monitoring and reputation : the choice between bank and directly placed debt", *Journal of Political Economy*, vol.99, n°4, pp.689-721.

Diamond, D.W. et Dybvig, P. (1983) : "Banks runs, deposit insurance, and liquidity", *Journal of Political Economy*, vol. 91, n°3, pp.401-419.

Diamond, D.W. and Dybvig, P.H. (1986) : "Banking theory, deposit insurance and bank regulation", *Journal of Business*", vol. 59 n°1, pp. 55-68.

Diaz-Alejandro, C. (1985) : "Good-bye financial repression, hello financial crash", *American Economic Review*, vol.19, n°1-2, pp.1-24.

Dietsch, M. (1990) : "Coûts et concurrence dans l'industrie bancaire", Rapport pour *le Conseil National du Crédit et l'AFB,* déc.

Dietsch, M. (1991) : "La concurrence bancaire, vers de nouvelles règles de jeu", *Revue d'Economie Financière*, n°19, hiver, pp. 43-55.

Dietsch M. (1992) : "Quel modèle de concurrence dans l'industrie bancaire ?", *Revue Economique* n°2, mars, pp. 229-260.

Dietsch, M. (1993) : "Localisation et concurrence dans la banque", *Revue Economique*, n°4, juillet, pp. 779-790.

Dietsch, M. et Pagès, H. (1993) : "Contagions et risques de faillite dans le système bancaire", Banque de France, *Cahiers Economiques et Monétaires*, n°41, pp.83-92.

Donaldson, G. (1987) : "Panics, liquidity and the lender of the last ressort, a strategic analysis", *International Finance Discussion Paper*, n°332.

Dornamo, R. (1993) : "La protection et l'indemnisation des clients déposants d'une banque défaillante : un leurre ? A propos de la BCCI", *Gazette du Palais* du 11-13, juillet, p. 8.

Dornbush, R. and Reynoso, A. (1989) : "Financial factors in economic development", *American Economic Review*, vol.79, n°2, May, pp.204-109.

Dothan, U. and William, J. (1980) : "Banks, bankruptcy and regulation", *Journal of Banking, and Finance*, n°4, pp. 65-87.

Eboué, Ch. (1988) : "Epargne Informelle et développement économique en Afrique", *Mondes en Développement*, Tome 16, n°62-63, pp.35-64.

Eboué, Ch. (1989) : "Les effets macroéconomiques du dualisme financier", Note de recherche n°89-3, réseau Thématique "financement de l'entrepreneuriat et mobilisation de l'épargne", *UREF*.

Eboué, Ch. (1990) : "Les effets macroéconomiques de la répression financière dans les P.E.D", *Economie Appliquée*, Tome 17, n°4 pp. 93-121.

Engineer, M. (1989) : "Bank runs and the suspension of deposit convertibility", *Journal of Monetary Economics*, 24, pp.443-454.

Fama, F.E. (1980) : "Banking in a theory of finance", *Journal of Monetary Economics*, n°6, pp.39-57.

Fama, F.E. (1983) : "Financial intermediation and price level control", *Journal of Monetary Economics*, n°12, pp. 7-28.

Fama, F.E. (1985) : "What's different about the banks", *Journal of Monetary Economics*, n°15, pp.29-39.

*Farmer, R.E.A. (1985) : "Implicit contracts with asymmetric information and bankruptcy : the effect of interest rates on layoffs", *Review of Economic Studies* ; n° 170, vol. LII (3), pp.427-442.

Freimer, M. and Gordon M. (1965) : "Why bankers ration credit", *Quarterly Journal of Economics*, pp.397-410.

Fry, M. (1982) : "Model of financially repressed developing countries", *World Development,* sept, vol. 10, n°9, pp.731-750.

Galbis, V. (1977) : Financial intermediation and economic growth in less developed countries : a theoretical approach", *Journal of Development Studies*, 13 (2), January, pp. 58-72.

Giammarino, R., Lewis T. et Sappington D. (1993) : "An incentive approach to banking regulation", *Journal of Finance*, vol. XLVIII, n°4, Sept., pp. 1523-1542.

Gorton, G. (1985) : "Bank suspension of convertibility", *Journal of Monetary Economics*, n°15, pp. 177-193.

Gorton, G. (1988) : "Banking panics and business cycles", *Oxford Economic Papers*, n°40.

Goulvestre, J.P. (1980) : "Rationnement du crédit et risque de défaut", *Revue Economique*, n°3, mai, pp.465-504.

Guillard, M. (1992) : "Diversification incomplète et rationnements financiers", *Revue Economique*, n°2, mars, pp.327-362

Guillard, M. (1992) : "Déséquilibres macroéconomiques et rationnement du crédit", *Revue Economique*, n°6, nov, pp. 1071-1106.

Guillard, M. (1993) : "Croissance et développement : le rôle des rationnements financiers, *Revue Economique*, n°2, mars, pp. 229-255.

Guttentag, J. et Herring, R.J. (1984a) : "Credit rationing and financial disorder", *Journal of Finance*, 39, pp.1359-1382.

Guttentag, J. and Herring R.J. (1984 b) : "Strategic planning by international banks to cope with uncertainty", *International Economics Dicussions Papers*, n°23.

Hairault, J.O. et Portier, F. (1991) : "Dix ans d'intermédiation financière en France", *Revue d'Economie Financière*, printemps, pp. 63-77.

Hart, O.D. and Jaffee, D.M. (1974) : "Porfolio theory", *Review of Economic Studies* vol. 41, n°125, pp. 129-148.

Heggestad, A. (1984) : "Comment on bank market structure and competition : a survey", *Journal of Money, Credit and Banking*, vol.16 n°4 Nov., part 2, pp. 645-650.

Hodgman, D. (1960) : "Credit risk and credit rationing", *Quarterly Journal of Economics*, pp. 258-278.

Jacklin, Ch. et Bhattacharya S. (1988) : "Distinguishing panics and information based bank runs : welfare and policy implications", *Journal of Political Economy*, vol.96, n° 3, pp. 568-592.

Jaffee, D. and Modigliani, F. (1969) : "A theory and test of credit rationing", *American Economic Review*, n°59, pp. 850-872.

Jaffee, D.(1971) : "Credit rationing and the commercial loan market, an econometric study of the structure of the commercial loan market", *Journal of Economic Literature*, p. Xii, 183.

Jaffee, D. and Russel, T. (1976) : "Imperfect information uncertainty and credit rationing", *Quarterly Journal of Economics*, n°90, pp.551-666.

Jaffee, D. and Stiglitz, J. (1990) : "Credit rationing"in *Handbook of Monetary Economics*. Benjamin Friedman and Frank H. Hahn. Eds vol. II, North Holland, pp.837-885.

Jaina, K.et Gupta, S. (1987) : "Some evidence on "herding" behaviour of U.S banks", *Journal of Money, Credit and Banking*, vol. 19, n°1 Feb. pp. 78-89.

Joseph Anne (1994) : "Le rôle des banques dans le financement de l'économie Camerounaise", Communication pour les XI Journées Internationales d'Economie Monétaire et Bancaire, Nice, 9 et 10 juin.

Kapur, B.K. (1976 a) : "Alternative stabilization policies for less-developed economies", *Journal of Political Economy*, 84 (4, i), August, pp. 777-795.

Kane, E.J. and Buser (1979) : "Portfolio diversification at commercial banks", *Journal of Finance*, vol. 34 n°1, pp. 19-34.

Kareken, J. Wallace, N. (1978) : "Deposit insurance and bank regulation", *Journal of Business*, n°51, p. 3

Kaufman, G.G. (1986) : "Federal bank regulatory policy : comment on Kareken", *Journal of Business*, vol. 59, n°1, pp. 69-77

Keizer, B. (1991) : "Mutations et nouvelles stratégies financières : les banques face aux risques", *Cahiers Français*, n°252, juillet septembre.

Keizer, B. (1993) : "La gestion des risques dans les banques", *Revue d'Economie Financière,* n°27, hiver, pp. 345-364.

King, R.G. and Plosser, Ch.I. (1984) : "Money, credit and prices in a real business cycle", *American Economic Review*, n°3, vol.74, June, pp. 363-380.

Klein, M.A. (1971) : " A theory of the banking firm", *Journal of Money, Credit and Banking*, vol.3, n°2, part 1, pp. 205-215.

Koehn, H. et Santomero, A.M. (1980) : "Regulation of banking capital and portfolio risk", *Journal of Finance*, pp. 1235-1244.

Kone, K. (1989) : "Le rôle des institutions informelles et coopératives / pré coopératives dans les systèmes financiers en milieu rural", *Atelier AFRACA/ GTZ, Abidjan* 11-16 déc.

Koskela, E. (1976) : "A study of bank behaviour and credit rationing".

Lacoue-Labarthe, D. (1992) : "Les crises financières et leur propagation internationale", in E. Girardin, *Finance Internationale : l'état actuel de la théorie,* Paris, Economica, pp.407-434.

Lacoue-Labarthe, D. (1993) : "L'organisation des systèmes bancaires sûrs et efficaces en Europe Centrale et Orientale", Banque de France, *Cahiers Economiques et Monétaires*, n°41, pp.93-111.

Lagayette, P. (1991) : "Le rôle des banques centrales dans l'environnement financier actuel", *Revue d'Economie Financière*, n°19, hiver, pp. 123-132.

Larmac, P.M. (1992) : "La théorie financière dans les manuels", *Revue d'Economie Financière*, n°2, printemps, pp. 209-224.

Larrera de Morel, B. (1993) : "Le rapport des fonds propres /endettement : un faux débat", *Banque*, n°537, mai, pp. 68-70.

Lavit, Ch. et Lasry, J.M. (1991) : "Nouvelles techniques financières et risque. Le cas de la titrisation", *Revue d'Economie Financière*, n° 19, hiver, pp. 69-75.

Le Français, L. (1987) : "Les banques en Afrique subsaharienne : origine, évolution, avenir" *Marché Tropicaux et Méditerranéens*, n°2172 du vendredi 26 juin, pp. 1679-1706.

Leibundgut, B. (1993) : "Fonds propres : pourquoi ; comment et à quel coût ?", *Banque*, n°537, mai 1993, pp. 24-27

Lelart, M. (1989) : "L'épargne informelle en Afrique : les tontines béninoises", *Revue Tiers Monde*, T.XXX, n°18, avril juin, pp.271-298.

Leland, H.E. and Pyle, D.H. (1977) : "Informational asymmetries financial structure and financial intermediation", *Journal of Finance*, vol. XXXII, n°2, May, pp. 371-387.

Lenoir, A. (1995) : "Les systèmes financiers actuels sont-ils adaptés aux besoins de l'Afrique ?" *Revue Techniques Financières et Développement*, n°38, mars juin.

Levratto, N. (1989) : "Rationnement ou équilibre du marché du crédit : une analyse fondée sur le comportement des banques", *Economies et Sociétés,* n°1, pp.81-103.

Lévy-Garboua, L. (1973) : "La firme bancaire", Thèse complémentaire, Université de Paris I.

Lévy-Garboua, L. (1975) : "Les coûts opératoires des banques françaises : une étude statistique", *Revue d'Economie Politique*, T.LXXXV, pp.61-83.

Lévy-Garboua, V. (1993) : "Le ratio Cooke et les fonds propres des banques", *Revue d'Economie Financière*, n°27, hiver, pp.47-73.

Lewis, K. M. (1992) : "Modern banking in theory and practice", *Revue d'Economie Financière*, n°2, March, pp.203-227.

Lubochinsky, C. (1991) : "La gestion actif / passif : vers une externalisation de la gestion des risques", *Revue d'Economie Financière*, n° 18, automne, pp.279-296.

Lucas, R.E.(1972) : "Expectations and the neutrality of money" ; *Journal of Economic Theory,* n°2, vol.4, pp. 103-124.

Long, I.B. and Plosser, Ch.I. (1983) : "Real business cycles", *Journal of Political Economy*, n° 1, vol.91, feb., pp.39-69.

Mathérat-Audan, S. (1993) : "Ratio Cooke et banques françaises : contrainte ou discipline", *Banque*, n°537, pp.39-42.

Marini, F. (1992) : "Les fondements microéconomiques du concept de panique bancaire : une introduction", *Revue Economique*, n°2, mars, pp. 301-326.

Marcel (de), B.L. (1993) : "Le rapport fonds propres / endettement : un faux débat", *Banque,* n°537, mai, pp. 68-70.

Mathieson, D.J. (1979) : "Financial reform and capital flows in a developing economy", *IMF Staff Paper*, vol.26, n°3, sept., pp. 450-489.

Mathieson, D.J. (1980) : "Financial reform and stabilization policy in a developing economy", *Journal of Development Economics*, 7(3), Sept., pp. 359-395.

McCarty, M. (1993) : "Aspects pratiques de l'affectation des fonds propres aux risques", *Banque*, n°537, pp.39-42.

McCulloch, H. (1986) : "Bank regulation and deposit insurance", *Journal of Business*, vol. 59, n°1, pp.79-85.

Miller, M.H (1988) : "The Modigliani -Miller propositions after thirty years", Journal of Economic Perspectives, vol.2, n°4 p. 99-158.

Modigliani F. and Miller, M.H. (1958) : "The cost of capital, corporation finance, and the theory of investment", *American Economic Review*, 42, pp. 261-297.

Monti, M. (1971) : "A theoretical model of bank behavior and its implication for monetary politics", Industria.

Morgan, D.P. (1990) : "Bank credit commitment : protection from a credit crunch", *Economic Review*, sept oct, pp.51-59.

Newman, P., Milgate, M. and Eatwell J. (1992) : "The New Palgrave Dictionary of Money and Finance", Macmillan, 3 vol.

Ngogang, S. (1985) : "Quelques remarques sur la politique monétaire : références au cas de la BEAC", *Revue des Sciences Economiques*, Université de Yaoundé, Tome 1, pp.62-77.

Nguyem The Van (1994) : "Régulation prudentielle et régulation monétaire", *Revue d'Economie Financière*, n°28, printemps, pp.163-177.

Nouy (1992) : "Le risque systémique", Banque de France, *Cahiers Economiques et Monétaires*, n°40, pp.303-330.

Palma, A. et Gary Bobo R. (1993) : "Contraction du crédit dans un modèle de l'industrie bancaire", *Bulletin Trimestriel*, Banque de France, n°88, déc.

Pastré O. (1993) : "Le système bancaire français, bilan et perspectives", *Revue d'Economie Financière*, n°27, hiver, pp.233-272.

Postlewaite, A. and Vives, X. (1987) : "Banks runs as an equilibrium phenomenon", *Journal of Political Economy*, 95(3), 1987.

Poutret, P. (1994) : "La relation banque-entreprise", *Revue Economie et Finances Agricoles*, mai juin.

Proust, J. (1993) : "Peut-on allouer les fonds en fonction du risque ?" *Banque,* n°537, mai, pp.46-49.

Pyle, D.H. (1971) : "On the theory of financial intermediation", *Journal of Finance*, vol. 26, n°3, pp.737-747.

Ramakrishan, R.T.S. and Thakor (1984) : Asymmetric information, releability and theory of financial intermediation", *Review of Economic Studies*, LI, pp.415-432.

Regniez, J. (1991) : " Nouvelle finance, nouveaux risques", *Revue d'Economie Financière*, n°18, automne, pp.297-308.

Rivaud Danset, D. (1991) : "La relation banque-entreprise ; une approche comparée", *Revue d'Economie Financière*, n°16, printemps, pp. 105-118.

Rochet, J.C.(1992) : "Towards a theory of optimal banking regulation", mimeo, Institut d'Economie Industrielle, Toulouse.

Rochet, J.C. (1992) : "Concurrence imparfaite et stratégie bancaire", *Revue Economique*, n°2, mars, pp.261-276.

Rochet, J.C. (1991) : "Déréglementation et risque du système bancaire", *Revue d'Economie Financière*, n°19, hiver, pp.57-68.

Ross, S.A. (1977) : "The definition of financial structure ; the incentive signalling approach". *Journal of Economics*, Spring, pp.23-40.

Roubini, N. and Sala-i-Martin, X. (1992) : "Financial repression and economic growth", *Journal of Development Economics*, vol.39, pp.5-30.

Sachs, J.D. (1985) : "External debt and macroeconomic performance in Latin America and East Asia", *Brookings Papers on Economic Activity*, (2), pp. 523-564.

Sargent, Th. and Wallace N. (1975) : "Rational expectations, the optimal monetary instrument, and the optimal supply rules", *Journal of Political Economy*, n° 2, vol. 83, April, pp.241-254.

Sargent, Th. and Wallace (1982) : "The real-bills doctrine versus the quantity theory : a reconsideration", *Journal of Political Economy*, n°6, vol. 90, p. 1212-1236.

Sangkyum Park (1991) : "Bank failure contagion in historical perspectives", *Journal of monetary Economics*, n°28, pp.271-286.

Santomero, A.M.(1984) : "Modelling the banking firm : a survey", *Journal of Money, Credit and Banking*, vol. 16, n°4, Nov, part 2, pp.574-602.

Santomero, A.M. et Kim D. (1988) : "Risk in banking and capital regulation", *Journal of Finance*, vol. XLII, n°5, Dec, pp.1219-1233.

Sassenou, M. (1992) : "Economies de coûts dans les banques et les caisses d'épargne : impact de la taille et de la variété de produits", *Revue Economique*, n°2, mars, pp.277-300.

Scannavino, A.(1992) : "Actualité de la théorie de l'intermédiation financière", in E. Girardin, *Finance Internationale l'état actuel de la théorie*, Paris, Economica.

Schmidt, P.J.(1984) : "Comment on bank market structure and competition : a survey", *Journal of Money, Credit and Banking*, vol. 16, n°4, Nov, part 2, pp.656-660.

Sealey, C. W.(1987) : "Finance theory and financial intermediation" in Federal Reserve Bank of Chicago, *Merging commercial and investment banking*, Proceedings of the 23rd conference on bank structure and competition, pp.423-431.

Selgin, G. (1991) : "La théorie de la banque libre", Paris, Les Belles Lettres.

Selgin, G. and White, L. (1987) : "The evolution of a free-banking system", *Economic Inquiry*, July.

Servant (1991) : "Les programmes de restructuration des systèmes financiers d'Afrique Subsaharienne", *Afrique Contemporaine*, n° 157, janv. mars, pp. 54-63.

Sharpe, S.A. (1990) : "Asymmetric information, bank lending and implicit contracts : a stylized model of customer relationship", *Journal of Finance*, vol.XLV, n°4, Sept, pp. 1069-1087.

*Spratt, C. (1982) : "Credit recuparation equilibrium and the theory of credit markets", *GSIA Working Paper*, n°40, pp.81-82. Carnegic-Mellon University.

Stiglitz, J.E. and Weiss A. (1981) : "Credit rationing in market with imperfect information", *American Economic Review*, June, pp.393-410.

Stiglitz, J. and Weiss, A. (1983) : "Incentive effects of termination : application to the credit and loans market", *American Economic Review*, n°73, pp.912-927.

Stiglitz, J.E. and Weiss, A. (1985) : "Credit rationing with collateral", Bell Communication Research, *Economics Discussion Papers*, 12 Dec.

Stiglitz, J. and Weiss, A. (1987 a) : "Macroeconomic equilibrium and credit rationing", *Working Paper*,, n°2164, National Bureau of Economic Research.

Stiglitz, J.E. and Weiss A. (1987 b) : "Credit rationing with many borrowers", *American Economic Research,* n°77, pp.228-231.

Tagart P.(1984) ; "Comment on banking modelling firm", *Journal of Money, Credit, and Banking*, vol. 16, Nov, part 2, pp.612-616.

Taggart and Greenbaum (1978) : "Bank capital and public regulation". *Journal of Money, Credit and Banking*, vol 10, n°2, pp.158-169.

Tchamanbé Djiné, L (1994) : "Le flash cash et les MC² : innovations financières au Cameroun", *Revue Techniques Financières & Développement,* n°33, déc. janv, pp.61-65.

Thoraval, P.Y. (1993) : "La déréglementation du système bancaire français est-elle optimale ?", *Revue d'Economie Financière*, n°27, hiver, pp.221-230

Tobin, J. (1965) : "Money and economic growth", *Econometrica*, 33 (4), October, pp.671-684.

Ullmo, Y. (1993) : "Déréglementation et réglementation", Revue d'Economie Financière, n°27, pp.205-511.

Wahl, Ph. (1993) : "L'ALM un système de marché interne des établissements financiers", *Revue d'Economie Financière*, n°27, hiver, pp.291-298.

Vany (de), A.S. (1984) : "Comment on modelling the banking firm : a survey", *Journal of Money, Credit and Banking*, vol.16, n°4, No., Part 2, pp.603-611.

Venard, N. (1994) : "Gestion des risques bancaires et réglementation prudentielle, *Revue d'Economie Financière*, n°28, printemps, pp.49-62.

Venet, B. (1994) : "Libéralisation financière et développement économique : une revue de la littérature", *Revue d'Economie Financière,* n° 29, été, pp.87-111.

Wallace, N. (1988) : "Another attempt to explain an illiquid banking system ; the Diamond-Dybvig model with sequential service taken seriously", *Quarterly Review*, Federal Reserve Bank of Minneapolis, automne.

Wette, H. (1983) : "Collateral in credit rationing in markets with imperfect information note, *American Economic Review,* June.

White, L : (1984) ; "Free banking in Britain : theory, experience and debate, 1800-1845", Cambridge University Press.

Williams, J.(1988) : "Efficient signalling with dividends, investment, and stock repurchases", *Journal of Finance*, vol. XLII, n°3, July, pp.737-747.

Williamson, S.D. (1987) : "Costly monitoring, loan contracts, and equilibrium credit rationing", *Quarterly Journal of Economy*, feb,102, pp. 135-145.

Williamson, S.D. (1987a) : "Financial intermediation, business failures and real business", *Journal of Money, Credit and Baking.*

Williamson, S.D. (1987b) : Transactions costs, inflation and the variety of intermediation services", *Journal of Money Credit and Banking*, n° 19,4, pp.484-498.

Williamson, S.D. (1988) : "Liquidity, banking and bank failures", *International Economic Review*, vol. 29, n° 1, Feb., pp. 25-43.

Williamson, S.D.(1989) : "Bank failures, financial restrictions and aggregate fluctuations", Canada and the United States, 1870-1913, Federal Reserve Bank of Minneapolis, *Quarterly Review*, vol.13, n° 3, summer, pp.20-40.

III. MEMOIRES ET THESES

Guillard, M. (1992) : "Information imparfaite et rationnements financiers : fondements microécomiques et implications macroéconomiques", Thèse, Université de Paris I.

Mayoukou, C. (1991) : "Mutations de l'environnement et redéploiement de l'industrie bancaire : application au marché international des capitaux", Thèse, Université de Rouen, Haute Normandie, Tomes I et II.

Saidane, D. (1991) : "La firme bancaire, éléments de microéconomie appliqués à la banque", Thèse, Université de Paris I, Panthéon, Sorbonne.

Scannavino, A. (1980) : "Allocation des ressources financières, contrôle monétaire et cycle de crédit", Thèse, Université de Paris II.,

Szymczak, Ph. (1988) : "Essai sur la rentabilité bancaire", Thèse de Doctorat, Nouveau régime, Université de Paris I.

Tamba, I. (1991) : "Déterminants de la performance des entreprises publiques en Afrique subsaharienne : l'exemple du Cameroun", Thèse de Doctorat 3ème cycle, Université Yaoundé.

Tiani Kéou, F. (1992) : "L'intégration des banques dans l'économie camerounaise", Thèse de Doctorat, Nouveau régime, Université de Lyon 2.

IV. RAPPORTS ET DOCUMENTS

Banque Mondiale (1986) ; "Cameroun, étude du secteur financier", rapport n° 6028-CM, 13, janv.

Banque Mondiale, Rapports sur le développement dans le monde, 1885, 1989.

BEAC, Bulletins, Etudes et Statistiques.

BEAC, Bulletins du marché monétaire.

BEAC, "Textes constitutifs et dispositions organiques", janv.1988.

BEAC, "Organisations monétaire et bancaire des États de l'Afrique Centrale", 3ème éd, 1987.

BEAC, "Conventions portant création d'une commission bancaire de l'Afrique centrale, COBAC et portant harmonisation de la réglementation bancaire dans les États de l'Afrique Centrale".

BEAC, "Xè anniversaire 1973-1983 ; la BEAC a 10 ans", Direction des Etudes et de la Documentation, BEAC. 1983.

BEAC, "XXè anniversaire 1972-1992, la BEAC a 20 ans, "Direction des Etudes et de la Documentation, BEAC, 1992.

BEAC, "Rapport d'activité exercices, 1989/1990, 1991/1992, 1993/1994.

Banque des règlements internationaux, rapports annuels.

Cameroon (1986), "Cameroon rural finance sector study", july, 10.

Cameroun (1989) ; "Déclaration de stratégie et de relance économique, mai, Ministère de l'Economie et des Finances.

Cameroun, "Rapports économiques et financiers, 1992/1993 et 1993/1994", Ministère de l'Economie et des Finances.

Cameroun, "Loi de Finance", exercices 1986/1987, 1992/1993, 1993/1994, Ministère de l'Economie et des Finances

Cameroun (1993) ; "Comptes nationaux, exercices budgétaires 1985/86, 1986/87, 1987/88, 1988/89, Ministère du Plan et de l'Aménagement du Territoire - Direction de la Statistique et de la Comptabilité Nationale, juin.

C.E.A.N (1994), "La dévaluation du franc CFA, Dakar, 11 Janvier, 1994", Dossier documentaire, mars.

Conseil National du Crédit (1992), "Recueil des textes relatifs à l'exercice de l'activité des établissements de crédit", mise à jour au 30 juin.

Conseil National du Crédit (1991) ; "Vingtième rapport du Conseil National du Crédit" Exercices 1987/88, 1988/89, 1989/90,

Commission Bancaire de l'Afrique Centrale (COBAC), Rapports d'activité, exercices 1992/1993, 1993/1994.

F.M.I (1995) ;"Le contrôle et la réglementation des banques", F.M.I. Bulletin n°18, Sept.

FMI, Statistiques financières internationales.

Ministère de la Coopération et du Développement (1992), "Les États d'Afrique, de l'Océan Indien et des Caraïbes. Situation économique en 1991. Perspectives d'évolution en 1992".

PNUD ; "Rapports sur le développement humain au Cameroun", version condensée, janv. 1988 et mai 1995.

SIBI (1989), "Analyse du système bancaire camerounais".

Zone franc, rapports annuels, de 1985 à 1996.

ANNEXE

Annexe 1 : Liste des tableaux statistiques.

Tableau 1 : Structure du réseau bancaire avant la restructuration de 1989.

	1984	1989
	Banque Internationale pour le Commerce et l'Industrie du Cameroun (BICIC)	Banque Internationale pour le Commerce et l'Industrie du Cameroun (BICIC)
	Banque Internationale pour l'Afrique Occidentale au Cameroun (BIAOC)	Banque Internationale pour l'Afrique Occidentale au Cameroun (BIAOC)
	Banque Camerounaise de Développement (BCD)	Banque Camerounaise de Développement (BCD)
	Bank of Credit and Commerce Cameroon (BCCC)	Bank of Credit and Commerce Cameroon (BCCC)
	Banque de Paris et des Pays-Bas Cameroun (BPPBC)	Banque de Paris et des Pays -Bas Cameroun (BPPBC)
	Bank of America Cameroon	Cameroon Bank (CamBank)
	Boston Bank Cameroon	Société Camerounaise de Banque (SCB)
	Cameroon Bank (CamBank)	Société Générale de Banque Cameroun (SGBC)
	Chase Bank Cameroon	International Bank of Africa Cameroon (IBAC)
	Société Camerounaise de Banque (SCB)	Caisse Commune d'Epargne et d'Investissement (CCEI)
	Société Générale de Banque Cameroun (SGBC)	Standard Chartered Bank Cameroon (SCBC
		Meridien Bank Cameroon (MBC)
Nombre	11	12

Source : Secrétariat général du Conseil national du crédit, et Rapports d'activité de la COBAC.

Tableau 1a : Système bancaire camerounais : banques fermées suite aux premières restructurations

Nom	Date de création	date de fermeture
Banque Camerounaise de développement (BCD)	29 / 12 / 1960	Liquidée en 1989
Banque Internationale pour l'Afrique Occidentale au Cameroun (BIAOC)	1974	Scission avec la MCB en 1991pour former la BM-BIAO
Cameroon Bank (Cambank)	29 / /12 /1961	Liquidée le 01 / 09 / 1989
Meridien Cameroon Bank (MCB)	1979 : Chase Bank of Cameroon et devenue MCB en 1988	
Banque Paris-Cameroun (BPC)	07 / 05 / 1980	liquidée le 07 / 09 / 1989
Société Camerounaise de Banque (SCB)	1961	Scission-Liquidation en 1989. Une partie est transférée à la SRC, une autre est fusionnée avec le Crédit Lyonnais et forme la SCB-CL.

Système bancaire :	Banques fermées après	Les premières restructurations.
Bank of Credit and Commerce Cameroon (BCCC)	Non disponible	1992. Une partie a été transférée à la Standard Chartered Bank of Cameroon. La fermeture a eu lieu suite aux évènements survenus en juillet 1991 dans la Bank of Credit and Commerce International
First Investment Bank (FIB)	19 / 06/1991	1993
International Bank of Africa (IBAC)	1982	1994
Banque Meridien - BIAOC (BM-BC)	1991 (née de la fusion de MCB et BIAOC)	Retrait d'agrément en septembre 1996 suite aux difficultés causées par la faillite de la Meridien International Bank Limited en 1995.
Banque Internationale pour le Commerce et l'Industrie du Cameroun (BICIC)	1962	Retrait de l'appui technique de la BNP en octobre 1994. Appui technique du groupe des banques populaires à partir du 26 / 11 / 1996. Fermée en mars 1997. Les actifs sains ont été repris le 19 mars par la BICEC.
Crédit Agricole du Cameroun (CAC)	01 / 10 / 1990	Mise en liquidation par la COBAC le 12 juin 1997.

Source : Techniques Financières et Développement, n°46, Mars / Avril 1997, p.56.

Tableau 1b : Système bancaire en novembre 1997.

Nom	Date de création	Remarques	Répartition du capital	Part de marché emplois* en 1994	Part de marché ressources** (1994).
Amity	1990		Majoritairement camerounais	1%	1%
Banque Internationale du Cameroun pour l'Epargne et le Crédit (BICEC)	19 /03 /1997	A repris les actifs de la BIBIC. Devant être privatisée d'ici l'an 2000. Gérée par l'Association des banques populaires de France pour la coopération et le développement (ABPCD)	Composition du capital en 1997 : détenu à 100% par l'État et le Crédit Foncier du Cameroun.	35.5%***	25%***
Caisse Commune d'Epargne et d'Investissement	1987		Composition du Capital en 1994 : privés camerounais : 51.4, étrangers : 48.6%	3%	5%
Société Commerciale de Banque Crédit-Lyonnais (SCB-CL)	26 /07 / 1989	Née de la fusion de la SCB et du Crédit Lyonnais	Composition du capital en 1994 : État du Cameroun : 35% Crédit-Lyonnais : 65%	16.5%	19%
Société Générale de Banque au Cameroun (SGBC)	1962		Composition du capital (1994) : République du Cameroun : 26.7%, privés camerounais : 18.3%, Société Générale : 37.8%, autres banques étrangères : 17.2%	27%	17%
Standard Chartered Bank Cameroon SA (SCBC)	1986	Créée en 1980 sous le nom de Boston Bank Cameroon (USA), et devenue Standard Chartered Bank of Cameroon en 1986. A racheté les actifs sains de la BCCC au moment	Composition du capital en 1994 : République du Cameroun : 34%, Standard : 66%	8%	10%

		des restructurations.			
Highland Corporation Bank	1996				
Commercial bank of Cameroon (CBC)	24 / 11 / 1997				
City Bank of Cameroon					

Source : Techniques Financières et Développement, n°46, Mars / Avril 1997, p. 56.

* Les pourcentages indiqués ont été calculés en prenant en compte la part de marché des emplois en 1994 de la BM-BC (9%) et du CAC (7%). Par conséquent, le total n'est pas égal à 100%.

** Les pourcentages indiqués ont été calculés en prenant en compte la part de marché des ressources en 1994 de la BM-BC (16%) et du CAC (7%). Par conséquent, le total n'est pas égal à 100%.

*** : Chiffres de la BICIC en 1994.

Tableau 1c : Qualité du portefeuille de la CamBank, SCB, BPBP et BCD au 30 juin 1988.

Banques	Crédits à la clientèle (1) (en milliards FCFA)	Créances douteuses contentieuses et impayées (CDCI) (en milliards FCFA)		Ratio CDCI / crédit (2) / (1)
		Totales (2)	dont entreprises publiques	
Cameroon Bank (CAmBank)	32.3	29.4	0.3	91
Société Camerounaise de Banque (SCB)	249.1	155.1	0.0	62.5
Banque de Paris et des Pays-Bas (BPPB)	60.50	52.2	0.0	86.2
Banque Camerounaise de Développement (BCD)	94.9	61.5	17.8	64.15

Source : SIBI : ''Analyse du système bancaire camerounais''.

Tableau 1c' : La solvabilité de la CamBank, SCB, BPBP et BCD au 30 juin 1988.

Banques	Fonds propres (1) (en millions FCFA)	Engagements par trésorerie	Besoin minimum en fonds propres (2)	Besoins complémentaires en fonds propres (2) - (1)	Crédits à la clientèle (3)	Ratio de solvabilité (1) / (3)
Cameroon Bank (CAMBANK)	-53715	6400	320	54035	32300	-1.67
Société Camerounaise de Banque (SCB)	-130300	130917	6546	136846	249100	-52.30
Banque de Paris et des Pays-Bas (BPPB)	-23895	18340	917	24812	60500	-40
Banque Camerounaise de Développement (BCD)	-21645	53580	2679	24324	94900	-22.8

Source : SIBI (1989), 'Analyse du système bancaire camerounais'.

Tableau 1c'' : Position de liquidité de la CamBank, SCB, BPBP et BCD au 30 juin 1988.

Banques	Actifs liquides et immédiatement mobilisables (1)	Passif exigible à court terme (2)	Ratio de liquidité (1) / (2)
Cameroon Bank (CamBank)	7568	38646	0.19
Société Camerounaise de Banque (SCB)	157820	200099	0.79
Banque de Paris et des Pays-Bas (BPPB)	23316	33412	69.8
Banque Camerounaise de Développement (BCD)	60126	71340	0.84

Source : SIBI (1989); 'Analyse du système bancaire camerounais'.

Tableau 2a : Evolution des différents taux d'intérêt appliqués par les autorités monétaires

Rubriques	02.05.74 au 31.12.75	02.01.76 au 29.09.79	01.10.79 au 30.11.82	03.12.82 au 25.03.86	26.03.86 au 26.11.86	27.11.86 au 26.01.88	27.01.88 au 14.10.88	15.10.88 au 22.07.89	23.07.89 au 16.10.89	16.10.89 au 31.03.91	01.04.91 au 14.04.91	15.04.91 au 30.09.91
A) Taux d'intervention de la BEAC												

Taux des avances aux Trésors Publics	4,00	4,00	4,00	4,00	4,00	4,00	4,50	4,50	5,50	6,50	6,50	7,50
Taux d'escompte privilégié	4,00	4,50	5,25	5,25	5,00	5,00	6,00	6,50	6,50	supprimé	supprimé	supprimé
Taux d'escompte normal	5,50	8,50	8,50	9,00	8,50	8,00	9,00	9,50	10,00	11,00	11,00	10,50
Taux de pénalité												
* Banques	10,00	10,00	13,00	18,00	16,00	16,00	16,00	16,00	16,00	16,00	16,00	16,00
* Trésor	0,00	0,00	0,00	0,00	0,00	0,00	5,50	5,50	5,50	6,50	7,50	7,50
B) Conditions de banques	-	-	-	-	-	-	-	-	-	18,50	18,50	18,00
Taux débiteur maximum	5	5	7,5	7,5	7,5	7,5	7,5	7,5	7,5	7,50	7,50	7,50
Taux créditeur minimum												

Tableau 2a (suite)

Rubriques	01.10.91 au 25.12.91	26.12.91 au 31.03.91	01.04.92 au 09.06.92	10.06.92 au 30.08.92	31.08.92 au 30.12.92	au 30.12.93	au 30.6.94	au 31.12.94	au 25.9.95	Au 31.12.95	Au 3O-6-96	Au 31-12-96	Au 30-6-97	Au 31-12-97
A) Taux d'intervention BEAC														
Taux des avances aux Trésors Publics	7,50	8,50	8,50	8,50	9,50	11,0	11,0	7,75*	8	8	8	7.75	7.5	7
Taux d'escompte privilégié	supprimé	supprimé	supprimé	supprimé	supp	supp	supp	supp	supp	Supp	Supp	Supp	Supp	Supp
Taux d'escompte normal	10,50	10,75	10,75	10,50	12,00	12,5	12,5	7.75	8	8.6	8	7.75	7.5	7
Taux de pénalité														15
* Banques	16,00	16,00	16,00	16,00	16,00	18	20	15	15	15	15	15	15	1O .5
* Trésor	8,50	8,50	9,50	9,50	9,50	12	12	10,5	10,5	10.5	10.5	10.25	10.25	
B) Conditions de banques														
Taux débiteur maximum	18,00	18,25	18,25	17,25	17,50	17,5	17	16	16	16	22	22	22	22
Taux créditeur minimum	7,50	7,50	7,50	7,50	7,50	7,75	8	5,5	5,5	5.5	5.5	5	5	4.75

Source : Banque des États de l'Afrique Centrale, Xè anniversaire 1973 - 1983 et XXè anniversaire 1983-1993.

*Avec l'entrée en vigueur du marché monétaire le premier juillet 1994, le taux d'escompte normal est désormais le taux d'intérêt d'appel d'offre (TIAO).

Tableau 2b : Taux d'inflation, taux d'intérêt nominal et taux d'intérêt réel (en %).

	1986	1987	1988	1989	1990	1991	1992	1993	1994	1995	1996	1997
Taux d'inflation	14	25	8.7	11.4	-.2.2	-0.9	0.0	0.3	13.4	16.8	5.4	4.9
Taux d'intérêt créditeur nominal	7.25	7.00	7.5	8.00	8.00	8.00	8.00	8.00	5.50	5.5	5.00	5
Taux d'intérêt créditeur réel	- 6.75	- 18	-1.2	- 3.4	10.2	8.9	8	7.7	- 7.9	- 11.3	- 0.4	0.1
Taux d'intérêt débiteur nominal	14.75	13.00	15.00	15.88	15.88	18.25	17.75	17.50	16.00	16.00	22	22
Taux d'intérêt débiteur réel	0.75	-12	6.3	4.48	18.08	19.15	17.75	16.7	2.6	- 0.8	16.6	17.1

Source : Tableau confectionné à partir des données puisées dans " B.E.A.C, Bulletins, Etudes et Statistiques" et Bulletins du Marché Monétaire

N.B. - Jusqu'en 1989, le taux d'inflation est assimilé ici au taux de croissance de l'indice des prix à la consommation africaine (I.P.C. base 100 = 1980).

- A partir de 1990, le taux d'inflation est le déflateur implicite du PIB, (base 100 = 1986/87).

Tableau 3 : Evolution des crédits à l'économie
(en millions de francs CFA).

Fin de période	Crédits à court terme	crédits à moyen terme	Crédits à long terme	Total des crédits à l'économie	Taux d'évolution des crédits à l'économie (%)
1971	21458	1347	-	49146	-
1972	24852	1208	-	58654	19.34
1973	28283	1075	-	67701	15.42
1974	39844	2070	-	87914	29.85
1975	50361	2262	-	111444	26.76
1976	112776	15340	-	142486	27.85
1977	156986	29924	-	204590	43.58
1978	194355	49586	-	266820	30.41
1979	266871	75209	600	323750	21.33

1980	279736	99287	7350	416613	28.68
1981	377877	152743	8371	559680	34.34
1982	472617	160212	8080	678740	21.27
1983	570362	187096	11582	808764	19.15
1984	576787	195038	9668	806129	-0.32.
1985	654952	213833	9052	978287	8.95
1986	739407	243059	3746	986212	12.28
1987	781245	229525	3786	1014556	2.87
1988	832930	187421	3577	1023928	0.92
1989	937400	143205	846	1081461	5.62
1990	654767	98660	392	753819	-30.29
1991	480895	99874	8142	588901	-21.87
1992	382470	97440	235	480145	-18.46
1993	341826	82396	315	424537	-11.58
1994	343698	68803	922	413423	-2.62
1995	361413	60192	828	422433	0.022
1996	333095	98640	825	432560	0.024
1997	298723	101416	689	400807	- 0.073

Source : BEAC, Bulletins, Etudes et Statistiques.

Tableau 4 : Evolution des créances douteuses (en millions de francs).

	1976	1977	1978	1979	1980	1981	1982	1983	1984	1985	1986
Montants des créances douteuses (1)	3840	11029	11498	18000	28800	35200	53000	76000	86800	120000	138200
Taux d'évolution des créances douteuses (en %)	-	18.721	8.85	56.54	60.00	5O.56	43.39	22.22	20.13	38.24	15.16
						22.22	5O.56	43.39			
Part dans les crédits à l'économie (1) / (2)	27	5.38	5.0	5.55	7.0	6.28	7.80	9.42	10.76	13.68	14.13
Part dans le total du bilan (1) / (3) (en %)	2.35	4.79	5.20	5.04	6.26	5.40	6.94	7.94	8.43	10.42	11.63
Crédits à l'économie (2)	142486	20490	266820	323750	416613	559680	678740	808764	806129	978287	986212
Total bilan (3)	163369	229487	295806	356924	459983	651322	762969	956572	1028565	1151161	1188028

Tableau 4 (Suite)

Rubriques	1987	1988	1989	1990	1991	1992	1993	1994	1995	1996	1997
Montants des créances douteuses (1)	189500	489000*	371000	253000	190000	146005	134605	141717	143169	169175	146243
Taux d'évolution des créances douteuses (en %)	15.12	158.04	-24.13	-31.80	-24.90	-23.15	-7.82	5.28	1.02	18.16	-13.55
Part dans les crédits à l'économie = (1)/(2) %)	18.67	47.75	34.39	34.38	32.26	30.41	31.70	34.27	33.89	39.11	36.48
Part dans le total du bilan = (1) / (3) (en %)	15.10	37.72	23.40	27.13	23.30	20.5	19.59	18.41	17.41	22.73	20.33
Crédits à l'économie (2)	1014556	1023928	1081461	735819	588901	480145	424537	413423	422433	432560	400807
Total bilan (3)	1255561	1296086	1520747	932269	815116	712386	701267	838168	822111	744151	719154

Source : Tableau reconstruit à partir des données fragmentaires puisées dans les bulletins statistiques de la B.E.A.C

N. B : Jusqu'en 1987, ce sont des montants estimés à partir de ceux des provisions déclarées, multipliés par 4.

C'est une hypothèse relâchée, car la Banque mondiale pense qu'il faut multiplier par 6, afin de dénoncer le caractère erroné des résultats présentés par les banques.

* Montant qui ressort du rapport des audits commis en 1988 auprès des banques

A partir de 1992, les données retraitées sont puisées dans le rapport d'activité de la Commission Bancaire de l'Afrique Centrale (COBAC).

Tableau 5 : Comparaison des bilans des banques au Cameroun avant et après corrections (au 30 août 88, en milliards de FCFA).

	Avant correction	Après corrections	Ecarts
ACTIFS			
Créances sur les banques	136.1	136.1	0
dont douteuses	4.7	4.7	0
Créances sur l'État	100.8	100.8	0
bons d'équipements	71	71	0

Crédits aux administrations	29.1	29.1	0
Chèques postaux et Trésors publics	0.7	0.7	0
	872.9	742.4	- 230.5
Crédits à la Clientèle (nets)	823.9	588	- 235.9
Créances saines	120.1	132.9	12.8
Entreprises publiques	703.8	455.1	- 248.7
Autres	253	488.7	235.7
Créances douteuses	29.9	39.9	10
Entreprises publiques	223.1	448.8	225.7
Autres	104	334.3	230.3
Provisions pour dépréciation	0	8.1	8.1
Entreprises publiques	104	326.2	222.2
Autres			
	51.5	51.5	0
Valeur à recouvrer	117	117	0
Autres actifs	1378.3	1147.8	230.5
Total			
PASSIFS			
Engagements vis-à-vis des banques	418.8	418.8	0
B.E.A.C	323.2	323.2	0
Etablissements associés	54	54	0
Autres	41.6	41.6	0
Dépôts de l'État	282.9	282.9	0
Dépôts à la clientèle	519.2	519.2	0
Entreprises publiques	109.1	109.1	0
Autres	410.1	410.1	0
Autres Passifs	122.8	122.8	- 257.7

Capitaux permanents et provisions		-223.2	- 257.7
Capitaux propres	34.5	-295.2	0
Autres capitaux permanents	-37.5	66.4	0
dont sur établissements associés	66.4	37.1	0
Provisions	37.1	5.6	0
Ajustements	5.6	27.3	27.3
Total	1378.2	1147.8	- 230.4

Source : J. Mathis, ''Monnaie et banques en Afrique francophone'', EDICEF/AUPELF, p. 127.

Tableau 6 : Structure des emplois du Produit net bancaire (en millions de FCFA).

	1976/77	1977/78	1978/79	1980/81	1981/82	1982/83	1983/84	1984/85	1985/86
Provisions	640	1837	1983	4251	4861	5708	6034	12830	21700
Taux de variation des provisions	-	18.70	7.95	11.43	14.35	17.42	20.56	112.6	69.13
Frais de personnel et charges sociales	4293	5325	6599	10343	12733	15034	18892	20425	18713
Résultat net	1503	1574	1842	1618	1602	1045	-138	2415	1160
Produit net bancaire (PNB)	8019	10764	12871	18758	21130	24711	61551	45526	40242
Part des provisions dans le (PNB)	8.0	17.1	15.4	22.66	23.00	23.1	19.13	28.18	53.92
Part des frais de personnel dans le PNB %	53.5	49.5	51.3	55.14	60.26	60.84	59.88	44.86	2.88

Tableau 6 (suite)

	1986/87	1987/88	1988/89	1989/90	1990/91	1991/92	1992/93	1993/94	1994/95	1995/96
Provisions	38200	33820	33820	32699	31578	54320	47320	43642	49543	18359
Taux de variation des provisions (en %)	76.03	-11.46	0	-3.31	72.01	-12.8	-7.77	-7.77	13.52	-62.94
Frais de personnel et charges sociales	17000	2200	2200	18200	24715	34512	34862	35693	37766	30506
Résultat net	1400	272	795	-638	-3589	-3450	21	-15688	-50014	389
Produit net bancaire (PNB)	50652	47812	43486	35459	27432	34625	40754	27568	39282	46186

Part des provisions dans le PNB (en %)	75.41	70.73	77.77	92.21	1.151	-156.88	-116.11	158.30	126.1	39.75
Part des frais de personnel dans le PNB (%)	33.56	4.60	5.05	51.32	81.0	88.5	74.7	129.47	96.14	366.05

Source : Reconstruit à partir des données fragmentaires puisées dans BEAC, Bulletins, Etudes et Statistiques et les rapports d'activité de la COBAC.

Tableau 6 a : Provisions de quelques banques au 30 juin 1988.

Banques	Provisions (1) (en milliards de FCFA)	Créances douteuses contentieuses et impayées (CDCI) (en milliards de FCFA)		Provisions / CDCI (1) / (2)
		Totales (2)	dont entreprises publiques	
Cameroon Bank (CamBank)	25.9	29.4	0.3	88
Société Camerounaise de Banque (SCB)	119.9	155.1	0.0	77.00
Banque de Paris et des Pays-Bas (BPPB)	42.7	2.2	0.0	81.8
Banque Camerounaise de Développement (BCD)	41.3	61.5	17.8	67.15

Source : SIBI (1989); 'Analyse du système bancaire camerounais'.

Tableau 7 : Evolution des résultats des banques (en milliards de francs CFA et en %).

	76/77	77/78	78/79	80/81	81/82	82/83	83/84	84/85	86/87	87/88	88/89	90/91	91/92	92/93	93/94	94/95	95/96
Intérêts perçus (1)	1511	24475	27095	49809	67394	80290	93042	97571	nd	nd	nd	54736	69648	40754	83299	75963	70936
Variation	-	44.0	24.55	41.9	35.3	19.13	15.9	4.86	nd	nd	nd	nd	27.24	-41.48	104.39	-8.80	-6.61
Intérêts versés (2)	6677	1076	14125	29044	43345	53220	58220	57329	nd	nd	nd	27304	35023	33368	55731	36681	24741
Variation	-	55.24	32.3	52.8	49.23	22.7	22.7	-13.8	nd	nd	nd	nd	28.27	-4.72	67.01	-34.18	-32.55
Marge intérêts (3) = (1) - (2)	8234	11078	12927	20765	24049	27070	26542	40242	50652	47812	43486	27432	34625	7386	27568	39282	46186
Total emplois (4)	144456	210208	265173	403203	538008	683585	780647	817926	986212	1014556	1023926	1081451	753819	588911	486491	424538	413442
Taux de marge (rentabilité économique) (3)/(4)	5.7	5.27	4.89	5.15	4.47	3.96	3.40	4.92	5.13	4.71	4.24	3.63	5.87	1.51	5.32	9.32	11.17

Bénéfice à répartir (5)	1503	1575	1842	1618	1602	1045	-138	2415	1400	2200	nd	-3589	-3450	21	-15688	-50014	389
Fonds propres (6)	9696	10780	13954	20352	28709	37862	47586	55645	82432	101341	112670	105795	14195 1	77267	75884	84385	62249
Rentabilité fonds propres (5)/(6)	15.5	14.6	13.2	7.95	5.58	2.16	- 0.002	4.34	1.69	2.17	nd	- 3.39	- 2.43	0.003	-20.67	-59.26	0.0062

Source : Tableau reconstruit à partir des données fragmentaires puisées dans BEAC; ''Bulletins Etudes et Statistiques ''et dans les rapports d'activité de la COBAC, exercices 1993/93, 1993/94,1994/95et 1995/96.

Tableau 8 : Evolution des parts respectives des crédits à court, moyen et long termes dans les crédits à l'économie (en millions de francs CFA).

Fin de période	Crédit à court terme		crédit à moyen terme		crédit à long terme		Total des crédits à l'économie
	montant	proportion	montant	proportion	montant	proportion	
1971	21458	43.66	1347	2.74	-		49146
1972	24852	42.37	1208	2.05	-		58654
1973	28283	41.77	1075	1.56	-		67701
1974	39844	45.32	2070	2.36	-		87914
1975	50361	45.18	2262	2.02	-		111444
1976	112776	79.14	15340	10.76	-		142486
1977	156986	76.73	29924	14.62	-		204590
1978	194355	72.84	49586	18.58	-		266820
1979	266871	82.43	75209	23.23	600	0.001	323750
1980	279736	67.14	99287	23.83	7350	1.76	416613
1981	377877	67.51	152743	27.29	8371	1.48	559680
1982	472617	69.63	160212	23.60	8080	1.19	678740
1983	570362	70.52	187096	23.13	11582	1.43	808764
1984	576787	71.55	195038	24.19	9668	1.19	806129

1985	654952	74.56	213833	24.34	9052	1.03	878287
1986	739407	74.97	243059	24.64	3746	0.003	986212
1987	781245	77.00	229525	22.62	3786	0.003	1014556
1988	832930	81.35	187421	18.30	3577	0.003	1023928
1989	937400	86.67	143205	13.24	846	0.007	1081451
1990	654767	86.85	98660	13.08	392	0.0005	753819
1991	480895	86.04	99874	17.86	8142	1.45	558911
1992	382470	79.65	97440	20.29	235	0.0004	480145
1993	341826	80.51	82396	19.40	315	0.0007	424537
1994	343698	83.13	68803	16.64	922	0.002	413423
1995	361413	85.55	60192	14.24	828	0.0020	422433
1996	333095	77.00	98640	22.80	825	0.0020	432560
1997	298723	74.53	101416	25.30	689	0.0020	400807

Source : BEAC, Bulletins, Etudes et Statistiques.

Tableau 9 : Répartition par nature d'activités économiques des utilisations de crédits bancaires - court terme - recensés à la Centrale des risques (en millions de francs CFA).

Secteurs économiques	1974	1975	1976	1977	1978	1979	1980	1981	1982	1983	1984	1985	1986	1987	1988	1989	1990	1991	1992	1993	1994	1995	1996
- Pêche	396	522	361	568	637	568	705	971	1409	1570	1738	1636	694	1649	1534	2811	2781	1745	3139	3674	2016	1014	1420
- Forêt	1028	1620	1662	2453	2629	2686	4017	5534	7051	8053	6542	7047	5328	8700	9200	10303	10984	10304	10513	8650	7061	10778	9651
- Agriculture	821	1607	3101	3367	4090	6962	8057	5945	11625	14912	10272	10740	37911	51424	88590	68761	61958	59673	49910	47344	49947	46482	47535
Production Agricole et Assimilées	2545	3749	4124	6388	7356	10216	12779	12150	20085	24535	18552	19423	43933	61776	99324	81875	75723	71722	63562	49658	59026	58274	58605
- Extraction pétrole & carbl.	-	1	44	401	167	1300	2097	3881	33466	10659	13233	4025	18048	13487	9230	7	1527	2650	2017	458	4211	6028	3590
- Extraction minerais métall.	4	-	8	-	-	489	438	796	613	677	1448	1983	1277	328	150	72	98	136	153	176	0	16	7
- Extraction matériaux const.	94	66	71	71	118	148	205	376	337	314	414	270	365	411	787	901	926	964	1037	1116	1138	980	873
Production minière	98	67	123	472	285	1229	2740	4253	34416	11650	15095	6288	19690	14226	10183	980	2551	3750	3207	1750	5349	7024	4470
- Ind. alimentaire	2868	3919	4099	8464	16750	14118	16483	11430	19335	20671	16203	22967	23536	31212	37769	38497	44445	49618	50622	49572	60149	61208	49218
- Ind. textile	2777	4133	4951	6333	7701	8709	9406	11462	15011	17570	15689	14395	5979	10731	9940	9869	10995	12279	8956	8418	8809	8942	8660

- ind. de bois	1004	574	1312	2736	4224	16509	15417	21286	14353	18865	20028	22720	9723	14063	13943	14821	13731	14659	14023	14721	16070	15806	15775
Ind. des métaux, Constr. méca. et électrique	-	-	-	5914	6743	7183	10655	19256	17451	17011	172430	11740	5831	5882	6616	6161	6145	6148	6885	6248	6350	7110	7484
- Ind. chimique et peinture	-	-	-	2505	3115	2579	4120	6331	4084	4819	5946	7419	10695	13797	8787	9878	13690	10124	14365	13361	8859	11142	10144
- Ind. métaux & bâtiment	-	-	-	437	595	962	701	573	8001	7190	5154	4936	2336	6627	5612	4331	5458	5153	4415	5674	4078	5391	4169
- Ind. du papier & imprimerie	-	-	-	1081	1431	1633	2176	6272	6395	5820	7175	8768	3487	4574	5564	5185	5776	5014	5064	5782	5125	5878	5869
- Ind. diverses	7342	7926	8926	2335	3526	4309	4290	4731	7909	11865	9032	9496	160296	28389	28214	27775	31587	29839	30629	27934	29761	32626	32754
Industrie de transformation	13991	16552	19288	30805	40085	56002	63248	81341	92539	103811	94410	102441	78507	115275	116445	116517	131827	132834	134959	131710	139201	148103	134073
- Eau & électricité	13	114	11	33	244	632	741	1624	5241	10019	10585	19678	12799	13724	14482	8039	5888	3997	7786	8267	3976	4822	5184
- Entreprises de TPB	4122	6279	4899	8690	11001	13344	13664	30555	24497	37295	49193	60520	58813	81507	82528	60381	55494	52566	49281	49331	48188	48372	51083
Production industrielle et assimilées	18126	22945	24198	39998	55615	71907	80393	117573	66693	162775	169343	188927	167809	224732	223638	185917	195744	193147	195233	191058	196714	208321	194810
- Commerce Général	8937	10939	13940	22271	38810	45164	55556	66497	93714	11130	109664	118937	146438	189764	197481	204708	193666	187008	191349	189795	191926	193426	195573
- Commerce Produits alimentaires	368	447	788	873	1539	1968	2193	2098	3511	4469	5598	5674	6409	7411	8603	9260	9560	11598	11789	12485	12534	13651	10088
- Com. mat. 1ères, matériaux quincaillerie	1945	2320	2529	4484	5442	5112	7423	16126	8129	7991	6158	8478	7248	8565	7681	7750	8116	7389	7989	7597	8517	8494	8801
- Com. mach., autos-cycles & accessoires	3162	4734	5017	7706	11725	6921	6876	8884	16941	19505	17466	16641	2211	23750	21469	19442	18945	16417	17985	19616	17622	20597	20343
- Com. textiles - habilt	843	963	1116	1202	1574	1871	2796	3124	2835	3155	2788	2913	1865	3510	3534	3206	3473	3324	3410	3610	3472	20597	3800
- Import distri combustibles	1221	1292	978	835	1417	1563	2562	7759	7667	8079	9027	12776	7770	7837	4252	7517	7718	6137	6506	7918	4717	3787	10013
- Autres com. spécialisés	1463	1875	2419	2885	3698	3888	5477	7043	9495	10687	12872	15065	14799	21050	19229	20562	23585	23840	24384	29545	24024	23227	24841
Commerce de distribution	17939	22570	26787	40196	63805	66487	82883	103531	142292	162016	163573	180490	205640	261887	262249	272445	265063	255713	263411	270566	262812	270662	273459
- Export cacao café – bananes-oléagineux	19630	16156	10452	15751	11205	11580	14146	13282	21640	31124	23717	20813	29287	58848	75167	77137	67067	54421	55415	37048	28954	28812	26496
- Export. de coton	956	2754	2835	3	172	489	4430	214	812	5562	1666	2726	-	-	-	-	-	-	-	-	-	-	-
- Exportateurs autres produits	579	1313	1381	69	178	396	435	363	113	115	109	63	76	133	349	307	124	65	82	95	65	114	97
- Coop. & Organ. de mutuelle Agri.	1260	1672	265	225	666	1853	3326	5424	9516	9289	9507	8753	985	6795	7680	5154	5156	3196	4536	3219	1709	2068	1889
Commerce d'exportation	23351	23115	15959	16316	12614	14740	23114	20109	33154	46890	35909	32958	31155	66904	84740	84345	72065	59440	61962	42282	33426	35288	32554
- Transport	1594	1836	2176	3848	4835	2974	4242	8067	11589	13908	12826	17704	20679	21402	20864	21283	22869	19925	19848	20926	17534	16479	16839
- Transit & manutention	1081	806	713	1232	1974	1777	3770	4386	4707	7063	4236	4531	8192	12215	11460	11388	7889	9182	7366	6601	5996	9306	8070

- Hôtel & café restaurant spectacles	243	253	270	309	640	653	850	876	1212	1805	1826	2354	3481	3699	4294	5671	5481	5469	7200	8340	6805	6736	6774
- Services immob. et log.	32	43	323	374	2769	544	963	2016	5945	5588	5925	4914	5995	10346	12218	14741	16227	16271	16148	14040	11745	11632	11505
- Etabliss. fi. de ventes & à crédits	-	-	-	5085	5157	4297	5266	5915	7518	8132	9624	9700	8474	9608	6976	6155	41413	2304	2589	2966	4229	4391	4826
- Services divers	2925	3560	5810	4740	4203	4425	8780	9130	13443	18869	17475	26031	13220	22089	33575	36323	41476	43512	43615	44485	47748	49507	50802
Services	5877	6498	9292	15588	15578	14670	20871	30390	44614	55365	51912	65234	60041	79369	89387	95561	98355	96663	96766	97358	104057	98051	98816
- Particuliers	-	-	-	2503	4128	6005	6598	9281	11150	14584	14702	18308	19410	29874	36933	42012	43193	43453	43538	44518	44547	44815	48045
- Non classés	8764	15209	18296	2790	2067	4748	1929	21552	19067	21472	1605	36697	24818	15638	60327	64067	53789	38160	40145	34078	34997	36420	43266
Total des crédits recensés	68116	78964	94779	123783	165162	188773	228567	314566	437055	387637	470045	542037	564806	740180	856598	826222	803932	758298	764612	739528	735579	751831	749556

Source : BEAC, Bulletins, Etudes et Statistiques.

Tableau 10 : Répartition par nature d'activités économiques des utilisations de crédits bancaires - moyen et long termes - recensés à la Centrale des risques (en millions de francs CFA).

Secteurs économiques	1977	1978	1979	1980	1981	1982	1983	1984	1985	1986	1987	1988	1989	1990	1991	1992	1993	1994	1995	1996
-Pêche		252	260	321	352	278	276	221	187	18	123	434	529	443	423	423	456	451	1741	1695
- Forêt	1080	1025	849	816	658	945	976	908	119	438	653	798	547	636	761	439	387	309	346	2093
- Agriculture	1191	2226	2951	3884	5420	9691	8396	9630	9111	5260	9500	11761	11552	10896	16725	30962	18883	9222	9731	9380
Production Agricole et Assimilées	2271	3503	4060	5021	6430	10914	9648	10759	10417	5716	10276	12993	12628	12975	17909	31824	19726	1603	11819	13168
- Extraction pétrole & carbl.	936	4753	11479	18640	33037	48998	63277	58761	44280	39832	19046	9936	4672	1966	6200	1440	1288	1603	1406	8074
- Extraction minerais métall.	-	-	437	432	655	63	479	381	267	1543	-	-	-	-	-	-	-	-		
- Extraction matériaux const.	67	65	39	90	255	395	349	368	439	147	158	356	308	300	206	169	142	225	225	225
Production minière	1003	4818	11955	19162	33947	49456	64055	59510	44986	41522	19204	10292	4779	2266	6406	1609	1430	1828	1631	8299
- Ind. alimentaire	3324	4470	7184	10545	13637	14073	20784	23880	20652	19877	20528	25959	24463	24703	23488	23262	17661	21040	18864	31232
- Ind. textile	1698	1632	1400	1132	1747	3180	3773	3321	4010	1901	2587	3597	3536	3278	3383	2209	1798	1611	1990	2001
- ind. de bois	753	2074	6419	7611	8705	7233	5790	5044	5162	1349	1541	1829	1424	1197	1147	1134	1119	1542	1542	2220
Ind. des métaux, Constr. méca. et électrique	1167	1030	3020	3201	9014	11899	10731	9339	9516	1215	1168	1561	1362	1334	2085	1591	1514	2070	2174	2045
- Ind. chimique et peinture	2310	1775	2016	1344	2027	2674	2423	1549	1505	3687	3066	3168	2362	2136	1848	1615	1559	2243	2532	2586
- Ind. métaux & bâtiment	14	46	170	221	541	1716	1673	1927	1112	689	293	726	862	938	936	936	449	449	449	499
- Ind. du papier & imprimerie	754	700	757	401	849	1049	988	752	614	221	487	735	1174	1150	1134	1046	998	969	920	829
- Ind. diverses	650	1186	1556	22686	3486	5235	5594	5284	5511	6987	7071	8092	6732	7996	11595	12292	14031	11565	8578	9572
Industrie de transformation	10670	12913	22522	26721	40006	47059	51756	51096	47081	35846	36741	45667	4 1925	42730	45616	44085	39129	41493	37049	50984
- Eau & électricité	2910	3070	4805	6996	8005	10780	10701	11367	10370	4623	7342	7946	5949	3484	3147	2137	1551	2589	2215	1987
- Entreprises de TPB	612	1487	1916	2799	4269	4553	4366	4956	7451	4748	4976	5266	5426	4047	3645	3527	4118	3984	5231	5246
Production industrielle et assimilées	15195	22289	41198	55678	86227	111848	130878	126929	109888	87739	68263	69165	58279	52527	58814	51358	46226	49894	46126	66516

Tableau 10 : (Suite)

Secteurs économiques	1977	1978	1979	1980	1981	1982	1983	1984	1985	1986	1987	1988	1989	1990	1991	1992	1993	1994	1995	1996
- Commerce Général	1304	3726	5206	7018	11806	11564	10548	10930	14408	15829	18492	23356	25763	25831	25767	19848	25951	25624	24130	22449
- Commerce Produits alimentaires	46	100	120	199	413	489	591	856	568	1976	1647	2296	2809	2318	2323	2182	2029	2334	2098	4994
- Com. mat. 1ères, matériaux quincaillerie	189	263	302	400	437	958	1041	603	304	734	1484	1230	1021	754	820	849	1023	1380	1574	1018
- Com. mach., autos- cycles &	42	266	406	397	373	1262	1608	2059	1438	739	1634	1933	2070	1642	2212	2009	1428	983	799	1506
- Com. textiles - habilt	81	192	199	131	588	334	152	89	615	267	255	359	471	437	420	462	441	408	382	396
- Import distri combustibles	167	133	153	257	1234	2997	3920	3618	3525	4520	485	224	27	28	65	38	116	93	72	50
- Autres com. spécialisés	192	237	340	1404	1598	1395	1812	154	1072	3313	2576	2720	3974	3532	3321	3417	4185	9562	3769	3489
Commerce de distribution	2021	4917	6727	9806	16449	18999	19672	19680	21930	27337	26573	32118	36135	34542	34928	28805	35173	34384	32824	33902
- Export cacao café - bananes oléagineux	406	270	225	684	671	647	1485	1488	137	184	128	190	527	309	4276	3528	4048	4193	3499	2994
- Export.de coton	-	-	522	-	-	-	312	379	1106.	-	-	-	-	-	-	-	100	-	-	-
Export bois	8	100	106	151	49	102	96	73		36	-	50	81	74	68	27	116	27	27	27
-Autres export	-	-	-	45	44	30	23	19	17	172	-	-	-	-	64	64	64	64	64	64
- Coop. & Organ. de mutuelle Agri.	-	146	40	241	274	2441	320	63	2315	119	-	177	17	17	17	17	17	17	17	31
Commerce d'exportation	414	516	893	1121	1038	3220	2236	2022	3575	611	128	417	627	400	4425	3636	4551	4301	3623	3116
- Transport	1819	1402	1057	1291	1307	2911	2569	2549	4099	2390	4071	6259	6065	4352	5581	4671	7126	6632	7162	6371
- Transit & manutention	222	552	701	828	1657	1628	1318	818	824	1714	1210	1034	868	1647	2407	2590	1526	753	633	3990
- Hôtel & café restaurant spectacles	176	958	553	912	1499	2025	2965	5064	3000	2946	3811	7605	7310	6274	6151	4431	4348	5157	4922	4890
- Services immob. et log.	498	839	1109	1880	2416	4092	5826	7095	4629	9401	8214	12098	11024	10140	16918	8162	7924	3843	8938	7987
- Etabliss. fi. de ventes & à crédits	-	5	30	69	426	871	3591	4489	1722	3652	1888	2363	1630	1312	1042	1707	1391	2119	1985	1201
- Services divers	2395	3709	3622	4105	3945	5291	6875	6566	6879	3153	4377	8014	7778	6914	6998	14142	17576	154924	188551	40952
Services	5110	7465	7072	9085	11250	17818	23144	26581	21153	23256	23171	37373	34675	30639	38997	35703	39890	173427	212191	65391
- Particuliers	9127	14805	17641	19484	23396	27516	28476	28502	27955	30946	32397	46208	46409	42990	39995	36214	34120	32745	31065	30215
- Non classés	1362	1496	1565	936	2804	2468	3680	4176	8629	5475	5052	12353	13241	9337	19943	13808	8278	7792	7623	7292
Total recensés	35500	54981	79155	10131	147594	192783	217734	218649	203547	175268	165860	210627	201992	182410	215011	201348	187966	312528	345271	219600

Source : BEAC, Bulletins, Statistiques et Etudes.

Tableau 11 : Répartition du PIB par secteurs d'activité économique (en millions de francs CFA).

Secteurs économiques	74-75	75-76	76-77	77-78	78-79	79-80	81-82	82-83	83-84	84-85	85-86	86-87	87-88	88-89	89-90	90-91
Agriculture	193694	220823	259692	305316	359201	404400	488155	586743	607150	702008	790446	907866	805200	916300	842300	846400
- Industrie extractive	2264	2043	3198	7184	3320	105784	201514	263089	400742	520515	629672	504659	313400	297880	334900	327600
-Industrie manufacturière	562430	675060	747220	866620	101886	124115	173730	2470350	290886	358519	422446	514790	469700	459500	462300	440100
- Commerce de distribution	93914	107123	126855	154612	183500	202300	232300	249282	310712	414904	564564	631324	nd	nd	nd	nd
- Services	86952	93766	121843	135929	164700	190300	24800	284980	395198	396824	495290	470420	1269900	1166700	1116300	1081600

Source : Comptes Nationaux du Cameroun.

nd : non disponible.

Tableau 12 a : Evolution des cours mondiaux des produits de base (moyennes annuelles).

Année	1984	1985	1986	1987	1988	1989	1990	1991	1992	1993	1994	1995	1996	1997
Cacao CAF kg en F	21.7	21.1	14.1	1 2.2	11.8	8.7	7.7	7.7	6.6	7.0	8.5	7.7	7.6	9.4
Café (kg)														
Robusta G1 kg en F	26.4	23.2	21.8	12.9	11.9	10.9	6.8	6.0	5.1	6.5	14.7	14.6	10.0	10.3
Arabica B kg en F	28.1	29.0	31.7	15.35	17.5	16.2	10.6	10.3	8.8	9.4	18.9	17.1	14.7	23.9
Coton (Kg)	14.8	11.4	7.5	9.6	8.2	10.0	9.4	9.0	6.4	6.7	9.1	10.5	9.2	10.0
Qtés commercialisées. (en tonnes)														
Cacao	120540	118320	123552	132838	124196	124927	112077	109000	93278	100928	109071	136184	140186	145667
Café	143263	97625	142698	87684	139226	15937	86499	115066	47925	75888	56708	63417	65520	68900

Source : BEAC, Bulletins, Etudes et Statistiques.

Tableau 12 a : Evolution des cours des bruts internationaux et de la zone d'émission BEAC (en $), quantité (en tonnes).

Année	1984	1985	1986	1987	1988	1989	1990	1991	1992	1993	1994	1995	1996	1997
Brent						18.1	23.3	19.7	19.3	17.0	15.8	16.9	20.6	17.9
Kole						17.5	22.6	18.7	18.5	15.9	15.0	16.5	20.3	17.2
Kokele						16.2	21.3	16.4	16.1	14.4	13.5	15.4	19.1	15.7
Production pétrole en quantité*	7400000	9170000	8800000	8348000	8295000	9113784	7834781	7235200	6790000	6600000	5808841	5380212	5200000	51800
Exportations	1213061	7700000	7300000	7700000	7300000	5928850	7410785	7000900	6620000	6170000	3830124	3219604	4800000	512430

* Activités pétrolières et minières y compris.

Source : BEAC, Bulletins, Etudes et Statistiques.

Tableau 12 b : Exportations (quantité en 1000 tonnes et Valeur en millions de francs CFA).

Année Budgétaire	Quantités	Valeur	Rythme d'évolution des exportations en valeur
1980	2717.6	290615	
1981	2423.9	299716	3.16
1982	2688.6	348231	16.18
1983	2728.3	372224	6.88
1984	2137.5	381334	2.44
1985	1375.4	321751	-15.62
1986	945.1	271639	-18.57
1987	1063.0	248773	-08.41
1988	7700.7	275118	10.58
1989	8259.9	405990	47.56
1990	8069.2	545106	34.26
1991	7531.7	517387	-05.08
1992	8432.6	487132	-05.84
1993	6430.6	533245	09.46

1994	7300.2	825200	41.56
1995	6820.8	811017	-1.71
1996	6894.1	821608	1.35
1997	7631.0	982509	19.58

Source : BEAC, Bulletins, Etudes et statistiques.

Tableau 12 : Evolution du coefficient de liquidité bancaire (en pourcentage).

Période	Coefficient de liquidé
30 / 12 / 1993	65.4
30 / 6 / 1994	150.4
31 / 12 1994	140.8
30 / 6 / 1995	149.6
30 / 06 / 1996	109.1

Source : Commission Bancaire de l'Afrique Centrale (COBAC), Bulletin n° 1, Août 1996.

Tableau 13 : Structure financière des entreprises publiques.

A : SEMRY C: REGIFERCAM E : SNEC
B : SOCAPALM D: SOTUC F : SONEL

Année		1983/84	1984/85	1985/86	1986/87		1983/84	1984/85	1985/86	1986/87
	A	10088	11839	16456	16835	D	2212	728	- 2717	- 6244
Fonds propres (1)	B	-	8484	8303	5946	E	-	43516	72752	77525
	C	59358	58040	139448	139448	F	-	71079	87273	94024
	A	18615	17676	18858	17237	D	7859	4823	4454	- 421
Capitaux	B	-	-	-	-	E	-	57481	93039	93958
permanents (2)	C	108304	107171	107740	192359	F	-	149751	179809	-
Emprunts (3)	A	14310	11992	12000	15008	D	7205	6388	11506	-
	B	18610	26151	24604	22043	E	18931	29448	39233	-

	C	57766	61644	61520	71681	F	104244	113242	130866	-
Ratio d'indépendance	A	0,54	0,67	0,98	0,98	B	0,28	0,15	- 0,61	-
financière (1)/(2)	B	-	-	-	-	E	-	0,75	0,78	0,83
	C	0,55	0,51	0,51	0,72	F	-	0,47	0,50	-
Autonomie financière	A	1,42	1,01	0,73	0,98	D		8,77	- 4,23	-
(3)/(1)	B	-	-	2,9	2,65	E	3,26	-	0,68	0,54
	C	1,03	1,06	1,30	-	F		1,6	1,50	-
Résultat d'exploitation	A	- 1083	-1919	3682	- 2098	D	- 1770	- 3206	- 5186	- 6800
(4)	B	-	4706	3002	808	E	1630	4064	3883	- 62
	C					F	-	625	961	- 989
Résultat net	A	-1984	-3269	- 1358	- 4555	D	-1418	- 2782	- 4899	-
(5)	B	-	1329	- 139	- 2357	E	- 945	- 136	- 2857	- 6017
	C	1942	2026	130	- 3046	F	- 4786	- 2101	222	-
Rentabilité financière	A	-0,20	- 0,28	- 0,082		D	- 0,64	- 3,82	-	-
(5)/(1)	B	-	0,16	- 0,017	- 0,27	E	-	- 0,0031	- 0,040	- 0,078
	C	-0,03	- 0,01	- 0,06	- 0,40	F	-	-0,03	0,002	-

Source : Reconstruit à partir des données statistiques puisées dans I. Tamba (1991), Thèse Université de Yaoundé, pp. 154 - 161, 162.

Tableau 14 : Répartition des crédits à l'économie par catégorie socio-professionnelle (en millions de francs).

Catégories socio-professionnelles / Périodes	31/12/194	31/5/95	30/7/95	31/12/95	30/9/96	31/12/96	31/1/97	31/3/97	30/4/97	30/6/97	31/10/97	31/12/97
1 - administrations publiques												
- crédits octroyés (1)	166794	166794	154375	149147	1584	1621	5576	812	228	510	369	373
- crédits douteux (2)	65	65	65	57	952	65	69	4	2	1	6	5
- remboursés (3) = (1) - (2)	166729	166729	154310	149090	632	1560	5507	809	226	509	363	368
- taux de remboursement (4) = (3) / (1)	0.9996	0.9996	09995	0.9996	0.3989	0.9623	0.9876	0.9963	0.9912	09980	0.98373	0.98659
2 - administrations privées												
- crédits octroyés (1)	1483	1483	1484	1458	1475	1762	1470	1051	945	633	1125	1198
- crédits douteux (2)	913	913	913	921	952	987	969	508	517	115	312	309
- remboursés (3) = (1) - (2)	570	570	571	537	523	775	501	543	428	518	813	889
- taux de remboursement (4) = (3) / (1)	0.3843	0.3843	0.3847	0.3683	0.3545	0.4398	0.3408	0.5166	0.4529	0.8183	0.72266	0.74207

3 - Entreprises publiques												
- crédits octroyés (1)	36851	36851	29364	37521	36860	36938	33226	30464	29570	28039	39976	39762
- crédits douteux (2)	3283	3283	3142	4182	5672	5572	5562	2500	3672	2620	2193	2089
- remboursés (3) = (1) - (2)	33568	33568	26222	33339	31188	31366	27664	27964	25898	25419	37783	37373
- taux de remboursement (4) = (3) / (1)	0.9108	0.9108	0.8929	0.8985	0.8461	0.8499	0.8326	0.9179	0.8758	0.9065	0.94514	0.94746
4 - Entreprises privées												
- crédits octroyés (1)	263065	263065	249644	260322	273535	304433	309726	298011	288723	253797	252443	287174
- crédits douteux (2)	98942	98942	86581	87364	87603	102822	102511	96990	94866	68964	65466	64915
- remboursés (3) = (1) - (2)	164123	164123	163063	172958	185933	201611	207215	201021	193857	184833	186977	222259
- taux de remboursement (4) = (3) / (1)	0.6238	0.6238	0.6531	0.6644	0.6797	0.6622	0.6690	0.6745	0.6714	0.7282	0.74067	0.77395
5 - Entreprises d'assurance publiques												
- crédits octroyés (1)	248	248	49	404	49	22	70	9	4	0	29	189
- crédits douteux (2)	186	186	0	188	0	0	0	0	0	0	0	0
- remboursés (3) = (1) - (2)	62	62	49	216	49	22	70	9	4	0	29	189
- taux de remboursement (4) = (3) / (1)	0.2500	0.2500	100.00	0.5346	100.00	100.00	100.00	1.00	1.00	-	100.00	100.00
6 - Entreprises d'assurance privées												
- crédits octroyés (1)	881	881	685	5578	6827	6652	7078	5817	5398	5527	5365	7764
- crédits douteux (2)	4	4	4	4	22	22	24	17	17	17	31	35
- remboursés (3) = (1) - (2)	877	877	681	5574	6805	6630	7054	5800	5381	5510	5334	7729
- taux de remboursement (4) = (3) / (1)	0.9954	0.9954	09941	0.9992	0.9967	0.9966	0.9966	0.9970	0.9968	0.9969	0.94422	0.99549
7 - Entreprises individuelles												
- crédits octroyés (1)	38668	38668	35065	41704	42307	39895	40049	37177	35427	24906	28783	30580
- crédits douteux (2)	18617	18617	16490	17656	19158	23071	23419	20144	17778	9567	11734	12324
- remboursés (3) = (1) - (2)	20051	20051	18575	24048	23149	16824	16630	17033	17657	15339	17049	18259
- taux de remboursement (4) = (3) / (1)	0.5185	0.5185	05297	0.5766	0.5471	0.4217	0.4152	0.4581	0.4984	0.6158	0.59232	0.59708
8 - Particuliers												
- crédits octroyés (1)	53336	53336	50446	47988	46905	41830	41184	37921	36509	30086	34328	33685
- crédits douteux (2)	21310	21310	20607	20920	20876	21908	21802	20574	20237	15708	14206	14243
- remboursés (3) = (1) - (2)	31956	31956	29838	27068	26029	19922	19382	17347	16272	14378	20122	19442
- taux de remboursement (4) = (3) / (1)	0.5991	0.5991	05915	0.5640	0.549	0.4762	0.470	0.4574	0.4456	0.4778	0.58616	0.57717
9 - Divers												
- crédits octroyés (1)	4069	4069	1639	1754	1775	2751	1131	833	1620	295	1047	2660
- crédits douteux (2)	0	0	0	0	0	0	0	0	285	0	134	823
- remboursés (3) = (1) - (2)	4069	4069	1639	1754	1775	2751	1131	833	1335	295	913	1837
- taux de remboursement (4) = (3) / (1)	1.00	1.00	1.00	1.00	1.00	1.00	1.00	1.00	0.8240	1.00	0.87201	0.69060
10 - Total												
- crédits octroyés (1)	565395	565395	522751	545876	411317	435804	439510	412095	398424	343793	363461	403385

- crédits douteux (2)	143390	143390	127802	131292	134342	154452	154356	140737	137366	97052	94079	94740
- remboursés (3) = (1) - (2)	422005	422005	394949	414584	276975	281352	285154	271358	261058	24671	269382	308645
- taux de remboursement (4) = (3) / (1)	0.7463	0.7463	07555	0.7594	0.6733	0.6455	0.6487	0.6584	0.6552	0.7177	0.74115	0.765137

Source : Bulletins du Marché Monétaire.

Tableau 15 : Part des ressources bancaires dans le total du bilan.

Fin de période	Dépôts à vue (1)	Dépôts à terme et d'épargne (2)	Total (3) =(1) + (2)	Dépôts État et organismes publics (4)	Total (3) + (4)	Total bilan (en millions de FCFA)	Crédits de la B.E.A.C	Emprunts extérieurs	Fonds propres (5)
1983	26.075	24.60	50.68	13.33	64.01	956572	17.00	9.97	3.95
1984	26.87	31.65	58.51	13.47	71.98	1028565	15.79	7.80	4.62
1985	24.20	38.05	62.22	12.89	75.11	1151161	11.30	8.82	4.83
1986	23.60	32.25	55.84	10.17	66.01	1188028	16.21	10.72	6.93
1987	17.20	23.15	40.35	17.65	58.00	1255561	27.21	12.08	8.07
1988	17.50	23.8	41.26	19.93	61.19	1296086	25.30	10.25	8.61
1989	18.50	20.85	39.34	12.48	51.82	1520747	19.36	15.06	7.85
1990	18.53	24.15	44.59	14.27	58.86	932269	19.54	3.35	7.56
1991	18.9	24.9	43;.78	13.83	57.61	8115116	19.47	5.70	10.42
1992	22.45	40.75	63.21	11.55	74.76	712386	7.25	3.49	10.85
1993	21.84	41.44	63.28	17.51	80.79	701267	14.12	5.27	11.25
1994	28.98	39.86	68.84	18.90	87.74	839168	12.34	3.18	9.85
1995	26.02	40.05	62.15	11.43	63.58	822111	2.60	4.88	7.58
1996	28.68	36.13	64.81	14.66	79.47	744151	0.65	5.03	13.81
1997	31.44	37.32	68.76	10.65	79.41	725058	6.62	4.04	11.17

Source : Tableau confectionné à partir des données de BEAC, Bulletins, Etudes et Statistiques.

Tableau 16 : Liquidité bancaire (l), liquidité de l'économie (f) (en millions de francs CFA et en %)

	1980	1981	1982	1983	1984	1985	1986	1987	1988	1989	1990	1991	1992	1993	1994	1955	1996	1977
Réserve (R)	8941	14506	15477	31711	18889	27503	46570	25405	29353	48782	41028	27482	17223	12388	42571	37490	82475	122771
Dépôts à vue (D)	129241	151115	190887	249434	276350	278381	280313	215903	226438	281202	182457	177101	159947	150036	223089	213966	213448	225099

l = R/D %	6.91	9.53	8.10	12.70	6.80	9.89	16.61	11.70	12.90	17.30	22.40	15.50	10.70	8.20	19.10	17.52	38.63	54.54
M2	315405	405609	483405	612419	736228	864522	830780	677720	696391	772817	644443	646229	598336	541514	685217	642382	577392	63185
PIB	1356.2	1796.4	2172.8	2618.1	3195000	3896000	4135000	3969000	3644500	3513000	3334300	3319400	3174400	3171000	3439000	4131500	4543100	5017400
f=M2/PIB (en %)	23.25	22.57	22.24	23.40	23.04	22.18	20.90	17.07	19.10	22.00	19.32	19.46	18.84	17.07	19.92	15.54	12.70	12.60

Source : BEAC, Bulletins Etudes et Statistiques.

Tableau 16 a : Ratio de liquidité de quelques banques sinistrées au 30 juin 1988 (en millions FCFA).

Banques	Actifs liquides et immédiatement mobilisables (1)	Passif exigible à court terme (2)	Ratio de liquidité (1) / (2)
Cameroon Bank (CamBank)	7568	38646	0.19
Société Camerounaise de Banque (SCB)	157820	200099	0.79
Banque de Paris et des Pays-Bas (BPPB)	23316	33412	69.8
Banque Camerounaise de Développement (BCD)	60126	71340	0.84

Source : SIBI (1989); 'Analyse du système bancaire camerounais'.

Tableau 16 b : Evolution de la valeur liquidative des banques (d) et des retraits des déposants (W) (en millions de frs CFA)

	Db	ΔDb	Res	ΔRes	Em	ΔEm	d=ΔDb++ΔRes-+ΔEm+	DAV (1) (État)	DAV (2) (Privé)	DAV=(1)+(2)	ΔDAV	DAT	ΔDAT	W=ΔDb-
1980	312585	54691	8942	1637	71139	10029	64720	76162	129241	205403	23353	107182	31346	0
1981	476415	63830	14506	5565	110717	39578	203408	173816	155913	329729	124326	146686	39504	0
1982	533874	57459	15477	971	132021	21304	78763	158063	189390	347453	17724	184924	38238	0
1983	612260	78386	31711	16234	162669	30648	109034	127472	247937	375409	27956	235354	50430	0
1984	740321	128061	18889	- 12822	162329	- 340	140883	138503	274853	413356	37947	325468	90114	0
1985	859867	119546	27503	8614	129981	- 32348	119546	143653	277279	420932	7576	437838	112370	0
1986	784955	- 75732	44911	17408	192563	62582	62582	120758	279211	399969	- 20963	383069	- 54769	- 75732
1987	728180	-55960	25405	- 19506	341549	168492	129480	221571	214801	436372	36403	290706	- 92363	- 55960
1988	793003	64832	29353	3948	327909	-13640	64823	258271	226438	484709	48337	308290	17584	0
1989	787955	- 5048	48782	19429	294327	- 33582	19429	189773	281202	470975	- 13734	316980	8690	- 5048
1990	605780	-182175	41028	- 7754	211816	- 82511	- 7754	116515	182457	298972	-172003	306808	- 10172	-182175

1991	575212	- 30568	27482	- 13546	77577	-134239	- 13546	96590	177101	273691	- 25281	301521	- 5287	- 30568
1992	532507	- 42705	17223	- 10259	51634	- 25943	- 10259	82241	159943	242184	- 31507	290323	- 11198	- 42705
1993	506362	- 26145	12388	- 4835	52053	419	- 4416	77663	150036	227699	- 14485	278663	- 11660	- 26145
1994	649916	143554	42571	30183	27072	- 24981	143554	97039	223089	320128	92429	329788	51125	0
1995	637264	- 12652	37490	- 5081	21407	- 5665	- 5081	93995	213966	307961	- 12167	329303	- 485	- 12652
1996	591490	- 45774	82475	44985	4928	- 16479	0	109149	213448	322597	- 518	268893	- 60410	- 45774
1997	560604	- 30886	70566	- 11909	4066	- 862	- 11909	55433	237722	293155	- 29442	267449	-1444	- 30886

Tableau 16b (Suite) : Evolution de la valeur liquidative des banques (d) et des retraits des déposants (W) (en millions de frs CFA).

	DAV=(1)+(2)	ΔDAV	DAT	ΔDAT	W=ΔDb-	W1 =ΔDAV-	W2 = ΔDAT-	γ11= W1 / DAV	γ12= W2 / DAT	d / W	μ	1 - μ
1980	205403	23353	107182	31346	0	0				-	1	0
1981	329729	124326	146686	39504	0	0				-	1	0
1982	347453	17724	184924	38238	0	0				-	1	0
1983	375409	27956	235354	50430	0	0				-	1	0
1984	413356	37947	325468	90114	0	0				-	1	0
1985	420932	7576	437838	112370	0	0				-	1	0
1986	399969	- 20963	383069	- 54769	- 75732	- 20963	- 54769	0.0525	0.143	0.826362	0.826362	0.173638
1987	436372	36403	290706	- 92363	- 55960	36403	- 92363	0.1476	0.318	2.3138	1	0
1988	484709	48337	308290	17584	0	0	0	0	0		1	0
1989	470975	- 13734	316980	8690	- 5048	- 13734	0	0.02916	0		1	0
1990	298972	-172003	306808	- 10172	-182175	- 172003	- 10172	0.5753	0.03316	-0.042564	- 0.04264	0.957436
1991	273691	- 25281	301521	- 5287	- 30568	- 25281	- 5287	0.09924	0.01754	- 0.0443	-0.443143	0.556857
1992	242184	- 31507	290323	- 11198	- 42705	- 31507	- 11198	0.1300	0.03857	-0.607493	-0.607493	0.392507
1993	227699	- 14485	278663	- 11660	- 26145	- 14485	- 11660	0.06360	0.04185	-0.016026	-0.016026	0.983974
1994	320128	92429	329788	51125	0	0	0	0	0		1	0
1995	307961	- 12167	329303	- 485	- 12652	- 12167	- 485	0.03950	0.00148	-0.401596	-0.401596	0.598404
1996	322597	14636	268893	- 60410	- 45774	14636	- 60410	0.00243	0.225	0.982763	0.982763	0.017237
1997	293155	- 29442	267449	-1444	- 30886	- 29442	-1444	0.10004	0.00540	-0.385580	-0.385580	0.614420

Source : Tableau confectionné avec les données puisées dans BEAC, Bulletins, Etudes et Statistiques.

Tableau 17 : Evolution de Res, Rex, Rexcac, Rexcaf, Rexp.

Date	Lq	Crd	Db	L3	RES	REX	PIB	PIB_tete	tPIB	tPIB_tet	tREX	Pcacm	Pcacp	dPcac	Pcarm	Pcarp	dPcar	Pcaam	Pcaap	dPcaa	Pp	W
1965	1,73	0	15830	2970	590	34360	167700	31581	0	0	0	0	0	0	0	0	0	0	0	0	0	0,46
1966	1,73	0	17340	320	750	35880	177300	32712	0,057	0,035813	0,04424	0	0	0	0	0	0	0	0	0	0	0,834
1967	1,78	0	19190	745	810	39070	194500	35235	0,097	0,077128	0,08891	0	0	0	0	0	0	0	0	0	0	0,77
1968	1,70	0	20720	-805	1230	48620	219400	35967	0,128	0,020775	0,24443	0	0	0	0	0	0	0	0	0	0	0,85
1969	1,52	0	25980	59	2120	59420	247300	37187	0,127	0,033920	0,22213	0	0	0	0	0	0	0	0	0	0	0,69
1970	1,53	0	29490	1175	2110	64360	300400	44306	0,215	0,191438	0,08314	0	0	0	0	0	0	0	0	0	0	0,663
1971	1,42	0	34719	1251	1607	57280	321300	46430	0,03	0,047939	-0,11	0	0	0	0	0	0	0	0	0	0	0,602
1972	1,46	0	40176	6448	1592	55700	355900	50410	0,024	0,085720	-0,0276	161	80	61	258	120	138	301	130	171	560	0,545
1973	1,40	0	48460	8148	2019	81500	400500	55547	0,019	0,101904	0,4632	173	90	83	257	120	137	324	130	124	620	0,535
1974	1,29	0	68297	12968	2769	119270	492600	66838	0,05	0,203269	0,46344	473	100	373	308	130	178	397	140	257	2240	0,454
1975	1,36	0	81654	15165	2664	96550	580200	77051	0,037	0,152802	-0,1905	318	120	198	306	135	171	349	140	209	2120	0,395
1976	1,15	3840	123873	23606	4243	122030	657200	85350	0,03	0,107708	0,2639	515	130	385	380	145	235	701	150	551	2360	0,298
1977	1,22	11029	167907	31983	5412	172850	789900	99860	0,047	0,170006	0,41645	987	150	837	1274	195	1079	1451	180	1271	2560	0,291
1978	1,36	11498	196818	45302	5286	181700	968100	120111	0,09	0,202794	0,0512	789	220	569	756	250	506	900	275	625	2580	0,297
1979	1,26	18000	257886	51850	7304	238700	1E+06	137624	0,161	0,145807	0,3137	707	260	152	780	280	500	835	300	535	5840	0,265
1980	1,33	28800	312585	65557	8941	290615	1E+06	159552	0,031	0,159333	0,21749	555	290	265	677	310	367	771	330	441	7427	0,25
1981	1,19	35200	476415	63399	14506	299716	2E+06	200267	0,196	0,255183	0,03132	586	300	286	597	320	277	777	340	437	8024	0,215
1982	1,27	53000	533874	82327	15477	348231	2E+06	234137	0,068	0,169124	0,16187	590	310	280	831	330	501	984	350	634	9316	0,201
1983	1,32	76000	612260	150935	31711	372224	3E+06	273573	0,033	0,168431	0,0689	848	330	518	1059	350	709	1178	370	808	10074	0,208
1984	1,10	86800	740321	121001	18889	381334	3E+06	323708	0,096	0,183260	0,02447	1067	370	697	1326	390	936	1405	410	995	11589	0,181
1985	1,14	120000	859867	99205	27503	321751	4E+06	383010	0,204	0,183196	-0,1562	1039	410	629	1166	430	736	1456	450	1006	12369	0,172
1986	1,26	138000	784140	154341	44911	271639	4E+06	395315	0,068	0,032127	-0,1557	760	420	340	1094	440	654	1593	475	1118	6004	0,213
1987	1,39	189500	728180	282350	25405	248773	4E+06	366820	-0,022	-0,072082	-0,0842	627	420	207	651	440	211	782	475	307	7335	0,234
1988	1,29	489000	793003	332735	29353	275118	4E+06	334972	-0,079	-0,086822	0,1059	529	420	109	597	440	157	883	475	408	5524	0,204
1989	1,37	371000	787955	287865	48782	405990	4E+06	304419	-0,018	-0,091211	0,47569	437	420	17	554	440	114	801	475	326	6185	0,211
1990	1,24	253000	605780	196457	41028	545106	3E+06	290444	-0,067	-0,045907	0,34266	382	250	132	337	175	162	532	250	282	12415	0,253
1991	1,02	190000	575212	52733	27482	517387	3E+06	281066	-0,039	-0,032288	-0,0509	391	250	131	302	155	147	521	250	271	10212	0,3
1992	0,90	146005	532507	39939	17223	487132	3E+06	261482	-0,03	-0,069678	-0,0585	300	200	100	254	155	99	431	200	231	9815	0,281
1993	0,84	134000	506362	56586	12388	533245	3E+06	248637	-0,032	-0,049124	0,09466	336	150	186	323	100	223	473	550	-77	9417	0,23
1994	0,64	141717	649916	33147	42571	825200	3E+06	266921	-0,026	0,073537	0,54751	720	300	420	1470	270	1200	1890	900	990	8231	0,21
1995	0,66	143169	637264	59408	37490	811017	4E+06	311106	0,033	0,165536	-0,0172	700	450	250	1460	680	780	1710	500	1210	8290	0,16
1996	0,73	169175	591490	62287	82475	982509	5E+06	335036	0,05	0,076919	0,21145	760	340	420	1000	630	370	1470	650	820	10643	0,161
1997	0,86	146243	574301	65166	92193	1084509	5E+06	350916	0,05	0,047398	0,10382	940	360	580	1030	530	500	2390	680	1710	10045	0,315

Tableau 17 (suite)

Date	tpbc	tUMS	TibC	tibDla	tibYdé	REXcac	REXcaf	REXPp	G1	G2	TR	FB	BILLET	L1	L2	OR	Dv	CREOC	CRemb	Remb
1965	0,428	-0	0	0	0	7310	76100	0	31600	5120	0	11260	10770	32090	5610	0	31600	27330	0	0
1966	0,355	-0,02	0	0	0	8140	10620	0	22050	7600	0	11620	14460	19210	4760	0	22050	29930	0	0
1967	0,395	-0,01	0	0	0	11100	10770	0	38350	4070	0	13180	14640	36890	2610	0	38350	34180	0	0
1968	0,396	-0,01	0	0	0	10720	12600	0	38350	7830	0	12440	17090	33700	3180	0	38350	34820	0	0
1969	0,41	-0,01	0	0	0	16520	11830	0	45390	11950	0	13400	19180	39610	6170	0	45390	39550	0	0
1970	0,397	-0,01	0	0	0	15280	14740	0	70850	18590	0	13640	20630	63860	11600	0	70850	45200	0	0
1971	0,44	0,006	147234	100000	105000	13080	14580	0	58730	16710	0	14590	22180	51140	9120	0	58730	49146	0	0
1972	0,441	0,01	138431	80000	100000	11990	15440	0	24740	6840	0	17170	22780	19130	1230	0	24740	58654	0	0
1973	0,419	0,009	118197	76000	97500	17740	20280	0	30150	11640	2000	20280	26650	25780	7270	0	30150	67701	0	0
1974	0,444	0,022	110000	66667	95000	30450	28800	0	65710	11660	7650	18770	32200	59930	5880	0	65710	87914	0	0
1975	0,415	0,02	89643	65486	83334	24880	23190	0	16990	-2080	15770	25070	33710	24120	5050	0	16990	111444	0	0
1976	0,435	0,032	83696	57500	79675	24460	38700	0	33590	-90	25350	24970	38850	45060	11380	0	33590	142486	0	0
1977	0,424	0,036	79899	55556	66000	56860	55070	0	36650	-4130	26010	44320	50720	56260	15480	2460	34190	204590	138646,00	0,97304998
1978	0,417	0,031	78252	50000	58333	65060	53950	23172	46510	-19730	34440	61200	60050	82100	15860	2950	43560	266820	193561,00	0,94609218
1979	0,446	0,042	73010	48333	54286	59190	60390	83580	132860	3320	36340	61110	70270	160040	30500	15590	117270	323750	255322,00	0,95690728
1980	0,412	0,038	69672	46154	50000	61230	63210	91985	191150	-14320	38600	68990	80840	217900	12430	17650	173500	416613	305750,00	0,94440154
1981	0,387	0,03	72927	44429	47333	51750	51280	148800	82890	31680	42380	107190	105260	127200	75990	11990	70900	559680	387813,00	0,9308711
1982	0,394	0,041	71938	44400	45600	44870	65690	219200	63530	-22350	44830	132020	111020	129360	43480	13450	50080	678740	524480,00	0,93710692
1983	0,407	0,047	66000	35650	32533	38850	75150	272800	162230	44900	60790	162670	131240	254450	137120	11330	150900	808764	625740,00	0,92191414
1984	0,375	0,044	68069	30520	26100	69920	89490	322500	56820	114960	77220	162330	141080	155290	213430	9270	47550	806129	732764,00	0,90602945
1985	0,322	0,033	66039	26667	23339	59950	108910	381200	137320	145510	74240	129980	155940	185600	193790	9700	127620	978287	719329,00	0,89232493
1986	0,337	0,027	62635	25000	21633	61240	67690	352800	67060	-34350	113860	192560	171520	201960	100550	11740	55320	986212	858287,00	0,87733661
1987	0,318	0,011	61130	19285	18676	87757	83114	313000	77670	-12310	95290	341550	175280	339230	249250	14450	63220	1014556	848212,00	0,86007065
1988	0,325	0,018	40902	17871	15193	79575	58581	298700	187690	-206280	117180	327910	166120	466660	72690	12170	175520	1023928	825056,00	0,81321879
1989	0,374	0,035	71235	30047	35467	66562	59120	283100	91290	-194180	133240	294330	162850	356010	70540	12010	79280	1081461	534928,00	0,52242736
1990	0,287	0,01	83800	31577	37790	47037	42823	267200	36070	-184890	131320	273360	155980	284770	63810	11480	24590	753819	710461,00	0,65694556
1991	0,275	0,002	95242	35518	46934	34286	32708	281300	47730	-181580	320400	77580	170250	275460	46150	10580	37150	588901	500819,00	0,66437567
1992	0,271	0,004	105565	38641	56206	27273	23320	263956	29650	-182000	331570	51630	149020	263830	52180	9950	19700	480145	398901,00	0,67736513
1993	0,278	0,011	114495	43764	63687	31239	18087	162727	13810	-236310	319090	52060	116130	268830	18710	11910	1900	424537	334140,00	0,69591478
1994	0,327	0,026	128300	47829	67587	44615	51885	308801	13050	-318070	340510	27070	136330	244300	-86820	11330	1720	413423	290537,00	0,68436202
1995	0,337	0,026	145934	52339	72027	68625	69198	293462	14780	-342860	338230	21410	102290	272130	-85510	11560	3220	422433	271706,00	0,65721065
1996	0,378	0,027	159529	60076	76527	77537	66911	323097	13120	-301960	340590	4930	95320	263320	-51760	11040	2080	432560	279264,00	0,66108472
1997	0,354	0,012	185683	70000	121860	73534	78203	422853	9030	-204180	338610	4070	180280	171430	-41780	8720	310	400807	254564,00	0,63512863

Tableau 17a : PIB en franc courant, Taux de croissance de l'économie.

Exercices budgétaires	PIB (en milliards de FCFA)	Taux de croissance en %
1977	789.9	4.7
1978	968.1	9.0
1979	1135.4	16.4
1980	1356.2	3.1
1981	1796.4	19.6
1982	2172.8	6.8
1983	2618.1	3.3
1984	3195.0	9.6
1985	3896.0	20.4
1986	4135.0	6.8
1987	3969.0	-2.2
1988	3644.5	-7.9
1989	3513.0	-1.8
1990	3334.3	-6.7
1991	3319.4	-3.9
1992	3174.4	-3.0
1993	3103.0	-3.2
1994	3024.6	-2.6
1995	4365.5	4.2
1996	4844.0	5.1
1997	5290.5	5.1
1998	5604.0	4.7

Source : BEAC, Bulletins, Etudes et Statistiques. n° 213, Janvier 1995.

Tableau 18 : Taux d'intérêt d'appel d'offre (TIAO), taux de prise en pension (TIPP) et taux marginal d'escompte (TME).

	Juil 94	Août 94	Sept. 94	Oct. 94	Nov. 94	Déc. 94	Janv. 95	Fév. 95	Mars 94	Avril 95	Mai 95	Juin 95	Juil. 95
TIAO (1)	11	11	10.5	9.5	8.5	7.75	7.75	7.75	8	8	8	8.75	8.60
TIPP (2)	12.5	12.5	12	11	10.5	9.25	9.25	9.25	10	10	10	10.5	10.5
TME (2) - (1)	1.5	1.5	1.5	1.5	2	1.5	1.5	1.5	2	2	2	1.75	1.75

Tableau 18 (suite)

	Août 95	Déc. 95	Avril 96	Mai 96	Oct. 96	Nov. 96	Déc. 96	Mai 97	Déc.97	Déc. 98	Mai 99
TIAO (1)	8.60	8.60	8.20	8.0	8.0	7.75	7.75	7.5	7.5	7.0	7.6
TIPP (2)	10.5	10	10.75	10.0	10.0	9.75	9.75	9.5	9.0	9.0	9.5
TME (2) - (1)	1.75	2	2.55	2.00	2.00	2.00	2.00	2.00	1.5	2.00	1.9

Source : Tableau construit à partir des statistiques puisées dans les Bulletins de la BEAC et ceux du Marché Monétaire de la Zone BEAC.

Tableau 19 : Indicateurs d'intermédiation financière au Cameroun et dans ses principales villes (en milliers d'habitants)

	Nombre de guichets bancaires (permanents et périodiques)			Nombre d'habitants			Nombre d'habitants pour un guichet bancaire		
	Douala	Yaoundé	Cameroun*	Douala	Yaoundé	Cameroun	Douala (tibDla)	Yaoundé (tibYdé)	Cameroun (tibC)
1970	-	-	-	273000	150000	6780000	-	-	-
1971	3	2	47	300000	190000	6920000	100000	105000	147234
1972	4	2	51	320000	195000	7060000	80000	100000	138431
1973	5	2	61	380000	200000	7210000	76000	97500	118197
1974	6	2	67	400000	210000	7370000	66667	95000	110000
1975	7	3	84	458400	250000	7530000	65486	83334	89643
1976	8	4	92	460000	318000	7700000	57500	79675	83696
1977	9	5	99	500000	330000	7910000	55556	66000	79899
1978	11	6	103	550000	372000	8060000	50000	58333	78252
1979	12	7	113	580000	380000	8250000	48333	54286	73010
1980	13	8	122	600000	400000	8500000	46154	50000	69672
1981	14	9	123	622000	426000	8970000	44429	47333	72927
1982	15	10	129	666000	456000	9280000	44400	45600	71938
1983	20	15	145	713000	488000	9570000	35650	32533	66000
1984	25	20	152	763000	522000	9870000	30520	26100	68069
1985	30	25	154	780000	583470	10170000	26667	23339	66039
1986	32	30	167	800000	649000	10460000	25000	21633	62635
1987	42	35	177	810000	653670	10820000	19285	18676	61130
1988	48	46	266	857800	698900	10880000	17871	15193	40902
1989	30	21	162	901400	744800	11540000	30047	35467	71235
1990	30	20	134	947300	793600	11480000	31577	37790	83800

	Nombre de guichets bancaires (permanents et périodiques)			Nombre d'habitants			Nombre d'habitants pour un guichet bancaire		
	Douala	Yaoundé	Cameroun*	Douala	Yaoundé	Cameroun	Douala (tibDla)	Yaoundé (tibYdé)	Cameroun (tibC)
1991	28	18	124	994500	844800	11810000	35518	46934	95242
1992	27	16	115	1043300	899300	12140000	38641	56206	105565
1993	25	15	109	1094100	955300	124800000	43764	63687	114495
1994	24	15	100	1147900	1013800	12830000	47829	67587	128300
1995	23	15	91	1203800	1080400	13280000	52339	72027	145934
1996	21	15	85	1261600	1147900	135600000	60076	76527	159529
1997	20	10	77	1400000	1218600	14297617	70000	121860	185683

Source : BEAC, Annuaires des banques et des établissements financiers,

Rapport de la Zone Franc, 1994.

PNUD, Rapport sur le Développement humain du Cameroun, Secteur privé et Développement humain, 1996.

Ministère du Plan et de l'Aménagement du Territoire, République du Cameroun, ''Indicateurs démographiques sur le Cameroun'', éd. 1997.

* Les guichets de la Banque des États de l'Afrique Centrale - BEAC - ne sont pas pris en compte car, sont non ouverts aux opérations avec le public.

Tableau 20 : Structure du système de paiement, taux de pénétration de la clientèle bancaire (TPBC) et taux d'utilisation de la monnaie scripturale (TUMS) (en milliards de francs CFA et en %).

	1965	1966	1967	1968	1969	1970	1971	1972	1973	1974	1975	1976	1977	1978	1979
Monnaie fiduciaire (1)	10.770	14.480	14.640	17.090	17.880	19.550	20.902	21.881	25.904	31.00	32.226	36.898	48.921	58.468	68.242
Monnaie scripturale (2)	10.060	10.320	11.820	13.910	16.560	18.030	22.697	25.310	29.475	41.900	43.820	57.672	77.702	88.481	116.011
Quasi-Monnaie (3)	2290	2350	2890	3470	5280	7.070	7.996	10.177	14.949	21.558	29.642	37.912	56.873	65.365	75.836
Masse Monétaire (M2) (4)	23.490	28.250	29.950	35.140	40.430	45.470	51.595	57.368	70.328	94.458	105.688	132.482	183.496	212.314	260.088
(1) / (4) en %	45.85	51.20	48.90	48.63	44.22	43.00	40.51	38.14	37.00	33.00	30.50	27.90	26.70	27.53	26.23
TPBC = (2) / (4) en %	42.30	36.53	39.46	39.58	40.95	39.70	44.00	44.11	41.91	44.35	41.46	43.53	42.34	41.67	44.60
(3) / (4) en %	9.75	8.31	9.64	9.87	13.01	15.55	15.50	17.8	21.25	22.82	28.04	28.61	31.00	30.80	29.15
(1) /(2) en %	1.07	1.40	1.24	1.23	1.08	108.43	92.09	86.45	87.90	74.00	73.54	64.00	63.00	66.08	58.90
Montant des chèques (5) =	-710	-4110	-2820	-3180	-1320	-1.520	1.795	3.429	3.571	10.900	11.594	20.774	28.781	30.013	47.768

(2) - (1)															
PIB	1677.00	1773.00	1945.00	2194.00	2473.00	300.400	321.300	355.900	400.500	492.600	590.200	657.200	789.900	968.100	1135.400
TUMS = (5) /PIB	- 0.42	- 2.33	- 1.45	- 1.44	- 0.53	-0.50	0.55	0.96	0.89	2.21	2.64	3.16	3.64	3.100	4.20
Crédit à l'économie 6)	27.330	29.930	34.180	34.820	39.550	45.200	49.146	58.654	67.701	87.914	111.444	142.486	204.590	266.820	323.750
Dépôts bancaires (Db) (7)	15830	17.340	19.190	20.720	25.980	29.490	34.720	40.170	48.460	68.297	81.654	123.873	167.907	196.818	257.886
Lq = (6) / (7)	1.73	1.73	1.78	1.70	1.52	1.53	1.42	1.46	1.40	1.29	1.36	1.15	1.22	1.36	1.26
W = (1) / (7)	0.46	0.834	0.77	0.85	0.69	0.66	0.60	0.54	0.53	0.45	0.40	0.30	0.29	0.30	0.26

Tableau 20 (Suite)

	1980	1981	1982	1983	1984	1985	1986	1987	1988	1989	1990	1991	1992	1993	1994	1995	1996	1997
Monnaie fiduciaire (1)	78.083	101.808	107.594	131.240	141.080	155..940	71.520	179.480	166.120	168.291	163.960	170.429	149.015	116.131	136.331	102.287	95.318	180.280
Monnaie scripturale (2)	130.151	157.115	190.887	249.434	276.350	278.381	280.313	215.903	246.490	281.20	185.354	177.934	159.94	150.06	223.97	213.970	213.45	237.72
Quasi-Monnaie (3)	107.182	146.686	184.924	235.354	325.468	437.838	383.069	290.706	308.290	316.980	305.778	297.866	286.576	274.649	324.201	323.760	263.934	263.099
Masse Monétaire (M2) (4)	315.416	405.609	483.405	612.419	736.228	864.522	830.780	677.720	696.391	772.817	644.443	646.229	598.336	541.514	685.217	642.382	577.392	686.001
(1)/(4) en %	24.7	25.1	22.2	20.8	18.2	17.1	20.1	25.2	23.2	21.5	23.7	26.3	24.9	21.4	19.8	15.92	16.50	26.28
TPBC = (2)/4) en %	41.2	38.7	39.4	40.7	37.5	32.2	33.7	31.8	32.5	37.4	28.7	27.5	27.1	27.8	32.7	33.67	37.78	35.36
(3)/(4) en %	33.9	36.1	38.2	38.4	44.2	50.6	46.1	42.8	44.2	41.0	47.4	49.7	47.8	50.7	47.3	50.39	45.71	38.35
(1) /(2) en %	60.0	60.8	56.36	51.16	48.63	53.3	59.71	79.25	71.39	57.43	82.71	95.8	91.56	77.04	60.67	47.28	43.69	74.40
Montant des chèques (5) = (2) - (1)	52.068	53.307	83.293	121.803	141.094	130.078	112.915	44.792	64.775	123.225	32.043	75.05	13.73	34.603	88.354	93.48	122.82	62.41
PIB	1356.2	1796.4	2172.8	2618.1	3195.0	3896.0	4135.0	3969.0	3644.5	3513.0	3334.3	3319.4	3174.4	3103.0	3424.6	4131.5	4543.15	5017.4
TUMS=(5)/PIB	3.84	3.0	4.06	4.65	4.41	3.34	2.73	1.13	1.78	3.50	1.0	.23	.43	1.1	2.57			
Crédit à l'économie (6)	416.613	559.680	678.740	808.764	806.129	978.287	986.212	1014.556	1023.928	1081.451	753.819	588.911	480.145	424.537	413.423	422.433	432.560	400.807
Dépôts bancaires (7)	312.585	476.415	533.874	612.260	740.321	859.872	784.140	728.180	793.003	787.955	605.780	575.212	532.511	506.362	649.916	637.264	591.490	574.301
Lq = (6) / (7)	1.33	1.19	1.27	1.32	1.08	1.13	1.25	1.39	1.29	1.37	1.24	1.02	0.90	0.83	0.63	0.66	0.73	0.86
W = (1) / (7)	0.25	0.21	0.20	0.20	0.18	0.17	0.21	0.23	0.20	0.21	0.25	0.30	0.28	0.23	0.21	0.16	0.16	0.31

Source : Tableau reconstruit à partir des statistiques puisées dans BEAC, Bulletins Etudes et Statistiques.

TABLE DES MATIÈRES

L'HARMATTAN, ITALIA
Via Degli Artisti 15 ; 10124 Torino

L'HARMATTAN HONGRIE
Könyvesbolt ; Kossuth L. u. 14-16
1053 Budapest

L'HARMATTAN BURKINA FASO
Rue 15.167 Route du Pô Patte d'oie
12 BP 226
Ouagadougou 12
(00226) 76 59 79 86

ESPACE L'HARMATTAN KINSHASA
Faculté des Sciences Sociales,
Politiques et Administratives
BP243, KIN XI ; Université de Kinshasa

L'HARMATTAN GUINÉE
Almamya Rue KA 028
En face du restaurant le cèdre
OKB agency BP 3470 Conakry
(00224) 60 20 85 08
harmattanguinee@yahoo.fr

L'HARMATTAN CÔTE D'IVOIRE
M. Etien N'dah Ahmon
Résidence Karl / cité des arts
Abidjan-Cocody 03 BP 1588 Abidjan 03
(00225) 05 77 87 31

L'HARMATTAN MAURITANIE
Espace El Kettab du livre francophone
N° 472 avenue Palais des Congrès
BP 316 Nouakchott
(00222) 63 25 980

L'HARMATTAN CAMEROUN
BP 11486
(00237) 458 67 00
(00237) 976 61 66

harmattancam@yahoo.fr

13190 - septembre 2010
Achevé d'imprimer par

Made in the USA
Monee, IL
08 November 2026

67811063R20197